普通高等教育汽车类专业系列教材

汽车制造工艺

第 2 版

主 编 何耀华
主 审 华 林

机械工业出版社

本书全面系统地介绍了当今汽车制造使用的具体工艺,如汽车整车制造的四大工艺、汽车典型零部件毛坯制造与机械加工、零部件的表面强化、汽车制造过程中的物流配送与输送、制造过程的控制与管理等。本书在修订过程中坚持从实际出发,适当简化了虽然在用但即将淘汰的内容,及时跟进汽车制造工艺的新技术和新发展,力求涵盖汽车制造工艺的全貌和细节。本书可作为高等院校车辆工程及相关专业的教材,也可供汽车制造、汽车服务及交通运输等领域的工程技术人员使用和参考。

图书在版编目（CIP）数据

汽车制造工艺/何耀华主编．—2版．—北京：机械工业出版社，2022.8（2023.9重印）
普通高等教育汽车类专业系列教材
ISBN 978-7-111-70992-3

Ⅰ．①汽⋯　Ⅱ．①何⋯　Ⅲ．①汽车-生产工艺-高等学校-教材　Ⅳ．①U466

中国版本图书馆 CIP 数据核字（2022）第 100297 号

机械工业出版社（北京市百万庄大街22号　邮政编码100037）
策划编辑：何士娟　　　　　　责任编辑：何士娟
责任校对：李　杉　贾立萍　封面设计：张　静
责任印制：邓　博
北京盛通商印快线网络科技有限公司印刷
2023年9月第2版第2次印刷
184mm×260mm · 22.5 印张 · 557 千字
标准书号：ISBN 978-7-111-70992-3
定价：69.90 元

电话服务　　　　　　　　　网络服务
客服电话：010-88361066　　机 工 官 网：www.cmpbook.com
　　　　　010-88379833　　机 工 官 博：weibo.com/cmp1952
　　　　　010-68326294　　金 书 网：www.golden-book.com
封底无防伪标均为盗版　机工教育服务网：www.cmpedu.com

前　言

汽车产品具有结构特殊、使用环境复杂而严苛、大规模生产等特点，要求其具有极低的生产成本和极高的使用可靠性，因此汽车产品的制造工艺与其他机电产品相比具有完全不同的生产方式与组织模式。本书第 1 版从汽车制造的实际出发，彻底改变了汽车制造工艺主要介绍通用机械常规制造工艺的传统，全面系统地介绍了当今汽车制造所用到的具体工艺，其内容包括汽车整车制造的四大工艺、汽车典型零部件毛坯制造与机械加工、零部件的表面强化、汽车制造过程中的物流配送与输送、制造过程的控制与管理等，避免了其内容与金属工艺学或机械制造工艺的重复，得到了广大读者的认可。

近些年来，汽车产业在互联网、人工智能、制造业信息化等现代技术的推动下，汽车产品从结构、功能、制造模式等各个方面都发生了极大的变化。为了适应这种变化的需要，借本书再版的机会，对教材内容做了较大的调整：①增加了车身铝合金压铸成型工艺、车身冲压生产线、高强钢冲压工艺、铝合金车身零件冲压工艺、液压冲压成形工艺、冲压件缺陷管控与质量检验、铝车身焊铆工艺、铝车身漆前处理、碳纤维构件涂装工艺、基于精益生产的汽车总装工艺规划、熔模铸造、反重力铸造、液压成形、爆炸成形、汽车零件的增材制造等内容；②第二章汽车冲压工艺，由于相关的工艺方法与技术有了新的发展与变化，该章全部重写；③汽车制造过程中的物流配送与物流输送技术不仅发展快，而且内容越来越丰富、越来越具有自身独立的特征，因此将其从四大工艺的相关章节中独立出来，作为第六章和第七章。

本书在修订过程中坚持从实际出发，本着力戒内容过时及与其他课程内容重复的原则，适当简化了在用但即将淘汰的内容，及时跟进汽车制造工艺的最新发展，力求让学生能系统而全面地掌握汽车制造工艺的全貌和细节，使之具有从事汽车工艺设计、规划、实施与管理的能力。

本书由武汉理工大学汽车工程学院和神龙汽车公司联合编写，主编何耀华。编者具体分工如下：第一章由何耀华、崔玉莲编写；第二章由何耀华编写；第三章由何耀华、师建兴、亢书生编写；第四章由何耀华、李斌、田林雳编写；第五章由何耀华、唐超美、邓小禾编写；第六章、第七章由何耀华编写；第八章由韩爱国编写；第九章由何耀华、田林雳编写；第十章由韩爱国、郝斌编写。

在编写本书过程中得到了国内同行和汽车整车与零部件制造公司的大力帮助和支持，书中用到了神龙、上海大众、一汽大众、北京现代、东风日产、重庆长安、吉利、长城、特斯拉等多家汽车制造公司提供的资料。在此，真诚地向在本书编写过程中给予帮助和支持的同行和汽车整车与零部件制造公司表示感谢！

本书可作为高等院校车辆工程及相关专业的教材，也可供汽车制造、汽车服务及交通运输等领域的工程技术人员使用和参考。

由于编者水平有限，本书难免会有疏漏和谬误，敬请业内专家、同行及读者批评指正。

目 录

前言
第一章 概论 1
　第一节 汽车制造业的特点 1
　　一、汽车整车生产 2
　　二、总成部件生产 5
　第二节 汽车产业结构的演变与发展 9
　　一、手工生产阶段的汽车产业结构 9
　　二、大量生产阶段的汽车产业结构 9
　　三、精益生产阶段的汽车产业结构 9
　　四、现代生产方式 10
　第三节 汽车制造的新技术新工艺 11
　　一、高速干式切削加工工艺 11
　　二、无屑加工工艺 12
　　三、激光焊接工艺 13
　　四、超声波焊接 14
　　五、激光热处理工艺 15
　　六、车身铝合金压铸成型工艺 16
第二章 汽车冲压工艺 19
　第一节 冲压工艺方法 19
　　一、分离 19
　　二、冲压成形 22
　　三、冲压工艺的特点 36
　第二节 车身冲压工艺与产线布局 36
　　一、车身冲压工艺 38
　　二、车身冲压车间的工艺布局 41
　　三、冲压生产线的分类与选用 42
　第三节 车身冲压材料 44
　　一、车身冲压用材的性能要求 45
　　二、车身冲压用材的种类 46
　　三、冷轧冲压用材 47
　　四、热轧冲压用材 51
　　五、热成形钢板及钢带 53

六、冲压铝材 ……………………………………………………………………… 54
第四节　车身典型零件冲压工艺 ……………………………………………………… 54
　　一、车身覆盖件冲压工艺 ………………………………………………………… 55
　　二、汽车车架冲压工艺 …………………………………………………………… 57
　　三、高强钢冲压工艺 ……………………………………………………………… 61
　　四、铝合金车身零件冲压工艺 …………………………………………………… 62
　　五、冲压件质量评价 ……………………………………………………………… 63
第五节　液压冲压成形工艺 …………………………………………………………… 65
　　一、液压冲压成形技术原理 ……………………………………………………… 65
　　二、液压冲压成形技术的特点 …………………………………………………… 66
　　三、液压冲压成形技术在汽车制造中的应用 …………………………………… 67
第六节　冲压模具与冲压设备 ………………………………………………………… 68
　　一、冲压模具结构与材料 ………………………………………………………… 68
　　二、冲压设备 ……………………………………………………………………… 72

第三章　汽车焊装工艺

第一节　车身焊装工艺流程与工艺布局 ……………………………………………… 86
　　一、车身焊装工艺流程 …………………………………………………………… 86
　　二、车身焊装工艺布局 …………………………………………………………… 86
　　三、车身焊装工艺方法 …………………………………………………………… 88
第二节　电阻焊 ………………………………………………………………………… 89
　　一、点焊 …………………………………………………………………………… 90
　　二、凸焊 …………………………………………………………………………… 92
第三节　熔化焊 ………………………………………………………………………… 94
　　一、CO_2 气体保护焊 …………………………………………………………… 94
　　二、混合气体保护焊（MAG 焊）………………………………………………… 95
　　三、MIG 焊 ………………………………………………………………………… 96
　　四、CMT 焊 ……………………………………………………………………… 96
　　五、螺柱焊 ………………………………………………………………………… 96
　　六、钎焊 …………………………………………………………………………… 97
第四节　特种焊接 ……………………………………………………………………… 97
　　一、等离子弧焊 …………………………………………………………………… 97
　　二、电子束焊 ……………………………………………………………………… 98
　　三、激光焊 ………………………………………………………………………… 99
　　四、激光复合焊 …………………………………………………………………… 101
　　五、包边工艺 ……………………………………………………………………… 102
第五节　焊装生产线整体效率评价 …………………………………………………… 103
　　一、焊装工位布局有效性评价的目的 …………………………………………… 103

二、焊装工位布局有效性评价的指标 103
第六节 车身焊装工艺 104
一、车身部件焊装 106
二、车身总成与大片焊装 106
三、车身拼装 109
四、车身焊装精度控制 111
第七节 铝车身焊、铆工艺 112
一、铝车身焊装工艺 112
二、铝车身铆接工艺 115
第八节 常用焊装设备 116
一、点焊机 116
二、电弧螺柱焊机 117
三、气体保护焊机 118
四、激光焊机 119
五、机器人 119
六、焊装夹具 121
第九节 车身焊装工艺过程的涂胶工艺 127
一、胶的分类 128
二、涂胶的尺寸要求 128
三、涂胶的位置要求 128
四、涂胶的方法 129
第十节 间隙面差调整与外观返修 129
一、零件非外观表面的返修 130
二、外观面上缺陷的返修 130

第四章 汽车涂装工艺 134
第一节 汽车涂装工艺流程 134
第二节 漆前处理 135
一、脱脂 136
二、除锈 137
三、表调 137
四、磷化 138
五、水洗 140
六、钝化 140
七、Oxsilan 硅烷漆前处理新技术 140
第三节 电泳涂装工艺 142
一、电泳涂装膜的形成原理 142
二、电泳涂装膜的增厚 143

三、电泳涂装的特点 ······ 143
　　四、电泳涂装工艺流程 ······ 144
　　五、电泳涂装工艺参数 ······ 145
　　六、电泳后清洗 ······ 147
　　七、电泳涂膜的烘干 ······ 147
　　八、强冷 ······ 148
第四节　PVC 涂装与防振隔声材料装贴工艺 ······ 148
　　一、PVC 密封胶的涂装工艺 ······ 149
　　二、PVC 防石击涂料的涂装工艺 ······ 150
　　三、减振隔声材料装贴 ······ 151
第五节　中涂、色漆、清漆及返修工艺 ······ 151
　　一、中涂工艺 ······ 151
　　二、色漆喷涂工艺 ······ 155
　　三、清漆喷涂工艺 ······ 156
　　四、面漆的修饰与喷蜡 ······ 156
　　五、涂装厂房的合理利用 ······ 160
第六节　塑料与碳纤维件的涂装工艺 ······ 160
　　一、塑料件的漆前处理 ······ 161
　　二、塑料件的涂装 ······ 162
　　三、碳纤维漆前处理 ······ 162
　　四、碳纤维件底漆的涂装 ······ 162
第七节　涂装质量控制 ······ 163
　　一、汽车涂装质量标准 ······ 164
　　二、常见涂装质量缺陷及应对措施 ······ 164
第八节　涂装工艺设计的基本原则 ······ 164
　　一、采用先进、成熟的设备与技术 ······ 164
　　二、将节能与环保的理念贯穿涂装工艺设计的全过程 ······ 165
　　三、工艺设计应注重"以人为本"的原则 ······ 165
　　四、柔性化原则 ······ 165
　　五、物流路线最短原则 ······ 165
　　六、涂装功能区域化原则 ······ 165

第五章　汽车总装工艺 ······ 167
第一节　汽车总装工艺的设计原则 ······ 167
　　一、人、零件、汽车整车无交叉物流路线原则 ······ 167
　　二、工艺设计应注重"以人为本"的原则 ······ 168
　　三、工位时间均衡原则 ······ 168
　　四、柔性化原则 ······ 168

五、经济性原则 ………………………………………………………………… 168
　　六、节能降耗原则 ………………………………………………………………… 168
　　七、总装工序集中与分散相结合的原则 ………………………………………… 168
　第二节　基于精益生产的汽车总装工艺规划 ……………………………………… 169
　　一、总装工艺规划的评价指标 …………………………………………………… 169
　　二、精益生产的总装工艺规划操作准则 ………………………………………… 170
　　三、精益生产的总装工艺规划设计 ……………………………………………… 171
　　四、总装工艺模块化技术 ………………………………………………………… 171
　第三节　总装工艺流程 ……………………………………………………………… 172
　　一、汽车总装工艺的总体布局 …………………………………………………… 172
　　二、汽车总装生产方式 …………………………………………………………… 175
　　三、汽车总装配工艺 ……………………………………………………………… 177
　第四节　整车性能测试与调整 ……………………………………………………… 202
　　一、检测线 ………………………………………………………………………… 202
　　二、外观检查 ……………………………………………………………………… 203
　　三、道路测试 ……………………………………………………………………… 204
　第五节　汽车的返修 ………………………………………………………………… 205
第六章　汽车制造过程中的物流配送系统 …………………………………………… 207
　第一节　物流配送系统规划设计 …………………………………………………… 207
　　一、物流配送系统技术与发展 …………………………………………………… 207
　　二、物流配送系统规划的基本要求 ……………………………………………… 207
　　三、入厂物流规划应注意的问题 ………………………………………………… 208
　　四、物流配送系统规划设计 ……………………………………………………… 209
　第二节　入厂物流 …………………………………………………………………… 212
　　一、仓库配置 ……………………………………………………………………… 212
　　二、入厂物流供货模式 …………………………………………………………… 212
　　三、零部件包装 …………………………………………………………………… 213
　　四、物流信息系统 ………………………………………………………………… 213
　　五、零部件输送方式 ……………………………………………………………… 214
　　六、库存控制 ……………………………………………………………………… 215
　第三节　厂内物流配送 ……………………………………………………………… 221
　　一、准时化物流配送模式 ………………………………………………………… 221
　　二、仓储物流配送模式 …………………………………………………………… 221
　　三、直供上线物流配送模式 ……………………………………………………… 221
　　四、同步物流配送模式 …………………………………………………………… 222
　　五、随行物流配送模式 …………………………………………………………… 222
　　六、混合配送模式 ………………………………………………………………… 223

七、厂内物流配送设备 …………………………………………………………… 223
第四节　物流配送管理系统 ………………………………………………………… 227
　　一、制造执行系统（MES）的发展背景 ………………………………………… 227
　　二、制造执行系统的组成与功能 ………………………………………………… 228
　　三、制造执行系统在汽车整车企业中的应用 …………………………………… 229

第七章　汽车制造过程中的物流输送系统 …………………………………………… 231
　第一节　车身冲压物流输送系统 …………………………………………………… 231
　　一、拆垛单元 ……………………………………………………………………… 231
　　二、上料传送带机与线尾传送带机 ……………………………………………… 232
　　三、板料对中装置 ………………………………………………………………… 232
　　四、机器人 ………………………………………………………………………… 233
　第二节　车身焊装物流输送系统 …………………………………………………… 235
　　一、往复杆焊装输送系统 ………………………………………………………… 236
　　二、辊道焊装输送系统 …………………………………………………………… 236
　第三节　车身涂装物流输送系统 …………………………………………………… 239
　　一、漆前处理及电泳底漆涂装工艺的物流输送系统 …………………………… 239
　　二、面漆涂装工艺物流输送系统 ………………………………………………… 244
　第四节　汽车总装输送系统 ………………………………………………………… 246
　　一、汽车总装输送系统的分类 …………………………………………………… 246
　　二、总装输送系统的基本要求与功能 …………………………………………… 252

第八章　零件毛坯制造工艺 …………………………………………………………… 258
　第一节　砂型铸造 …………………………………………………………………… 258
　　一、砂型铸造工艺过程 …………………………………………………………… 258
　　二、零件结构的铸造工艺性 ……………………………………………………… 264
　　三、铸造工艺设计 ………………………………………………………………… 267
　　四、铸件热处理 …………………………………………………………………… 268
　　五、铸件质量控制 ………………………………………………………………… 270
　第二节　钢模铸造 …………………………………………………………………… 271
　　一、钢模铸造的工艺要求 ………………………………………………………… 272
　　二、钢模铸造的特点 ……………………………………………………………… 272
　第三节　压力铸造 …………………………………………………………………… 273
　　一、压力铸造的工艺过程及原理 ………………………………………………… 273
　　二、压力铸造的特点及应用范围 ………………………………………………… 274
　第四节　消失模铸造 ………………………………………………………………… 275
　　一、消失模铸造成型的特点 ……………………………………………………… 275
　　二、消失模铸造工艺过程 ………………………………………………………… 276
　　三、消失模铸造浇注系统 ………………………………………………………… 278

四、常见缺陷及防止措施 …………………………………………………… 278
第五节　精密铸造 ………………………………………………………………… 279
　一、精密铸造的工艺过程 …………………………………………………… 279
　二、精密铸造的特点及应用范围 …………………………………………… 280
第六节　反重力铸造 ……………………………………………………………… 280
　一、反重力铸造分类 ………………………………………………………… 281
　二、反重力铸造工艺 ………………………………………………………… 282
第七节　模锻 ……………………………………………………………………… 283
　一、模锻设备与工艺过程 …………………………………………………… 283
　二、锻件缺陷 ………………………………………………………………… 284
第八节　辊锻 ……………………………………………………………………… 285
　一、辊锻工艺的分类及特点 ………………………………………………… 285
　二、辊锻的基本原理 ………………………………………………………… 286
第九节　爆炸成形 ………………………………………………………………… 288
　一、爆炸成形过程 …………………………………………………………… 288
　二、爆炸成形工艺参数选择 ………………………………………………… 289
　三、爆炸成形装置 …………………………………………………………… 290

第九章　典型零件的加工工艺 ………………………………………………… 292
第一节　箱体零件的加工 ………………………………………………………… 292
　一、发动机缸体的加工工艺模式 …………………………………………… 292
　二、发动机缸体加工工艺 …………………………………………………… 293
第二节　圆柱齿轮的加工 ………………………………………………………… 300
　一、圆柱齿轮加工原理 ……………………………………………………… 301
　二、齿轮加工方法 …………………………………………………………… 302
第三节　锥齿轮的加工 …………………………………………………………… 308
　一、直齿锥齿轮的加工 ……………………………………………………… 309
　二、曲线齿锥齿轮的加工 …………………………………………………… 311
　三、齿轮的无屑加工 ………………………………………………………… 313
第四节　曲轴、凸轮轴的加工 …………………………………………………… 314
　一、曲轴的加工 ……………………………………………………………… 315
　二、凸轮轴的加工 …………………………………………………………… 318
第五节　汽车零件的增材制造 …………………………………………………… 319
　一、增材制造原理 …………………………………………………………… 319
　二、增材制造的分类 ………………………………………………………… 319
　三、增材制造技术与设备 …………………………………………………… 320
　四、增材制造技术在汽车产业中的应用 …………………………………… 321

第十章　零件表面强化工艺 …………………………………………………… 324

第一节　零件表面机械强化处理…………………………………………………… 324
　　一、表面喷丸处理………………………………………………………………… 324
　　二、表面喷砂处理………………………………………………………………… 328
　　三、表面滚压强化………………………………………………………………… 329
第二节　化学处理…………………………………………………………………… 330
　　一、化学热处理的基本原理……………………………………………………… 330
　　二、化学热处理分类……………………………………………………………… 331
第三节　表面淬火处理……………………………………………………………… 339
　　一、感应淬火……………………………………………………………………… 339
　　二、火焰淬火……………………………………………………………………… 341
第四节　激光热处理技术…………………………………………………………… 342
　　一、激光表面处理设备…………………………………………………………… 342
　　二、激光表面处理工艺…………………………………………………………… 343
第五节　其他热处理工艺简介……………………………………………………… 344
　　一、退火处理……………………………………………………………………… 344
　　二、回火处理……………………………………………………………………… 345
　　三、调质处理……………………………………………………………………… 346

参考文献………………………………………………………………………………… 347

第一章 概 论

自 1885 年德国人卡尔·苯茨发明了第一辆三轮汽车以来，汽车制造经历了单件小批量生产、一条生产线只生产一种车型的大规模流水生产、多车型共线柔性生产等不同的生产阶段；汽车生产模式经历了企业内部配套到社会化配套的发展；汽车生产管理全面实现了按订单准时化拉动式生产。汽车生产模式与技术的上述变化，一方面使汽车整车与零部件生产企业的分工更加明确，汽车整车制造企业只负责四大工艺（冲压、焊装、涂装和总装）或五大工艺（由于汽车整车制造企业大多有自己的发动机工厂，在四大工艺的基础上加上发动机制造工艺即称为五大工艺。但对于电动汽车而言，动力总成的电机大多也由社会化配套的独立企业生产，生产电动汽车的整车企业大多只负责前述的四大工艺），其他部分全部交由汽车零部件企业自主生产；另一方面，汽车整车企业与汽车零部件企业的生产协同更加精准有效，就生产管理而言，汽车整车企业直接将管理延伸到上游的汽车零部件生产企业和下游的汽车销售与维修服务企业。由此可见，汽车制造工艺已不再仅仅只是汽车整车或汽车零部件产品的制造，而是包括汽车整车与零部件企业的生产协同，以实现汽车产品的准时化生产。

第一节 汽车制造业的特点

谈到汽车制造业的特点，人们一定会想到"大批大量生产"。事实上，"大批大量生产"方式早在 1908 年就在美国福特汽车公司实现了，而且迅速在全球得到了广泛推广。

"大批大量生产"方式大大节省了制造汽车的工作时间，大幅降低了汽车的生产成本，极大地刺激了汽车消费市场，带来了汽车产业的高度繁荣。但大批大量生产也给汽车产业的管理带来了极大的挑战，如工艺流程的合理规划、工位工作量的均衡配置、生产工艺过程的有序进行、物流供应的及时配送、配套件库存的有效控制、流动资金的快速回笼等。

为了解决好因"大批大量生产"方式所带来的上述诸多问题，20 世纪 50 年代中期，日本汽车产业在政府的严格保护和支持下，以丰田汽车公司为代表，在对美国汽车产业管理和生产模式进行深入研究的基础上，于 1961 年成功地创立了旨在"以最少的投入，产出尽可能多的和最好的产品"的独特管理模式——精益生产方式，并于 20 世纪 80 年代掀起了世界汽车工业的第三个高潮。1980 年，日本以 1104 万辆的年产量将一直占据世界汽车工业霸主地位的美国拉下了台。

失去世界汽车霸主地位的美国汽车业并不甘心认输，在面临北美汽车市场的激烈竞争、日本汽车厂商咄咄逼人的态势下，美国汽车业积极吸取丰田精益生产方式的精华，结合自身的特点，更多地引入计算机服务于汽车产业的管理，演绎出"拉式流"的生产管理模式，创立了称之为"现代生产方式"的 MRP Ⅱ（Manufacturing Resources Planning，制造资源计划）和 ERP（Enterprise Resource Plan，企业资源计划）的管理模式。这是一种将计算机技术、现代制造技术有机融于一体的计算机辅助企业管理系统，在合理利用资源与优化内部管理、有效控制库存与流动资金占用、缩短生产周期和降低成本、灵活快速地响应市场变化、显著提高企业竞争力与获得最大利润等方面表现出卓越的效果。

无论是"大量生产方式""精益生产方式",还是"现代生产方式",汽车产业"流水线""大批大量生产"的模式始终没有变,其最大的变化就是汽车整车与零部件产品的生产组织与生产管理,充分利用计算机与信息化、智能化技术,实现汽车整车与零部件产品的精细化、自动化、智能化生产,生产效率更高、产品质量更优、更加稳定。

一、汽车整车生产

对于现代化的汽车整车生产企业,通常只建有四大工厂,分别对应四大典型生产工艺,即:冲压、焊装、涂装和总装。

1. 冲压工艺

冲压工艺是汽车车身制造的第一个工艺环节,它建立在金属塑性变形的基础上,利用磨具和冲压设备对板料施压加工,使其产生塑性变形,以获得形状、尺寸和性能均符合设计要求的结构件或覆盖件。

冲压工艺的生产设备主要有开卷剪切自动线、冲压生产线、垛料翻转机、模具研配机及适当的其他修模设备,可以完成卷料存放、开卷、校平、剪切、落料、堆垛,冲压件的拉深、成形、整形、修边、冲孔、翻边等工艺,以及冲压件的存放及发送的整套工艺过程。图1-1、图1-2所示是冲压工艺的典型示例。

图 1-1 开卷整平成套设备

图 1-2 冲压生产线

2. 焊装工艺

焊装工艺是汽车制造中应用范围最广的工艺之一,但谈到汽车制造四大工艺中的焊装工艺,则通常是特指在汽车车身制造过程中将经冲压成形的汽车车身结构件和覆盖件,用焊接加工的方式将其组合成不可拆卸的具有完整功能的结构件或汽车白车身的加工工艺过程。

在当今汽车制造公司的焊装车间，焊装生产线大多为柔性设计，且机械化、自动化程度通常都很高。图 1-3 所示是汽车焊装工艺的典型示例。

图 1-3　焊装生产

3. 涂装工艺

对于轿车生产企业来说，涂装车间通常是自动化程度最高、生产环境要求最严格的场所。涂装生产设备多采用轻钢结构、全面封闭、强制性通风换气、自然光照及局部人工照明的采光方式。

涂装工艺主要由前处理、电泳线、密封底涂线、中涂线、面涂线、精修线及烘干系统等组成。全线工件输送系统多采用空中悬挂和地面滑橇相结合的机械化输送方式，如图 1-4 所示。

4. 总装工艺

总装是汽车制造过程中最后一个工艺环节，对于当今的轿车基本型及商用车生产企业，总装线 100% 采用柔性生产方式，以适应多车型、多品种的混流生产。汽车总装工艺包括物流、输送、装配、下线检测等多个生产环节，图 1-5 所示是不同生产环节中的典型工位。

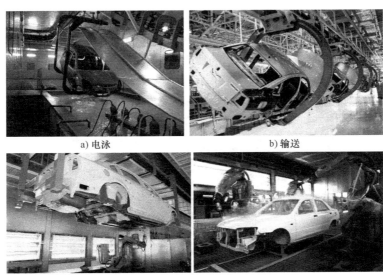

a) 电泳　　　　　　　　　　b) 输送

c) 机械手自动喷涂防振隔热胶　　　d) 喷涂

图 1-4　涂装生产工艺

a) 机械件装配　　　　　　　b) 内饰装配

c) 输送系统　　　　　　　　d) 汽车下线检测

图 1-5　汽车总装工艺典型工位

二、总成部件生产

汽车总成部件的生产所涉及的工艺内容远比整车生产多，为了便于理解，常按照工艺特点将其分为毛坯制造、机械切削加工、少无屑加工、表面强化处理、复合材料加工五大类，如图 1-6 所示。

总成部件制造工艺 { 毛坯制造 { 铸造 / 锻造 } / 机械切削加工 / 少无屑加工 / 表面强化处理 / 复合材料加工 }

图 1-6　总成部件加工工艺分类

1. 毛坯制造

毛坯制造中的铸、锻、焊三大工艺在机械制造行业常将其统称为金属材料的热加工，其工艺特点是通过加热的工艺手段将各种不同的金属材料转换成形状、尺寸符合后续工艺过程要求的零件毛坯，如图 1-7 ~ 图 1-9 所示。

图 1-7　铸造工艺与设备

图 1-8　锻造工艺与设备

a) 保险杠超声波焊接工艺与设备　　　　　　　b) 焊接生产线

图 1-9　焊接工艺与设备

2. 机械切削加工

汽车中有大量高精度的功能件和运动部件，其中绝大多数需要通过机械切削加工的方法达到形状和尺寸的精度要求。汽车发动机和变速器零部件的加工是机械切削加工中最典型的，如图 1-10、图 1-11 所示。

图 1-10　发动机生产线

a) b)

图 1-11 变速器生产工艺与设备

3. 少无屑加工

少无屑加工是指在机械制造过程中用精确成形方法制造零件的工艺。传统的机械制造工艺大多采用切削加工的方法制造有尺寸、形状与位置精度要求的零件,生产过程中坯料质量的 30% 左右变成了切屑。这不仅浪费大量的材料和能源,而且占用大量的机床和人力。采用精密成形工艺,工件不需要或只需要少量切削加工即可制成高精度的汽车零件,可大大节约材料、设备和人力。少无屑加工工艺包括精密锻造、冲压、精密铸造、粉末冶金、工程塑料的压塑和注塑等,其中注塑成型在汽车零部件制造中占有十分重要的地位。为了减轻汽车的质量、降低汽车整体成本,汽车上大量采用塑料件,如仪表台、车身内饰、汽车保险杠等。事实上,汽车上还有相当数量的功能部件和总成(如储油罐、汽车空调系统等)主要由塑料制成。汽车上塑料件的制造工艺主要是注塑成型,如图 1-12 所示。

图 1-12 注塑生产线

4. 表面强化处理

表面强化处理有表面机械强化和热处理强化两种不同的类型，为了提高汽车零部件的使用寿命，实现汽车的轻量化，几乎所有的汽车零部件都需进行表面强化处理，图 1-13 和图 1-14 所示是两种不同的表面强化处理工艺与设备。

a) 喷丸作业

b) 喷丸设备

图 1-13　喷丸工艺（机械强化）与设备

a)

b)

图 1-14　热处理生产线

5. 复合材料加工

为了保证汽车有良好的乘坐舒适性，车内采用了大量的隔声隔热件，如汽车排气管隔热板、车顶隔热层、发动机隔声隔热层等。汽车上几乎所有的隔声隔热件都采用复合材料，图 1-15 所示是某汽车隔声隔热件的压制生产线。

图 1-15　车用复合材料部件的生产线

第二节　汽车产业结构的演变与发展

汽车产业在 100 多年的发展历程中，已经历了手工生产、大量生产、精益生产和现代生产四个阶段。每一次生产阶段的更替，不仅带来了生产方式及生产工艺的大变革，还带来了产业结构的大调整。下面简要介绍汽车产业结构的演变过程。

一、手工生产阶段的汽车产业结构

在早期的手工生产阶段，由于汽车产品自身的不完善，且人们缺少制造汽车的成熟技术和生产经验，汽车的产量很低，价格十分昂贵。因此那时的汽车只是富足家庭享用的奢侈品，普通老百姓无力问津。这便决定了汽车整车的制造只能是利用一些简陋的设备和工具，由少数具有机械加工技能的技术工人来完成全部零部件的加工和整车的装配。如 1903 年，在亨利·福特创立的福特汽车公司里只有十余种简单的车床和钻床，公司的全部员工不足 20 人。

尽管当时能够买得起汽车的家庭很少，而且汽车的各项性能都远不如现代的汽车好（噪声大，速度低，舒适性、安全性、操控性均较差），但人们普遍渴求拥有比传统交通工具性能更优的汽车产品，这是促使汽车产业向大量生产方式转变的原动力。

二、大量生产阶段的汽车产业结构

20 世纪初，福特在伊利·惠特尼发明汽车"标准化部件"的基础上发明的"汽车流水生产线"的建成，宣告汽车大批量生产阶段的开始。

大量生产方式最重要的特点是单一车型的产量非常之大，以福特的"T 型车"、大众的"甲壳虫"为例，其累计产销量远超过了 1000 万辆。正因为如此，在汽车"大量生产方式"的时代，国际性的大型汽车制造公司（通常将其称为主机厂或整车厂）都下设若干个汽车总成部件的专业生产厂（通常将其称为专业配套厂）。专业配套厂家只是汽车制造公司的一个生产单元，汽车整车及所有总成部件的设计开发、专业配套厂家的生产装备及工艺设计权均统一掌握在汽车整车制造公司手里。汽车整车厂和各专业配套厂的生产线都是"刚性"的，一条生产线生产一种车型，每当要对汽车产品进行更新换代，都需要停产相当长的时间以对生产线进行改造。如 20 世纪 80 年代，中国第一汽车制造厂（简称一汽）对其生产的解放 CA-10B 型载货汽车的第一次改型换代，迫使一汽停产将近一年的时间用于生产线的改造。

大量生产方式的突出特点是：在一个相对封闭的汽车生产环境下，各生产单元在一个相对较长的时期内只生产同一种或少数几种车型及与之配套的总成、部件；由于生产高度专业化，因此生产工艺在一定的时期内相对固定，生产组织比较简单，产品质量稳定且易于控制；汽车制造公司的主流生产设备是各种不同类型的组合机床。这种产业结构和生产模式在美国的汽车公司持续了近 60 年。

三、精益生产阶段的汽车产业结构

精益生产方式是日本丰田汽车公司于 20 世纪 50 年代开始研究并逐步创立的，于 1961

年在该公司全面推行。但"精益生产方式"的称谓却是美国学者 D·鲁斯在 1990 年发表的《改变世界的机器》一书中首次提出。

精益生产方式的支柱是准时化生产（Just in Time，简称"JIT"）和自动化（Jidoka）。"杜绝一切形式的浪费"是精益生产方式的核心。

1. 准时化生产

准时化生产是指仅在需要的时候，才为所需的地方按所需的数量和质量生产所需的产品。准时化生产大大缩短了生产周期，避免了各种浪费，消除了大量的库存，从而降低了财务和仓储费用。同时还避免了因需求变化所带来的大量旧型号产品的积压和贬值。

准时化生产将销售商、制造商和供应商看成一个有机整体，采用看板管理方式作为连接三者的纽带。

2. 自动化

精益生产方式中的自动化是指一种自动异常检测控制系统，即：生产系统能够自动检测出不良品，一旦出现不良品便立即停止工作，从而阻止不良品的盲目生产。

3. 杜绝一切浪费

杜绝一切浪费是提高生产率最简单、最迅速且不花钱的方法。通常，人们认为某些浪费是必要的、不可避免的，但精益生产方式告诉我们，过去在汽车制造公司的那些"正常的、必要的、不可避免的，甚至是看不出来"的浪费，其实是最可怕的和最大的浪费。在生产过程中，将前述所有的浪费都找出来，并逐步采取措施坚决地予以消除。

精益生产方式的突出特点是：建立"柔性"生产结构，实现"高质量、多品种、多批次、高效率、高效益"的生产；建立涵盖市场调查、产品开发、工艺设计、质量管理、生产协作、销售服务、人才培养等的整套生产管理体系；充分利用精益生产方式"反应灵、变化快"的优势，鼓励全员参与技术革新和发明创造，及时将新技术的成果用于产品设计和生产工艺的改造。

精益生产阶段汽车产业结构的突出特点是逐步推行柔性生产线，以满足消费者个性化的要求。

四、现代生产方式

自 20 世纪 80 年代，由于追求"个性化"的汽车消费者越来越多，因此汽车产业靠"单一产品打天下"的时代已成为历史。任何一款汽车产品的累计产销量能够达到 100 万辆都已是一个奇迹。汽车消费市场的这一重要变化使得"大量生产方式"所特有的"大而全"式的公司内部高度专业化协作生产的众多优点逐渐变成劣势。为了分散风险，激发汽车配件生产企业在产品研发方面的积极性和主动性，在"单一汽车产品"的产销量因大幅下降所带来的同一规格的汽车总成部件产量无法达到经济生产规模的情况下，仍能实现汽车产业链上所有生产环节的大规模生产，国际性跨国汽车公司开始全面采用能适应多车型的柔性生产线，同时开始实施将附属于汽车公司的总成部件专业配套生产厂家剥离的产业结构大调整，这种变化使得称之为"现代生产方式"的一种新的汽车生产与管理模式应运而生，其特点是：

1. 按需准时生产

在需要的时间，把所需的物品，按规定的数量，完好无损地送到规定的地点。

2. 计划主导型的管理模式

将以往多级分散的计划统一成"一个滚动计划"。计划集中编制，分解执行，计划分解后便一贯到底。保证计划的一贯性和严肃性是现代生产方式的重要原则，杜绝个人意志与随意发号施令。按零件组织生产而不是按产品台套组织生产，从根本上打破了原有按产品各自分工管理的界限，改变了计划员和有关部门的工作范围、内容、考虑问题的角度与相互关系。

3. 对资源进行全方位整合

将客户需求和企业内部的制造活动，以及供应商的制造资源整合在一起，形成一个完整的供应链（Supply Chain），对供应链上的所有环节进行有效管理。这些环节包括订单、采购、库存、计划、生产制造、质量控制、运输、分销、服务与维护、财务管理、人事管理、实验室管理、项目管理、配方管理等。

4. 支持混合方式的制造环境

包括既可支持离散又可支持流程的制造环境，按照面向对象的业务模型组合业务过程的能力和国际范围内的应用。

5. 体现精益生产、同步工程和敏捷制造的思想

支持对混合型生产方式的管理，其管理思想表现在两个方面：

1)"精益生产（Lean Production，LP）"。企业按大批量生产方式组织生产时，把客户、销售代理商、供应商、协作单位纳入生产体系，企业同其销售代理、客户和供应商的关系已不再简单地是业务往来关系，而是利益共享的合作伙伴关系，这种合作伙伴关系组成了一个企业的供应链。

2)"敏捷制造（Agile Manufacturing）"。当市场发生变化，企业遇有特定的市场和产品需求时，企业的基本合作伙伴不一定能满足新产品开发生产的要求，这时，企业会组织一个由特定的供应商和销售渠道组成的短期或一次性供应链，形成"虚拟工厂"，把供应和协作单位看成是企业的一个组成部分，运用"同步工程（SE）"组织生产，用最短的时间将新产品打入市场，时刻保持产品的高质量、多样化和灵活性。

第三节 汽车制造的新技术新工艺

近二十年来是汽车产业技术高速发展的时期，汽车制造技术和制造工艺已有了显著的进步。在此不可能涉及汽车制造新技术新工艺的全部，只举几个典型的示例。

一、高速干式切削加工工艺

高速干式切削加工是在无冷却、无润滑油剂的作用下，采用很高的切削速度进行切削加工。它采用压缩空气或其他类似的方法移去切屑，以控制工作区域的温度。实践证明，当切

削参数设置正确时,切削所产生热量的80%可被切屑带走。

高速干式切削加工已成为各类齿轮制造工艺发展的新趋势。只要工艺参数选择合理,并采用新型的硬质合金刀具高速切削,可使加工时间大大缩短,刀具寿命更长。日本三菱公司、美国格里森公司等都在这方面开展了卓有成效的研究,而且已在汽车产业广泛应用。

日本三菱公司推出了世界上第一套干式滚切系统。它采用的切削速度是传统滚切速度的若干倍,可达到200m/min。干式滚切对滚刀有特殊的要求,三菱公司设计的专用干式滚刀,采用MACH7高速钢,表面涂有专用涂层,有助于散热并减少刀具损耗,其寿命可延长到一般湿切方式的5倍。这一系统在加工汽车末级传动齿轮、大型重载齿轮、汽车小齿轮及行星齿轮时效果都很理想,生产成本至少降低40%。

美国格里森公司用硬质合金滚刀在Phoenix机床上用干式切削法加工锥齿轮,与传统的高速钢刀具湿式切削法相比,可减少切削时间50%,而且齿轮的表面粗糙度显著降低,几何精度大大提高。床身内部采用循环冷却方式,以利于维持热平衡。此外,机床还配有一套真空除屑除尘系统。这一系列滚齿机滚切转速可达3000r/min。

美国费特公司(LMT-Fette)采用硬质合金刀具干式滚切齿轮,使齿轮单件加工时间和成本明显降低。日本坚藤铁工所开发的KC250H型干式滚齿机,采用硬质合金滚刀、冷风冷却和微量润滑进行高速滚齿,由于供给的是温度稳定的冷风,工件的热变形极小。

高速干式切削法有如下优点:首先,由于它省去了油屑分离过程,无冷却润滑油箱和油屑分离装置以及相应的电气设备,机床结构紧凑;其次,这种方法极大地改善了加工环境,加工费用大大降低。为进一步延长刀具寿命、提高工件质量,可在齿轮干式切削过程中,每小时使用10~1000mL润滑油进行微量润滑。这种方法产生的切屑可以认为是干切屑,工件的精度、表面质量和内应力不受微量润滑油的负面影响。

干式切削与湿式切削相比,不但极大地提高了机床生产效率,降低了工件加工成本,而且有利于保护环境,节约自然资源。在国外,干式切削的研究和应用已比较广泛,据有关部门统计,目前在西欧已有近一半企业采用干式切削加工。近些年国内在这方面的研究有了突破性的进展。

二、无屑加工工艺

无屑加工的内容较丰富,且应用范围呈现出逐渐扩大的趋势。目前,汽车产业应用无屑加工工艺最成功的案例是利用摆动辗压成形工艺加工汽车齿轮、离合器盘毂、轴承、万向节等。

摆动辗压加工又称旋转锻造(Rotaryforging)、轨道成形(Orbitalforging)、摇动锻造等,是当今世界上迅速发展起来的一种新型高精度、高效率、无切削金属成形工艺。美国、瑞士、德国、日本等工业发达国家已广泛将其应用于汽车、摩托车、电器等相关产业。我国在20世纪90年代开始引进具有国际先进水平的摆辗设备,如瑞士SCHMID公司的T200、T400、T630冷成形摆辗机等。

摆动辗压加工采用连续局部加载成形的方法生产锻件,与其他生产工艺中锻件成形方法相比具有如下诸多优点:

1)锻件成形的变形力仅为常规锻造方法变形力的 1/20~1/5,因此加工过程的能耗小。

2)锻件可在冷态、温态或热态下成形,摆动辗压能使锻件毛坯变形均匀,金属纤维流向更趋合理,提高尺寸精度并降低表面粗糙度,实现无屑加工,节省原材料。

3)可单机也可组线生产,易实现生产过程的机械化和自动化。

4)特别适合于其他锻造工艺难以生产的薄且形状复杂的盘饼或半轴法兰类锻件的生产。

5)采用非冲击性锻压加工方式,运行中振动和噪声小,易于创造良好的工作条件,对车间厂房及动力供应设施均无特殊要求。

6)设备结构简单、体积小、重量轻、操作简便、使用可靠、价格便宜、一次性投资少。

7)可采用镶块模,模座模套可通用,生产不同产品时,只需更换模芯(镶块),模具结构简单、体积小、易造易装、节约模具用钢。

8)锻件生产成本低,企业经济效益和社会效益高。

鉴于此,摆动辗压生产工艺与设备受到世界各国的重视,尤其是近十几年来得到了迅速发展和广泛应用。

三、激光焊接工艺

激光焊接是将高强度的激光束辐射至金属表面,通过激光与金属的相互作用,金属吸收激光转化为热能使金属熔化后冷却结晶实现焊接。激光焊接的机理有两种:

1. 热传导焊接

当激光照射在材料表面时,一部分激光被反射,另一部分被材料吸收,将光能转化为热能而使材料受热熔化,材料表面层的热以热传导的方式继续向材料深处传递,最后将两焊件熔接在一起。

2. 激光深熔焊

当功率密度比较大的激光束照射到材料表面时,材料吸收光能转化为热能,材料被加热熔化至汽化,产生大量的金属蒸气,在蒸气退出表面时产生的反作用力作用下,熔化的金属液体向四周排挤,形成凹坑,随着激光的继续照射,凹坑穿入更深,当激光停止照射后,凹坑周边的熔液回流,冷却凝固后将两焊件焊接在一起。

此两种焊接机理可根据实际的材料性质和焊接需要来选择,通过调节激光的各焊接参数得到不同的焊接机理。这两种方式最基本的区别在于:前者熔池表面保持封闭,而后者熔池则被激光束穿透成孔。传导焊对系统的扰动较小,因为激光束的辐射没有穿透被焊材料,所以,在传导焊过程中焊缝不易被气体侵入;而深熔焊时,小孔的不断关闭能导致气孔。传导焊和深熔焊方式也可以在同一焊接过程中相互转换,由传导方式向小孔方式的转变取决于施加于工件的峰值激光能量密度和激光脉冲持续时间。

激光焊接与其他传统焊接技术相比,具有许多独特的优点:

1）速度快、深度大、变形小。

2）能在室温或特殊条件下进行焊接，激光通过电磁场时，光束不会偏移，焊接设备简单。

3）激光在真空、空气及某种气体环境中均能施焊，并能通过玻璃或对光束透明的材料进行焊接。

4）可焊接难熔材料如钛、石英等，并能对异性材料施焊，效果良好。

5）激光聚焦后，功率密度高，当采用高功率器件焊接时，深宽比可达 5∶1，最高可达 10∶1。

6）可进行微型焊接，激光束经聚焦后可获得很小的光斑，且能精确定位，可应用于大批量自动化生产的微、小型工件的组焊中。

7）可焊接难以接近的部位，施行非接触远距离焊接，尤其是近几年，由于在 YAG 激光加工中采用了光纤传输技术，使激光焊接获得了更为广泛的推广和应用。

8）激光束易实现光束按时间与空间分光，能进行多光束同时加工及多工位加工，为更精密的焊接提供了条件。

由于激光焊接具有上述诸多优点，因此已在汽车、电子、生物医学、机械制造、粉末冶金等多领域得到了广泛应用。激光焊接在汽车产业中应用最多的是对聚合物工件及车身覆盖件与结构件的焊接，如图 1-16 和图 1-17 所示。

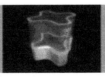

图 1-16　聚合物的焊接

四、超声波焊接

超声波焊接的原理是将由超声发生器产生的 20kHz（或 15kHz）高压、高频信号，经换能系统将其转换为高频机械振动施加到工件上，通过工件表面及内在分子间的摩擦使接口的温度升高，当温度达到工件自身的熔点时，接口处迅速熔化，继而填充于接口间的空隙，当振动停止，工件同时在一定的压力下冷却定形，便形成完美的焊接。超声波焊接是一种较新的焊接工艺，由于其具有如下诸多优点，因此在各工业领域的应用日渐广泛。

1）可焊接的材料范围广，可用于同种金属材料，特别是高导电、高导热性的材料（如金、银、铜、铝等）和一些难熔金属的焊接；也可用于性能相差悬殊的异种金属材料（如导热、硬度、熔点等特性差别较大的材料）、金属与非金属、塑料等材料的焊接；还可以实现厚度相差悬殊以及多层箔片等特殊结构的焊接。

2）焊件不通电，不需要外加热源，接头中不出现宏观的气孔等缺陷，不生成脆性金属化合物，不会出现像电阻焊容易出现的熔融金属喷溅等现象。

3）焊缝金属的物理和力学性能不发生宏观变化，其焊接接头的静载强度和疲劳强度都比电阻焊接头高，稳定性好。

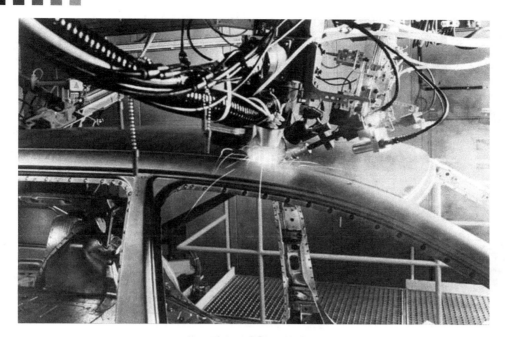

图 1-17 车身覆盖件与结构件的焊接

4）被焊金属表面氧化膜或涂层对焊接质量影响较小，焊前对焊件表面的处理简单。

5）形成接头所需电能少，焊件变形小。

6）不需要添加任何黏结剂、填料或溶剂，具有操作简便、焊接速度快、接头强度高、生产效率高等优点。

超声波焊接的主要缺点是受现有设备功率的限制，因而焊件的厚度不能太厚，接头形式只能采用搭接接头，尚无法实现对接接头的焊接。

在汽车产业，超声波焊接主要用于塑料件及内外装饰件的焊接，如汽车保险杠、门内板和电线束等。超声波焊接设备如图 1-18 所示。

五、激光热处理工艺

激光热处理是利用高功率密度的激光束对金属表面进行强化处理的方法，它可以对金属实现相变硬化（或称表面淬火、表面非晶化、表面重熔淬火）、表面合金化等表面改性处理，达到用传统表面淬火方式所达不到的良好力学性能。经激光处理的金属表面硬度，对于铸铁可以达到 60HRC 以上，中、高碳钢可达 70HRC 以上。激光热处理技术与其他热处理如高频淬火、渗碳、渗氮等传统工艺相比，具有以下特点：

1）无需使用外加材料，仅改变被处理材料表面的组织结构，处理后的改性层具有足够的厚度，可根据需要调整深浅（一般可达 0.1~0.8mm）。

2）处理层和基体结合强度高。激光表面处理的改性层和基体材料之间是致密的冶金结合，处理层表面是致密的冶金组织，具有较高的硬度和耐磨性。

3）被处理工件的变形极小。由于激光功率密度高，与零件的作用时间很短（10^{-7}~10^{-3}s），零件的热变形区和整体变化都很小，故特别适合于高精度零件的处理。

图 1-18　超声波焊接设备

4）加工柔性好，适用面广。利用灵活的导光系统可随意将激光导向任何处理部位，从而可方便地实现对深孔、内孔、盲孔和凹槽等的处理和选择性的局部处理。

激光热处理已在汽车产业得到了较广泛的应用，如发动机缸体缸套、曲轴轴颈、齿轮与齿轮轴的热处理等，如图 1-19 和图 1-20 所示。

 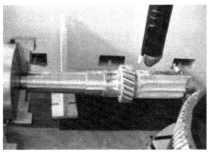

图 1-19　齿轮及齿轮轴的激光热处理

六、车身铝合金压铸成型工艺

为了降低汽车的燃料消耗、提高电动汽车的续驶里程，轻量化是最有效的方法之一。实现汽车的轻量化，现阶段最常用且有效的方法就是选用轻质高强度材料和对产品结构进行优化。车身是汽车各总成部件中尺寸与质量最大的部件，选用轻质材料能达到良好的轻量化效果。尽管选用碳纤维制造汽车车身其减重效果会明显优于铝合金及铝镁合金，但由于碳纤维的成本太高，对于中低档汽车仍不太现实。正因为如此，全铝合金车身及铝镁合金车身已在多车型中开始应用。由于铝合金、铝镁合金板材的成本远比钢板贵，且铝合金、铝镁合金的

图 1-20　激光热处理设备

焊接性能远比钢材差,为了降低全铝车身的成本,车身铝合金、铝镁合金压铸成型备受业内重视,并已开始在少数车型中得到应用。现阶段,铝合金、铝镁合金压铸车身有压铸大片构件焊合车身和车身整体压铸成型两种不同的技术路径,如图 1-21 和图 1-22 所示。当然,整

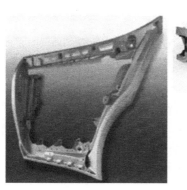 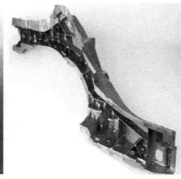

a) 车门　　　　　　　　　　　　b) 车身纵梁

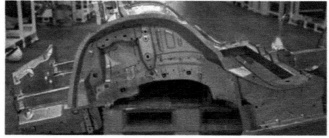

c) 车身尾部

图 1-21　压铸车身构件

体压铸成型车身具有工艺环节少、生产效率高、车身强度高等诸多明显的优势,但压铸设备十分庞大,设备一次性投入大。

图 1-22　整体压铸车身

第二章　汽车冲压工艺

冲压是利用压力机和模具对板材、带材、管材和型材等施加外力，使之产生塑性变形或分离，从而获得所需形状和尺寸的工件（冲压件）的成形加工方法。冲压工艺有冷、温、热之分：当被加工冲压件的板材较薄时，通常在常温下完成冲压成形，即冷冲压成形；当冲压件的板材较厚时，冷态成形所需的设备功率特别巨大，且冲压成形易产生开裂和裂纹，这时常将板材加热后再冲压，即热冲压成形；由于铝合金的成形性能比钢差，为了便于成形，铝合金的冲压成形有时会用到温成形，即加热温度较低的成形。冲压的坯料主要是热轧和冷轧板（汽车车身冲压件主要采用钢带、铝带）。近些年，为了降低燃料消耗及提高电动汽车的续驶里程，轻量化备受重视，为此高强钢、超高强钢已广泛用于汽车车身制造，超高强钢车身承力构件也采用热冲压成形。

第一节　冲压工艺方法

冲压工艺包括冲材的分离与冲压成形两大部分。

一、分离

冲压工艺中的分离工艺，传统的概念又称冲裁，是指坯料在冲压力的作用下，变形部位的应力达到抗拉强度以后，使坯料发生断裂而产生分离，从而获得所需形状与尺寸的工件。分离包括落料、冲孔、修边、剖切等多项工艺内容。

1. 落料

落料是指用冲模沿封闭曲线冲切，冲下部分是零件，用于制造各种形状的平板零件或为冲压件提供坯料。现阶段，用得最多的落料工艺是冲裁落料。随着技术的进步及为了提高落料的质量，已有不少车企开始采用激光切割落料。

（1）冲裁落料　冲裁落料是一种传统的落料工艺，由于生产效率非常高，所以至今仍是车身冲压工艺中用得最多的一种落料方式。冲裁落料的工艺质量主要与落料模的结构、精度，冲材的力学性能与厚度等有关。

1）冲裁落料模精度对冲裁件精度与质量的影响。冲裁落料模的精度对落料件尺寸精度及切口表面质量有直接的影响，冲裁落料模精度越高，冲裁件的精度越高、切口表面质量越好。表2-1为冲模有合理间隙且刃口锋利时冲模制造精度与冲裁件尺寸精度的关系。

表2-1　冲模制造精度与冲裁件尺寸精度之间的关系

冲模制造精度	材料厚度/mm										
（公差等级）	0.5	0.8	1.0	1.5	2	3	4	5	6	8	10	12
IT6	IT8		IT9	IT10	—	—	—	—	—	—	—	—
IT8	—	IT9		IT10		IT12		—	—	—	—	—
IT9	—	—	—	—		IT12				IT14		

2) 冲裁落料模的结构形式对冲裁件精度与质量的影响。冲裁落料模有无导向敞开式落料模、导板式落料模、带导柱的弹顶式落料模等多种不同的结构形式。

① 无导向敞开式冲裁落料模：上模、下模均无导向，其特点是结构简单、制造容易，常用于板材较厚、精度要求较低的小批量落料生产。

② 导板式冲裁落料模：利用导板对凸模导向，凸模与导板（又称固定卸料板）间选用 H7/h6 的间隙配合。其特点是落料精度较高、模具寿命长，常用于厚度大于 0.3mm、形状较简单的板材落料。

③ 带导柱的弹顶式冲裁落料模：上、下模均采用导柱、导套导向，弹压卸料和弹压顶出。在冲裁落料的过程中，材料在被上、下模压紧的状态下完成分离。其特点是，冲裁过程材料的变形小、平整度高，广泛应用于对冲裁质量要求高的场合，如车身冲压件的落料。

3) 冲裁落料过程。冲裁材料置于凹模之上，在外力的作用下凸模压入材料并不断下降，使材料发生变形。其变形过程大致经历以下 3 个阶段。

① 弹性变形阶段：冲裁的起始阶段，作用在材料上的荷载较小（小于材料的屈服极限），若取消外力，材料可以恢复原来的状态。处于此阶段的材料，在凹模轮廓范围以内，有被挤入"洞口"的趋势，且呈锅底状弯曲；在凹模轮廓范围以外，呈直边翘曲。凸、凹模的间隙越大，材料在变形过程中的弯曲和翘曲的趋势越明显。

② 塑性变形阶段：当施加的荷载超过材料的屈服极限时，材料进入塑性变形阶段，此阶段材料的加工硬化与塑性变形同时存在。材料与凸模接触的面积由初始的（凸模）挤压轮廓线向挤压轮廓环（带）转变，随着作用在材料上压力的继续增加，挤压轮廓环的宽度不断增加，材料沿凸模运动，在凸、凹模刃口（侧面）区域主要发生塑性剪切。由于凸、凹模间存在着间隙，在此变形过程中材料纤维组织存在弯曲和拉伸变形。凸、凹模间隙越大，弯曲和拉伸变形的趋势越严重。随着塑性变形程度的增加，变形区材料的加工硬化亦不断增加，施加于材料上的荷载也相应增加，塑性剪切面积则逐渐减少。当施加于塑性剪切面上的荷载等于材料的抗剪强度时，在材料剪切面处便出现微裂纹；当作用于材料上的外力达到一定数值时，塑性变形阶段终止。

③ 断裂阶段：凸、凹模在外力作用下继续相向运动，凸模压入材料的深度和材料进入凹模的厚度不断增加，剪切面积不断减少，材料在凸、凹模刃口侧面处产生的微裂纹沿最大切应力方向向材料深层不断扩展，当上、下裂纹相互重合时，处于凸模下方的材料和基体材料发生分离。

冲裁落料模主要由模架和模具工作部件两部分组成。模架包括上、下模座，导柱导套，模柄等；模具工作部件包括凸模、凹模、垫板、卸料板、定位销等。冲裁件的尺寸公差等级通常为 IT10~IT13。冲压设备选定后，零件的实际精度主要取决于冲裁落料模的设计、制造精度和凸凹模的实际间隙。

模具间隙与被冲裁板料厚度（t）、冲裁板料的材质、硬度有关。凸、凹模的双面间隙（$2C$）通常为材料厚度 t 的 4%~14%，冲裁件的精度要求越高，模具间隙越小；冲裁材料越软，模具间隙越小。

4) 冲裁件力学性能对冲裁件精度与质量的影响。冲裁落料过程中切口附近的材料不可避免地会发生一定的弹性变形，冲裁落料结束便会回弹，从而使得工件尺寸与凹模尺寸存在一定的偏差，进而影响冲裁件的尺寸精度。材料越软，弹性变形量越小，回弹也越小，冲裁件的尺寸精度越高；反之，冲裁件尺寸精度越低。

5）冲裁件的相对厚度对冲裁件精度与质量的影响。冲裁件相对厚度对尺寸精度也有影响。相对厚度 t/D（t 为材料厚度；D 为冲裁件直径）越大，弹性变形量越大，冲裁件的尺寸精度越差；反之，冲裁件的尺寸精度越好。

6）冲裁落料力的计算。冲裁落料力是选用压力机的主要依据，冲裁落料模的设计也需要知道冲裁落料力的大小。压力机所能提供的冲压力必须大于所需的冲裁落料力。冲裁落料力的大小主要与材料的力学性能、厚度以及工件将要实施冲裁的周边长度有关。采用平刃冲裁时，其冲裁落料力可按下式计算：

$$F = kLt\tau_0 \tag{2-1}$$

式中　F——冲裁力（kN）；
　　　k——修正系数，一般取 1.3；
　　　L——冲裁件的冲裁周边长度（mm）；
　　　t——冲裁件的板料厚度（mm）；
　　　τ_0——冲裁件材料的抗剪强度（MPa）。

7）高速冲裁落料。为了确保汽车制造的高效率，高速冲裁落料在汽车车身冲压中得到了广泛应用。高速冲裁，使用的设备是高速精密机械压力机。高速冲裁落料的特点是：

① 压力机的冲裁速度很高，其滑块的运行速度在 200 次/min 以上，目前已知的最快运行速度已达到 3000 次/min。

② 材料在冲裁过程中加工硬化明显，变形抗力显著增加。

③ 高速冲裁落料设备的荷载能力大多在 4000kN 以下，主要用于薄板（3mm 以下）的冲裁落料。

④ 设备的刚性和精度高。

⑤ 与之对应采用高精度送料设备。

⑥ 大多采用多工位级进式冲裁落料模。

⑦ 可以实现自动化生产，产品质量优良、生产效率高。

（2）激光落料　激光落料即采用数控激光切割技术代替传统的冲裁落料。利用数控激光切割可以非常准确地切割复杂形状的坯料，所切割的坯料不必再做进一步的处理。通过激光直接在钢或铝合金带料上进行飞行切割，无需模具，生产率高，特别适用于需要经常更换产品的落料生产。这一点完美契合了当前汽车制造对高品质、灵活性的需求。

激光落料一般配有两三个激光切割头，能够加工宽度达 1880mm 和 2150mm 的料卷，高效完成车身全部冲压件的落料生产，如图 2-1 所示。

与传统冲裁落料相比，激光切割落料具有如下诸多特点：

① 激光切割落料生产线设备质量小、能耗低，无需复杂的设备和模具，大大降低了前期投资和后期使用维护的成本。

② 无须制造模具，采用先进的排样软件及控制系统，产品规格形状转换迅速，特别适合多产品共线柔性生产。

③ 激光切割速度快、生产效率高，可以满足各种不同冲材（钢带、铝合金带、不锈钢、非金属材料）的落料生产。

④ 无冲裁所需高强度的冲击，噪声小，生产环境良好。

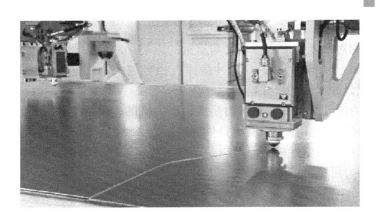

图 2-1 激光落料

⑤ 采用数字化优化排样，无冲裁落料所需的料头、料尾损耗，各种形状的零件组合进行无搭边切割，可减少材料损耗、提高材料利用率。

2. 冲孔

冲孔是指用冲模沿封闭曲线冲切，冲下部分是废料。有正冲孔、侧冲孔、吊冲孔等几种形式。冲孔和冲裁落料的工艺过程与工艺方法都很相像，所不同的只是：①对于冲孔，冲下的是废料，冲裁落料是送往下一道工序的冲压件毛坯；②冲孔通常所冲下的面积较小，冲裁落料的面积相对较大；③冲孔所冲下的形状通常比较规则，大多是圆孔、腰圆孔、矩形孔，冲裁落料的形状相对较复杂。

3. 修边

修边是指将成形零件的边缘修切整齐或切成一定形状。由于车身冲压件的结构都较为复杂，大多都要采用多工序组合成形工艺，为了确保冲压件有完整且高质量的边缘及有些冲压成形过程必须在压紧板料整个周边的情况下才能实施冲压成形，为此许多冲压件的毛坯板料周边都需要额外预留一定宽度，待冲压成形工艺完成后，再将冲压件周边多余的部分裁剪掉。这就是许多冲压件冲压成形作业完成后需要增加一道修边工序的原因。

事实上，修边工艺与前面所讲的落料工艺十分相似，也可以采用冲裁修边和激光切割修边两种不同的工艺方法。修边工艺可以组合在某些冲压成形工艺中一并完成，到目前为止，激光切割修边应用得尚不够广泛。

4. 剖切

为了提高冲压成形工艺的效率，将左右对称的冲压件及多个外形尺寸相对较小的车身冲压件组合在一起，用一套模具同时完成冲压成形加工的方法在车身冲压工艺中已得到了较广泛的应用。左右对称的冲压件或多个外形尺寸相对较小的冲压件组合在一起冲压成形后，需要将其分离成独立的零件，此时就需要采用剖切工艺。剖切就是采用冲裁模或激光切割将两个或多个零件分开的工艺。

二、冲压成形

冲压成形建立在金属塑性变形的基础上，利用模具和冲压设备对板料施加压力。坯料在冲压力的作用下，变形部位的应力达到屈服强度，但未达到强度极限，使坯料产生塑性变形而不发生断裂分离，从而获得所需形状、尺寸和性能的零件（冲压件）。冲压成形包括弯曲、拉延、翻边、胀形、校平与整形等工艺内容。

1. 弯曲

弯曲是利用设备或专用工具使金属板料、管料、棒料或型材弯成一定曲率、一定角度和形状的变形工艺,如图 2-2 所示。弯曲工艺在冲压生产中占有较重要的地位,汽车许多承力冲压件的成形都离不开弯曲成形工艺。弯曲成形既可利用模具在压力机上完成,也可以利用其他专用设备如折边机、弯管机、滚弯机来完成,尽管弯曲工艺方法、工具及设备各不相同,但弯曲时的变形过程与规律基本一致,即都需要经历弹性变形(图 2-2a)、塑性变形(图 2-2b、c),为了达到所需的弯曲成形质量,最后还需要进行矫正整形(图 2-2d)过程。

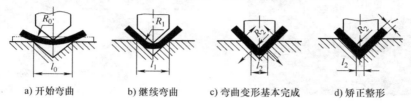

a) 开始弯曲　　b) 继续弯曲　　c) 弯曲变形基本完成　　d) 矫正整形

图 2-2　弯曲变形工艺过程

(1) 弯曲成形工艺　弯曲成形有多种不同的工艺方法,若按弯曲成形设备和工艺原理的不同,可将弯曲成形分为拉弯成形、辊弯成形、压弯成形和绕弯成形;若按照工件形状的不同,可将弯曲成形分为二维和三维弯曲成形。无论是二维还是三维弯曲成形均可用前述拉弯成形、辊弯成形、压弯成形等成形工艺。就弯曲成形工艺的合理性与经济性而言,线状料的弯曲成形较适合采用拉弯成形和绕弯成形工艺;管材、型材及通过弯曲成形将板材加工成长槽形结构,较适合采用辊弯成形;板材的三维弯曲成形及为了获得高生产效率的弯曲成形,较适合采用压弯成形。

1)拉弯成形。拉弯成形是指工件在弯曲成形的过程中,始终给工件施加轴向拉力的成形工艺,如图 2-3 所示。拉弯成形工艺的突出特点是可以避免弯曲成形部位产生褶皱,得到良好的弧度效果。

材料在拉弯成形过程中变形区各部分的应力状态各不相同,中性层以外材料受拉应力作用,中性层以内材料受压应力作用。为使材料不至于受压产生褶皱,预拉伸力要足够大,使材料产生屈服拉伸,相应的中性层以外的金属将受到更大的拉力作用,出现壁厚减薄。为避

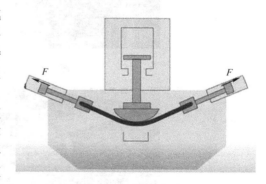

图 2-3　拉弯成形

免因壁厚减薄而产生断裂,应严格控制弯曲成形过程中施加给材料拉力的大小,其计算公式为

$$F_L = kS\sigma_S \tag{2-2}$$

式中　F_L——拉弯成形过程所需施加给材料的拉力(N);

　　　k——修正系数,一般为 0.5~0.75,弯曲曲率半径小取较小值,曲率半径大取较大值;

　　　S——拉弯成形工件的截面面积(mm^2);

　　　σ_S——材料的屈服极限(MPa)。

2）辊弯成形。利用多个轮子对滚将材料折弯的工艺方法称为辊弯成形，如图 2-4 所示。可以通过改变辊轮的结构实现各种不同截面的辊弯成形；通过改变辊轮的布置，可实现纵向、横向、二维、三维辊弯成形，如图 2-5 ~ 图 2-7 所示。

图 2-4 辊弯成形

图 2-5 纵向辊弯成形（二维）

图 2-6 横向辊弯成形（二维）

图 2-7 三维辊弯成形

辊弯成形是一种连续的弯曲成形方法，其特点是：
① 生产效率高，适合于大批量生产，产品的制造成本低。
② 加工产品的长度不受限制，可连续生产。

③ 产品的表面质量好，尺寸精度高。
④ 在辊弯成形生产线上可以集成其他的加工工艺，如冲孔、焊接、压花等。
⑤ 材料的利用率高。
⑥ 生产过程中噪声低，无环境污染。

3）压弯成形。压弯成形利用压力机对材料施加压力，通过压弯模具使材料发生弯曲变形，是一种生产设备相对比较简单、一次性投入少，但产品质量良好、生产效率非常高的成形方法。压弯成形的模具设计充满了技巧，只要模具设计足够巧妙，可以加工出各种不同类型的工件，如图2-8所示；采用多次成形的方法，可以加工十分复杂的工件，如图2-9所示。

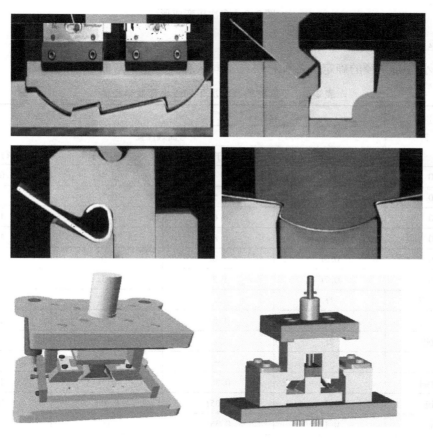

图2-8　压弯模

（2）最小弯曲半径　在保证毛坯外层纤维不发生破坏的前提下零件弯曲的最小内圆角半径称为最小弯曲半径 r_{min}，是弯曲工艺的极限变形程度。

1）最小弯曲半径的影响因素。材料的塑性指标越高，外层纤维允许的变形程度越大，许可的最小弯曲半径就越小。

轧制后的钢板具有纤维组织，而纤维的方向性导致材料力学性能的各向异性。因此，当弯曲线方向与纤维方向垂直时，材料具有较大的抗拉强度，外缘纤维不易破裂，可得到较小的最小弯曲半径。当弯曲线方向平行于纤维方向时，材料的抗拉强度较差而容易断裂，因此

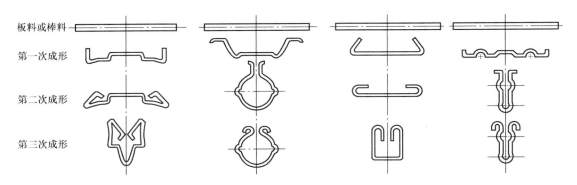

图 2-9 多次压弯成形

最小弯曲半径相对较大。

2) 最小弯曲半径的确定。各种材料在不同状态下的最小弯曲半径见表 2-2。

表 2-2 不同材料及状况下的最小弯曲半径值

材 料	退火或正火		冷变形强化	
	弯曲线位置			
	垂直于纤维	平行于纤维	垂直于纤维	平行于纤维
08、10	$0.1t$	$0.4t$	$0.4t$	$0.8t$
15、20	$0.1t$	$0.5t$	$0.5t$	$1t$
25、30	$0.2t$	$0.6t$	$0.6t$	$1.2t$
35、40	$0.3t$	$0.8t$	$0.8t$	$1.5t$
45、50	$0.5t$	$1.0t$	$1.0t$	$1.7t$
55、60	$0.7t$	$1.3t$	$1.3t$	$2t$
65Mn、T7	$1t$	$2t$	$2t$	$3t$
软杜拉铝	$1t$	$1.5t$	$1.5t$	$2.5t$
硬杜拉铝	$2t$	$3t$	$3t$	$4t$
磷铜	—	—	$1t$	$3t$
半硬黄铜	$0.1t$	$0.35t$	$0.5t$	$1.2t$
软黄铜	$0.1t$	$0.35t$	$0.35t$	$0.8t$
纯铜	$0.1t$	$0.35t$	$1t$	$2t$
铝	$0.1t$	$0.35t$	$0.5t$	$1t$

注：1. 当弯曲线与纤维方向成一定角度时，可采用垂直和平行纤维方向二者的中间数值。
　　2. 在冲裁或剪裁后没有退火的材料视为硬化的金属选用。
　　3. 弯曲时应使有毛刺的一边处于弯角的内侧。
　　4. 表中 t 为板料厚度。

3) 弯曲件的结构工艺性。为了使弯曲成形工艺能高效、顺利完成，且获得良好的工件质量，弯曲工件的结构设计在满足其功能要求的前提下，应尽可能使其具有良好的结构工艺性，具体要求如下：

① 弯曲件尽可能采用对称的结构：弯曲件及制作弯曲件的毛坯左右对称或中心对称

（图 2-10），以避免弯曲成形过程产生偏移。

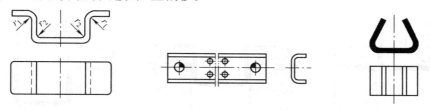

图 2-10　对称结构

② 设置圆弧卸荷槽：当弯曲部位处在界面突变处时，为避免弯曲过程中根部撕裂现象的发生，应开设圆弧卸荷槽，如图 2-11 所示。

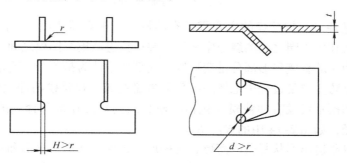

图 2-11　开设圆弧卸荷槽

③ 弯曲件直角边应有适当的高度：弯曲件直角边高度 h 应满足 $h > r + 2t$（r 为最小弯曲半径；t 为板厚）的要求，如图 2-12 所示。

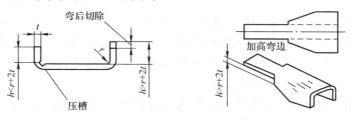

图 2-12　弯曲件直角边高度

④ 弯曲变形区应避开孔位：弯曲带孔工件时，如果孔的位置处于弯曲变形区，则孔会发生变形。为避免这种情况，必须使孔避开变形区。

⑤ 需多次成形的弯曲件应增设定位孔：对于形状特别复杂的弯曲件，其成形往往需要多道工序，为了确保各道弯曲工序的定位准确一致，常需要增设定位孔，如图 2-13 所示。

2. 拉延

拉延是利用拉延模将冲裁好的板料压制成各种开口空心件或将已制成的开口空心件加工成其他形状空心件的一种冲压加工方法。拉延是冲压生产中应用最广泛的工序之一，汽车车身覆盖件的主要生产工艺就是拉延。拉延过程如图 2-14 所示。

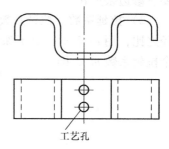

图 2-13　增设定位工艺孔

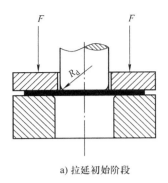 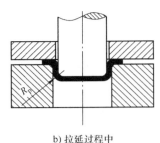 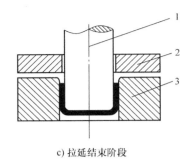

a) 拉延初始阶段　　　　b) 拉延过程中　　　　c) 拉延结束阶段

图 2-14　拉延工艺过程

1—凸模　2—压边圈　3—凹模

(1) 拉延工艺原理　拉延模的主要零件有凸模、凹模和压边圈。在凸模的作用下，拉延板料在凹模端面和压边圈之间的缝隙中变形，并被拉进凸模与凹模之间的间隙里形成空心零件。零件高度为 h 的直壁环形部分是变形区，底部通常认为是不参与变形的不变形区。压边圈的作用主要是防止拉延过程中毛坯凸缘部分失稳起皱。拉延模与冲裁模最大的不同是，拉延模的凸模和凹模不仅没有冲裁模（包括凸模和凹模）工作部分锋利的刃口，而且还制成一定的圆角半径，如图 2-14 中的 R_d、R_p。

拉延工艺可以制造出形状复杂的筒形、阶梯形、锥形、球形、盒形和其他不规则形状的薄壁零件。如果与其他冲压成形工艺配合还可以制造形状极为复杂的零件。拉延件可加工尺寸范围相当大，从几毫米的小零件到轮廓尺寸达数米的大型零件都可用拉延工艺制成。

(2) 拉延工艺参数　为了确保拉延成形工件的质量，需确定如下与拉延成形工艺相关的工艺参数。

1) 拉延毛坯尺寸。拉延毛坯尺寸的确定可以按照表面积相等的原理来确定，即拉延前毛坯的表面积与拉延成形后零件的表面积相等。由于三维设计软件已在工业生产中得到了广泛应用，利用三维设计软件，按照表面积相等原理可以方便得到拉延毛坯的尺寸。需特别指出的是，毛坯尺寸的确定应计入修边余量。

修边余量：由于材料的各向异性及拉延成形过程中金属流动条件的差异，拉延成形后工件开口处往往会出现平整度较差的情况。实践表明，切边是解决此问题最好的方法，因此需要有修边余量 δ。

2) 拉延系数。拉延系数是指拉延后圆筒形工件的直径与拉延前毛坯（或半成品）的直径之比，用 m 表示。对于深拉延的工件需要经过多次拉延才能制成成品，每次拉延都有一个拉延系数 m_n，即

$$m_1 = d_1/D$$
$$m_2 = d_2/d_1$$
$$\cdots \quad \cdots$$
$$m_n = d_n/d_{n-1}$$

式中　　D——板材（毛坯）的直径；

$d_1, d_2, \cdots, d_n$——分别是第 1, 2, $\cdots$, n 次拉延成形后的直径。

工件直径与毛坯直径之比称为总的拉延系数，即工件拉延成形所需的拉延系数 m_Σ 为

$$m_\Sigma = m_1 m_2 \cdots m_n = \frac{d_n}{D}$$

拉延系数表示拉延前后材料直径的变化量,反映了材料外边缘在拉延过程中切向压缩变形的大小,是衡量拉延变形程度的指标。每次拉延过程中材料外边缘的切向压缩变形量 ε_n 为

$$\varepsilon_1 = \frac{\pi D t - \pi d_1 t}{\pi D t} = 1 - \frac{d_1}{D} = 1 - m_1$$

$$\varepsilon_2 = \frac{\pi d_1 t - \pi d_2 t}{\pi d_1 t} = 1 - \frac{d_2}{d_1} = 1 - m_2$$

$$\cdots \qquad \cdots$$

$$\varepsilon_n = \frac{\pi d_{n-1} t - \pi d_n t}{\pi d_{n-1} t} = 1 - \frac{d_n}{d_{n-1}} = 1 - m_n$$

式中 t——板材厚度。

总的切向压缩变形量 $\varepsilon = 1 - m$。

由此可见,拉延系数是一个小于 1 的数值,数值越大表示拉延前后材料的直径变化越小;数值越小表示拉延前后材料的直径变化越大。

影响拉延系数的因素主要有材料、模具、拉延条件等多个方面。

材料:力学性能、材料厚度、板材的表面质量。

模具:凸凹模间的间隙、凸凹模圆角半径、由拉延工件决定的模具形状、模具表面质量。

拉延条件:压边圈与压边力、拉延次数、模具与板材间的润滑、工件形状。

由于不同材料、不同的模具结构与表面质量、不同的拉延加工条件所对应的拉延系数都不相同,受篇幅的限制,在此就不提供拉延系数的表格,需要时可查阅相关手册。

3)拉延力。工件结构形式不同,拉延成形过程所需的拉延力也不相同。

① 拉延圆筒形工件所需的拉延力(对于需多次成形的深拉延工件,下式即为每一次拉延成形所需的拉延力):

$$F = K \pi d t R_m \qquad (2-3)$$

式中 F——拉延力(N);
  d——凹模内腔直径(mm);
  t——板材厚度(mm);
  R_m——材料的抗拉强度(MPa);
  K——修正系数,不带凸缘圆筒和带凸缘圆筒工件,其修正系数不同,可查阅《冲压设计手册》。

② 拉延矩形盒所需的拉延力:

$$F = (2\pi r K_1 + L K_2) t R_m \qquad (2-4)$$

式中 F——拉延力(N);
  r——矩形盒过渡圆角半径(mm);
  L——矩形盒的周长(四个边长之和,mm);
  t——板材厚度(mm);
  R_m——材料的抗拉强度(MPa);
  K_1,K_2——分别是圆角修正系数和周长修正系数,可查阅《冲压设计手册》。

③ 拉延任意形状的工件所需的拉延力：

$$F = KLtR_m \tag{2-5}$$

式中　F——拉延力（N）；

L——凹模开口的周长（mm）；

t——板材厚度（mm）；

R_m——材料的抗拉强度（MPa）；

K——修正系数，可查阅《冲压设计手册》。

4）压边力。拉延成形过程中，压边力大小的选取应基于既不起皱又保证工件不会被拉裂的原则，因此压边力通常需要通过试验获得，即压边装置的设计应考虑便于调整，以便在试模过程中反复试验确定。为了减少试验的次数，先计算出一个参考的压边力，有两种计算方法，即

方法一 $$F_Y = Sq \tag{2-6}$$

式中　F_Y——压边力（N）；

S——压边圈的面积（mm²）；

q——单位压边力（MPa），可查阅《冲压设计手册》。

方法二 $$F_Y = 0.25F \tag{2-7}$$

式中　F_Y——压边力（N）；

F——拉延力（N）。

(3) 拉延成形工艺障碍　由于任何材料的延展性都是有限的，因此拉延成形的拉延量必然受限，一旦超过此极限就会导致工件的质量下降或损坏，阻碍拉延成形工艺的继续进行，即拉延成形工艺障碍。拉延成形工艺障碍主要有起皱、拉裂、硬化等。

1）起皱。板料在拉延成形过程中，凸缘部分受切向压应力的作用，当切向压应力达到一定数值时，若切向压应力继续增加，凸缘部分材料便会产生受压失稳，在凸缘的周向产生波浪形的连续弯曲，即起皱，如图2-15所示。影响拉延起皱的因素主要有：

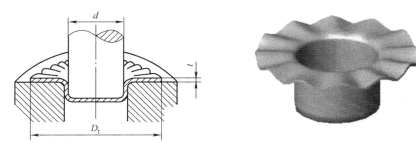

图2-15　拉延起皱

① 拉延深度：材料流动阻力沿凹模口的分布与拉延深度有直接的关系，拉伸深度超过一定数值后会产生变形阻力的不均匀分布。

② 压边力：若褶皱在工件四周均匀产生，往往是压边力不足所致。

③ 凹模圆角的半径：凹模的圆角半径过大，毛坯向凹模内流动经过凹模圆角处时变形阻力减小，如此便导致变形阻力的分布不均。

④ 拉延筋：拉延筋设计不合理（过小或位置不恰当），不能有效阻止板料过快流动。

⑤ 凸凹模间隙：凸凹模间隙过大，工件在拉延过程中材料无法按照设定的规律流动。

⑥ 材料的力学性能：材料的屈强比 σ_S/R_m 越大，屈服极限也大，变形区内的切向应力相对较大，当切向应力超过一定数值后便会产生褶皱。

2）拉裂。板料在拉延成形过程中，工件壁厚不仅会随着拉延过程发生变化，而且由于工件各部所受到的拉延成形力的大小和方向（有的部位是压应力，有的部位是拉应力）亦各不相同，工件上部受压变厚、下部受拉变薄，如图2-16所示。变薄最严重的部位是筒壁与筒底过渡部位（圆角与侧壁相切处），当下部的拉应力超过材料的强度极限就会产生拉裂（图2-17）。这就是拉延成形工件在上部及凸缘处容易起皱、底部容易破裂的原因。拉裂的影响因素主要有：

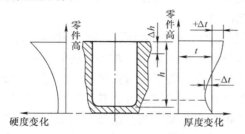

图2-16 拉延件的应力分布

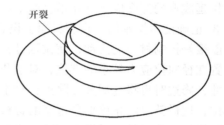

图2-17 拉裂产生部位

① 材料的力学性能：材料屈强比 σ_S/R_m 大，拉延成形过程中的流动性差，较易破裂。

② 压边圈圆角半径：压边圈圆角半径 R 小，材料在拉延成形过程中的阻力就大，使得侧壁传力区的最大拉应力增加。

③ 拉延系数：拉延系数选取得小，可以加大变形程度，但会增加拉延力，使工件侧壁严重变薄，导致拉裂。

④ 压边力：压边力过大，会使工件侧壁底部的拉应力过大，一旦超过材料的强度极限，便会产生拉裂。

⑤ 润滑：适当的润滑，有利于改善拉延成形过程工件的受力状态，使拉延工艺得以顺利进行，降低工件被拉裂的风险。

3）硬化。材料的拉延成形是一个塑性变形过程，塑性变形必然产生硬化，由于这种硬化是在加工工艺过程中产生的，因此称为加工硬化。塑性变形越大，硬化程度亦越高，如图2-18所示。加工硬化有利有弊，其有利之处是提高了工件的强度和刚度，即工件的力学性能得到明显改善；其不利之处是工件的塑性降低，成为工件进一步拉延成形的障碍。

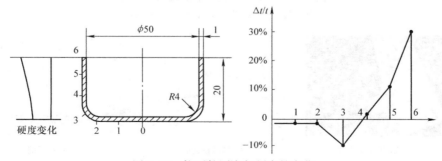

图2-18 拉延件厚度与硬度的变化

（4）防止拉延成形工艺障碍的措施　生产实践证明，造成拉延成形工艺障碍的主要原因是，拉伸过程中材料的堆积和局部材料流动速度的过快变化，其解决措施如下。

1) 防止起皱的主要措施。

① 合理选用压料装置：压料装置可将工件凸缘部分有效约束在压边圈与凹模平面之间，限制坯料在厚度方向的自由起伏，提高了坯料在拉延过程中的稳定性，防止凸缘部分拱起而造成起皱。压料装置有弹性和刚性两类，弹性压料装置适用于浅拉延，刚性压料装置适用于深拉延。

② 选用合适的拉延深度：选用合适的拉延深度具有两个方面的含义，即：基于工件所需的拉延变形量选用材料，所需拉延深度大的工件应选用塑性好的材料；无论什么材料，一次成形的拉延量都是有限的，对于拉延深度特别大的工件，应采用多次拉延成形工艺，且每一次拉延成形的深度应控制在不会产生拉延缺陷的范围内。

③ 正确使用拉延筋：在压料面上设置拉延筋是调节控制变形阻力的一种有效方法，拉延筋能很好控制材料的流动，使拉延过程中各部分的材料流动阻力均匀，防止起皱。拉延筋应设置在径向拉应力较小的部位；对于凸缘较小的零件，为了设置拉延筋，可适当增加坯料的尺寸，修边时再将这部分去除掉；对于拉延深度相差大的拉延件，拉延筋应设置在进料少的部位，这样就可阻止该部分过多的材料拉入凹模腔内，从而防止起皱。随着工件复杂程度的不断增加，拉延筋的设置和调整已成为拉延模设计及试模过程中的关键技术。拉延筋的结构与布置形式多种多样，常见的结构形式有边形、圆弧形和矩形三种，如图2-19所示；常见的布置方式有直线、环线、斜拉三种，如图2-20所示。为了增加进料阻力，提高材料的变形程度，可以布置整圈的环线拉延筋；为了能最大限度发挥拉延筋的作用，在局部布置与材料流动应力相垂直的直线拉延筋（拉延筋最好与邻近的凹模口轮廓相平行）；为了增加径向拉应力，降低切向压应力，防止起皱的产生，可在容易起皱的地方设置局部的短筋；为了调整进料阻力，可以在直线部位设置拉延筋，而圆弧部位不设拉延筋，当拉延深度相差较大时，在深的部位不设拉延筋，在浅的部位设置拉延筋。

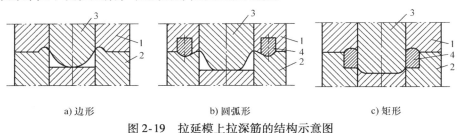

a) 边形　　b) 圆弧形　　c) 矩形

图2-19　拉延模上拉深筋的结构示意图

1—压边圈　2—凹模　3—凸模　4—拉延筋

  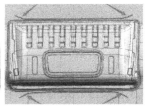

a) 直线拉延筋　　b) 环线拉延筋　　c) 斜拉拉延筋

图2-20　拉延筋的布置

④ 适当的凸凹模间隙：适当的凸凹模间隙可保证工件在拉延过程中，材料在凸模和凹模之间按照设定的规律流动。

2）防止拉裂的主要措施。根据材料的力学性能，采用与之相适应的拉延系数和压边力；选用合适的润滑剂对拉延成形工件进行润滑，改善拉延成形过程工件的受力状态；合理设计模具工作部位的形状和圆角；选用拉延性能优良的材料。

3）防止加工硬化的主要措施。克服拉延成形过程中因出现硬化而使后续成形工序无法正常有效进行的主要措施是，对拉延成形的半成品工件采用中间退火工艺，以消除拉延成形过程中所产生的加工硬化，恢复其良好的塑性。

（5）拉延件的结构工艺性 拉延件的结构工艺性是指拉延件采用拉延成形工艺的难易程度。良好的结构工艺性应是板料消耗少、工序数目少、模具结构简单、加工成形容易进行、产品质量好而稳定。满足如下要求的拉延件具有良好的结构工艺性，如图 2-21 所示。

① 拉延件的结构形状尽量简单、对称。

② 拉延件各部分尺寸比例要适当，尽量避免设计宽凸缘和拉延深度大的工件，凸缘直径和拉延深度应满足 $D < 3d$、$h \leqslant 2d$ 的要求。

③ 拉延件的圆角半径要合适，图 2-21 所示各处圆角半径应满足 $r_{1\min} > t$、$r_{2\min} > t$，$r_1 = (2 \sim 3)t$、$r_2 = (3 \sim 4)t$，$r_3 \geqslant 3t$，以利于成形和减少拉延次数。

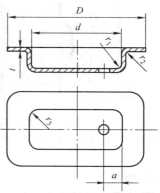

图 2-21 拉延件结构设计

④ 拉延件底部孔的位置要合适，其孔中心线到侧壁的距离应大于该处圆角半径加孔的半径加 1/2 板料的厚度，即 $a > r_1 + r + 0.5t$（r 为孔的半径）。

3. 胀形

利用模具使空心坯料在直径方向上局部扩张的成形工艺称为胀形。空心坯料可以是带底的拉延件，也可以是无底的管料。

空心坯料的胀形需要通过传力介质将作用力传至工件的内壁使之产生径向变形，根据传力介质的不同，胀形成形工艺有刚性模胀形和柔性模胀形之分。

刚性模胀形有整体模胀形和分体模胀形，如图 2-22、图 2-23 所示。可采用整体刚性模胀形的工件较少。绝大多数情况下，凸模必须采用纵向分开式结构，胀形成形工艺完成后，模具才能顺利与工件分开。

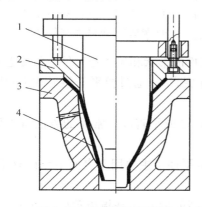

图 2-22 整体刚性模胀形
1—凸模 2—锥面压边圈 3—凹模 4—坯料

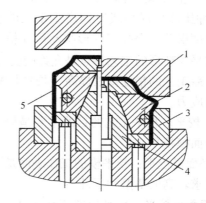

图 2-23 分体刚性模胀形
1—上凹模 2—分块凹模 3—下凹模 4—锥形块 5—坯料

柔性模胀形有橡胶、气体、液体等多种，如图2-24、图2-25所示。柔性模胀形的特点是：坯料在成形过程中变形均匀，工件的几何形状和精度容易保证；容易实现形状复杂及不对称工件的成形。

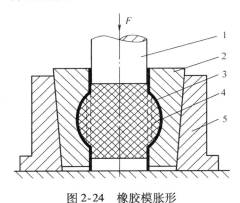
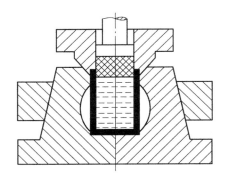

图2-24　橡胶模胀形　　　　　　　　　　图2-25　液压、气压胀形
1—凸模　2—凹模　3—制件　4—聚氨酯橡胶　5—外套

4．缩口

通过模具将预成形筒形件或管形件口部直径缩小的成形工艺称为缩口成形工艺，如图2-26所示。缩口成形过程中，缩口端直径减小，壁厚和高度都会相应增加。常见的缩口形式主要有锥形口、直口和球形口，如图2-27所示。

5．翻边工艺

翻边是在预先冲制好孔的制件上（有时也不预冲孔）依靠材料的伸长，利用模具沿孔周边翻成竖直边缘的冲压工序，图2-28为圆孔的翻边工艺示意图。翻边工艺主要用于需要有法兰的结构件中。

6．校平与整形

校平与整形又称修整工序，是指利用模具使坯件（半成品冲压件）局部或整体产生不大的塑性变形，以消除平面度误差，提高工件形状及尺寸精度的冲压成形

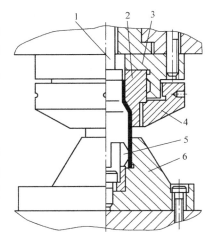

图2-26　缩口成形工艺
1—推杆　2—凹模　3—凹模固定板
4—紧固套　5—弹性夹套　6—支座

工艺。校平与整形的工艺特点是允许的变形量很小，坯件的形状和尺寸与工件非常接近；校平和整形后工件的精度得以提高（校平与整形模的精度更高）；通过校平与整形减小和释放工件的内应力。

（1）校平　校平工艺的目的主要是提高工件的平整度或平直度，常见的方法有平面模校平和齿面模校平。

① 平面模校平：校平模的工作表面是平面度较高的平面，主要用于表面不允许有压痕、平面度要求较高的薄壁冲压件。

② 齿面模校平：校平模的工作表面是平面度要求高的齿面（是指齿顶的平面度），如图2-29所示，主要用于材料相对较厚、表面容许有细小压痕、表面平面度要求较高的工件。

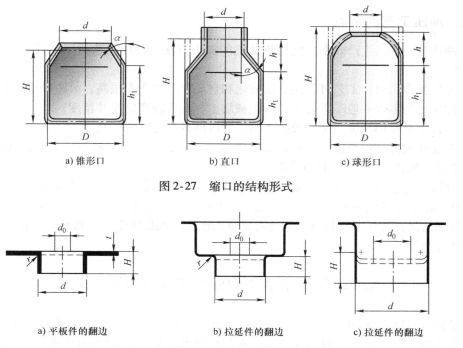

图 2-27 缩口的结构形式

图 2-28 圆孔的翻边工艺示意

（2）整形 弯曲回弹会使工件的弯曲角度发生改变；拉延及翻边成形的工件，会因为模具圆角半径的限制而达不到所需更小的圆角半径、工件的尺寸与形状精度达不到相关的设计要求。为了能够较好地解决上述问题，需要增加整形工

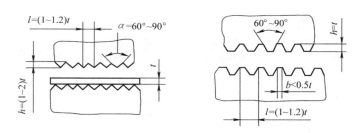

图 2-29 齿面校平模

艺，即：利用整形模对经弯曲或拉延成形工件的局部或整体施以小量的塑性变形，以校正工件的尺寸和形状，提高其制造精度。

整形模的结构与成形模相似，但模具工作部位的精度与表面粗糙度要求更高，模具的圆角半径和间隙更小。

① 弯曲件的整形：弯曲件的整形主要有压校整形和镦校整形两种，镦校整形的效果优于压校，但带大孔或宽度不等弯曲件不便采用镦校整形。

② 无凸缘拉延件的整形：主要采用拉薄的方法整形，即采用模具间隙为 $(0.90 \sim 0.95)t$（t 为冲压坯料的厚度）的整形模对工件进行进一步的整形加工，对于车身冲压件，大多采用将整形工序与最后一道拉延工序结合在一起来完成。

③ 带凸缘拉延件的整形：带凸缘拉延件的整形部位主要是凸缘上下表面、侧壁面、底面、凸缘圆角半径、底部圆角半径。针对上述部位的整形，主要是提高整形模的精度和表面质量，减小模具的圆角半径。

三、冲压工艺的特点

① 冲压是一种高生产效率、低材料消耗的加工方法。冲压工艺适用于较大批量零件制品的生产。

② 冲压操作简单，工艺过程便于机械化和自动化，生产率很高，故零件成本低。

③ 冲压出的零件一般不需要再进行机械加工，具有较高的尺寸精度。

④ 可以批量获得精度高度一致的产品，冲压件具有良好的互换性。

⑤ 车身冲压件所用材料主要是高精度钢带或铝带，表面质量较好，为后续表面处理工序（如电镀、喷漆）打下了良好的基础。

⑥ 冲压工艺能制造出其他金属加工方法难以达到的形状极其复杂的零件。

但是，由于模具制造复杂、成本较高，只在中、大批量生产的条件下，冲压工艺的优越性才能显现出来；冲压所用材料必须具有足够的塑性，如低碳钢、高塑性合金钢、铜、铝合金、铝镁合金等。

第二节　车身冲压工艺与产线布局

冲压是整车制造企业四大工艺中的第一个生产工艺，主要承担整车外覆盖件、内板件、车身承力件的生产，如车身侧围内外板、车门内外板、发动机舱盖内外板、发动机舱内外板、车身地板等。冲压工艺主要包括开卷和冲压成形两大部分，如图2-30所示。

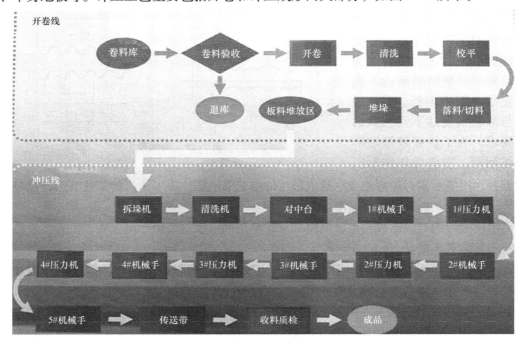

图 2-30　车身冲压成形工艺

为了满足冲压生产的需要，车身冲压车间设置有卷料存放区、开卷落料生产区、板料堆放区、模具堆放区、模具维修区、冲压生产区、冲压件暂存区、冲压件维修区、检具存放区、端拾器存放区、废料区、物料运输车辆存放区、车间办公区等多个功能区，如图2-31所示。

第二章 汽车冲压工艺

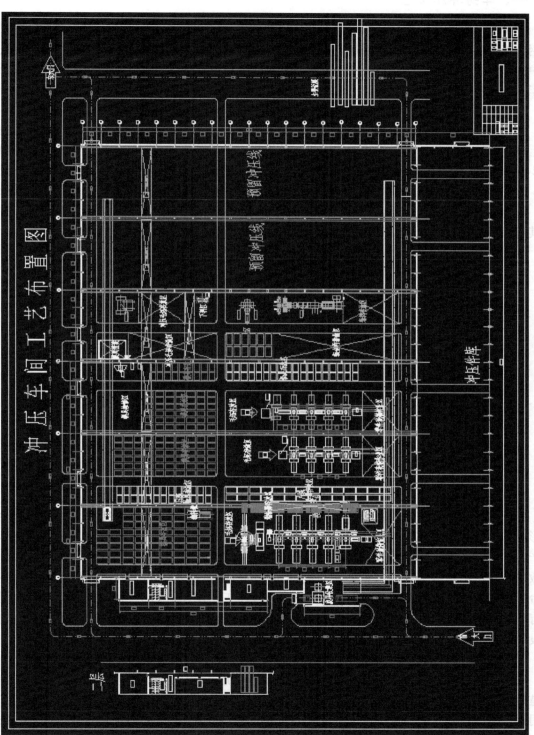

图 2-31　冲压车间布局图

一、车身冲压工艺

车身冲压工艺主要包括开卷落料和冲压成形两大部分。汽车车身冲压用材主要是高精度的钢带或铝带,供货状态是卷筒料,为此需要将卷筒料展开,并按照车身各冲压件在冲压过程中的实际需要将其剪裁成不同大小和形状的片状板材,然后送到冲压成形生产线将其冲压成车身冲压件。

1. 开卷落料

为了获得较高的生产效率,车企的冲压车间都配置有专门的开卷落料生产线,其设备包括上料机构、开卷机、引料机构、清洗机、校平机、送料装置、落料压力机、码垛机等,如图2-32所示。其工艺内容包括开卷、清洗(清洗工艺仅适用于钢带,铝带是不允许清洗的。因为铝带表面涂的是固体防护剂,钢带表面涂的是液体防护剂)、校平、落料、码垛等。将购入的卷料,经过开卷校平设备,释放卷曲应力,达到满足冲压生产的平整状态,并将其剪裁成所需不同大小和形状的片状板材。

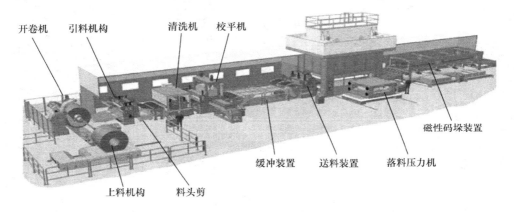

图2-32 开卷生产线

2. 冲压成形

冲压成形是指利用压力机和模具对板材、带材、管材和型材等施加外力,使之产生塑性变形,从而获得所需形状和尺寸的工件(冲压件)的加工方法。对于车企而言,冲压成形生产几乎全都采用自动化乃至智能化的冲压生产线来完成。冲压成形线通常并行设置多条,其数量主要由生产纲领(年产量)和自制冲压件的种类数决定。冲压成形线尽管都采用将多台压力机串联的方式布置,但由于不同厂商其冲压工艺设计思想各不相同,因此车身冲压线有四序、五序和六序之分。图2-33是一条常见的五序冲压成形线,有的车企为了减小设备投资、降低生产成本,已开发出三序车身冲压生产工艺。

车身冲压成形线由线前、线中、线尾三大单元组成。

线前单元:包括上料小车、拆垛机、板面检测系统、对中装置、清洗设备等,其作业内容是磁性(吹气)分张、拆垛、板料双面检测、板料清洗涂油、板料传输、板料对中。首先用叉车将板料存放区的板料运送至可调节高度的上料小车内。通过磁性分张或者吹气分张(铝材)装置,将板料拆垛成单张,利用空气吸盘将其抓起送至冲压线传送带(图2-34)。对于对表面处理要求特别高的零部件(如车身外覆盖件),需经双面清洗并随即涂上专用的

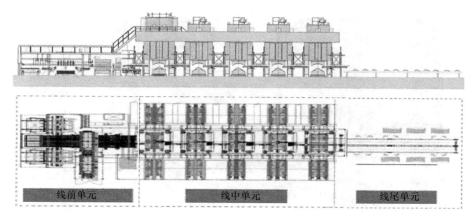

图 2-33　车身冲压成形生产线

冲压用油，以提高板件的成形性能，确保良好的表面质量。清洗和涂油步骤可视产品要求灵活选择。经过处理的板材，由机械手重新抓取并对中，以满足模具对位置精度的要求。

图 2-34　板材拆垛

线中单元：主要由压力机、冲压模具和中间传输装置组成，通过取料机器人/机械手将板材按顺序送到每一台压力机，通过多个工序（四序、五序或六序）完成冲压成形作业，将板材冲压成高精度、高质量的冲压件（图 2-35）。

对于首台压力机，基于板材成形的需求，通常在压力机工作台面配置数控液压垫；对于有落料作业的压力机，在台面中间设置废料落口，冲压过程中产生的废料会直接通过台面的废料口落入下方的废料线，输送至废料区，由废料车运走。压力机之间的物料传输，可采用双臂送料机、单臂送料机、机器人送料机与端拾器等（图 2-36）。

线尾单元：通常配置有质量检测系统、取件与装入工位器具的装置。冲压工序完成之后，工件被抓取并送至传送带。在传送带上设置有检测工位，配置专用检测设备或由专业检测人员在特定的灯光照射下，对覆盖件产品进行全方位检查（图 2-37）。检验合格的工件由人工或机器人从传送带上取下并放置到专用工位器具内，不合格的工件转入产品维修区。可修复的工件，修复后返回到专用工位器具内进入后续工序。

图 2-35　线中单元

a) 双臂送料机　　　　　b) 单臂送料机　　　　c) 机器人送料机　　　　d) 端拾器

图 2-36　压力机间物料输送机构

图 2-37　线尾单元

常见的车身冲压成形线有手工冲压线、机器人冲压线、单臂机械手冲压线、双臂伺服机械手冲压线等多种连线方案，其中效率最高的是双机械手冲压成形线。由于车身冲压件的种类非常多，且冲压成形的生产效率非常高，为了提高冲压成形线的利用率，所有车企都采用一条冲压成形线生产多种不同冲压件的方式。为此，在冲压车间都配置有模具自动快换系统，几分钟便可完成整条冲压线的模具更换。

二、车身冲压车间的工艺布局

多数车企的车身冲压车间将开卷落料和冲压成形两大作业内容布置在同一个车间内。车身冲压车间的工艺布局应该满足从原材料进厂到冲压件制成品输出的全部功能要求，其工艺内容至少包含原材料的准备、冲压生产、工序间的物流输送、成品存放、不良品返修、模具和检具的存放与维修、自动换模系统、废料处理、物流周转等，如图2-38所示。

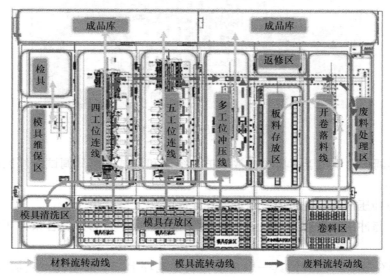

图2-38　冲压工艺布局示意图（开卷线与冲压线并行布置）

基于工位时间均衡的原则，通常一条开卷落料线的产量可匹配三条全自动冲压成形生产线的产量。由于车身冲压件的种类非常多，且不同冲压件结构的复杂性存在很大的差异，为了最大限度地减小冲压生产设备的投入，优化冲压成形工艺，车身冲压车间常同时采用三序、四序、五序、六序等多种不同的冲压生产线，现阶段四序冲压线用得最多，六序线已较少采用。

1. 开卷落料作业区的布局

开卷落料作业区应包括卷料存放、开卷生产、毛坯周转存放、模具存放等不同的功能区域，常见的布置方式如图2-39所示。根据开卷落料生产的需要，常配有天车、转运车、毛坯翻转机等辅助设备。

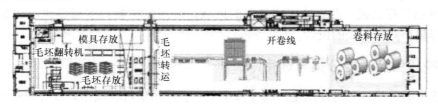

图2-39　开卷落料作业区布局

2. 冲压成形作业区的布局

冲压成形作业区的布局至少应包括模具调试维修、模具存放、板料存放、生产作业（生产线）、线尾、抽检、冲压件返修、冲压件存放等不同的功能区，如图 2-40 所示。根据冲压生产的实际需要，配有调试压力机、研配压力机、模具清洗机、天车、转运车、部分机加与焊接设备、模具与设备备件库，其中：调试压力机与冲压线首台压力机的设备参数基本一致，研配压力机一般为 200～300t 的液压机；模具维修区的起重设备（天车）按大于最大模具重量配置，并且带有副钩，副钩的吨位要大于最大模具的上模重量。

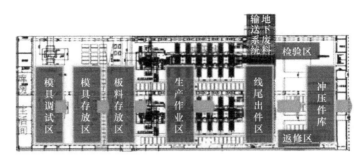

图 2-40　冲压成形作业区布局

（1）模具调试区　用于模具的日常维护、维修和调试。模具调试维修区的布置有如下两种方式，即：

① 布置在冲压线的同一跨内，靠近模具存放区。

② 布置在与冲压线平行的独立一跨内，即与冲压线平行布置，各条冲压线的模具共用模具调试区。

（2）模具存放区　大型模具一般直接存放在地坪上，下面垫枕木或加防护层的钢轨，存放高度一般不超过 2 层，模具运输采用电动平板车和起重机。

（3）板料存放区　用于冲压件毛坯（板料）的存放，毛坯放在平板料盘上，也可以直接存放在地坪上。车间内毛坯的运输采用叉车或起重机。

（4）生产作业区（生产线）　根据生产纲领并行设置多条冲压成形生产线。为了满足扩产的需要，在生产区一般预留一两条冲压生产线位。

（5）线尾出件区　冲压成品件的检验、下线、装入工位器具所需的区域。冲压成品件下线常采用传送带，其布置有"一"字形和"T"形两种不同的方式。

（6）抽检区　专为冲压成品件质量抽查所设置的区域。

（7）冲压件返修区　用于不合格冲压件的返修，一般设置在与冲压车间相邻的冲压件库房内。

（8）冲压件存放区　存放冲压成品件的区域，采用工位器具多层存放。一般布置在冲压车间与焊装车间相连接的位置。

三、冲压生产线的分类与选用

随着技术的进步，车身冲压生产线在数十年一直采用单机联线布置方式的基础上，为了进一步提高效率，近些年多工位压力机冲压生产线开始走进了车身冲压生产车间，即：现阶段单机联线冲压生产线和多工位压力机冲压生产线在汽车制造企业车身冲压生产中都有应用。

1. 单机联线冲压生产线

因为车企生产条件、所生产车型的不同（主要是指市场容量大小不同的车型）及冲压生产线建设早晚的不同，汽车车身冲压生产线还有半自动和全自动冲压生产线之分。对于多工位压力机冲压生产线，自动化程度都非常高。

（1）半自动冲压生产线　采用人工换模、各台压力机间零件的传输采用人工＋传送带输送机、生产线前端采用人工上料、尾端均采用人工下料的冲压生产线。压力机设置有左右（或前后）移动工作台，废料输送采用废料筐定期转运或废料线集中外运的方式。

（2）自动冲压生产线　在生产线的前段配置机器人自动拆垛、板料自动清洗、板料自动涂油、板料自动对中等系统，压力机间的零件传输采用自动化设备输送，线尾配置下料机器人、出料传送带机、检查台和照明系统，冲压生产线设置左右移出工作台、自动换模系统、端拾器自动更换系统，模具与端拾器自动更换，大大缩短了换模及模具调整时间。其中，压力机间的零件传输采用的自动化设备有多轴（6轴或7轴）机器人、单臂机械手、双臂机械手等，如图 2-41～图 2-43 所示。双臂机械手输送系统通常安装在设备基础上，相对于单臂机械手输送系统具有速度更快、稳定性更高的特点。

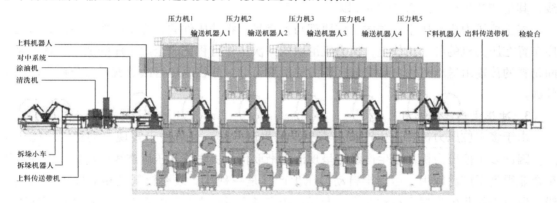

图 2-41　机器人冲压线

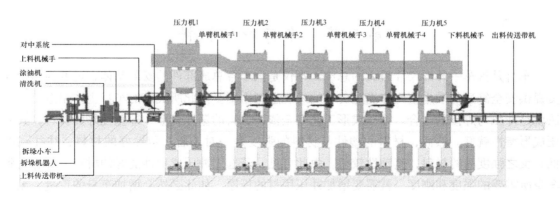

图 2-42　单臂机械手冲压线

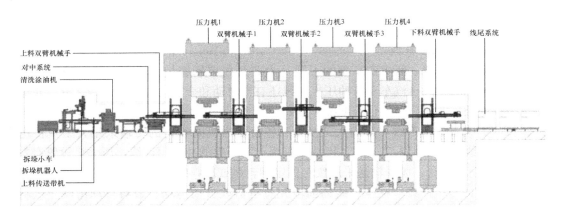

图 2-43 双臂机械手冲压线

2. 多工位压力机冲压生产线

多工位压力机冲压生产线的核心设备是一种更先进、将多台压力机集成在一起的多工位压力机，其组成包括线前单元、送料机构、压力机、线尾单元，一台压力机就是一条生产线，其生产节拍可达到 25 次/min 以上。

多工位压力机冲压生产线的工作原理与特点是：将冲压件的各道工序按照冲压成形的顺序布置在压力机的各个工位上，压力机滑块的一次工作行程完成全部工序的加工；各工序之间物料的传输由送料机构自动完成；压力机滑块每分钟的往返运行次数就是每分钟生产的工件数。

3. 冲压生产线的选用

由于多工位压力机冲压生产线具有更高的生产效率，且更便于实现自动化、智能化生产，因此多工位压力机冲压生产线已呈现出逐渐取代单机联线冲压生产线的趋势，已在乘用车企业得到了广泛应用。尽管半自动冲压生产线是一种生产效率较低且相对较落后的生产线，但对于那些生产规模相对较小、专门生产市场容量较小车型的企业，半自动冲压线不失为一种正确的选择。

第三节 车身冲压材料

车身是汽车中外形尺寸最大的总成，不仅是汽车各总成部件的安装基体，还要为驾乘人员提供安全舒适的乘坐空间和满足美学的外观造型需要。由此所决定的车身主体制造工艺方法就是冲压与焊接的组合。冲压成形工艺完全依赖材料的塑性变形，即塑性好的材料，其冲压成形特性就好。然而，材料的塑性与材料的强度是一对矛盾，塑性好的材料，往往强度低；反之强度高的材料，其塑性较差。由此可见，若选用冲压成形性能好的材料，要想达到车身所需要的强度和刚度，就需要增加冲压用材的板厚，如此必然会增加车身的重量，无法满足轻量化的要求。要想协调好上述矛盾，需要同时从合理选材和采用更先进的工艺两个方面采取措施。

一、车身冲压用材的性能要求

关于车身冲压用材的性能要求,可以概括为用最小的成本、重量和工艺投入换来最优的安全性、NVH 表现、可靠性、耐久性和良好的维修方便性,为此就要求车身冲压用材应具有高的强度与刚度、良好的冲压成形性能、优良的焊接性能、优异的涂装性能等。

1. 强度与刚度

汽车车身冲压用材应具有足够的强度和刚度,这不仅是汽车安全性、可靠性、与耐久性的基本保证,也可以大大减轻汽车的重量,有效实现汽车的轻量化,改善汽车的 NVH 性能。正因为如此,近些年高强钢、超高强钢已在各类汽车车身中得到了广泛应用。

2. 冲压成形性能

冲压成形性能主要是指材料的拉延深度、冲压成形后形状与尺寸的稳定性。通常情况下,材料的塑性越好,冲压成形所能达到的拉延深度亦越大,冲压回弹亦越小,冲压件的形状与尺寸稳定性也相应较好。但塑性大的材料,强度、刚度都相应较低,对于实现轻量化非常不利。解决好这对矛盾常用的方法是:优化冲压件的结构设计,以改善其冲压成形性能;优化模具的结构设计,使冲压成形过程中材料各部位的受力更加均匀;采用热冲压成形工艺,材料的温度越高,塑性越好。

与材料冲压成形性能相关的指标主要有:

(1)延伸率 试样拉伸断裂后标距段的总变形 ΔL 与原标距长度 L 之比的百分数:$\delta = \Delta L/L \times 100\%$。延伸率是材料冲压成形的一个综合性评价指标,延伸率越高表明成形性越好。

(2)屈服强度 材料发生屈服现象时所承受的应力,单位为 MPa,是材料的一种本征性能,代表了材料屈服的临界应力值,常用于确定机械部件的最大允许载荷。屈服强度的大小通常与材料的显微组织、加工方法、温度等有关,可以通过弥散强化、细晶强化等方式提高材料的屈服强度。其值越低越容易成形。

(3)抗拉强度 金属由均匀塑性形变向局部集中塑性变形过渡的临界值,是金属在静拉伸条件下的最大承载能力。拉伸试样在承受最大拉应力之前,变形是均匀一致的,但超出最大拉应力之后,金属开始出现缩颈现象,即产生集中变形。对于没有(或很小)均匀塑性变形的脆性材料,抗拉强度反映的是材料的断裂抗力。抗拉强度常用 σ_b 表示,单位是 MPa。抗拉强度值越大,零件强度越高,使用寿命越长。

(4)屈强比 材料的屈服强度与抗拉强度之比。材料的屈强比与材料的塑性变形能力和加工硬化能力密切相关。对于冲压成形而言,希望材料具有低的屈服强度和高的抗拉强度,其值越低越好。

(5)应变硬化指数 n 金属薄板在塑性变形过程中,形变强化能力的一种度量。应变硬化指数由流动应力与应变量关系决定,n 值大的材料,在冲压过程中,变形大的部位优先硬化,变形量减弱;变形小的部位因硬化小而继续变形,促使变形小的部位金属向变形大的部位流动,工件在成形过程中各处的变形相对较为均匀,延缓了局部颈缩的出现,从而提高了材料的拉延性能。

(6)塑性应变比 r 单向拉伸变形时,试件宽度方向的真应变与厚度方向的真应变之比,它是描述钢板抵抗变薄的能力。r 值越大表示材料越不易在厚度方向发生变形,即不易变薄或变厚，拉延成形性能好。

（7）各向异性系数 Δr　板料在冲压成形过程中各个方向上的塑性应变的差异。材料的各向异性主要影响冲压件边缘的平整度，即形成所谓的凸耳，不影响材料的冲压成形性能。各向异性系数 Δr 越大，表明板料平面内的各向异性越严重，冲压成形过程中越容易形成凸耳。凸耳是不希望产生的冲压成形缺陷，因为不仅会带来材料的浪费，还需增加一道修边整形工序。但越是冲压成形性能好的材料，各向异性系数 Δr 也越大。

3. 焊接性能

焊接性能是指金属材料在采用一定的焊接工艺，包括焊接方法、焊材、焊接规范及焊接结构形式等条件下，获得优良焊接接头的能力。对于某种金属而言，如果能用较多普通而又简便的焊接工艺获得优良的焊接接头，则认为这种金属具有良好的焊接性能。铝合金在轻量化和NVH性能方面都优于钢，但过去汽车车身冲压用材很少采用铝合金的重要原因就在于，铝合金的焊接性能远不如钢材好。随着焊接工艺技术的进步，铝合金的焊接问题已得到了较好的解决，所以铝合金在汽车车身制造中的应用已越来越广泛。

4. 涂装性能

汽车是一种对外观质量要求非常高的产品，应满足人们极高的审美要求，因此，无论采用什么材料制作车身，车身都必须进行高质量的涂装。为此，车身冲压用材需要具有良好的涂装性能。所谓涂装性能，是指涂料与车身表面的黏附能力。不同材料的涂装性能是各不相同的，车身冲压用材应具有良好的涂装性能。

一方面，对于任何一种冲压材料，要想同时获得良好的上述各项性能往往十分困难；另一方面，车身不同部位、不同的零部件对材料的要求各不相同，如：车身外覆盖件的主要功能是装饰与美观，对强度没有太高的要求，而车身中的承力梁与柱则主要是要有高强度和高刚度。因此车身冲压材料的选用应从功能、性能、轻量化、工艺、成本等多个方面综合考虑。

二、车身冲压用材的种类

现阶段，车身冲压用材主要有钢和铝合金两大类；车身的构成主要有全钢、全铝（铝合金）、钢铝混合等。

1. 车身冲压钢材

车身冲压用钢材的种类很多，分类方法各不相同，常见的分类方法主要有工艺、强度级别、表层涂镀材料。

（1）按轧制钢材的工艺分类　车身冲压用钢材分为冷轧钢板及钢带、热轧钢板及钢带、热轧酸洗钢板。冷轧钢板是以热轧卷为原料，在室温再结晶温度以下轧制而成。由于冷轧钢板生产过程中不加热，不会产生氧化铁皮，因此冷轧钢板的表面质量和尺寸精度都要优于热轧钢板。

（2）按钢材的强度级别分类　车身冲压钢材分为普通强度钢板、高强度钢板、超高强度钢板、特高强度钢板。高强钢的分类还有另一种方法，即按是否采用先进设备及工艺来分，如汽车用高强度钢板被分为普通高强度钢板和先进高强度钢板两类。

关于普通强度钢板与高强度钢板的界定，各国的标准都各不相同。我国汽车工程学会产业研究院发布的分类方法是，屈服强度小于210MPa（抗拉强度小于270MPa）的称为普通强度钢板，屈服强度大于210MPa小于550MPa（即抗拉强度大于270MPa小于700MPa）的称为高强度钢板，屈服强度大于550MPa（即抗拉强度大于700Ma）的称为超高强度钢板；日本将抗拉强度不低于340MPa的冷轧钢板和抗拉强度不低于490MPa的热轧钢板统称为高强度钢板（HSS）；德国将屈服强度介于180MPa与300MPa之间的钢板称为高强度钢板（HSS），将屈服强度介于300MPa与600MPa之间的钢板称为先进高强度钢板，将屈服强度高于600MPa的钢板称为超高强度钢板。

（3）按钢材中化学成分分类　车身冲压钢材分为优质碳钢钢板、普通碳钢钢板、低合金钢板（Mn、Ti、Nb、Si、Mo、Cr）。

（4）按钢材的冲压级别分类　车身冲压钢材分为一般钢板、冲压钢板、深冲钢板、超深冲钢板。

（5）按钢板表面处理方法分类　车身冲压钢材分为普通钢板、镀层钢板。其中镀层钢板又有镀锌钢板（热镀锌和电镀锌）、合金化热镀锌钢板（简记为GA钢板）、Zn – Ni合金电镀钢板、双层Zn – Fe合金电镀钢板、薄膜有机复合钢板。

2. 车身冲压铝合金

车身冲压铝合金主要有不可热处理的5000系列（Al – Mg）和可热处理的2000系列（Al – Mn – Mg – Pb）、6000系列（Al – Mg – Si）、7000系列（Al – Zn – Mg – Cu）。5000系列铝合金具有相对较好的成形性和耐蚀性，但表面质量难以控制，主要用于车身内板；6000系列铝合金具有良好的综合性能，主要用于车身外板；7000系列铝合金尽管价格较高，但强度也相对较高，可使应用的板材更薄，达到更好的轻量化效果。

室温下铝合金的延伸率普遍低于30%，部分牌号7000系列高强铝合金的延伸率不足10%，即铝合金板材室温的成形性能较差。但随着冲压成形技术的不断进步，铝合金成形难的问题已基本得到解决。由于利用铝合金制造车身可以达到量化的轻量化效果，因此铝合金在汽车车身上的应用已越来越广泛。

三、冷轧冲压用材

冷冲压是塑性加工的基本方法之一，它是利用安装在压力机上的模具，在室温下对板料施加压力使其变形或分离，从而获得具有一定形状、尺寸和精度的零件的一种压力加工方法。至今为止，冷冲压成形仍然是汽车车身制造工艺中应用最广的一种成形工艺。冷冲压成形工艺中所使用的材料既有冷轧钢板及钢带，也有热轧钢板及钢带。冷轧钢板及钢带的表面质量好，多用于乘用车、各类小型车辆车身车架，客车车身，商用车驾驶室的制造，热轧钢板多用于汽车底盘构件及大型车辆车架等要求强度较高且对表面质量要求不高的车身零件。

1. 普通强度钢板及钢带

普通强度钢板及钢带是指抗拉强度相对较低（抗拉强度小于270MPa）的低碳钢板及钢带，其材料的成本低，有较好的冲压成形性能，适合制造非承力的装饰类部件。国家标准GB/T 5213—2019《冷轧低碳钢板及钢带》对其作了详细的规定。这类冷轧钢板及钢带有DC01、DC03、DC04、DC05、DC06、DC07六种不同的牌号（其对应的用途分别是一般性用途、冲压用、深冲用、特深冲用、超深冲用、特超深冲用），FB、FC、FD三种不同的表面质量等级。其中：D——冷成形用钢板及钢带；C——轧制工艺为冷轧；01、03、…、07——序列号；FB、FC、FD分别对应较高级表面、高级表面、超高级表面。六种牌号的低碳钢板及钢带的性能参数、化学成分及与国内外牌号的对照见表2-3~表2-5。

表2-3 冷轧低碳钢板及钢带的性能参数

牌号	屈服强度 R_{eL} 或 $R_{P0.2}$/MPa 不大于	抗拉强度 R_m/MPa	断后伸长率 A_{80mm}（%）不小于	r_{90} 不小于	n_{90} 不小于
DC01	280	270~410	28	—	—
DC03	240	270~370	34	1.3	—
DC04	210	270~350	38	1.6	0.18
DC05	180	270~330	40	1.9	0.20
DC06	170	270~330	41	2.1	0.22
DC07	150	250~310	44	2.5	0.23

表2-4 冷轧低碳钢板及钢带的化学成分（质量分数）

牌号	C	Mn	P	S	Al_t	Ti
DC01	≤0.12	≤0.60	≤0.045	≤0.045	≥0.020	—
DC03	≤0.10	≤0.45	≤0.035	≤0.035	≥0.020	—
DC04	≤0.08	≤0.40	≤0.030	≤0.030	≥0.020	—
DC05	≤0.06	≤0.35	≤0.025	≤0.025	≥0.015	—
DC06	≤0.02	≤0.30	≤0.020	≤0.020	≥0.015	≤0.30
DC07	≤0.01	≤0.25	≤0.020	≤0.020	≥0.015	≤0.20

表2-5 冷轧低碳钢板及钢带国内外牌号的对照

GB/T 5213—2019	EN 10130—2006	JIS G 3141—2017	VDA 239-100	ASTM A 1008M-16
DC01	DC01	SPCC	CR1	CS Type C
DC03	DC03	SPCD	CR2	CS Type A，B
DC04	DC04	SPCE	CR3	DS Type A，B
DC05	DC05	SPCF	CR4	DDS
DC06	DC06	SPCG	CR5	EDDS
DC07	DC07	—	—	—

2. 普通高强度钢板及钢带

所谓普通高强度钢板及钢带，是指对普通强度钢板的生产工艺进行适当改进，如烘烤硬化、加磷强化、添加合金元素等使之获得更高的强度。我国国标中列入的汽车用冷连轧普通高强度钢板及钢带主要有碳锰高强钢（C-Mn）、烘烤硬化高强钢（BH）、无间隙原子高强钢（HSS-IF）和低合金高强钢（HSLA）等。上述各种汽车用冷轧普通高强度钢板及钢带的型号、化学成分、性能参数及与国内外标准牌号的对照见GB/T 20564.11、GB/T 20564.1、GB/T 20564.3、GB/T 20564.4。

（1）碳锰高强钢（carbon manganese steel，C-Mn） 碳锰高强钢（C-Mn）的显微组织由铁素体和少量珠光体组成。在低碳钢的基础上，添加合金元素 Mn、Si 进行固溶强化，使屈服强度和抗拉强度增加；添加微量合金元素 Nb 和 Ti 细化晶粒，它们在钢中形成碳化物、氮化物或碳氮化物析出强化，可以使钢的强度明显升高。

（2）烘烤硬化高强钢（bake hardening steel，BH） 在钢中保留一定量的固溶碳、氮原子，同时通过在钢中添加磷、锰等强化元素来提高钢的强度。加工成形后，在一定温度烘烤后，由于时效硬化使钢的屈服强度进一步升高。烘烤硬化高强钢包括 IF 烘烤硬化钢板和低碳烘烤硬化钢板两种，特点是钢板冲压成形前具有较低的屈服强度，通过冲压成形后的涂漆烘烤工艺使钢板的屈服强度增加。烘烤硬化钢板及钢带可在不影响成形件形状稳定性的同时，提高钢板的抗凹陷性，很适用于生产汽车外覆盖件。

（3）无间隙原子高强钢（high strength interstitial free steel，HSS‐IF） 在无间隙原子钢（HSS‐IF）中添加一定量的磷、锰、硅等强化元素，使钢在具有较高强度的同时又保持良好的成形性能。磷原子进入铁原子晶格内会与铁原子置换形成固溶体，由于磷原子和铁原子的半径不同，在磷原子周围产生弹性变形而使钢强化。磷的强化能力很强，约为硅的 7 倍、锰的 10 倍。无间隙原子钢板及钢带的生产工艺与 08Al 冷轧钢近似，但其强度比 08Al 冷轧钢板及钢带高 15%～25%，耐蚀性比 08Al 冷轧钢板约高 15% 以上；无间隙原子钢（HSS‐IF）呈现出良好的强‐塑性平衡，即随着强度的增加，延伸率下降甚微；磷具有改善冷轧钢板塑性应变比 γ 的作用，γ 值越高，表征薄板厚度方向较平面方向具有更大的变形抗力，冲压成形时厚度不易变薄，从而提高了深冲性能；无间隙原子钢板及钢带还具有 08Al 冷轧钢不具有的烘烤硬化性能。

（4）低合金高强钢（high strength low alloy steel，HSLA） 在低碳钢中，通过单一或复合添加铌、钛、钒等微合金元素，形成碳氮化合物粒子析出进行强化，同时通过微合金元素的细化晶粒作用，以获得较高的强度。低合金高强钢（HSLA）具有良好的冷热加工成形性能和焊接性能，较低的冷脆倾向，较小的缺口敏感性，较好的抗大气、海水等腐蚀能力。

3. 先进高强钢板及钢带

所谓先进高强钢板及钢带是指需要采用先进设备及工艺方法才能生产出来的钢板及钢带，这种钢板及钢带的工艺复杂、强度更高。我国国标中列入的汽车用冷连轧普通高强度钢板及钢带主要有双相高强钢（DP）、复相高强钢（CP）、各向同性高强钢（IS）、相变诱导塑性高强钢（TRIP）、马氏体高强钢（MS）、淬火配分高强钢（QP）、孪晶诱导塑性高强钢（TWIP）、增强成形性双相高强钢（DH）等。上述各种汽车用冷轧先进高强钢板及钢带的型号、化学成分、性能参数及与国内外标准牌号的对照见 GB/T 20564.2、GB/T 20564.8、GB/T 20564.5、GB/T 20564.6、GB/T 20564.7、GB/T 20564.9、GB/T 20564.10、GB/T 20564.12。

（1）双相高强钢（dual phase，DP） 双相高强钢（DP）的显微组织为铁素体和马氏体，马氏体以岛状弥散分布在铁素体基体上，其中马氏体的含量为 5%～50%，随着马氏体含量的增加，钢的强度呈线性增加，强度范围为 500～1200MPa。DP 钢具有较好的冲压成形性能和高强度。

双相高强钢（DP）是一种以 Si、Mn 为主要合金成分的低成本钢材。在连续退火过程中，首先加热到 760～830℃ 的铁素体 + 奥氏体两相区，使其组织为一定比例的铁素体和奥氏体。此时将钢材淬火到马氏体点温度以下，则奥氏体转变为马氏体，使之形成"双相组织"结构。双相高强钢（DP）比传统的高强钢有更高的初始加工硬化率，所以有很低的屈强比，可以得到很大的延伸率。双相高强钢（DP）中有固溶较多的碳，所以也是一种烘烤硬化钢，在经过烘烤涂漆后，屈服强度可提高约 100MPa。双相高强钢（DP）是目前结构类零件的首选钢种，常用于制造要求具有高强度、高碰撞吸能的汽车零件，如车门防撞杆、行李舱盖板、底盘结构件和保险杠等。

（2）复相高强钢（complex phase steel，CP） 复相高强钢（CP）的显微组织是在铁素体或贝氏体基体上分布少量马氏体、残余奥氏体或珠光体，通过微合金元素细晶强化或析出强化。复相高强钢（CP）的强度可达 800~1000MPa，具有较高的冲击吸能和扩孔性能，与同等抗拉强度的双相钢相比，具有较高的屈服强度和良好的弯曲性能。CP 特别适合于制造汽车的车门防撞杆、底盘悬架件、保险杠和立柱等安全零件。

（3）各向同性高强钢（isotropic steel，IS） 各向同性高强钢（IS）是一种对塑性应变比（γ值）进行限定的高强钢，属于低碳微合金钢，其中的微合金元素固溶于奥氏体中时，使其点阵产生一定程度的畸变，从而提高了热变形抗力。各向同性高强钢（IS）的碳含量常比普通碳素钢和低合金高强度钢低，因而在同样的屈服强度下有较高的加工硬化率、最大均匀真应变和总延伸率。各向同性高强钢的特点是：很低的平面各向异性，即 Δr（各向异性系数 Δr：板料在冲压成形过程中各个方向上的塑性应变的差异）趋于零（在 -0.15~+0.15之间），高强度，高 n（应变硬化指数 n：金属薄板在塑性变形过程中，形变强化能力的一种度量）值，冲压成形性能及焊接性能良好，强度级别（屈服强度）在 220~300MPa 之间。各向同性高强钢主要用于汽车覆盖件、结构件，在欧洲系车型上使用较多，日系车很少使用。

各向同性高强钢属于低碳微合金钢，该钢的特点是具有很低的平面各向异性和成形性能好等。强度级别按照屈服强度可分为 220、250、260、280 和 300MPa。各向同性高强钢主要用于汽车外板。

（4）相变诱导塑性高强钢（transformation induced plasticity steels，TRIP） 相变诱导塑性高强钢（TRIP）的显微组织为铁素体、贝氏体和残余奥氏体，其中残余奥氏体的含量在 5%~15%之间，强度范围为 600~800MPa。在成形过程中，残余奥氏体可相变为马氏体，具有较高的加工硬化率、均匀延伸率和抗拉强度。与同等抗拉强度的双相钢相比，具有更高的延伸率。相变诱导塑性高强钢（TRIP）主要用来制作结构复杂的汽车零件，如 B 柱加强板、底盘部件、车轮轮辋、车门冲击梁、前端车架纵梁、转向拉杆下臂及车身立柱等。此外，相变诱导塑性高强钢（TRIP）也作为热镀锌和 Zn-Ni 电镀锌的基板，以生产高强度、高塑性、高拉深胀形性以及高耐蚀性的镀锌板。

（5）马氏体高强钢（martensitic steel，MS） 马氏体高强钢（MS）的显微组织几乎全部为马氏体，主要通过高温奥氏体组织快速淬火转变为板条马氏体组织，可通过热轧、冷轧来实现。马氏体高强钢（MS）具有高的抗拉强度，最高可达 1600MPa，但需进行回火处理以改善塑性，使其在如此高的强度下，仍具有足够的冲压成形性能。MS 是目前商业化高强度钢板及钢带中强度级别最高的钢种，通常只能用于辊压成形生产或冲压形状简单的零件，主要用于成形要求不高的车门防撞杆、保险杠、门槛梁加强板和侧门内防撞杆等。

（6）淬火配分高强钢（quenching and partitioning steels，QP） 淬火配分高强钢（QP）的显微组织为马氏体、残余奥氏体和铁素体。淬火配分高强钢（QP）的工艺机理是基于对碳在马氏体和奥氏体混合组织中扩散规律的一种新的认识与理解，主要是控制完全奥氏体化后淬火形成部分马氏体的量，然后通过碳分配热处理工艺使得碳从过饱和的马氏体中转移到残留奥氏体中，残留奥氏体在室温条件下亦可稳定存在。淬火配分高强钢（QP）属于第三代先进高强度钢（AHSS），在受到外力作用时，发生类似相变诱导塑性（TRIP）效应，残余奥氏体可相变为马氏体组织,具有较高的加工硬化率、抗拉强度和均匀延伸率,抗拉强度可达 800~1500MPa,延伸率为 15%~40%。与同等抗拉强度的双相钢相比,QP 具有更高的延伸率;与同等抗拉强度的相变诱导塑性钢相比,具有更低的碳当量。由于淬火配分高强钢(QP)具有高强度和高塑性的综合性能,作为汽车结构用钢,可大大减轻车体重量,增强车体抵抗撞击的能力,提高汽车运行的安全性,具有很好的发展前景。

(7)孪晶诱导塑性高强钢(twinning induced plasticity steel,TWIP) 孪晶诱导塑性高强钢(TWIP)通过高合金添加稳定奥氏体到室温,室温下的显微组织为稳定的奥氏体。在塑性变形过程中,单相奥氏体通过孪晶形成来延迟颈缩而获得良好的塑性,同时奥氏体在高应变区会发生应变诱导马氏体相变,相变延迟了颈缩的发生,从而提高塑性。孪晶诱导塑性高强钢(TWIP)具有极高的强度塑性积,可以用于成形复杂的结构件或加强件。孪晶诱导塑性高强钢(TWIP)的成分主要是 Fe,添加质量分数为 25%~30% 的 Mn、少量 Al 和 Si,也可再加入少量的 Ni、V、Mo、Cu、Ti、Nb 等微合金元素。孪晶诱导塑性高强钢(TWIP)兼有极高的强度和极高的冲压成形性能,其抗拉强度高于 1000MPa,最新的研究成果表明,它的延伸率可达 60%~95%。孪晶诱导塑性高强钢(TWIP)高的加工硬化率使其具有很强的能量吸收能力,所以该钢种是非常有前途的汽车用结构材料,特别适合制造对材料拉延和胀形性能要求很高的汽车车身承力结构件。

(8)增强成形性双相高强钢(dual phase steel with high formability,DH) 增强成形性双相高强钢(DH)的显微组织主要为铁素体、马氏体以及少量残余奥氏体或贝氏体。DH 是在双相高强钢铁素体加马氏体双相组织基础上,引入了一定量的残余奥氏体,通过变形过程中产生的应变诱导塑性作用,在保证高强度的同时具有更高的延伸率。增强成形性双相高强钢(DH)与同等抗拉强度的双相钢相比,具有更高的延伸率和加工硬化指数,适用于具有较高拉延需求的零件成形加工。

四、热轧冲压用材

热轧钢板及钢带是在高温(1100~1250℃)下轧制而成的,热轧的温度高,变形抗力小,可以实现大的变形量轧制。对于组织有要求的热轧钢板及钢带,需通过控轧控冷来实现,即控制精轧的开轧温度、终轧温度和卷曲温度以控制热轧钢板及钢带的微观组织和力学性能。热轧钢板及钢带具有更好的延展性。冷轧钢板及钢带厚度较小,热轧钢板及钢带可以有较大的厚度。我国国标中列入的汽车用高强度热连轧钢板及钢带冲压用钢主要有冷成形用高屈服强度钢、高扩孔钢、双相钢、相变诱导塑性钢、马氏体钢、复相钢、液压成形用钢等。上述各种汽车用热轧普通高强度钢板及钢带的型号、化学成分、性能参数及与国内外标准牌号的对照见 GB/T 20887《汽车用高强度热连轧钢板及钢带》,其中双相钢、相变诱导塑性钢、马氏体钢、复相钢等已在前面冷轧冲压用材中作了介绍,在此不再重复。我国汽车用热轧冲压用材中还有一种专用的材料,即汽车车架用热轧钢,见 GB/T 3273—2015《汽车大梁用热轧钢板和钢带》。

1. 冷成形用高屈服强度钢(High yield strength steel for cold forming)

GB/T 20887.1—2017《汽车用高强度热连轧钢板及钢带 第 1 部分:冷成形用高屈服强度钢》中对冷成形用高屈服强度钢的化学成分、力学和工艺性能的规定分别见表 2-6 和表 2-7。

表 2-6 冷成形用高屈服强度钢的牌号与化学成分

牌号	化学成分（质量分数）（%）											
	C	Si	Mn	P	S	Alt[①]	Nb	V	Ti	Mo	B	Nb+Ti+V
	不大于					不小于	不大于					
HR315F	0.12	0.50	1.30	0.025	0.020	0.015	0.09	0.20	0.15	—	—	0.22
HR355F	0.12	0.50	1.50	0.025	0.015	0.015	0.09	0.20	0.15	—	—	0.22
HR380F	0.12	0.50	1.50	0.025	0.015	0.015	0.09	0.20	0.15	—	—	0.22
HR420F	0.12	0.50	1.60	0.025	0.015	0.015	0.09	0.20	0.15	—	—	0.22
HR460F	0.12	0.50	1.60	0.025	0.015	0.015	0.09	0.20	0.15	—	—	0.22
HR500F	0.12	0.50	1.70	0.025	0.015	0.015	0.09	0.20	0.15	—	—	0.22
HR550F	0.12	0.50	1.80	0.025	0.015	0.015	0.09	0.20	0.15	—	—	0.22
HR600F	0.12	0.50	1.90	0.025	0.015	0.015	0.09	0.22	0.50	—	0.005	0.22
HR650F	0.12	0.60	2.00	0.025	0.015	0.015	0.09	0.22	0.50	—	0.005	0.22
HR700F	0.12	0.60	2.10	0.025	0.015	0.015	0.09	0.22	0.50	—	0.005	0.22
HR900F	0.20	0.60	2.20	0.025	0.010	0.015	0.09	0.20	0.25	1.00	0.005	—
HR960F	0.20	0.60	2.50	0.025	0.010	0.015	0.09	0.20	0.25	1.00	0.005	—

① 当化验酸溶铝 Als 时，其含量应不小于 0.010%。

表 2-7 冷成形用高屈服强度钢的力学和工艺性能

牌号	拉伸试验[①]				弯曲试验[④]
	上屈服强度 R_{eH}[②]/MPa 不小于	抗拉强度 R_m/MPa	断后伸长率（%）不小于		
			A_{80mm}[③]	A	
			板厚/mm		
			<3.0	≥3.0	
HR315F	315	390~510	20	26	180°, D=0a
HR355F	355	430~550	19	25	180°, D=0.5a
HR380F	380	450~590	18	23	180°, D=0.5a
HR420F	420	480~620	16	21	180°, D=0.5a
HR460F	460	520~670	14	19	180°, D=1.0a
HR500F	500	550~700	12	16	180°, D=1.0a
HR550F	550	600~760	12	16	180°, D=1.5a
HR600F	600	650~820	11	15	180°, D=1.5a
HR650F	650	700~880	10	14	180°, D=2.0a
HR700F[⑤]	700	750~950	10	13	180°, D=2.0a
HR900F	900	930~1200	8	9	90°, D=8a
HR960F	960	980~1250	7	8	90°, D=9a

① 拉伸试验试样方向为纵向。
② 当屈服现象不明显时，可采用规定塑性延伸强度 $R_{p0.2}$ 代替。
③ 试样为 GB/T 228.1—2010 中的 P6 试样（$L_0=80mm$，$b_q=20mm$）。
④ 弯曲试验适用于横向试样，弯曲试样宽度 b≥35mm，仲裁试验时试样宽度为 35mm。D 为弯曲压头直径，a 为试样厚度。
⑤ 厚度大于 8.0mm 的钢板及钢带，其屈服强度下限允许降低 20MPa。

2. 高扩孔钢 (high hole Expansion steels, HE)

高扩孔钢（HE）又称纤维组织铁素体-贝氏体钢（FB - Ferrite and Bainite Steel），亦称延伸翻边（凸缘）钢，这是因为它具有良好的扩孔性能（即凸缘翻边能力）。高扩孔钢的金相显微组织由铁素体和贝氏体组成。高扩孔钢可用来制造热轧产品，主要优点是具有良好的扩孔性能、抗碰撞性能和优良的抗疲劳性能。HE 通常被用来冲压生产大、中型车身覆盖件，汽车底盘零件，车轮等重载工件。

3. 液压成形用钢 (hydraulic forming, HF)

适用于液压成形工艺的钢板及钢带称为液压成形用钢；对于管材液压成形用钢称为内高压成形用钢。其特点为钢质纯净，性能均匀，具有较高的延伸率和 n 值。液压成形用钢的化学成分、力学和工艺性能的规定分别见表2-8和表2-9。

表2-8 液压成形用钢的牌号与化学成分

牌号	化学成分（质量分数）[①~③]（%）					
	C	Si	Mn	P	S	Als
	不大于					不小于
HR270HF	0.10	0.35	0.50	0.020	0.015	0.015
HR370HF	0.12	0.50	1.20	0.020	0.015	0.015
HR400HF	0.18	0.60	1.50	0.020	0.015	0.015
HR440HF	0.21	0.60	1.50	0.020	0.015	0.015

① 为了改善钢的性能，可添加 Nb、V、Ti 等细化晶粒元素，并在质量证明书中注明。
② 当用于 ERW 方式制管时，碳含量应不小于 0.01%。
③ 可用全铝 Alt 替代酸溶铝 Als，其含量应不小于 0.020%。

表2-9 液压成形用钢的力学和工艺性能

牌号	拉伸试验			
	下屈服强度 R_{eL}/MPa	抗拉强度 R_m/MPa	断后伸长率 A_{50mm}（%）（$L_0=50mm$, $b_0=25mm$）	n
			不小于	
HR270HF	170~260	270~370	40	0.18
HR370HF	225~305	370~470	38	0.16

五、热成形钢板及钢带

随着钢材强度的提高，钢板及钢带的冲压成形性能总体上呈下降趋势，形状冻结性变差，成形难度加大，材料在成形过程中所需的冲压成形力也增加，造成成形设备的负荷增大，工具、模具的寿命显著下降。为解决上述问题，近年来材料热冲压后进行热处理的新技术得到了快速发展，以满足用户对进一步提高冲材强度、实现汽车轻量化的迫切要求。这种技术已大量应用于可以热处理强化的钢板及钢带，如含 B 钢板及钢带，将其加热到900℃左右进行冲压成形，大幅度降低了成形抗力，提高了材料的成形能力。冲成零件后，立即利用余热进行淬火处理，处理后的材料抗拉强度高达 1500MPa 左右。处理完的零件需进行喷丸处理，以去除氧化铁皮，改善表面质量。近年来，热冲压成形普遍采用带有 Al-Si 预涂层的钢板及钢带，可以避免在热冲压前加热过程中材料的氧化，热冲压后表面形成 Fe-Al-Si 合金化层，零件无须喷丸清理，可直接涂装。热成形用钢板及钢带的牌号有 SPHT-T、Usibor1500P、22MnB5 等。

六、冲压铝材

铝合金材料的牌号依据所含化学元素成分和比例的不同，分为 1000～9000 共 9 大系列。

1000 系列：高纯铝（含铝量 99.9% 以上），导电性能、耐蚀性及焊接性能良好，但强度较低，不可热处理强化。

2000 系列：以铜为主要合金元素的铝合金，还添加锰、镁、铅和铋等其他合金元素，切削加工性能良好、强度高、可热处理强化，但晶间腐蚀倾向严重。

3000 系列：以锰为主要合金元素的铝合金，具有良好的塑性、耐蚀性和焊接性能，不可热处理强化、强度较低。

4000 系列：以硅为主要合金元素的铝合金，不常用。4000 系列铝合金一部分可热处理强化，另一部分不可热处理强化。

5000 系列：以镁为主要合金元素的铝合金，具有良好的耐蚀性、焊接性能、高的疲劳强度，不可热处理强化。

6000 系列：以镁和硅为主要合金元素的铝合金，Mg_2Si 为主要强化相，是应用最广泛的铝合金。其中 6061、6063 是应用最广的两个牌号；6063、6060、6463 的强度相对较低；6262、6005、6082、6061 的强度相对较高。6000 系列铝合金的强度居中，耐蚀性、焊接性能、成形性能良好。

7000 系列：以锌为主要合金元素的铝合金，少量添加镁和铜元素。其中添加锌、铅、镁和铜合金元素的 7000 系列铝合金，其硬度与钢材很接近，具有高强度和良好的焊接性能。7005 和 7075 是 7000 系列中的最高档次，可热处理强化。

8000 系列：主要用于生产铝箔。

9000 系列：备用合金。

1000 系列、2000 系列、3000 系列、5000 系列、6000 系列、7000 系列的铝合金在传统汽车及新能源汽车动力电池壳与盖中都有应用。汽车底盘部分，主要采用 5000 系列及 6000 系列；汽车车身骨架及车架，主要采用 2000 系列及 7000 系列；汽车座椅骨架，主要采用 2000 系列及 6000 系列；车身蒙皮、车身骨架中受力相对较小的部件、车门等，主要采用 5000 系列及 6000 系列。车身冲压用铝合金的选用，参见 GB/T 33227—2016《汽车用铝及铝合金板、带材》和 GB/T 33824—2017《新能源动力电池壳及盖用铝及铝合金板、带材》。

第四节　车身典型零件冲压工艺

由于汽车车身冲压件大多由面积较大、形状复杂的三维曲面构成，其冲压工艺具有一定复杂性，往往不可能在一道工序中直接冲压成形，大多需要 3～6 道工序。但汽车车身冲压件空间曲面形状以及曲面上的凸台、筋条和棱线要尽可能通过一次拉延成形，否则难以保证汽车车身冲压件表面质量和几何形状的一致性。

第二章 汽车冲压工艺

一、车身覆盖件冲压工艺

汽车车身覆盖件对成品表观质量要求极高，为了控制生产过程的质量以及减少周转物流碰伤，节省运输过程中表面保护所带来的不菲的包装与物流成本，汽车整车企业将大型覆盖件及对应的内板均作为内部自制件，主要包括四门（左、右、前、后四个门）、两盖（发动机舱盖和行李舱盖/尾门）、侧围、顶盖、翼子板、底板等。其中，车身侧围是外观质量要求最高、形状最复杂、面积最大的汽车覆盖件之一，下面以某汽车车身侧围为例，介绍汽车覆盖件的冲压工艺设计。

车身侧围冲压成形大多采用四序或五序工艺，为了节约成本，已有车企通过采用新的技术对工艺和模具进行优化设计，实现了车身侧围的三序冲压成形工艺，其具体操作是：

车身侧围冲压工艺的设计，除了要按照其结构特点和技术要求分配拉延、修边、翻边、冲孔整形等工序内容之外，还要对多种不同的工艺内容进行合理的集成与优化组合。

车身侧围与翼子板、前门、后门、顶盖、地板、轮罩、尾灯、后保险杠、三角窗等多个制件存在装配关系。为此需对影响侧围工艺方案和工序数量的造型特征进行区域划分，分别用英文大写字母表示，即：A—A柱区，B—顶盖搭接区，C—尾灯配合区，D—后部配合区，E—轮罩配合区，F—侧裙边密封区，G—翼子板安装配合区，H—后三角窗配合区，J—前门配合区，L—后门配合区，N—加油口盖配合区，如图2-44所示。

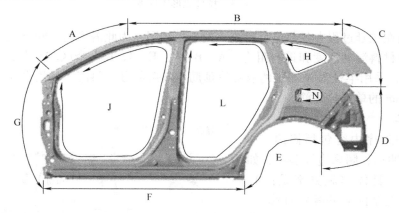

图2-44 侧围分区

通过对各不同区域结构特征进行综合分析，基于三序的工艺目标，对侧围冲压成形所涉及的拉延、冲孔、修边、整形、翻边等多种不同的工艺内容进行组合，初步确定三序工艺中每道工序的作业内容为：工序一，拉延；工序二，修边、冲孔、整形、侧冲孔、侧修边；工序三，翻边、修边、侧修边、侧冲孔、侧翻边、侧整形。

1. 工序一

工序一就是将侧围各区域的拉延成形一次性完成，如图2-45所示。对于车身覆盖件而言，拉延工序是一道十分重要的关键工序，覆盖件的大部分形状将由此工序形成，拉延成形的好坏将直接影响覆盖件质量。为保证侧围拉延成形充分到位，避免产生开裂、起皱以及表面缺陷，在其外缘轮廓和内部孔洞部位，均设计一定量的压边余量。A、B、D、F四个区域在冲压方向之下存在负角造型，为此需对其进行过拉延处理，将法兰或立壁绕翻边圆角旋转一定角度，使其在拉延过程中无成形负角。此外，A、B、F 三个区域应采用浅拉延工艺，将翻边法兰的一部分展开作为压边料，这样不仅可以提高材料利用率，还可以简化下道工序的修边工艺。D 区整形较深，且顶部翻边圆角仅为 $R0.5mm$，底部成形圆角仅为 $R8mm$，为避免后续整形开裂，此处增加了一定的压边余量（保证在拉延成形过程中既不开裂又不起皱）。H、J、L 三个区域圆角较小，仅为 $R2～5mm$，直接拉延容易产生开裂，为了避免拉延开裂，常用的方法是，对此进行过拉延处理，即将制件圆角放大。N 区，由于加油口盖装配深度高达 $26mm$，很难一次完成拉延成形，同样需采用过拉延处理，即将加油口盖安装座面抬高到与外观面平齐，以保证曲率连续。

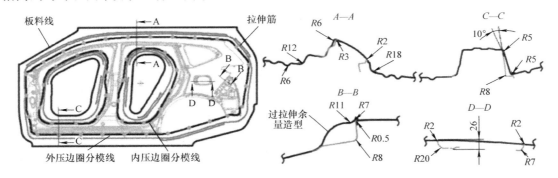

图 2-45 拉延成形工序图

由于侧围在拉延过程中各部位材料流入量不尽相同，为此需采用不同类型的拉延筋以调整拉延过程中材料流动速度和进料阻力。A、B、C、E、J、L 六个区域材料的流入量较大，均超过 $30mm$，采用半径为 $R6mm$ 的双圆拉延筋，其余部分材料流入量均在 $30mm$ 以下，采用半径为 $R6mm$ 的单圆拉延筋。

2. 工序二

工序二的工序内容包括修边、冲孔、整形、侧冲孔、侧修边等多项，如图 2-46 所示。具体实施方案是：A、B、C、E、G 五个区域外缘垂直修边；D、F 两个区域外缘垂直修边与侧冲孔复合；H、J、L 三个区域内孔垂直修边与垂直整形复合；B、C 两个区域过渡连接部位为 $65°$ 的钝角修边，需要使用工作角度为 $25°$ 的斜楔进行侧修边；N 区域成形量较大，直接整形不仅容

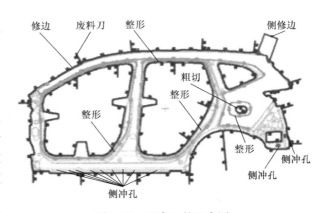

图 2-46 工序二的工序图

易造成工件开裂，还会导致加油口沿周围的外观质量难以保证，为此需采用先粗切后整形的复合工艺。

为了保证修边废料能顺畅排出，外缘修边每 $500～600mm$ 设置一处废料刀，保证所有废料对角线长度均在 $800mm$ 以下。为了防止上模回程时修边刃口带料，J、L 两个区域的内孔修边废料留一部分到下一工序处理，并将留下的废料压制成两条直径为 $\phi10mm$ 的半圆形加强筋，避免上模修边刃口回程时与修边线接触造成工件被带起。

3. 工序三

工序三的工序内容包括翻边、修边、侧修边、侧冲孔、侧翻边、侧整形等，如图 2-47 所示。具体实施方案是：A、B、F 三个区侧翻边整形；C 区垂直翻边；D 区侧翻边整形与侧冲孔复合；G 区侧修边与侧冲孔复合；J、L 两个区域垂直修边、前后门限位器安装孔与锁扣安装孔处侧冲孔；N 区内孔修边与垂直冲孔复合；其余基准孔、安装孔、作业孔等均为垂直冲孔。

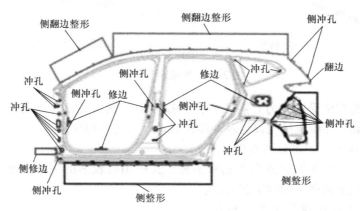

图 2-47 工序三的工序图

二、汽车车架冲压工艺

汽车车架主要由纵梁、横梁和连接部件组成，其中：纵梁是汽车中单体质量最大的冲压件，乘用车和小型车辆大多采用箱形结构，商用车及其他车辆大多采用 U 形结构，少数重型车辆采用 Z 形结构；横梁的结构更加多样化，主要有箱形、U 形、Z 形、工字形等多种；纵、横梁的连接有直接焊、铆或螺纹连接，为了提高车架的强度和扭转刚度，避免纵横梁连接处的应力集中，常在纵横梁连接处增加专门设计的形状各异的连接板。

乘用车及小型车辆车架用材大多采用强度等级较高的钢或铝合金，参见本章第三节车身冲压材料部分，其他车辆车架用材见 GB/T 3273—2015《汽车大梁用热轧钢板和钢带》。

汽车车架冲压成形工艺内容主要是冲孔、弯曲、修边与整形。但由于车型的不同，车架结构存在一定的差异，尽管工艺内容没有太大的差异，但工艺方法、工艺过程却有所不同。下面以承载式车身的乘用车和非承载式车身的商用车车架为例分别介绍。

车架横梁不仅整体尺寸远比纵梁小，而且形状结构往往也较为简单，冲压成形工艺与纵梁相似，但比纵梁的冲压成形工艺简单，为此仅介绍纵梁的冲压成形工艺。

1. 承载式车身乘用车前、后纵梁冲压成形工艺

承载式车身乘用车前、后纵梁的结构和成形工艺的相似性非常高，为了避免重复，在此介绍乘用车前、后纵梁冲压工艺时不区分是前纵梁还是后纵梁。

为了提高强度和刚度，承载式车身乘用车前、后纵梁大多采用由冲压成形的纵梁与车身其他冲压构件一起用焊接的方式构成箱形结构。纵梁冲压成形的工艺内容包括落料、冲孔、拉弯、侧冲孔、翻边、整形、切边等，如图 2-48 所示。

由于纵梁的形状比较复杂，成形过程中不同部位材料所受应力的大小和状态（有的部

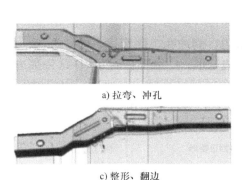

a) 拉弯、冲孔

b) 切边、侧冲孔

c) 整形、翻边

d) 切边、侧冲孔、侧切边

图 2-48 纵梁冲压工序

位受拉应力、有的部位受压应力）各不相同。拉应力特别大的部位容易开裂，压应力特别大的部位容易起皱。在纵梁结构设计及冲压模具设计时应特别注意。

2. 非承载式车身商用车纵梁成形工艺

非承载式车身商用车纵梁成形工艺有多种，其中用得较多的主要有整体冲压成形和辊压+折弯+整形成形两种不同的工艺方法。

（1）纵梁整体冲压成形工艺 根据总质量（或承载货能力）的不同，商用车有轻、中、重型之分。轻、中型商用车纵梁以变截面为主，车架纵梁前后部截面高度较中部小，使整个车架趋近于等强度梁结构，避免车架前后段受力较小的部分不必要的钢材浪费，同时也是轻量化的有效措施。轻、中型商用车纵梁截面高度一般为 160 ~ 220mm，长度为 5 ~ 8m，材料厚度为 4 ~ 8mm，这类纵梁目前仍有不少企业采用整体冲压成形工艺，即采用大型压力机（图2-49），配合落料冲孔模具和压型模具完成纵梁的制造。但为了满足多品种柔性化

图 2-49 车架纵梁冲压设备

及降低设备一次性投入的需要，车架纵梁整体冲压成形工艺中的落料、冲孔等工艺内容逐渐由数控平板冲孔（图2-50）与等离子切割的方式所取代。

（2）纵梁辊压+折弯+整形成形工艺 汽车车架纵梁是汽车中钢板厚度和外形尺寸最大的冲压件，整体冲压成形需要的压力特别巨大，因此设备及模具费用极高，尤其是重型商用车纵梁（截面高度为 220 ~ 360mm，长度为 5 ~ 12m，材料厚度为 6 ~ 10mm）。为了降低设备投入，辊压+折弯+整形的纵梁成形工艺已在商用车行业得到了广泛应用。

纵梁辊压+折弯+整形成形的工艺过程是：通过辊压成形将钢带制成 U 形等截面直梁；用三面数控冲孔机冲出分布在 U 形纵梁上、下翼板及腹板上数百个不同大小的孔；用纵梁折弯机将直梁沿纵向折成前宽后窄的车架形状；用液压压力机和整形模将等截面梁改造成所需的前后腹板高度小、中部腹板高度大的变截面梁。

图 2-50 数控平板冲孔设备

① 辊压成形。将定宽钢带开卷、校平、辊压成 U 形等截面梁，按设定的长度切断，整个辊压成形工艺过程在一条连续的生产线上完成，如图 2-51 所示。线尾的切断设备由切断模具和压力机两大部分组成，有压力机固定模具跟踪和压力机与模具一体跟踪两种不同工作模式的设备类型，其中，压力机与模具一体跟踪工作模式的设备（图 2-52）具有切断力自动平衡、切断精度高、端口良好等诸多优点，因此其应用更加广泛。其特点是上置液压缸驱动位于两侧开度可调的斜切模，以适应纵梁截面大小的变化，压力机与模具一体跟踪方式在最大辊形速度下切断的钢带长度误差为 ±2mm。

图 2-51 纵梁滚压成形生产线

② 纵梁冲孔：纵梁上分布有数以百计不同大小的孔，全部由数控三面冲孔机（主要由腹板冲孔单元、翼板冲孔单元、液压、数控系统等部分组成）来完成冲孔。纵梁在数控三面冲孔机匀速移动的过程中自动冲出分布在 U 形纵梁腹板及上下翼板上各种不同大小的孔，能够适应多种规格纵梁的冲孔需要，满足多品种柔性生产的要求。

③ 纵梁折弯：利用数控折弯机将直纵梁弯曲成所设计的各种不同形状。数控纵梁折弯

图 2-52　压力机与模具一体跟踪切断设备

机主要由主机和模具组成，主机机身有固定和旋摆两部分，旋摆机身由油缸驱动绕轴左右旋摆，在固定和旋摆机身上均装有压下油缸；专用折弯模具为多联组合式，对不同腹宽、不同板厚规格的纵梁具有自适应夹紧功能，可对折弯过程中纵梁的变形进行有效控制。当纵梁被精确送至第一折弯点时，纵梁翼板面由模具夹紧，腹板面被主机油缸压紧，旋摆机身向前（右）旋摆，纵梁被向下折弯，松开夹紧装置，纵梁被自动送至第二折弯点并夹紧后，旋摆机身向后（左）旋摆，纵梁被向上折弯，直到所有的折弯点全部完成折弯成形，如图 2-53 所示。

图 2-53　纵梁折弯成形

④ 纵梁变截面成形：利用专用液压机和成形模具，对 U 形直截面纵梁前、后端进行二次压力成形，将等截面纵梁变成变截面等强度梁。将等截面的纵梁压制成为变截面需要两套左右对称的变截面模具，每套模具有上模和下模，上模中有 3 组单作用压料缸，下模中有 3 组双作用顶料缸，具有压料和脱模功能。变截面成形过程为，纵梁由输送装置送到相应的模具压制位置，压力机进入"单次"工作状态，即滑块快下—快转慢下—定压压制，压制终

了滑块回程（图2-54），裁掉翼板面多余的板料。

图2-54　纵梁变截面成形

三、高强钢冲压工艺

高强钢以其重量轻、强度高的特点成为满足汽车轻量化、降低燃油消耗、提高汽车碰撞安全性的重要途径之一，在汽车车身零件中得到越来越广泛的应用。

室温条件下高强钢塑性变形范围小、成形性能差，采用传统冷冲压成形，不仅所需的冲压力非常大，而且还存在容易开裂、冲压回弹严重、尺寸与形状精度难以控制等问题。特别是，当高强钢的抗拉强度超过550MPa时，传统的冷冲压方法几乎无法进行，为此需要采用热冲压成形技术。

1. 热冲压工艺方法

热冲压成形工艺主要用于初始强度大于500MPa的高强钢，将待冲压钢板坯料加热到奥氏体温度区间（880~950℃），然后送入内部带有冷却系统的模具内冲压成形并保压，在保压过程中以20~300℃/s的冷却速度快速冷却（即淬火），使冲压件的奥氏体结构转变成马氏体，零件强度大幅提高（可达1500MPa左右）。

热冲压工艺有直接热冲压和间接热冲压工艺两大类。所谓直接热冲压工艺是指坯料加热后，直接送至闭式模具内进行冲压成形并淬火；间接热冲压工艺则是先进行冷冲预成形，然后再加热进行热冲压成形。直接热冲压成形工艺较适用于结构相对简单、拉延深度相对较小的工件，间接热冲压成形工艺较适用于形状复杂、大拉延深度的工件。

2. 热冲压成形工艺流程

热冲压成形工艺包括加热、冲压、保压、冷却四个环节。加热温度直接影响到高强度钢板的冲压性能，保压并冷却（淬火）对工件强度起决定性的作用。

热冲压成形需将高强度钢板加热至再结晶温度以上，钢板表面与空气接触后会产生氧化和脱碳，为了阻止加热过程中钢板表面氧化与脱碳，需采用相应的保护措施，如在钢板表面涂覆镀层、涂覆特殊防护油或在加热炉中通入保护气体等。

热冲压成形四个工艺环节中的冲压、保压、冷却三个环节都取决于模具，坯料被送入模腔后，需在材料发生马氏体相变之前完成冲压成形，在保压阶段完成淬火，即快速冷却。为了确保淬火所需的冷却速度，需对流经模具内的冷却管中冷却液体的流量进行精确控制。当工件温度降至425℃时，开始发生奥氏体－马氏体转变；温度降至280℃时，奥氏体、马氏体之间的相变结束；冷却至200℃时，保压过程结束，取出工件。保压的作用是为防止淬火过程中热胀冷缩的不均匀导致零件发生变形。

冷却速度决定了将形成何种结晶组织，关系到工件的最终硬化效果。不同种类的高强钢具有不同的临界冷却温度，只有当冷却速度超出临界冷却温度时，才能最大限度地促成马氏体组织的形成；冷却速度小于临界冷却速度，工件结晶组织中将会出现贝氏体等非马氏体组织。但并非冷却速度越高越好，过高的冷却速度将导致工件开裂，需要根据零件的材料成分、工艺条件确定合理的冷却速度。

3. 热冲压成形的后续处理

热冲压成形作业完成后，还有开孔、切边等一些后续处理工作，由于热冲压后的工件其强度达到1500MPa左右，采用传统冲孔、模切飞边的工艺方法，不可避免会存在设备吨位大，模具刃口磨损快、寿命短等严重问题。为此常采用激光切割的工艺开孔、切边。

四、铝合金车身零件冲压工艺

总体看来，铝合金车身零件冲压成形工艺和钢质车身冲压成形工艺基本相同，车身冲压车间也包括开卷线和冲压线两大生产板块。开卷线的工艺内容是开卷→校平→落料→码垛；冲压线的工艺内容主要是拆垛→板料上线→对中→拉延→整形→切边冲孔→检验→下线。但由于铝合金的各项性能都与钢有所差异，因此铝合金车身零件冲压成形工艺与钢质车身零件冲压成形工艺存在一定的不同，主要表现在如下几个方面。

1. 铝合金的特性

铝合金与钢材相比其突出的优点是：铝合金比钢材的防腐性能好；铝合金的密度远比钢材小（铝合金的密度是2.7g/cm³，钢的密度是7.85g/cm³），用于制造车身轻量化效果非常明显。但铝合金制造车身的缺点也非常明显，主要表现在：①铝板有时效性，尤其是6系铝合金，铝合金3个月后加工硬化指数n和塑性应变比r值大幅降低，对模具安全裕度要求高；②铝合金偏软，在生产过程中容易划伤，产生额外的表面质量缺陷；③铝合金冲压成形的稳定性较差，回弹明显；④铝合金的延展性低于钢，冲压成形性能比钢材差，冲压件容易产生裂纹。

2. 铝合金板料拆垛

由于铝合金不具备磁性特性，因此铝合金板料不能采用磁力拆垛分张装置，只能采用吹气式（或称气刀式）拆垛分张装置，吹气压力至少为0.6 MPa。

3. 铝合金的冲压成形工艺

由于铝合金的冲压成形性能相对较差，因此，铝合金的最小成形圆角应该大于$5t$（t为板料厚度）；铝板的性能偏软，冲裁凸凹模间隙较普通模具小，单面间隙要控制在$3\%t \sim 4\%t$左右；模具刃口需保证较高硬度，必须在60 HRC以上。正因为铝合金在性能方面与钢材相比存在一定的差异，为了获得高质量的铝合金冲压件，铝合金冲压成形工艺有冷冲成形、温冲成形和热冲成形等多种。

（1）铝合金冷冲与热冲成形　铝合金冷冲和热冲成形与钢材的冷冲与热冲成形工艺较为接近，只是需要针对铝合金的性能对工艺参数、工序内容、模具结构、分张与输送设备等做适当调整，如有些车身冲压件，若采用钢材冲压，可能采用四序甚至三序工艺就可以解决，但采用铝合金冲压，很可能就需要采用五序甚至六序工艺。

（2）铝合金温冲工艺　温冲成形工艺是指将冲材加热到 100～350℃后冲压成形的一种工艺方法，钢材冲压较少采用，但铝合金冲压却较常采用。

1946 年 Finch 等研究发现，铝合金板在 200℃左右的拉延极限可大幅提高。1976 年，克莱斯勒公司发明了温冲热处理方法，并将铝合金板加热到 100～350℃冲压出了几种车用铝合金件；1978 年，通用汽车公司在大约 180℃冲压出铝合金油底壳。近年来由于汽车轻量化的紧迫需求，使铝合金温冲成形技术再次回到人们的视野。

随着温度的升高，铝合金应变强化作用减弱，但应变速率敏感因子由室温下的零或较小的负数增大为正数，使得应变速率强化作用增强，有利于冲压成形性能的提高。5000 系铝合金加热至温冲成形温度区间后冲压成形性能显著提高，6000 和 7000 系铝合金其温冲成形性能也明显优于冷冲成形性能，只是成形温度和时间的控制要求更为严苛。

五、冲压件质量评价

冲压是汽车四大工艺中的首道工艺，其工艺质量的好坏对整车质量构成直接的影响，因此冲压件的质量评价显得十分重要，为此需要对冲压件的质量问题进行界定，并建立科学的评价指标体系。

1. 冲压件常见缺陷

冲压件可能的缺陷种类非常多，最常见且企业较为关注的缺陷主要有开裂、凸凹、拉伤、起皱、波浪、毛刺、回弹、拉痕等。

2. 冲压件缺陷分类

任何一种缺陷因严重程度的不同会对产品质量构成完全不同的影响，为此，业内常根据缺陷严重程度的不同将其分为 A、B、C 三大类。

（1）A 类缺陷　A 类缺陷是指缺陷非常明显，非专业人员无须认真观察就可发现，若不彻底解决能引起功能障碍的缺陷。

（2）B 类缺陷　B 类缺陷是指无须借助检验工具，通过眼看、手摸就能发现的缺陷。

（3）C 类缺陷　C 类缺陷是指眼看、手摸已不易发现或难以确认的缺陷，需借助油石或柔性纱网打磨、涂油检查等方法才能发现的缺陷。

3. 冲压件缺陷出现的区域

同样的冲压件缺陷，出现在车身不同的区域，对功能和汽车外观感官的影响会存在很大的差异，为此，将冲压件缺陷所在的区域分为四个不同的区，分别称为一区、二区、三区和四区。

（1）一区　离地面 50cm 以上 200cm 以下车身外露表面，不包含车顶天窗区域，这些区域是最容易被关注的区域，该区域的任何缺陷都会严重影响整车的外观质量。

（2）二区　离地面 50cm 以下 200cm 以上、车顶天窗区域，该区域的缺陷对整车外观质量有较大影响。

（3）三区　打开车门上车时能看到的区域、坐在驾驶员或乘客座椅上关上车门能看到的部位、发动机舱盖及行李舱盖打开后能看到的区域、油箱加注孔入口处等，这些区域对整车外观质量影响不大。

（4）四区　除一区、二区、三区之外其他可见的区域，车身上被内饰件覆盖的区域，用户不能察觉或发现不了的区域，该区域的缺陷对整车外观质量影响很小。

4. 冲压件质量评价

车身冲压件质量评价常用缺陷扣分法进行评价，即根据缺陷所在的区域、缺陷的严重程度确定其扣除的分值，将所有缺陷的扣分叠加所得的总扣分分值用于冲压件质量评价，分值越高，质量越差；分值越低，质量越好。扣分标准见表2-10。此评价方法既适合于白车身也适合车身冲压件。

表2-10　冲压件缺陷扣分标准

缺陷类别	缺陷所在区域			
	一区	二区	三区	四区
A类	9分/处			
B类	2分/处	1分/处	0.5分/处	0.2分/处
C类	麻点群0.3分/处 其余缺陷0.1分/处	麻点群0.2分/处 其余缺陷0.1分/处	0.1分/处	0.1分/处

5. 冲压件缺陷检验方法

冲压件缺陷检验有主观检验和客观检验两种，其中日常性检验以主观检验为主，冲压件质量定期抽检以客观检验为主。

（1）冲压件缺陷主观检验　所谓的冲压件缺陷主观检验是指用眼看、手摸及借助于简单的辅助工具对冲压件的缺陷进行判断，其方法如下。

① 触摸检验：用干净的纱布将外覆盖件的表面擦干净，检验员需戴上触摸手套沿着冲压件纵向紧贴冲压件表面触摸，必要时可用油石打磨被探知的可疑区域并加以验证。

② 目视检验：目视检验就是通过人的双眼直接发现缺陷的位置及类型，这种检查方法简单快捷，但是需要有丰富的经验。目视检验常用的方法是利用充足的光线，采取一定的角度，对冲压件进行仔细观察。由于冲压件在未涂漆之前感光度较差，故对于一般的凹坑、凸包等缺陷，目视检验发现的难度较大，只有缩颈、开裂等缺陷才适合用这种检查方法。目视检验主要用于发现冲压件的外观异常和宏观缺陷。

③ 油石打磨检验：通过油石打磨检验可以准确地检查出冲压件上的凹坑、凸包的缺陷位置及大小，以及修复过程中缺陷的变化情况。油石有很多规格，常用的规格为长20cm、宽2.5cm、高2.5cm的长方体油石。通过油石在冲压件表面划过时产生的痕迹来判断冲压件表面的质量状况，工件表面形成突出的亮点即为凸包，工件上呈断续的部位即为凹坑。

④ 柔性砂网打磨检验：首先需要用干净的纱布将工件的表面擦拭干净，接着用柔性砂网紧贴零件表面沿纵向打磨整个工件表面，任何麻点、压痕都会很容易地被发现。

⑤ 涂油检验：先用干净的纱布将零件外覆盖面擦拭干净，接着用干净的刷子沿着同一个方向均匀地将油涂抹至工件整个表面，将涂抹后的零件放在较亮的灯光下检查，用此方法

可以很容易发现零件上细微的麻点、瘪塘及波浪等缺陷。

（2）冲压件缺陷客观检验　所谓冲压件缺陷的客观检验，是指用专用检测工具，对冲压件的形状、尺寸进行精确检测，以判定冲压件是否符合图样的要求及发现其所存在的缺陷。现阶段使用最多且最有效的工具就是激光三坐标测量仪或激光三维扫描仪。利用CCD图像传感器精确获得被测冲压件表面十分密集点的三维坐标，以实现对冲压件形状、尺寸、缺陷的精确判定。

第五节　液压冲压成形工艺

液压冲压成形是依托液体高压作用与模具形腔相配合，最终使金属坯料成形出复杂变截面构件的先进制造技术。按使用坯料的不同，液压冲压成形工艺可以分为板材液压成形、壳体液压成形和管材液压成形三种不同的类型。

一、液压冲压成形技术原理

液压冲压成形工艺包括板料液压胀形、橡胶囊板料液压胀形、板料液压拉延、双板成对液压成形、管类工件液压成形等多种，可以成形结构与形状十分复杂的各类工件，在汽车车身冲压工艺中得到了广泛的应用。

1. 板料液压胀形工艺原理

流体介质充当凸模，在液体压力的作用下，板料贴靠模腔而成形，如图2-55所示。其特点是在液体压力作用下板料在模具约束下成形，可以生产复杂的中空类冲压件。

2. 橡胶囊板料液压胀形工艺原理

利用橡胶囊作为弹性凹模或凸模，用液压油作为压力传导介质，实现板材零件的成形，即在成形过程中有一个橡胶隔膜将液体介质与板料隔开，凹模被省略，由于橡胶在成形过程中始终紧贴零件，所以零件表面无擦伤痕迹，并且在高压和摩擦力作用下，材料的塑性可以得到充分发挥，零件的回弹小，贴膜效果好，厚度变化比较均匀，材料内部损伤率降低，可以明显地提高工件成形质量和结构的可靠性，适合复杂汽车覆盖件的冲压成形，如图2-56所示。

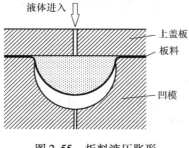

图2-55　板料液压胀形

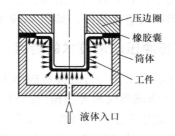

图2-56　橡胶囊板料液压胀形

3. 板料液压拉延工艺原理

板料液压拉延工艺与橡胶囊板料液压胀形工艺很相像，所不同的是：橡胶囊板料液压胀形工艺有橡胶囊，板料液压拉延工艺没有橡胶囊；橡胶囊板料液压胀形工艺没有凹模，只有一个储液筒体，板料液压拉延工艺需要有凹模。板料液压拉延工艺包括径向正拉延和径向充液反拉延两种，如图 2-57 所示。

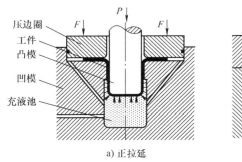
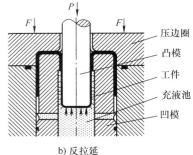

图 2-57 板料液压拉延
a) 正拉延 b) 反拉延

4. 双板成对液压成形工艺原理

双板成对液压成形工艺是指采用两张周边焊接的板材（也可以不焊接），在成形初期采用较小的合模力，通过预留的充液孔充入液体，使上下板材在液压的作用下分别贴紧上下模的内腔，成形后期采用较高的合模力和液体压力，成形出小圆角等局部特征，如图 2-58 所示。车身上许多封闭结构的冲压件均可采用双板成对液压成形工艺，如车身立柱、前后纵梁、门槛梁等。通过液体压力与合模力的最佳匹配，成形出空腔界面复杂的工件，避免冲压成形后再焊接造成的翘曲，成形效率高，成形精度好。

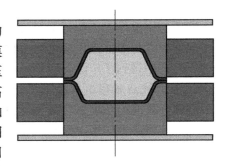

图 2-58 双板成对液压成形

5. 管类工件液压成形工艺原理

管类工件液压成形是以金属管作为毛坯，借助专用液压设备向密封的管坯内注入液体介质，使管内液体产生高压，与此同时在管坯两端通过轴向冲头向内施加推力进行补料，在此两种力的作用下，管坯材料产生塑性变形，并最终与模具型腔内壁贴合，使金属管坯变形成为具有三维形状的空体构件，如图 2-59 所示。

二、液压冲压成形技术的特点

液压冲压成形工艺与传统冲压成形工艺相比，具有如下特点：

① 通常液压成形仅需要凹模或凸模，另一半被液体介质所代替，减少了模具制造费用，降低了冲压件的生产成本。此外，大多数液压成形的模具可以用便宜的材料制造，不同厚度和不同材料的冲压件可用同一套模具生产。

② 液压成形的冲压件有重量轻、强度高、质量好、材料利用率高、尺寸精度高、回弹小、残余应力小等优点。

③ 液压成形不仅可以生产形状、结构十分复杂的冲压件，而且大多可以一次成形，而传统冲压成形工艺大多需要多道工序才能完成成形，液压成形可以大大简化冲压成形工艺。

第二章 汽车冲压工艺

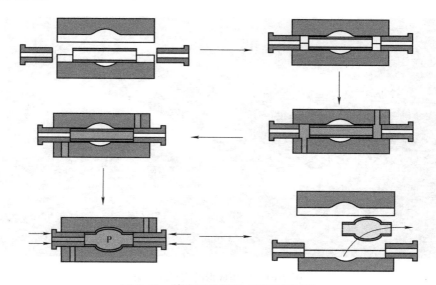

图 2-59　管类工件液压成形工艺过程

④ 液压成形工艺特别适合于冲压成形性能差的材料，如高强钢、铝合金、不锈钢等，还能成形复合材料。

⑤ 更换模具及成形加工过程所需的时间相对较短，生产效率高。

三、液压冲压成形技术在汽车制造中的应用

为了满足越来越严格的节能和环保的要求，汽车轻量化显得越来越重要。实现汽车轻量化最有效的方法之一就是采用轻量化材料，如用高强钢或低密度材料（铝合金）取代普通钢材。然而，无论是高强钢还是低密度的铝合金，其冲压成形性能都相对较差，为了解决这一矛盾，液压成形技术备受重视，液压成形的汽车零部件逐年大幅增加。目前许多各类车型的底盘承力部件、车身各种梁、柱类部件已大量采用液压成形技术，如图 2-60 ~ 图 2-62 所示。

图 2-60　液压成形的汽车悬架扭力梁与摆臂

图 2-61　液压成形的汽车副车架

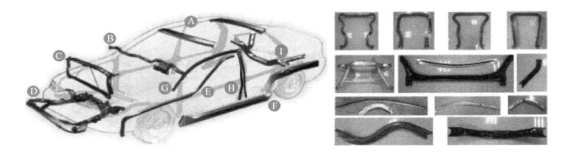

图 2-62　液压成形的汽车车身部件

第六节　冲压模具与冲压设备

对于汽车产品而言，底盘中的承力部件大多是冲压件，汽车车身几乎全部由冲压件组成，由此可见，冲压工艺在汽车生产中占有十分重要的地位。冲压件的质量水平主要取决于冲压模具与冲压设备。

一、冲压模具结构与材料

冲压模具是指在冲压成形加工中，将材料冲压成形为不同形体、不同结构的成品工件（或半成品工件）的一种特殊工艺装备。车身冲压件不仅多达数百种，而且形状、大小、结构的复杂程度存在极大的差异；不同企业的技术水平和采用冲压设备的先进性各异，使得冲压成形工艺的集成度很不相同（如同样的冲压件，有的企业采用五序甚至六序工艺，而另一些企业则采用三序或四序工艺就可以完成）。因此，冲压模具的结构和复杂程度亦存在巨大的差异。

1. 冲压模具的分类

冲压模具不仅种类很多，且分类方式亦各异。常见的分类方式主要有：

（1）按工序特征分 冲压模具分为冲裁模（落料/分离模）、弯曲模、拉延模、成形模四类。

① 冲裁模：沿封闭或敞开的轮廓线使材料产生分离的模具，如落料模、冲孔模、切断模、切口模、切边模、剖切模等。

② 弯曲模：使板料或其他坯料（线材、管材、型材）产生弯曲变形，从而使工件获得一定角度和形状的模具。

③ 拉延模：将板料冲压成开口空心件或使空心件进一步改变形状和尺寸的模具。

④ 成形模：将坯料或半成品工件按凸、凹模的形状直接复制成形，而材料本身仅产生局部塑性变形的模具，如胀形模、缩口模、扩口模、起伏成形模、翻边模、整形模等。

（2）按导向形式分 冲压模具可分为导向模和无导向模，其中导向模又有导板模和导柱模之分。

① 导板模：上模（凸模）利用导板上的孔导向，导板兼作卸料板，工作时凸模始终不脱离导板以保证模具导向精度。

② 导柱模：利用导柱和导套实现模具的精确导向。

③ 无导向模：上模与下模没有直接导向关系，靠压力机导轨导向。

（3）按工序内容分 冲压模具分为单工序模、复合模、级进模。

① 单工序模：压力机的一次工作行程中，只完成一道冲压工序的模具。

② 复合模：压力机的一次工作行程中，在同一工位上同时完成两道或两道以上冲压工序的模具。

③ 级进模：又称连续模，在板料的送进方向上有两个或以上的工位，压力机的每一次冲压行程，在不同的工位上逐次完成两道或以上冲压工序的模具。

2. 模具的结构

基于生产效率与成本的考虑，车身冲压模具较少采用单工序模，大多采用复合模及级进模。通常情况下，复合模及级进模一般由工作部件（凸模与凹模）和业内常说的八块板（上模座、上模垫板、上夹板、脱模垫板、脱料板、下模板、下垫板、下模座）等组成。对于有些公司，为了弥补压力机行程的不足或者是为了提高压力机对产品的适应性，会在上模座的上方增加一块盖板，这就是所谓的九块板结构。

（1）冲压模具工作部件 冲压模具工作部件就是上模和下模（凸模与凹模），冲压件的形体与尺寸精度完全由凸模和凹模所决定，是冲压模具中最核心的部件。

① 凸模：是指模具中用于成形工件内表面的工作部件，模具的外形是其工作表面，如图2-63所示。

② 凹模：是指模具中用于成形工件外表面的工作部件，模具的内表面是其工作表面，如图2-64所示。

（2）冲压模具八块板 尽管冲压件的成形状态与质量由工作部件（凸模与凹模）所决定，但若没有模具八块板的有效配合与协同工作，冲压成形过程无法有效进行。

① 上模座：是上模的安装基础，外导套、限位柱、卸料弹簧等会安装其上。上模座在满足强度、刚度的前提下，其厚度的大小与卸料弹簧的长度有直接的关系。

图2-63　冲压凸模

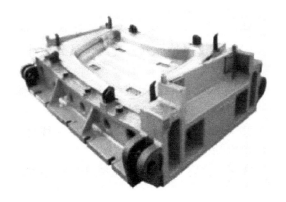

图2-64　冲压凹模

② 上模垫板：主要作用是在冲压过程中承受冲头或镶块的受力回让，避免上模座发生凹陷变形。

③ 上夹板：主要作用是固定冲头、镶块，保证冲压件在冲压成形过程中的位置和成形精度。

④ 脱料垫板：主要作用是固定卸料镶件，承受成形镶件在冲压成形过程中所产生的集中应力。

⑤ 脱料板：主要作用是放置卸料镶件，当冲裁完成后，借由卸料弹簧提供的力将冲头与冲压材料分离。

⑥ 下模板：主要作用是放置导料板、凹模镶件、内导套、浮料块，保证其位置精度，承受冲裁过程中的侧向力。

⑦ 下垫板：主要作用是承受冲压成形过程中镶块所产生的力，防止下模座产生凹陷变形。

⑧ 下模座：是下模的安装基础，外导柱、限位柱、弹簧及浮料销组件安装其上。

（3）模具上的其他功能部件　前述冲压模具的八块板结构或九块板结构是冲压模具的主体结构，为了使其能有效完成各种不同结构冲压件的冲压作业，模具各主要板块上还需要安装各种不同的功能部件。

① 导料板组件：主要作用是在板料尚未进入模具之前先将板料导正，使板料与模具保持平行。

② 卸料板镶件：卸料板镶件放置于卸料板内，其主要作用是精确导向，以方便模具的调整，有台阶式、锁紧式、双层式三种不同的结构形式，其中最常用的是台阶式。

③ 导正钉：主要作用是在冲压成形作业进行之前，将冲压板料精确导正。

④ 误送料检测装置：主要作用是利用传感器对板料的位置进行检测，确保送料准确。

⑤ 导向装置：导向装置包括内外导柱与导套，冲压成形之前，由外导柱与导套先进行初定位，然后内导柱与导套进行精确定位，以保证模具在冲压成形过程中的位置精度。

⑥ 限位柱：主要作用是防止合模高度设置错误而损坏模具，对模具及内部镶件起保护作用。

⑦ 导料销：主要作用是模具中送料导向。

⑧ 卸料弹簧：主要作用是给卸料板提供足够的压料力和卸料力。压料力是为了保证在冲压成形过程中工件不会发生移动；卸料力是指冲压成形完成后，将工件与模具分开且保证工件不会发生变形所需要的力。

（4）安全零件　主要有安全侧销、安全螺钉、存放限制器、工作限制器等，作用是保证在冲压成形过程中操作人员与设备的安全。

① 安全侧销：主要作用是防止上模压料板紧固螺钉松动或断裂，导致压料板落下，造成人员、工装的重大损失。

② 存放限制器：主要作用是防止模具弹性元件长期受压而失效和防止刃口长期接触影响刃口的寿命。

③ 工作限制器：主要作用是限制凸凹模的吃入深度，避免模具损坏。

3. 冲压模具材料

制造冲压模具工作部件常用的材料：碳素工具钢、低合金工具钢、高碳高铬或中铬工具钢、中碳合金钢、高速钢、基体钢以及硬质合金、钢结硬质合金等。

（1）碳素工具钢　在模具中应用较多的碳素工具钢为T8A、T10A等，特点是加工性能好、价格便宜，但淬透性和红硬性差、热处理变形大、承载能力较低。

（2）低合金工具钢　低合金工具钢是在碳素工具钢的基础上加入了适量的合金元素，与碳素工具钢相比，淬火变形和开裂倾向明显降低，提高了钢的淬透性和耐磨性。用于制造模具的低合金工具钢主要有 CrWMn、9Mn2V、7CrSiMnMoV（代号 CH-1）、6CrNiSiMnMoV 等。

（3）高碳高铬工具钢　常用的高碳高铬工具钢有 Cr12 和 Cr12MoV、Cr12Mo1V1、SKD11，均具有较好的淬透性、淬硬性和耐磨性，热处理变形很小，属高耐磨微变形模具钢，承载能力仅次于高速钢。但碳化物偏析严重，必须进行反复镦拔（轴向镦、径向拔），以降低碳化物的不均匀性，提高使用性能。

（4）高碳中铬工具钢　用于模具的高碳中铬工具钢有 Cr4W2MoV、Cr6WV、Cr5MoV 等，它们的含铬量较低、共晶碳化物少、碳化物分布均匀、热处理变形小，具有良好的淬透性和尺寸稳定性。与碳化物偏析相对较严重的高碳高铬钢相比，性能有所改善。

（5）高速钢　高速钢具有模具钢中最高的硬度、耐磨性和抗压强度，承载能力很高，常用的高速钢有 W18Cr4V、含钨量较少的 W6Mo5Cr4V2 及为提高韧性开发的降碳降钒高速钢 6W6Mo5Cr4V。高速钢也需要改锻，以改善其碳化物分布。

（6）基体钢　在高速钢的基本成分上添加少量的其他元素，适当增减含碳量，以改善钢的性能，这样的钢种统称基体钢。它们不仅有高速钢的特点，具有一定的耐磨性和硬度，而且抗疲劳强度和韧性均优于高速钢，为高强韧性冷作模具钢，材料成本却比高速钢低。模具中常用的基体钢有 6Cr4W3Mo2VNb、7Cr7Mo2V2Si、5Cr4Mo3SiMnVAL 等。

（7）硬质合金　硬质合金的硬度和耐磨性高于其他任何种类的模具钢，但抗弯强度和韧性差。用作模具的硬质合金是钨钴类，对于冲击性小而耐磨性要求高的模具，可选用含钴量较低的硬质合金；对于冲击性大的模具，可选用含钴量较高的硬质合金。

（8）钢结硬质合金　钢结硬质合金是以铁粉加入少量的合金元素粉末（如铬、钼、钨、钒等）作为黏合剂，以碳化钛或碳化钨为硬质相，用粉末冶金方法烧结而成。钢结硬质合金的基体是钢，克服了硬质合金韧性较差、加工困难的缺点，可以切削、焊接、锻造和热处理。钢结硬质合金含有大量的碳化物,虽然硬度和耐磨性低于硬质合金,但仍高于其他钢种,经淬火、回火后硬度可达 68~73HRC。

(9) 其他模具钢　其一是降低含碳量和合金元素量,提高钢中碳化物分布均匀度,突出提高模具的韧性,如美国钒合金钢公司的 8CrMo2V2Si、日本大同特殊钢公司的 Cr8Mo2SiV 等;另一种是以提高耐磨性为主要目的,以适应高速、自动化、大批量生产而开发的粉末高速钢,如德国的 320CrVMo13。

二、冲压设备

车身冲压车间的生产设备主要是开卷落料线和冲压成形线两大部分。前者是冲压毛坯板料的生产;后者是将毛坯板料加工成车身冲压件。

1. 开卷生产线设备

开卷生产线设备主要有上料小车、开卷机、进料辅助装置、矫平机、料头剪、薄膜覆膜装置、板带活套装置、送料装置、落料压力机(或激光飞切设备)和堆垛机,如图 2-65 所示。

图 2-65　开卷落料生产线

(1) 上料小车　为了确保上料过程的安全,上料小车上配有 V 形棱柱或支撑辊柱,如图 2-66 所示。上料小车上最多可以放置 5 个卷料。上料小车驶近开卷机,通过液压系统将卷料高度调节到开卷机卷筒的高度。

为了尽量缩短卷料上载的时间,可一次装载多个卷料的带有卷料预装载轴芯的旋转式开卷机已在汽车企业得到应用。

(2) 开卷机　开卷机的主要作用是保持钢带或铝带在所需的张力状态开卷;保证钢带或铝带在开卷的过程中自动对中。

图 2-66　上料小车

开卷机卷筒通过滑动楔块张紧心轴(张开范围 70mm)或齿形张紧心轴(张开范围 170mm)将卷料张紧。齿形张紧心轴由 4 个互相交错的齿状圆弧板组成,这种交错的齿状结构可以避免卷料料尾被卷芯扩张装置勾住。

开卷机卷芯上方设置有压料的液力压辊，如图 2-67 所示。当卷料捆绑封条松开时，开卷机的测量臂测量当前卷料的直径，使卷料的开卷速度与矫平机的加工速度同步。

（3）进料辅助装置　卷料的料头通常会呈现出向内或向下的卷曲状，进料辅助装置的进料口安装有一个保持辊，向下压住料头，使其向上反向翘起。同时保持辊下方的楔形导板抬起，托住钢带料头，如图 2-68 所示。为了最大限度承受板带的重量，导板可以延伸至卷料，直接托住从卷料上打开的钢带或铝带。在保持辊和楔形导板的共同作用下，可确保钢带料头有效进入后续的送料辊。

图 2-67　开卷机

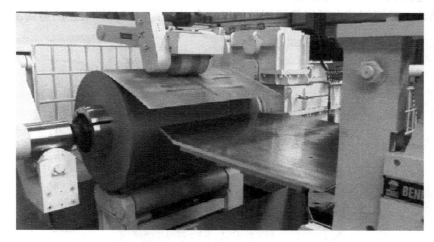

图 2-68　进料辅助装置

（4）精密矫平机　开卷线上所用的矫平机大多是 21 根矫平辊的辊式板材矫平机，如图 2-69 所示。其工作原理是，利用材料的"包辛格效应"，对板材进行多次正反弯曲，使多种原始曲率逐步变为单一曲率，并最终将其矫平。

为了满足多种不同规格与尺寸钢带或铝带的矫平要求，矫平机配置有矫平辊盒快换系统。通过更换辊盒，可在一台矫平机上使用不同直径的矫平辊进行矫平作业。

生产作业过程中如果有污渍颗粒留在矫平机内部，可以使用毛毡清洁装置在更换卷料的同时对矫平机进行清洁处理。

若要解决钢带裙边或中间浪形缺陷，可以采用矫平辊的弯曲功能，其工作原理是通过调节下辊架支撑辊的高度，使下矫平辊子达到要求的弯曲度，实现对钢带裙边或中间浪形的矫正。

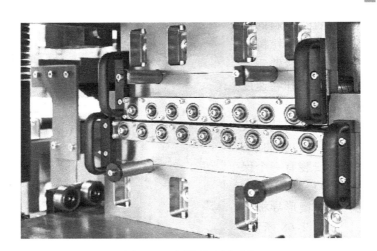

图 2-69 板带精密矫平机

（5）料头剪　料头剪用于切除卷料的端部，剪下的料头废料自动落入废料箱，如图 2-70 所示。为了适应不同厚度和宽度钢带料头的切除，料头剪被设计成可以对剪切角度和行程自动调整的结构；剪刃间隙也可以按照钢带的厚度自动设置，以获得最佳的剪切质量。

图 2-70 料头剪与废料箱

（6）薄膜覆膜装置　根据开卷生产线的实际需要，可以选配薄膜覆膜装置或覆纸张装置（图 2-71），用于保护表面敏感度高的钢带或铝带。

（7）钢带清洗与涂油机　钢带清洗机（图 2-72）用于去除板带表面的污垢或残油，之后再在板带表面涂上一层均匀的保护油膜。

（8）带料活套装置　带料活套装置（图 2-73）的作用是：缓解因钢带或铝带步进运动等产生的振荡，并保持钢带或铝带活套固定的高度。带料活套装置和安装在其下方超声波传感器之间的距离决定了钢带或铝带的进料速度，间距越小，钢带或铝带进料的速度就越小；间距增大，钢带或铝带进料的速度随之相应上升。当带料活套部分的下沉量太大，被安装在

第二章 汽车冲压工艺

图 2-71 薄膜覆膜装置

活套装置底部的光电传感器检测到时，矫平机自动停机，以便操作员检查是否是后续设备产生故障；当钢带或铝带活套部分的下沉量太小时，后续设备自动停机，防止钢带或铝带被拉扯坏。

（9）步进送料装置　为了防止钢带或铝带活套部分的惯量对后面落料设备（如横剪机）造成不利影响，在带料活套装置和横剪机之间安装了一个步进送料装置。步进送料装置的送料辊对从带料活套装置出来的钢带或铝带有一个拉力，配合横剪机的加工速度，将钢带或铝带平稳地送入横剪机。

（10）横剪机　横剪机（图2-74）有停剪、飞剪和摆剪等多种不同的种类：①停剪适用于非连续工作的生产线；②飞剪是在卷

图 2-72 钢带清洗机

料以设定速度连续开卷的模式下剪切，通过齿轮齿条驱动横剪机做线性运动，横剪机的剪切速度受运动惯量的限制，适用于厚度不大于20mm的卷料；③摆剪适用于切割梯形或菱形坯料，使用专用工具，还可以进行弧形切割。

（11）落料压力机　落料压力机大多采用电驱滑块式压力机，行程速率高达100次/min以上，常配有一个或两个移动式工作台，如图2-75所示。

（12）激光落料系统　激光落料系统（图2-76）的突出优点是：多个激光落料头平行工作，采用飞切方式可以实现不间断连续落料；无需落料模，可以大大减少设备投入；可以优化排样设计，大大减少材料的浪费；可以快速实现产品切换。

（13）堆垛系统　开卷生产线上所用的堆垛系统最常见的有两种，分别是堆垛机和机器人堆垛系统。

1）堆垛机。堆垛机（图2-77）有电刷式堆垛机、吹洗空气-毛刷式堆垛机、磁性传送

图 2-73　带料活套装置

图 2-74　横剪机

图 2-75　落料压力机

第二章　汽车冲压工艺

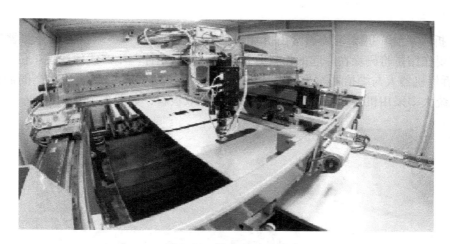

图 2-76　激光落料系统

带堆垛机以及真空堆垛机等多种不同的类型，需根据材料品种和性质的不同合理选用。如铝合金梯形落料就需要选用真空堆垛机。

图 2-77　堆垛机

对于吹洗空气-毛刷式堆垛机，其空气流量的大小、毛刷的运行状态以及位置都可以自由设置，空的托盘被放在一个移动工作台上，自动送到堆垛位置。堆垛好的落料被自动称重，并被自动绑上包装带，然后从堆垛平台上被运送出生产线。每个堆垛平台都配置有独立的升降台，可以各自独立地进行堆垛或者下料。在整个堆垛区域内堆垛平台之间可以快速地更换、反复使用。每个小的装好垛料的托盘由一个包装机械手堆放到大的运输托盘上，如果需要可以被立即装车发货，整个过程自动而快速。

2) 机器人堆垛系统。机器人堆垛系统所用到的设备与机器人拆垛系统完全一样，为了避免重复，在下面的拆垛系统中介绍。

2. 冲压生产线

冲压生产线的功用是将开卷落料线生产的板料加工成各类冲压件，主要由拆垛系统、模具快换系统、压力机、模具和物料传输系统等组成。关于物料传输系统在后面章节中专门讨论。

（1）拆垛系统　拆垛系统通常由拆垛机器人（或机械手）、端拾器和分张器等部分组成，其主要作用是将码垛在一起的板料分张拾起并传送至冲压生产线的线首工位。

1）拆垛机器人与端拾器。为了提高生产效率，实现多产品共线柔性生产的需要，冲压线拆垛系统大多采用机器人或机械手通过端拾器抓取板料，如图2-78所示。

图2-78　机器人拆垛系统

端拾器主要由真空吸盘、连接杆、真空发生器、双料检测器、分离气缸等部件组成。

① 真空吸盘：真空吸盘的种类多种多样，常见的主要有折叠型、深碟型、平底型、马蹄型等；安装方式有快插式、内外螺纹式。折叠型真空吸盘主要用于弧度较大、定位粗糙的部位，适应性强；马蹄型真空吸盘主要用于狭窄紧凑的部位；平底吸盘主要用于大平面位置，吸力强。真空吸盘尽可能均匀对称布置，数量应适中，数量过多不仅会增加成本，还有可能导致工件变形。

② 连接杆：由于拆垛系统在工作过程中始终是做空间往复变速运动，因此惯量的大小是制约其工作频率的重要因素。为了获得高的生产效率，应尽可能减小拆垛系统的惯量。为此，连接杆常采用轻质的铝管或碳纤维管。

③ 真空发生器：真空发生器的作用是产生足够的真空度，使端拾器能有足够的吸力，以有效抓起板料。

④ 双料检测器：冲压成形几乎都采用单板料加工，但有时不可避免会因分张器的异常而出现两张板料黏附在一起的情况，如此就会导致冲压模具甚至压力机的损坏。为避免这种情况的发生，需要通过双料检测器对是否存在双板料进行识别。

2）分张器。汽车冲压件所用材料主要是钢带和铝带，开卷落料后的冲压用板料叠放在一起即称为垛料。由于各层板料之间存在油膜或真空负压，板料不易被分开，必须采取相应的专门装置将其分开，这个专门的装置就是分张器。由于不同材料的固有特性各不相同，分张器的结构、原理亦各不相同。对于钢板垛料，采用磁力分张器；对于铝板垛料，常采用齿式吹气分张器。

① 磁力分张器：在垛料的侧面和端面放置磁力分张器，通过其强大的同极性磁力，使最上层钢板与下层板料相互排斥而产生一定的间隙，以便逐层取用板料。磁力分张器原理是，如果在钢板垛料旁放置强磁体，接触板料一端是 N 极，由于钢板是铁磁材料，在磁场的作用下钢板会磁化，每一块钢板便成为 S 极。由于同性相斥，则每一块钢板之间就会产生一个相互排斥的力，实现钢板的分离，如图 2-79 所示。

图 2-79　磁力分张器

磁力分张器有普通、强磁、超强磁、吹气辅助等多种不同的类型。

普通型分张器：表面磁场强度较小（表面磁场强度为 1500~2000Gs⊖），适合厚度为 1mm 以下的薄板的分张。

强磁型分张器：表面磁场强度较强（表面磁场强度为 2000~2500Gs），适合厚度为 1~3mm 的中等厚度钢板的分张。

超强磁型分张器：表面磁场强度非常强（表面磁场强度 ≥2500Gs），适合厚度为 3mm 以上的厚板的分张。

吹气辅助磁力分张器：利用磁力分张器使板料间产生一定的分张力，再通过吹风系统，向板料间吹送一定压力的气体，以进一步提高材料的分张效果，如此可以提高工作效率、降低生产成本，如图 2-80 所示。

② 齿式吹气分张器：由于铝板不导磁，因此磁力分张器无法用于铝板的分张，为此需要采用齿式吹气分张器。其工作原理是，利用齿条先将铝板的边缘拉

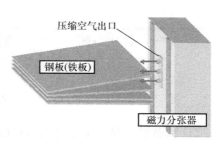

图 2-80　吹气辅助磁力分张器

⊖　1Gs = 10^{-4}T。

起一定的缝隙，然后通过吹风系统将压缩空气吹入拉起的缝隙中，实现铝板的分张，如图2-81所示。

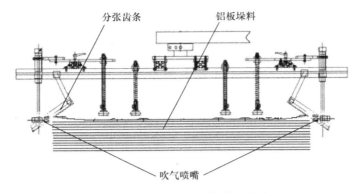

图2-81 齿式吹气分张器示意图

（2）冲压模具快换系统 冲压生产的效率通常要远高于其他生产方式，为了提高冲压生产设备的利用率，降低生产成本，汽车制造企业普遍采用一条冲压生产线生产多种不同种类冲压件的生产方式（多件共线生产），如此就需要频繁地更换模具。

早期冲压模具的更换大多采用人工操作起重工具将模具从压力机工作区拖出，然后将下一工件的模具拖入压力机工作区的方式。这种方式换模所需时间长、效率低。为了解决这一问题，20世纪60年代，快速换模系统率先在日本诞生，将换模时间由过去的1h多缩短至3min。

快速换模系统主要由移载臂、举模器、夹模器、液压单元、控制系统组成，如图2-82所示。

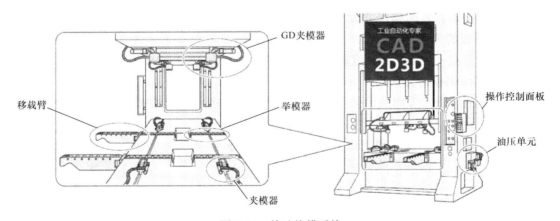

图2-82 快速换模系统

① 移载臂：对于中小型压力机的快速换模系统，移载臂由悬臂本体及滚轮组成，可将模具方便地移入、移出压力机作业处，使用吊车或叉车等设备，安全、顺畅地搬入、搬出模具。移载臂有RC移动式、RD折下式、RE/RF旋转式三种类型，如图2-83所示；对于大型压力机的快速换模系统，模具的移动采用多工位移动工作台，如图2-84所示。

第二章　汽车冲压工艺

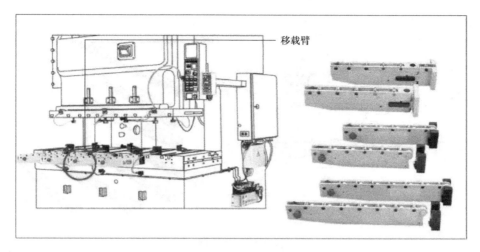

图 2-83　移载臂

图 2-84　自动换模移动平台

② 举模器：一种将模具举起使之脱离台盘面的装置，有 DR、DL、DU、DB 四种类型。DR 型举模器可借助填隙片的增减，很容易地适用不同尺寸的"T"形槽或"U"形槽；DL 型液压举模器，利用液压系统举模，举模能力强，适用于模具重量大的换模系统；DU 型滚珠弹簧式举模器，能使模具在各个方向自由移动；DB 型液压举模器，利用万向滚珠的方式，适用于前后左右移动模具，如图 2-85 所示。

③ 夹模器：夹模器有 TX、TY 两种类型，TX 型夹模器占用空间小，但模沿需设置可供夹持的"U"形沟槽，其底部应制成适合在台盘滑动的"T"形槽；TY 型夹模器利用杠杆原理夹持模沿，无需可供夹持的"U"形沟，因此有更广的适用范围，如图 2-86 所示。

（3）压力机　压力机是车身冲压成形工艺过程中将板料、管料加工成冲压件的设备。压力机的种类很多，分类方式各异。若按动力传动方式的不同，可分为螺旋压力机、曲柄压

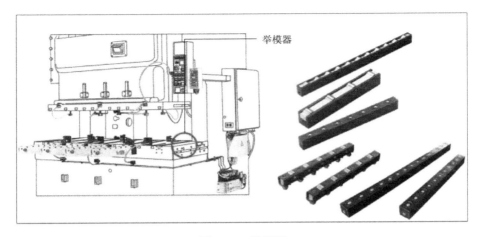

图 2-85 举模器

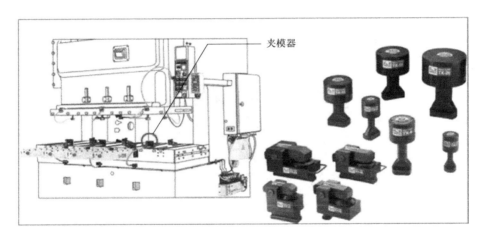

图 2-86 夹模器

力机和液压压力机;按机身结构的不同,可分为开式压力机和闭式压力机;按连杆数目的不同,可分为单点压力机、双点压力机和四点压力机;按滑块行程是否可调可分为偏心压力机和曲柄压力机;按滑块数目的不同,可分为单动压力机、双动压力机和三动压力机;按工作台结构的不同,可分为可倾式压力机、固定式压力机和升降式压力机。

1) 螺旋压力机。螺旋压力机是利用螺杆和螺母传递动力的压力机。螺旋压力机有直驱式、非直驱式和离合器式三种不同的结构形式。

① 直驱式螺旋压力机:驱动电动机的转子与螺杆飞轮连为一体,电动机直接驱动螺杆转动,经螺母将电动机的旋转运动转换为滑块的上下往复运动。其特点是传动环节少,但须选用低速、大转矩专用电动机。直驱式螺旋压力机的特点是:利用在螺杆上安装的位移传感器就可以对滑块的位置进行精确控制,可以实现高精度冲压成形;电动机起动电流小,对电网的冲击小,压力机滑块静止时,主电动机不工作,电量消耗小;机构简单,工作可靠。

② 非直驱式螺旋压力机:电动机经小齿轮驱动与飞轮及螺杆连在一起的大齿轮,螺杆

飞轮一起转动，再经螺母将电动机的旋转运动转换为滑块的上下往复运动。其特点是电动机转速较高、体积小、重量轻、传动链短且传动效率高、机构简单、维护方便。

③ 离合器式螺旋压力机：离合器式螺旋压力机与传统螺旋压力机的区别并非是传动方式的不同，而是在于飞轮的工作方式发生了根本性变化。主电动机通过 V 带驱动飞轮，使之单向自由旋转。当压力机进入冲压工作行程时，离合器接合，将螺杆和飞轮接合在一起，螺杆和飞轮的旋转运动通过和滑块做成一体的螺母转换成滑块向下的冲压运动，随着冲压力的增大，飞轮的转速随之下降，当飞轮的转速降到一定数值时，离合器自动分离，飞轮在电动机的驱动下转速迅速上升，为下次冲压作业储存能量。

2）曲柄压力机。曲柄压力机是指通过传动系统把电动机的转动和能量通过曲柄连杆机构转换成滑块的往复运动的压力机。

曲柄压力机的传动系统通常采用的是齿轮传动机构，电动机通过齿轮传动机构将动力传给和从动齿轮连在一起的飞轮，再经离合器传给曲柄连杆机构。

3）液压压力机。液压压力机是利用液压传动技术进行压力加工的设备，可以用来完成各种材料的成形加工。与其他压力机相比具有以下优点：

① 容易获得最大压力：由于液压压力机采用液压传动静压工作，动力设备可以分别布置，可以多缸联合工作，因而可以制造出数万吨级的液压压力机。

② 容易获得变化且大的工作行程：液压压力机容易获得很大的工作行程，可以在行程中的任何位置上停止与返回，并发挥全部压力。

③ 容易获得大的工作空间：因为没有庞大的机械传动机构，且工作缸可以任意布置，所以工作空间大，便于组织自动化生产线。

④ 压力与速度可以无级调节：压力与速度可以在大范围内方便地进行无级调节，三缸液压压力机能很容易得到三级不同压力。若将高压液体通入中间工作缸，则得到一级压力；通入两侧工作缸，则得到二级压力；三个工作缸同时通入高压液体，就得到全压。还可以在某一行程长时间保压，能可靠地防止过载。

由于液压压力机具有许多优点，所以在工业生产中得到广泛应用。

4）开式压力机。开式压力机的传动机构大多是曲柄连杆机构，其机身呈 C 形三面开放，拥有较大喉深，被加工板材受限范围小，可以冲压较大零件。新型的开式压力机已广泛采用开关磁阻伺服电动机驱动，淘汰了刚性离合器，实现了任意点的紧急制动，消除了安全隐患。

5）闭式压力机。闭式压力机以四立柱结构为主，由横梁、立柱、工作台和底座组成框架结构，前后开放，对被加工板材尺寸有所限制，中心载荷能力得到很大提高。闭式压力机压力吨位级普遍较大。

6）单点压力机、双点压力机和四点压力机。单点压力机是指曲柄作用在滑块上的着力点仅有一个，即由一个连杆驱动滑块的压力机。同理双点压力机就是曲柄作用在滑块上的着力点有两个，由两个连杆驱动滑块的压力机。四点压力机是指曲柄作用在滑块上的着力点有四个，由四个连杆驱动滑块的压力机。偏心压力机也有单点、双点和四点之分。点数多，工作台面大，可以加工大幅面的工件；点数少，工作台面小，只能加工小幅面的工件。此外，单点压力机仅中间一个受力点，抗偏载的能力差，双点和四点压力机抗偏载的能力强。

7) 偏心压力机。传统的偏心压力机是借助于一个庞大的由交流电动机驱动的飞轮把冲压动力传送到偏心轴、滑块上，通过控制离合器、制动器实现飞轮与偏心轴的接合或分离，其主要缺点是：①压力机需配置极其庞大的飞轮，效率较低；②运动部件的惯性较大，行程周期较长，运行不够平稳；③离合器、制动器等传动部件磨损快且极不均匀，给安全运行带来隐患。为了克服上述缺点，新型的偏心压力机取消了飞轮、离合器和制动器等传动部件，电动机通过齿轮减速机构驱动偏心轮、连杆、滑块机构，不仅结构简单，且工作更加可靠。

8) 单动压力机、双动压力机和三动压力机。单动压力机是指只有一个滑块的压力机，是最简单的冲压设备，适合加工结构较简单的冲压件。

双动压力机有两个滑块，外滑块用来压紧板料的边缘，内滑块用来完成冲压成形。双动压力机有单点、双点、四点和多连杆等多种不同的类型。

三动压力机除具有双动压力机内、外两个移动的滑块外，底座内还设有一个液压下拉垫，即具有三个可实施冲压作业的运动部件，所以称为三动压力机。三动压力机的突出特点是，可以在一个工位完成更复杂的冲压成形作业。

9) 可倾式压力机、固定式压力机和升降式压力机。可倾式压力机的机身为可倾式铸造结构，倾斜时便于冲压件或废料从模具上滑下。

固定式压力机是指工作台固定不动，不可倾斜的压力机。事实上，绝大多数压力机的工作台都是固定不可动的，其突出特点是，压力机的刚性好、工作可靠、冲压件的质量容易保证。

升降式压力机是指工作平台可以升降的压力机，其突出特点是，可以适应高度尺寸各不相同的冲压件的成形加工。

10) 多工位压力机。多工位压力机是指将多台压力机及拆垛送料系统集成在一台压力机上，即一台多工位压力机相当于一条自动化冲压生产线，其突出特点是，生产效率高，可以很好地满足高速自动化生产。

11) 伺服压力机。伺服压力机是指利用伺服技术驱动压力机工作的一种新型压力机，其特点是，以伺服电动机为动力源驱动压力机工作。

对于普通电动机，其回转数是由极数和电源频率确定的，变速时就必须通过另外的电气或机械式变速装置来实现。如果利用普通电动机带动变速装置改变压力机的速度，压力机飞轮从静止到全速运转状态所需的时间即使是小型压力机也需要数十秒，大型压力机则需要几分钟，如此完全满足不了车身冲压对高效率的要求。但利用伺服电动机驱动却完全不同，压力机从静止到全速运转状态只需要 $0.1 \sim 0.5s$，如果对电子控制系统进行优化设计，在 1min 内可以完成数十次冲压成形作业；如果速度的变化量比较小，伺服电动机可以达到更高的冲压成形效率。正因为如此，伺服压力机在汽车制造业得到了十分广泛的应用。

12) 多点成形压力机。多点成形压力机是一种为了更好、更快捷地满足多种复杂三维曲面柔性生产而诞生的一种全新的压力机。多点成形压力机的成形原理是：将传统的整体模具离散成一系列排列规整、高度可调的针状冲头结构，如图 2-87 所示。整体模具的冲压成形，板材的成形取决于模具工作面的形状；多点成形，板材的成形取决于针状冲头顶端的包络线。

第二章　汽车冲压工艺

图 2-87　多点针状成形模

由于每一个针状冲头单体的位置乃至行程都可以单独分别调节，因此改变针状冲头的位置与行程，就相当于重新构建了一套新的模具。由此可见，多点成形技术特别适合于多品种三维复杂曲面冲压件的成形加工。

第三章 汽车焊装工艺

车身是汽车的基体,它不仅要承受来自汽车内、外部的所有力和力矩,为乘客和货物提供保护,还要满足用户对汽车外观质量日益苛刻的要求,即车身应具有"承力、保护、美学"三大最基本的功能。此三大功能是否能得到最大限度的实现,在很大程度上取决于车身焊装质量。这正是业内常说"车身焊装工艺水平直接关系着汽车产品的外观质量和使用性能"的原因。轿车车身是各类汽车车身中结构最复杂、焊点和采用的焊接方式最多、对焊接质量要求最高的,它是汽车焊装工艺中的典型代表。因此,本章以轿车车身为例介绍车身焊装工艺。

第一节 车身焊装工艺流程与工艺布局

轿车车身是由数以千计薄板冲压成形的板壳构件通过焊接工艺方法组合在一起的形体复杂的高强度空间板壳结构,其焊装工艺过程十分复杂。为此,需对车身焊装工艺进行全面、科学、合理的规划。

一、车身焊装工艺流程

为了便于焊接成形且获得准确的车身外形尺寸和优良的外观质量,常将由薄板冲压成形的片状冲压件焊装成具有一定强度或功能的分总成,再将分总成焊装成大总成,将大总成焊装在一起组成车身的六大片(车身底板总成、顶盖总成、左/右侧围总成、后围总成、后隔板总成),然后将六大片合焊在一起构成车身焊接总成,装上车门、发动机舱盖、翼子板、行李舱盖便构成了整体焊接白车身,如图3-1、图3-2所示。

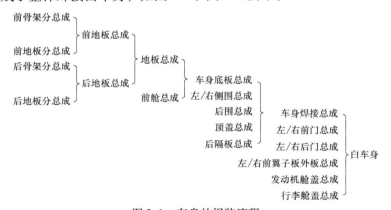

图3-1 车身的焊装流程

二、车身焊装工艺布局

轿车车身的所有组成部件都由薄板冲压而成,汽车制造业将其统称为冲压件,其中

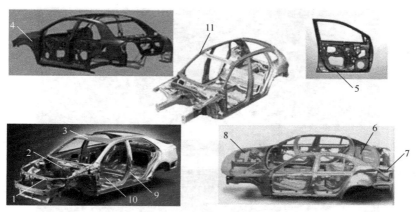

图 3-2 汽车白车身
1—前骨架 2—前围 3—顶盖 4—前翼子板外板 5—车门 6—后围板
7—后骨架 8—发动机舱盖 9—侧围 10—地板 11—车身整体骨架

90%以上的冲压件所用的薄板厚度只有 0.6~0.8mm，承力最大的冲压结构件所用钢板的厚度亦小于 3mm。由于车身冲压件的面厚比很大，因此刚度非常小，极易变形，要想将多片极易变形的冲压件组焊成高精度（形状公差和尺寸公差均小）的车身分总成，在组焊的全过程必须保持每一个冲压件的形状不变，且各冲压件的相对位置精度要求很高。欲做到这一点，车身焊装车间采用了大量与之相适应的焊装夹具，如图 3-3 所示。为了提高生产效率，满足生产节拍的要求，汽车车身焊装生产均将满足车身各总成部件及车身合装的焊装夹具按照一定的要求构成高效的焊装流水线，如图 3-4 所示。

图 3-3 车身焊装夹具（图中是车身侧围的焊装夹具）

轿车车身最重要的特点是，除极少数部件（前翼子板、灯板梁）外，90%以上的车身组件都是采用焊装工艺实现车身的组装。因此，车身焊装工艺的内容多而复杂，为了使车身焊装作业能有序高效进行，需合理规划与布局焊装工艺。焊装工艺布局是否合理，有四项重要的评价指标，即：车身在焊装线上的流动应顺畅，无效输送和辅助生产时间应尽可能短；物流配送方便；焊装线两侧有足够的工件摆放空间；便于产能的扩充和信息的导入。图 3-5 所示是某轿车焊装车间的布局图，能较好地满足上述四项要求。

图 3-4 车身焊装生产线

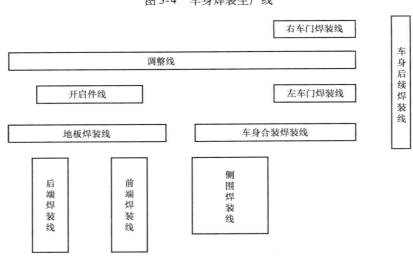

图 3-5 车身焊装工艺布局

三、车身焊装工艺方法

车身焊装工艺是一个广义的概念，它是指将冲压成形的车身各组件组装成一个完整白车身的全部工艺过程，其内容主要有焊接、滚/折边、涂胶、合装、返修等。由于焊接工艺的比重超过 90% 以上，因此将其统称为焊装。

焊接是通过加热或者加压或者两者并用，添加或不加填充材料，使两分离的工件在其接合表面达到原子间的结合，形成永久性连接的一种工艺方法。常用的焊接工艺有五大类近 20 种不同的焊接工艺方法。

焊接工艺方法 $\begin{cases} 电阻焊：单点焊、多点焊、缝焊 \\ 熔化焊：气体焊、手工电弧焊、TIG/MIG 焊、CMT 焊 \\ 压力焊：摩擦焊、爆炸焊、超声波焊、扩散焊、凸焊 \\ 钎\ \ 焊：火焰铜钎焊、激光钎焊 \\ 特种焊：微弧等离子焊、电子束焊、激光焊 \end{cases}$

第三章 汽车焊装工艺

车身焊装涉及的焊接工艺方法有 10 余种（表 3-1），由于电阻点焊、CO_2 气体保护焊、混合气体保护焊、螺柱焊、激光焊等焊接方法具有焊接效率高、焊接质量好、易于实现机械化和自动化等诸多优点，因此在车身焊装工艺中得到了十分广泛的应用。在此需特别指出的是，激光焊接在车身焊装工艺中的应用越来越普遍，且在车身焊接工艺中的比重呈现出逐年快速增长的强劲势头。究其原因，主要是激光焊接具有焊缝平整、焊接变形小、焊缝质量好、能够焊接不同材质的工件、生产效率高等优点。近些年，凡是有密封要求的焊缝几乎全都采用激光焊接。

表 3-1 常用的车身焊接工艺方法

焊接方法及设备			典型应用
电阻焊	单点焊	悬点焊机 + 手工焊钳/一体式焊钳	白车身及各大总成、分总成
		点焊机器人	同上
		固定点焊机、凸焊机	螺钉、螺母、小件
	多点焊	龙门式多点焊机	白车身、地板总成等
		C 形（鳄鱼式）多点焊机	地板、侧围、车门、发动机舱盖、行李舱盖总成等
		组合式多点焊机	
	缝焊	悬挂缝焊机	白车身顶盖流水槽等
		固定缝焊机	油箱等
熔化焊	气体保护焊	自动/半自动 CO_2 气体保护焊焊机	白车身总成
		自动/半自动混合气体保护焊机（MAG 焊机）	车门铰链、摇篮、消声器等
	冷金属过渡焊（CMT）		白车身总成
	氩弧焊（MIG 焊）		车身顶盖后部两侧接缝等
	手工电弧焊		厚料零部件
	螺柱焊		各种焊接螺柱
	气体焊		白车身总成补焊
钎焊	锡钎焊		散热器等
特种焊	等离子弧焊		白车身顶盖后角板
	电子束焊		齿轮
	激光焊		车身地板、顶盖总成等
	激光复合焊		车身地板、顶盖、侧围、前后骨架等总成
	摩擦焊		后桥壳管和法兰转向杆

第二节 电 阻 焊

电阻焊是将被焊工件置于两电极之间加压，并在焊接处通以电流，利用电流流经工件接触面及其邻近区域产生的电阻热将其加热到熔化或塑性状态，使之达到金属结合而形成牢固接头的工艺过程。由于焊接所需要的热来自于电流通过工件焊接处的电阻产生的热量，因此将其称为电阻焊。电阻焊有点焊、凸焊、缝焊、对焊等多种不同的焊接方式，如图 3-6 所示。由于电阻焊中的缝焊和对焊在车身焊接中用得较少，凸焊实际上只是焊接接头的形式与点焊不太一致，其焊接原理和所用的焊接设备与点焊均没有本质的差异，因此点焊是电阻焊最典型的代表。点焊有单点焊、多点焊、单面点焊和双面点焊等多种。由于点焊具有生产率高、焊接质量好、焊接成本低、工作条件好、易于实现自动化生产等诸多优点，因此在车身焊接中被广泛应用。当然，点焊也有其自身的缺点，如对焊接参数波动比较敏感、焊接质量不便于无损检测等，为此需严格控制焊接参数，且应定期抽取一定数量的焊接件进行破坏性检测。点焊常用于车身冲压件的搭接焊，凸焊常用于螺母的焊接。

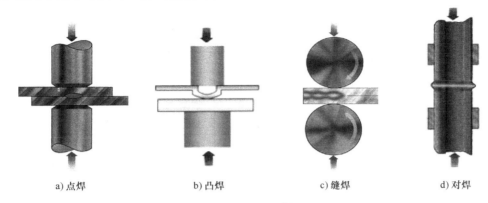

a) 点焊　　　　　b) 凸焊　　　　　c) 缝焊　　　　　d) 对焊

图 3-6　电阻焊

一、点焊

点焊的焊接过程由预压、通电、维持、休止四部分组成。其焊接质量的好坏与预压力、通电时间、通电电流、工件性能、电极的形状与材料等因素有直接关系，其中通电电流和通电时间对焊接质量的影响最大。

1. 预压力的影响

点焊的预压力是由电极施加的，因此预压力又称为电极压力。适当的电极压力对于保证焊接质量十分有利，其原因是：适当的电极压力可以破坏焊接接头表面的氧化物层，使焊接接头表面保持良好的接触，促进焊接接头的熔合；热熔时在电极压力作用下形成的塑性环可防止周围气体侵入和液态熔核金属沿板缝向外喷溅，这对于保证焊接质量具有十分重要的作用。

2. 焊接电流的影响

点焊所需要的热量完全由电流转换而来，由此可见焊接电流对焊接质量的影响。电流越大，所产生的焊接热越大，焊接接头处的金属越容易熔化。不同的材料其熔化热和散热能力均有较大差异，因此焊接不同种类的金属应采用不同的焊接电流。此外，点焊接头处金属厚度不同，所需的焊接热也存在很大的差异，因此焊接较厚的金属时需要较大的焊接电流，焊接较薄的金属时需要较小的电流，否则焊接接头有被烧穿的危险。由此可见，焊接电流是一个必须严格控制的重要参数。引起电流变化的主要原因是电网电压波动和交流焊机次级回路阻抗变化。

3. 通电时间的影响

通电时间又称焊接时间，焊接时间与焊接电流在一定范围内可以相互补充。为了获得一定强度的焊点，可以采用大电流、短时间焊接模式（简称强条件或硬规范），也可采用小电流、长时间（简称弱条件或软规范）。选用硬规范还是软规范，取决于金属的性能、厚度和所用焊机的功率。对于不同性能和厚度的金属所需的电流和时间,都有一个上下限,选用时应特别注意这一点。

4. 电极形状及材料的影响

由于电极的接触面积决定着电流密度,电极材料的电阻率和导热性关系着热量的产生和散失,因此,电极的形状和材料对熔核的形成有显著影响。随着电极端头的变形和磨损,接触面积增大,焊点强度将降低。

5. 工件性能的影响

工件表面状况如氧化物、污垢、油和其他杂质等均会影响工件的导电性能,通常情况下都会增大焊接接头处的接触电阻。过厚的氧化物层甚至会使电流不能导通,使焊接过程无法进行。氧化物层的存在还会影响各个焊点加热的均匀性,引起焊接质量的不稳定。因此彻底清洁工件表面是保证获得优质焊接接头的必要条件。

除工件表面状况会影响到焊接质量外,工件材料的许多性能都会对点焊的有效性构成较大影响:材料的导电性和导热性越高,焊接性越差;材料的高温强度越高、屈服强度越高,焊接性越差;材料的塑性温度范围越窄,对参数波动越敏感,焊接性越差;材料对热循环的敏感性越强,焊接性越差;此外,熔点高、线膨胀系数大、易形成致密氧化膜的金属,其焊接性一般较差。

6. 点焊参数的选用

选择点焊参数时可以采用计算法或查表法(表3-2),无论采用哪种方法,所选择出来的参数都不可能是十分精确和合适的,需针对具体工件的特点由实验确定。

表 3-2 点焊参数表

序号	板厚/mm	电极直径/mm	焊接压力/N	通电时间/s	焊接电流/A
1	1.0	6	1000 ~ 2000	0.20 ~ 0.40	6000 ~ 8000
2	1.2	6	1000 ~ 2500	0.25 ~ 0.50	7000 ~ 10000
3	1.3	6	1500 ~ 3500	0.25 ~ 0.50	8000 ~ 12000
4	2.0	8	2500 ~ 5000	0.35 ~ 0.60	9000 ~ 14000
5	3.0	8	5000 ~ 8000	0.60 ~ 1.00	14000 ~ 18000
6	4.0	10	6000 ~ 9000	0.80 ~ 1.20	15000 ~ 20000
7	5.0	11	8000 ~ 10000	0.90 ~ 1.50	17000 ~ 24000
8	6.0	13	10000 ~ 14000	1.20 ~ 2.00	20000 ~ 26000

(1)两种不同厚度钢板的点焊 当两工件的厚度比小于3:1时,焊接并无困难。此时焊接参数可按薄件的厚度选择,并稍增大一些焊接电流或通电时间即可。

当两工件的厚度比大于3:1时,此时除按上述方法处理外,还应采取下列措施,以保证焊接质量。

在厚板一侧采用较大的电极直径,在薄板侧选用导电性稍差的电极材料。

(2)三层钢板的点焊 当点焊中间为较厚零件的三层板时,可按薄板厚度选择焊接参数,但要适当增加焊接电流,其增加量为10% ~ 25%,或者增加通电时间。

当点焊中间为较薄零件的三层板时,可按厚板厚度选择焊接参数,但要适当减少焊接电流,减少量为10% ~ 25%,或者减少通电时间。

（3）带镀层钢板的点焊　点焊镀锌或镀铝钢板时，电流应比不带镀层的钢板提高20%～30%，并同时提高电极压力20%。

7. 点焊质量检验

点焊质量的检验最常用、最简单且最有效的方法是撕开法，如图3-7所示。优质焊点的标志是：在撕开试样的一片上有圆孔，而另一片上有圆凸台。厚板或经淬火处理的材料有时不能撕出圆孔和凸台，但可通过剪切的断口判断熔核的直径。

图3-7　点焊质量的撕裂检验

二、凸焊

如前所述，凸焊的焊接原理和设备与点焊很接近，只是焊接接头有所不同，因此，人们常将凸焊称为是点焊的一种特殊形式。

1. 凸焊的工艺特点

1）在一个焊接循环内既可焊接一个焊点又可同时焊接多个焊点，不仅生产率高，还没有分流影响，因此可在窄小的部位上布置焊点而不受点距的限制。

2）由于电流密集于凸点上，电流密度大，故可用较小的电流进行焊接，并能可靠地形成较小的熔核。点焊却不同，对应于某一板厚，要形成小于某一尺寸的熔核是很困难的。

3）凸点的位置准确、尺寸一致，各点的强度比较均匀，因此对于给定的强度，凸焊焊点的尺寸可以小于点焊。

4）由于采用大平面电极，且凸点设置在一个工件上，所以可最大限度地减轻另一工件外露表面上的压痕。同时大平面电极的电流密度小、散热好，电极的磨损要比点焊小得多，因而大大降低了电极的保养和维修费用。

5）与点焊相比，工件表面的油、锈、氧化皮、镀层和其他涂层对凸焊的影响较小。当然，工件表面越洁净，其焊接质量就越好、越稳定。

6）凸焊的不足之处是需要冲制凸点的附加工序，电极比较复杂，若一次要焊多个焊点，则需要使用更高的电极压力和高精度的大功率焊机。

由于凸焊具有上述多种优点，因而获得了广泛的应用。

由凸焊的优点不难看出，凸焊特别适合于车身上的螺母焊接，如图3-8所示。

2. 凸焊电极

常用的凸焊电极有圆形平头电极、大平头棒状电极、螺母专用电极三种基本类型。

（1）圆形平头电极　圆形平头电极又称为标准点焊电极，若进行凸焊作业时采用标准点焊电极，则电极接触面直径应不小于凸点直径的两倍，以减小工件表面的压痕。

（2）大平头棒状电极　大平头棒状电极常用于局部位置的多点凸焊，如加强垫圈的凸焊，一次可焊4~6点。大平头棒状电极的接触面必须足够大，应超过全部凸点的边界，超出量一般应相当于一个凸点的直径。

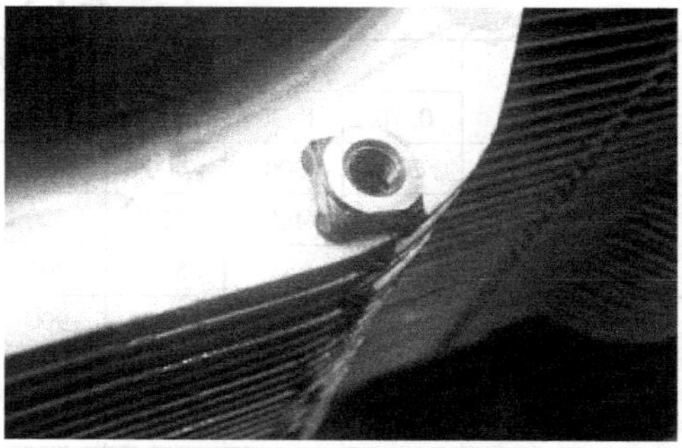

（3）螺母专用电极　螺母专用电极主要用于螺母的焊接。汽车车身上需要焊接的螺母非常多，因此螺母专用电极在汽车车身焊接工艺中应用非常广泛。

图3-8　凸焊焊接的螺母

3. 凸焊质量的影响因素

影响凸焊质量的因素主要有电极压力、焊接时间、焊接电流、电极材料四项。

（1）电极压力　凸焊的电极压力取决于被焊金属的性能、凸点的尺寸和一次焊成的凸点数量等。电极压力应足以在凸点达到焊接温度时将其完全压溃，并使两工件紧密贴合。电极压力过大会过早地压溃凸点，失去凸焊的作用，同时因电流密度减小而降低接头强度；电极压力过小会引起严重飞溅。

（2）焊接时间　对于给定的工件材料和厚度，焊接时间由焊接电流和凸点刚度决定。在凸焊低碳钢和低合金钢时，影响焊接质量的因素主要是电极压力和焊接电流。在电极压力和焊接电流确定后，通过调节焊接时间，以获得满意的焊接质量。若希望缩短焊接时间，就要相应增大焊接电流，但过分增大焊接电流可能引起金属过热和飞溅。通常情况下，凸焊的焊接时间比点焊长，而电流比点焊小。多点凸焊的焊接时间应稍长于单点凸焊，以减少因凸点高度不一致而引起各点加热的差异。采用预热电流或电流斜率控制（通过调幅使电流逐渐增大到需要值），可以提高焊点强度的均匀性并减少飞溅。

（3）焊接电流　凸焊每一焊点所需电流比点焊同样一个焊点时小，但在凸点完全压溃之前电流必须能使凸点熔化。凸焊电流应该是在采用合适的电极压力下不至于挤出过多金属的最大电流。对于一定凸点尺寸，挤出的金属量随电流的增加而增加。采用递增的调幅电流可以减小挤出金属。和点焊一样，被焊金属的性能和厚度仍然是选择焊接电流的主要依据。

多点凸焊时，总的焊接电流大约为每个凸点所需电流乘以凸点数。但考虑到凸点的公差、工件形状，以及焊机二次回路的阻抗等因素，需做适当调整。

凸焊时还应尽可能做到两被焊板间的热平衡，否则，在平板未达到焊接温度以前凸点便已熔化。因此，焊接同种金属时，应将凸点冲在较厚的工件上；焊接异种金属时，应将凸点冲在电导率较高的工件上。若在厚板上冲出凸点有困难，也可在薄板上冲凸点。

（4）电极材料　电极材料会影响被焊两工件上的热平衡，在焊接厚度小于0.5mm的薄板时，为了减少平板一侧的散热，常用钨-铜烧结材料或钨做电极的嵌块。

4. 凸焊质量检验

凸焊质量检验的主要内容是焊接强度，常采用拉力法进行检验，即检测焊点的抗拉能力。表3-3是螺母凸焊抗拉能力的检验标准。

表 3-3 凸焊的检验标准

螺母规格	拉力 F（N/点），按钢板厚度选择										
	0.70	0.80	1.00	1.25	1.50	1.75	2.00	2.25	2.50	2.75	3.00
M5×0.80	200	300	400	550	600	800	900	900	900	900	1000
M6×1.00	300	400	450	700	800	900	1000	1000	1100	1100	1200
M8×1.25			550	800	900	1000	1200	1200	1250	1350	1500
M10×1.50			600	900	1000	1100	1300	1300	1500	1600	1800
M12×1.75				1000	1100	1200	1400	1400	1650	1750	2100
7/16-20						1200	1400	1400	1650	1750	2100

第三节 熔 化 焊

在焊接过程中将工件接口处加热至熔化状态，不加压力完成焊接的方法，称为熔化焊。进行熔化焊时，热源将待焊两工件接口处迅速加热熔化，形成熔池。熔池随热源向前移动，先熔化的部分冷却后形成连续焊缝而将两工件连接成为一体。熔化焊也有多种不同的焊接方式，其中 CO_2 气体保护焊、混合气体保护焊（MAG 焊）的特点（表3-4）非常明显，因此在车身焊接工艺中得到了广泛应用。

表 3-4 CO_2 气体保护焊、混合气体保护焊的特点

优 点	缺 点
生产效率高	怕风，露天作业受到一定限制
焊接质量好，抗锈能力强	弧光及热辐射强
成本低	不能采用交流电源
操作性能好	
适应性强，应用范围广	
易于实现机械化和自动化生产	

一、CO_2 气体保护焊

CO_2 气体保护焊是一种熔化极气体保护的电弧焊接，它利用焊丝与工件间产生的电弧热熔化填充料及工件接口处的金属，采用 CO_2 气体作为保护气体，金属焊丝作为填充料。焊丝盘上的焊丝被送丝辊轮送入导电嘴，到达焊接区后在焊丝与被焊工件间引燃电弧，气瓶中的 CO_2 气体经预热、干燥和减压后以一定的流量从喷嘴流出，将电弧和熔池与大气隔离开，以防止熔池中的金属与空气中的氧气发生反应生成有害的金属氧化物而影响焊缝的强度。焊丝在高温电弧的作用下不断地熔化并过渡到熔池，从而形成连续的良好的金属焊缝。CO_2 气体保护焊焊机的结构如图3-9所示。

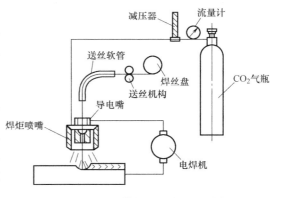

图 3-9 CO_2 气体保护焊焊机的结构

1. 焊丝

CO_2 是一种氧化性气体,它在电弧高温区分解为一氧化碳和氧气,具有强烈的氧化作用,会导致合金元素烧损。为了防止焊缝中产生气孔、减少飞溅和保证焊缝有良好的力学性能,必须采用含有 Si、Mn 等脱氧元素的焊丝。

CO_2 气体保护焊使用的焊丝既是填充金属又是电极,所以焊丝既要保证一定的化学性能和力学性能,又要保证具有良好的导电性能和工艺性能。CO_2 气体保护焊焊丝有实芯焊丝和药芯焊丝两种。

2. CO_2 气体保护焊焊接质量的影响因素

影响 CO_2 气体保护焊焊接质量的因素主要有焊接电流、焊接电压和焊接速度三项。

(1) 焊接电流 焊接电流的选用应视工件的板厚、焊接位置、焊接速度、材质等参数而定。焊接电流一旦确定,CO_2 气体保护焊焊机的送丝速度亦随之确定。焊机送丝速度随焊接电流的变化规律如图 3-10 所示。只有保证送丝速度与焊接电压对焊丝的熔化能力一致,才能保证电弧长度的稳定,这就是 CO_2 气体保护焊焊机的焊接电流必须与焊接电压相匹配的原因。

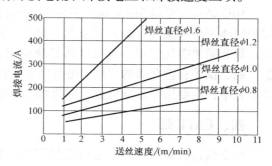

图 3-10 送丝速度随焊接电流的变化规律

(2) 焊接电压 焊接电压又称电弧电压,电弧电压越高,焊接能量越大,焊丝熔化速度越快,焊接电流亦应越大。电弧电压的选用方法是根据工件的材质、厚度等选定焊接电流,然后根据下列公式计算焊接电压。

焊接电流 < 300A 时:焊接电压 = (0.04 倍焊接电流 + 16 ± 1.5) V

焊接电流 > 300A 时:焊接电压 = (0.04 倍焊接电流 + 20 ± 2) V

若焊接电压偏高,弧长变长、飞溅颗粒变大、焊缝宽而平、熔深和余高变小,容易产生气孔;若焊接电压偏低,弧长变短、飞溅增加、焊缝变窄、熔深和余高变大。

(3) 焊接速度 焊接电压和焊接电流确定后,焊接速度的选择应保证焊接所需要的热量。焊接过程中所能产生的热量 Q 为

$$Q = I^2 Rt \tag{3-1}$$

式中 I——焊接电流,单位为 A;

R——电弧及干伸长度的等效电阻,单位为 Ω;

t——决定焊接速度的时间,单位为 s。

由式 (3-1) 可知,焊接电压和焊接电流越大,焊接过程所能产生的热量越多,焊接速度可随之增大;反之,焊接速度随之减小。焊接速度直接影响汽车焊装生产的效率,为了提高焊装生产效率,就需要选用大功率的焊机。

半自动 CO_2 气体保护焊焊机可达到的焊接速度为 30~60cm/min,CO_2 气体保护焊自动焊机能达到的焊接速度高达 250cm/min 以上。焊接速度过快,焊缝会变窄,熔深和余高会变小。

二、混合气体保护焊 (MAG 焊)

MAG 是英文字母 Metal Active Gas Welding 的缩写,中文意思是熔化极活性气体保护焊。

保护气体由惰性气体和少量氧化性气体（如 CO_2 或其他气体）混合而成。

尽管 CO_2 气体保护焊的焊接质量明显优于普通电弧焊，但它较难满足越来越高的汽车车身的焊装要求，为了进一步改善气体保护焊的焊缝质量，汽车制造公司已不再单纯使用 CO_2 气体作为焊接的保护气体，而是采用对焊缝有更好保护能力的混合气（80% Ar + 20% CO_2）取代传统的 CO_2 气体，其工艺性能和焊接质量较传统的 CO_2 气体保护焊有明显提高。用混合气体（80% Ar + 20% CO_2）保护焊缝的焊接方法称为混合气体保护焊。混合气体保护焊与 CO_2 气体保护焊无本质差异，只是保护气体不同而已。

三、MIG 焊

MIG 是英文字母 Metal Inert Gas Welding 的缩写，中文意思是熔化极惰性气体保护焊，保护气体主要有氩气（Ar）或氦气（He）。其特点是：保护气体不与液态金属发生冶金反应，只起隔绝空气作用，所以电弧燃烧稳定，熔滴过渡平稳、安定，无激烈飞溅，最适于铝、铜、钛等有色金属的焊接，也可用于钢材，如不锈钢、耐热钢等的焊接。在汽车车身焊装工艺中，主要用于车身顶盖后部两侧接缝处的焊接，其焊接方法与混合气体保护焊相同。

四、CMT 焊

冷金属过渡焊（CMT）通过监控焊丝熔滴状态来精确协调送丝运动和熔滴过渡；当熔滴与熔池短路时，短路信号反馈给数字处理器，焊机自动切断焊接电流，送丝机回抽焊丝，焊丝与熔滴分开，熔滴自由过渡，此时焊机处于"冷"状态。熔滴与焊丝分离的信号反馈给数字处理器后，送丝机恢复送丝，焊机重新输出焊接电流，此时焊机处于"热"状态。CMT 送丝系统有后序与前序两种送丝机构协同工作，可实现焊丝的间断送丝。后序送丝系统以恒定的速度向熔池送丝，前序送丝系统则按照数字处理器的指令以恒定的频率输送焊丝。数字处理器通过分析熔滴运动过程，实现对送丝和焊接电流的精确控制。CMT 焊的焊接过程是"热—冷—热—冷"往复循环，如此可显著降低焊接飞溅和焊接过程的能量消耗，是一项既节能又环保的新型焊接技术。

五、螺柱焊

将金属螺柱或其他类似的紧固件焊到工件上的工艺方法统称螺柱焊。

螺柱焊是焊接紧固件的一种快速、高效的焊接方法。它不仅效率高，还可以通过专用检测设备对接头质量进行有效的控制，以得到全断面熔合的焊接接头，从而保证接头的导电性、导热性和接头强度。

螺柱焊是电弧熔化焊接方法的一种特殊应用。其工作原理是：焊枪里的螺柱首先接触工件，在焊接按钮闭合时，螺柱被焊枪提起，在螺柱与工件之间引燃电弧，使螺柱端面与相应的工件表面加热到熔化状态，达到适宜温度时，将螺柱挤压到熔池中去，使两者熔合形成焊缝。螺柱焊需要经历预压、引弧、熔化、下沉、焊接冷却五个阶段，如图 3-11 所示。

预压阶段：施加预压力使焊枪内弹簧压缩，螺柱端面紧贴工件表面。

引弧阶段：螺柱提升，引燃电弧，清洁焊接区镀层及油污，该电流称为引弧电流。

熔化焊接阶段：在引弧阶段末期，通以更强的焊接电流，熔化螺柱端头和焊接区。

螺柱下沉阶段：在焊接电弧按预定时间熄灭之前，电磁线圈去磁，弹簧推动螺柱端头栽入熔合区。

冷却阶段：熔池冷却，焊接完成。

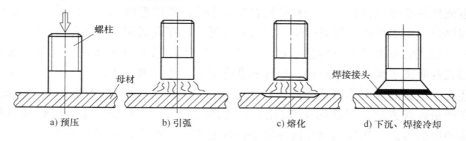

图 3-11　螺柱焊焊接过程

六、钎焊

钎焊是使用比工件熔点低的金属材料作钎料，将工件和钎料加热到高于钎料熔点、低于工件熔点的温度，利用液态钎料润湿工件，填充接口间隙并与工件实现原子间的相互扩散，从而实现焊接的方法（图3-12）。根据加热方式的不同，钎焊可分为激光钎焊、火焰钎焊、电阻钎焊、感应钎焊等多种。

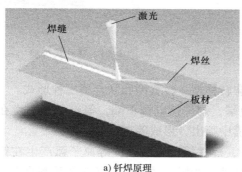
a) 钎焊原理

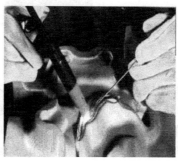
b) 钎焊操作

图 3-12　钎焊

钎焊在汽车车身焊装工艺中用得不多，在汽车制造业中主要用于焊接散热器，但其在汽车维修业的应用却十分广泛。

第四节　特种焊接

特种焊接的种类很多，汽车车身焊接工艺中用得较多的主要是等离子弧焊、电子束焊、激光焊等。

一、等离子弧焊

等离子弧焊是利用等离子弧作为热源的焊接方法。气体由电弧加热产生离解，在高速通过水冷喷嘴时受到压缩，增大能量密度和离解度，形成等离子弧。它的稳定性、发热量和温度都高于一般电弧，因而具有较大的熔透力和焊接速度。形成等离子弧的气体和它周围的保护气体一般用氩。根据工件材料性质的不同，可选用不同的保护气体，如氦或氩氦、氩氢等。

等离子弧有两种工作方式：一种是非转移弧，电弧在钨极与喷嘴之间燃烧，主要用于等离子喷镀或加热非导电材料；另一种是转移弧，电弧由辅助电极高频引弧后，电弧在钨极与工件之间燃烧，用于焊接。形成焊缝的方式有熔透式和穿孔式两种，如图3-13和图3-14所示。前一种形式的等离子弧只熔透母材，形成焊接熔池，多用于0.8~3mm厚的板材焊接；后一种形式的等离子弧只熔穿板材，形成钥匙孔形的熔池，多用于3~12mm厚的板材焊接。此外，还有小电流的微束等离子弧焊，特别适合于0.02~1.5mm的薄板焊接。等离子弧焊接属于高质量焊接方法，焊缝的深/宽比大，热影响区窄，工件变形小，可焊材料种类多。特别是脉冲电流等离子弧焊和熔化极等离子弧焊的发展，更扩大了等离子弧焊的使用范围。

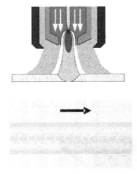 

图3-13　熔透式焊缝

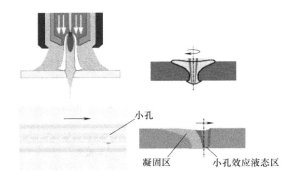

图3-14　穿孔式焊缝

按电源连接方式的不同，等离子弧有非转移型、转移型和联合型三种形式。

1）非转移型等离子弧：钨极接电源负端，焊件接电源正端，等离子弧产生在钨极与喷嘴之间，在等离子气体压送下，弧柱从喷嘴中喷出，形成等离子焰。

2）转移型等离子弧：钨极接电流负端，焊件接电流正端，等离子弧产生在钨极和焊件之间。因为转移弧能把更多的热量传递给焊件，所以金属焊接、切割几乎都是采用转移型等离子弧。

3）联合型等离子弧：工作时非转移弧和转移弧同时并存，故称为联合型等离子弧。非转移弧起稳定电弧和补充加热的作用，转移弧直接加热焊件，使之熔化进行焊接。主要用于微束等离子弧焊和粉末堆焊。

二、电子束焊

电子束焊是一种利用电子束作为热源的焊接工艺。电子束发生器中的阴极加热到一定的温度时逸出电子，电子在高压电场中被加速，通过电磁透镜聚焦后，形成能量密集度极高的电子束，当电子束轰击焊接表面时，电子的动能大部分转变为热能，使焊接件接合处的金属熔融，当焊件移动时，在焊件接合处形成一条连续的焊缝，如图3-15所示。对于真空电子束焊机，要焊接的工件置于真空室中，一般装夹在可直线移动或旋转的工作台上。焊接过程可通过观察系统观察。

真空电子束焊接具有以下特点：

1）电子束能量密度高，一般可达$10^6 \sim 10^9 W/cm^2$，是普通电弧焊和氩弧焊的100~

100000倍。因此可实现焊缝深而窄的焊接，深宽比最大可到70:1。

2）电子束焊接的焊缝化学成分纯净，焊接接头强度高、质量好。

3）电子束焊接所需热输入小，而焊接速度高，因此焊件的热影响区小、焊件变形小，除一般焊接外，还可以对精加工后的零部件进行焊接。

4）可焊接普通钢材、不锈钢、合金钢及铜/铝等金属、难熔金属（如钽、铌、钼）和一些化学性质活泼的金属（如钛、锆、铀等）。

5）可焊接异种金属，如铜和不锈钢、钢和硬质合金、铬和钼、铜铬和铜钨等。

6）电子束焊接的参数，如加速电压、束流、聚焦电流、偏压、焊速等可以精确调整，因此易于实现焊接过程自动化和程序控制，焊接重复性好。

7）电子束焊接能焊接几何形状复杂的工件。

8）与普通焊接相比，电子束焊接的速率更高（尤其对于大厚件）。

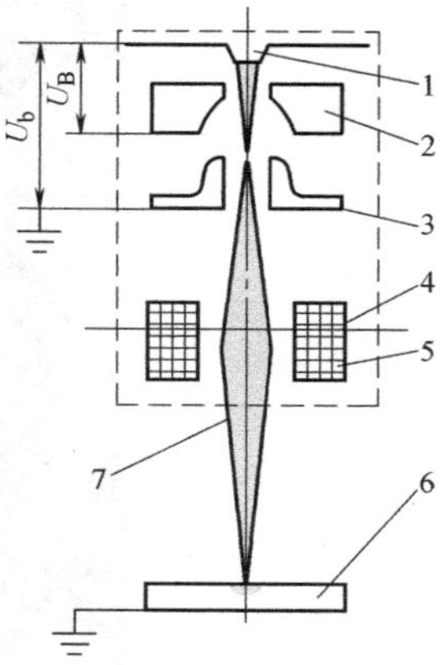

图3-15 电子束焊接原理图
1—阴极 2—偏压电极 3—阳极
4—聚焦绕组 5—偏转绕组 6—工件
7—电子束 U_b—加速电压
U_B—偏转电压

三、激光焊

激光焊是一种利用激光作为热源的焊接工艺。激光焊可以采用连续或脉冲激光束几种不同的激光光源。激光焊有热传导型激光焊和深熔型激光焊两类。功率密度小于 $10^4 \sim 10^5 W/cm^2$ 的激光焊称为热传导型激光焊，由于功率小，熔深浅、焊接速度慢；功率密度大于 $10^5 \sim 10^7 W/cm^2$ 的激光焊称为深熔型激光焊，具有焊接速度快、深宽比大的特点。

深熔型激光焊一般采用连续激光光束完成材料的焊接，其冶金物理过程与电子束焊接极为相似，即能量转换机制是通过"小孔"（Key-hole）结构来完成的。在足够高的功率密度激光照射下，材料产生蒸发并形成小孔。这个充满蒸气的小孔犹如一个黑体，几乎吸收全部的入射光束能量，孔腔内平衡温度达2500℃左右，热量从这个高温孔向外壁传递，使包围着这个孔腔四周的金属熔化。孔壁外液体流动和壁层表面张力与孔腔内连续产生的蒸气压力相等并保持着动态平衡。光束不断进入小孔，小孔外的材料连续流动。随着光束的移动，小孔始终处于流动的稳定状态。就是说，小孔和围着孔壁的熔融金属随着前导光束前进速度向前移动，熔融金属充填着小孔移开后留下的空隙并随之冷凝，于是焊缝形成，如图3-16所示。激光焊具有能量集中、热影响区小、应力变形小、深宽比大、适应性强、可达性好、易传输、不受电磁干扰、不辐射对人体有害的射线等许多优点，因此在汽车车身焊接工艺中应用得越来越广泛。

当然，要想充分发挥激光焊的众多优点，获得最佳的焊接质量，应对如下焊接参数进行严格控制。

1. 激光功率

激光功率是激光焊中一个十分重要的焊接参数，若焊接用激光器的功率低于某一数值（激光能量密度阈值），焊接熔深会很浅；一旦达到或超过此阈值，熔深会大幅度提高。只

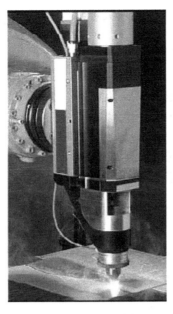
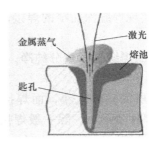

图 3-16 激光焊

有当工件上的激光功率密度超过阈值（与材料有关），等离子体才会产生，这标志着稳定大熔深的焊接能有效进行；如果激光功率低于此阈值，工件仅发生表面熔化，即焊接以稳定热传导的方式进行；当激光功率密度处于小孔形成的临界条件附近时，深熔焊和传导焊交替进行，焊接过程不够稳定，熔深波动很大。进行激光深熔焊时，激光功率同时控制熔透深度和焊接速度。焊接的熔深直接与光束功率密度有关，且是入射光束功率和光束焦斑的函数。对于一定直径的激光束，熔深随着光束功率提高而增加。焊接速度对熔深影响较大，提高速度会使熔深变浅，但速度过低又会导致材料过度熔化、工件焊穿。所以，对一定激光功率和一定厚度的某特定材料有一个合适的焊接速度范围。

2. 保护气体

气体保护是保证焊接质量的重要工艺手段。激光焊接过程常使用惰性气体保护熔池，常用的保护气体有氦、氩、氮等。氦气不易电离（电离能量较高），可让激光顺利通过，光束能量可不受阻碍地直达工件表面，因此氦气是激光焊接对熔池保护效果最好的气体，但价格比较贵。氩气比较便宜，密度较大，保护效果较好，但氩气易受高温金属等离子体电离，屏蔽了部分激光束，减少了激光焊接的激光功率，对焊接速度和熔深等参数有直接影响，使用氩气保护可以获得更光滑的焊缝表面质量。氮气是最便宜的一种保护气体，但不适合于某些不锈钢工件的焊接，其原因是有时会在搭接区产生气孔。

使用保护气体的第二个作用是保护聚焦透镜免受金属蒸气污染和液体熔滴的溅射。特别在高功率激光焊接时，由于其喷出物非常有力，此时保护透镜显得非常重要。

保护气体的第三个作用是对驱散高功率激光焊接产生的等离子屏蔽很有效。金属蒸气吸收激光束电离成等离子云，金属蒸气周围的保护气体也会因受热而电离。如果等离子体存在过多，激光束在某种程度上被等离子体消耗。等离子体作为第二种能量存在于工作表面，使得熔深变浅、焊接熔池表面变宽。通过增加电子与离子和中性原子三体碰撞来增加电子的复合速率,以降低等离子体中的电子密度。中性原子越轻,碰撞频率越高,复合速率越高;另一方面,只有电离能高的保护气体,才不致因气体本身的电离而增加电子密度。

等离子云外形尺寸的大小与保护气体的种类有关,保护气体为氦气时,等离子云的外形尺寸最小,氮气次之,氩气最大。等离子体尺寸越大,熔深则越浅。造成这种差别的原因是气体分子电离程度的不同和保护气体密度的不同会带来金属蒸气扩散的差异。氦气电离最小,密度最小,它能很快地驱除从金属熔池产生的上升的金属蒸气。所以用氦作为保护气体,可最大限度地抑制等离子体,从而增加熔深,提高焊接速度。等离子云对熔深的影响在低焊接速度区最为明显。当焊接速度提高时,它的影响就会减弱。

3. 透镜焦距

为了获得最佳的焊接质量,减小焊接时的能量消耗,采用透镜聚焦激光束显得特别重要。聚焦激光束一般选用 63~254mm 焦距的透镜。聚焦后的激光光斑大小与焦距成正比,焦距越短,光斑越小;反之,光斑越大。焦距的大小还会影响到焦深和熔深的长短,焦距大,焦深和熔深长;焦距小,焦深和熔深短。尽管短焦距可提高功率密度,但它会带来焦深和熔深的同步减小,因此必然会影响到所能焊接工件的厚度。

透镜焦距选定后,焊炬喷嘴离工件的距离(即 Z 轴坐标)应严格控制,否则会影响到焊接效率,为此,自动激光焊机都设置了一套 Z 轴坐标自动调节系统,如图 3-17 所示。

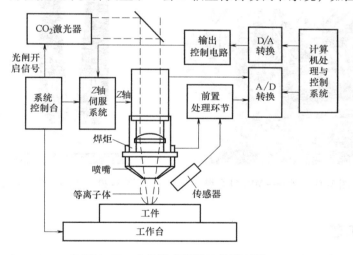

图 3-17 自动激光焊机工作原理图

四、激光复合焊

尽管激光焊具有前面所述许多优点,但由于激光焊也存在许多缺点,如激光对母材的作用时间短,熔融金属凝固得很快,金属气体和吸入的其他气体来不及全部逸出而形成疏松与气孔;激光光斑直径很小,热作用区域很小,焊接时要求接口间隙小于激光光束直径,且接口两侧的母材应平整,否则容易发生焊接错位;热作用区域很小,焊接区域产生很高的峰值温度和温度梯度而引起应力不平衡。为了能充分发挥激光焊的优点,克服其不足,激光复合焊技术得到了快速发展。常用的激光复合焊技术主要有激光—TIG 复合焊、激光—MIG 复合焊、激光—等离子弧复合焊、激光—双电弧复合焊等多种,如图 3-18~图 3-20 所示。其中激光—TIG复合焊又有旁轴激光—TIG复合焊、双轴激光—TIG同轴复合焊和激光—多电极TIG同轴复合焊等多种焊接方式。

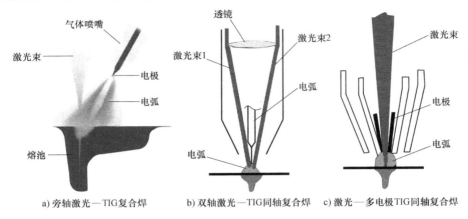

a) 旁轴激光—TIG复合焊　　b) 双轴激光—TIG同轴复合焊　　c) 激光—多电极TIG同轴复合焊

图 3-18　激光—TIG复合焊

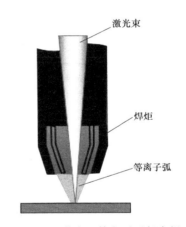

图 3-19　激光—MIG复合焊　　　　图 3-20　激光—等离子弧复合焊

五、包边工艺

包边工艺是一种将零件上冲压产生的上翻边或下翻边折弯压平后，使零件的内、外板连接在一起的装配工艺，如图3-21和图3-22所示。包边工艺在汽车车身焊装工艺中用得较为广泛，如车门内外板、发动机舱盖内外板、门框内外板的连接大多采用包边工艺。

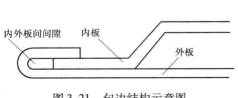

图 3-21　包边结构示意图　　　　图 3-22　包边工艺

第五节 焊装生产线整体效率评价

与涂装和总装相比，焊接生产的刚性强，工装的通用性差，车型换代和新车型导入均需要安装大量与之对应的专用设备。现场夹具和工料箱的平面布局关系到占用厂房的面积、操作效率、工位平衡、操作载荷众多因素。为了充分发挥焊装厂房的效用，提高其生产效率，汽车生产厂商均建立起了自己的"焊装工位布局有效性"评价指标体系。

一、焊装工位布局有效性评价的目的

焊装工位布局有效性评价的目的在于，将焊装工位效率的改进贯穿于焊装生产线和工装设计的全过程，其内容包括：

1. 操作工方面
1) 将所有零件尽可能放置在距操作工位最近的位置。
2) 减少操作过程移动（距离和"工位—线边"往返次数）。
3) 工位作业内容尽可能集中。
4) 各工位的作业工作量均衡而稳定。
5) 有利于提高作业效率（减少无效操作，提高有用的操作）。
6) 工位操作符合人机工程学的要求。

2. 设备方面
1) 焊装设备布局应体现紧凑高效的原则。
2) 焊装工艺设计应遵循在制品最小的原则。

3. 物流方面
1) 单边布线（物流输送线在焊装流水线单侧布置）。
2) 有利于减少线边库存量。

二、焊装工位布局有效性评价的指标

焊装工位布局有效性评价有七项量化指标（简称7F），分别是：物流箱占地面积指标 F_1，操作工移动范围指标 F_2，两相邻设备操作工工作间距指标 F_3，焊装零件往返次数指标 F_4，轻、中程度操作工位比例指标 F_5，工位平衡指标 F_6，有效操作比例指标 F_7。根据此七项指标计算出焊装生产线整体效率指标，用于焊装工位布局有效性的评价。

1. 物流箱占地面积指标 F_1

评价方法：计算每一个工位的 VOR 值，VOR 值越小，物流箱占地面积指标越优。

$$VOR = 线边区域物流料箱存放长度/工位宽度$$

评价标准：VOR≤1 合格，1 < VOR≤1.35 可以接受，VOR >1.35 不合格。

2. 操作工移动范围指标 F_2

评价方法：用操作工移动距离评价。

评价标准：全自动流水生产线，允许每 1min 循环工作时间内，操作工移动距离为 10m。其他类型的生产线，允许每 1min 循环工作时间内，操作工移动距离为 5m。

3. 两相邻设备操作工工作间距指标 F3

评价标准：两操作工工作间距 <3m。

4. 焊装零件往返次数指标 F4

评价标准：一个工作循环取件次数 <4 次。

焊装件 4 种以上零件的专用工位，允许目标值 ≤6 次，允许焊装件往返 6 次的零件是发动机舱盖、后尾门、车门里板、前围板、底座连接板、前纵梁、连接板（长 0.8～1.0m，宽 0.3～0.5m）、后搁板、内纵梁、后轮罩。

5. 轻、中程度操作工位比例指标 F5

评价方法：根据操作工操作姿势及操作负重，计算出操作强度评定分值 P。

$P = 1～2.5$，轻度工位；$P = 3～3.5$，中度工位；$P > 3.5$，重度工位即不合格工位。

评价标准：轻度工位 ≥65%、中度工位 ≤35%、重度工位为 0。

6. 工位平衡指标 F6

评价方法：计算工位不平衡率，据此评价工位平衡度。

$$工位不平衡率 = \frac{最长工位操作时间 - 最短工位操作时间}{生产节拍时间} \times 100\%$$

评价标准：工位不平衡率 <10%。

7. 有效操作比例指标 F7

评价方法：用工位有效时间占有率评价。

$$工位有效时间占有率 = \frac{有效操作时间}{生产节拍时间} \times 100\%$$

评价标准：工位有效时间占有率 ≥70%。

8. 生产线整体效率

生产线整体效率是一条生产线上所有操作工的工位效率的综合。

评价方法：按上述七项指标，对每一个操作工及其工作的工位逐一评价，从而得出每个操作工的工位效率七项指标，然后计算生产线（或区域）所有操作工的工位效率指标中符合目标项的百分比：

$$符合目标项的百分比 = \frac{符合目标项目总数}{所有考核项目} \times 100\%$$

评价指标：符合目标项的百分比 ≥90%。

第六节　车身焊装工艺

为了适应车身焊装高效、高精度、多种车型共线柔性化生产的需要，汽车焊装工艺常根据车身总成部件结构特征的不同，将数百个焊装工序归类后分为若干个作业区，如车身分总成焊装生产作业区、车身主焊装生产作业区、车身门盖生产作业区和白车身总成调整区等。由于各汽车制造公司的具体情况存在一定的差异，因此其作业区的划分会略有不同。图 3-23 所示是某汽车制造公司的焊装车间焊装作业区划分与工艺流程图。

尽管常将车身焊装工艺划分为若干个区，但除白车身总成调整区外，其他各焊装作业区的焊装工艺方法均很相近。对于搭接焊接部位，大多采用电阻定位焊工艺，若搭接焊接部位

第三章 汽车焊装工艺

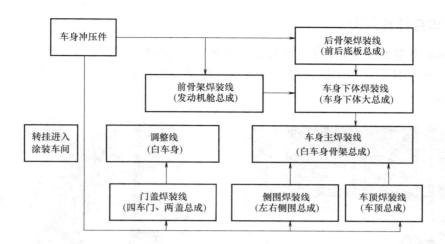

图 3-23 汽车车身焊装作业区与焊装工艺流程

有密封要求，则采用电阻缝焊焊接方式；对于对接的缝焊，在过去，大多采用 CO_2 气体保护焊，但现今的轿车焊装生产，大多采用激光焊或激光复合焊，等离子弧焊、电子束焊也有应用；车身焊装工艺中还有大量的螺栓螺母的焊接，大多采用螺柱焊和电阻凸焊。

车身焊装工艺最重要的特征是：先将冲压成形的零件（通常将其称为冲压件）焊装成分总成，再将分总成焊装成大总成，最后将大总成焊装成白车身，如图 3-24 所示。车身分总成、大总成、白车身的焊装操作如图 3-25～图 3-40 所示。

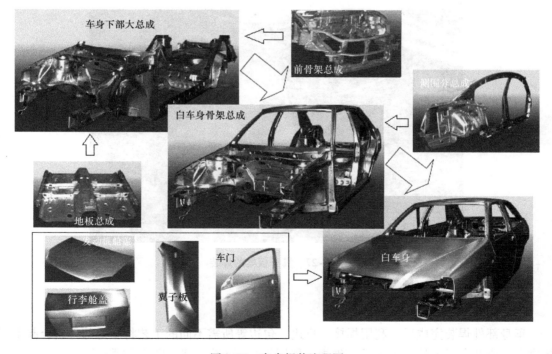

图 3-24 车身焊装流程图

一、车身部件焊装

车身部件焊装是车身焊装工艺中最基础的部分,在许多汽车制造企业的车身焊装车间专门设置有一个车身小件焊装区,将车身冲压件组合焊装成若干个车身部件,如图 3-25 ~ 图 3-27 所示。

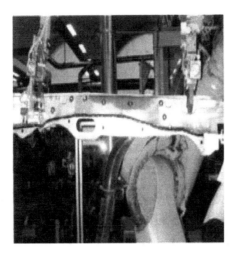

图 3-25 前纵梁分总成的焊装

图 3-26 前骨架总成的焊装

图 3-27 翼子板梁的焊装

二、车身总成与大片焊装

车身部件焊装完成后,利用焊接、折边、包边等所需不同的工艺将车身部件组合起来焊装成大总成及车身大片(如车顶、地板、侧围等),如图 3-28 ~ 图 3-34 所示。

第三章 汽车焊装工艺

图 3-28　前地板总成的焊装

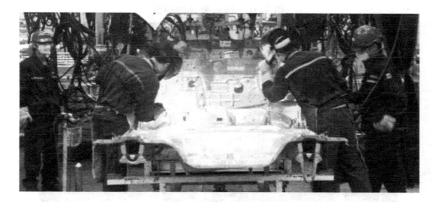

图 3-29　地板总成的焊装

图 3-30　车身下部大总成的焊装

图 3-31　行李舱盖的焊装

图 3-32　车门内外板包边工艺

图 3-33　发动机舱盖内外板的包边工艺

a) 侧围定位　　　　　　　　　b) 侧围焊装操作

图 3-34　侧围焊装

三、车身拼装

车身拼装又称车身合装，即将车身各大总成及大片组合在一起焊装成完整的汽车白车身。车身拼装需要在专门的车身拼装台上完成，利用拼装台对车身各大总成及大片进行准确的定位；利用专用夹具及抓具将车身各大总成及大片牢固地固定；然后按照焊装生产节拍的要求合理分配每一个工位的焊装作业内容。由于焊装夹具会阻碍焊装作业的有效进行，焊装线位于前端的几个焊装工位主要是车身大总成及大片的定位焊作业，后续工位的作业内容常将其称为补焊作业，即按照工艺设计的要求完成车身的全部焊装作业，如图 3-35 ~ 图 3-40 所示。

图 3-35　车身骨架焊装之定位装夹

图 3-36　车身整体焊装图（一）

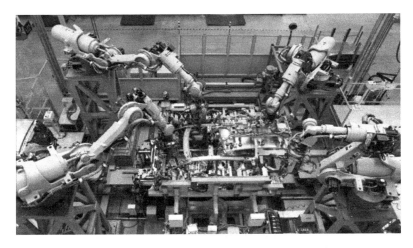

图 3-37　车身整体焊装图（二）

图 3-38　车身整体焊装图（三）

图 3-39　车身顶盖的焊装

第三章 汽车焊装工艺

图 3-40 车身整体焊装线（主焊线）全景图

四、车身焊装精度控制

汽车白车身的精度主要取决于冲压件的精度和焊装精度，尽管冲压件的精度是保证白车身精度的前提，但若没有高的焊装精度，再高的冲压件精度也无济于事。为此需对白车身焊装精度进行严格控制。

焊装夹具对白车身焊装精度的影响具有决定性作用，为此不仅需要对焊装夹具的精度进行严格控制（焊装夹具定位面的精度应控制在 0.1mm、定位销的精度应控制在 0.05mm），还需要对焊装夹具在使用过程中精度的变化进行严格管理，掌握焊装夹具精度在使用过程中的变化规律，及时维修或更换焊装夹具，使焊装夹具始终保持良好的技术状态。

1. **车体拼装精度修正**

车身的焊装需要经历部件焊装—总成与大片焊装—白车身合拼等多个焊装环节。每一个环节都需要用到焊装夹具，无论哪一个环节的焊装夹具都不可避免会存在一定的误差，如此便会存在夹具误差的积累，要想保证白车身的焊装精度，就应该将夹具的积累误差控制在允许的范围内。实现这一目标有两种有效的方法，即：①提高所有焊装环节夹具的精度；②对每一个焊装环节实际达到的精度进行精确测试，其测试结果用于后续焊装工艺的修正。这两种方法各有利弊，应将二者有机结合起来使用才能达到既经济又高效的良好效果。具体做法是，在不显著增加夹具制作成本的前提下，尽可能提高夹具的精度；对影响焊装精度的重要关键环节进行检测控制。

2. **焊装变形控制**

无论是什么焊装方法，几乎都需将焊点处加热到金属熔化的高温状态，局部温度的快速上升与下降，不可避免会带来焊接工件的变形与残余内应力。控制焊装过程中工件的变形是提高焊装精度的有效措施之一，其方法是：①采用变形小的焊接工艺与设备，如激光焊、电阻焊、冷金属过渡焊等；②采用反变形焊装夹具，工件在施焊前利用焊装夹具给工件一个与焊接变形相反方向的变形，以抵消焊接变形。

第七节 铝车身焊、铆工艺

铝合金的密度大约是钢的1/3，具有较高的比强度，良好的导电性、导热性以及高温稳定性和抗腐蚀性能，是理想的车用轻量化材料。由于铝合金的物理、化学性能与钢材相比存在较大差异，因此铝合金的焊接有许多独特的特点。

① 焊接质量较难控制。铝合金极易氧化，生成致密的氧化铝保护膜。氧化铝薄膜熔点远比铝高、非常稳定、不易清除。焊接过程中，氧化铝薄膜会阻碍铝合金基材的熔化与熔合；氧化铝的密度大，不易浮出熔池的表面，极易产生夹渣、未熔合、未焊透等焊接缺陷；氧化铝薄膜易吸附空气中的水分，焊缝中易产生气孔。

② 焊接过程热量损失严重。铝合金的比热容和热传导系数分别为 900J/kg·K 和 238W/m·K，是钢的两倍多。在焊接过程中，大量的热量被传到焊缝周边的基体材料，热量损失严重，为了获得良好的焊接质量，需采用能量集中、功率大的焊接方式。

③ 焊接变形大。铝合金的线膨胀系数为 23.9×10^{-6}/K，约为钢材的2倍。焊接完成后，焊缝急速冷却凝固时收缩严重，焊接内应力和变形均较大。

④ 焊缝成形质量差。当温度达到370℃时，铝合金开始出现软化，强度大幅下降，仅为15MPa左右。由于铝合金的传热能力非常强，因此在焊接过程中大量热量传到熔池周围的基材，致使基材强度显著下降而难以支撑熔池中的液态金属，导致焊缝成形不良的缺陷。

一、铝车身焊装工艺

铝合金车身的焊装工艺，若就工艺方法而论，大多与钢质车身的焊装工艺相近，但由于铝合金的物理化学性质与钢材相比存在较大差异，因此铝合金车身焊装的工艺过程与工艺参数都应根据铝合金的特点做相应调整。尽管铝合金已在部分汽车车身中得到了应用，但由于时间较短，铝合金的焊装工艺远没有钢质车身的焊装工艺那么成熟，现阶段铝合金车身的焊装工艺应用较多的主要是电阻焊、激光焊、熔化极惰性气体保护焊（MIG）、钨极惰性气体保护电弧焊（TIG）、铝合金搅拌摩擦焊（FSW）等。

1. 电阻焊

铝合金电阻焊的工艺过程与工艺方法与前面介绍的钢对钢电阻焊基本相同，由于铝合金的固有特性与钢存在很大的差异，焊接的工艺参数与焊接过程控制需基于铝合金自身的特点做相应的调整。铝合金的导电性能比钢好，焊接时电极和焊件接触部位的金属容易过热，而使电极与焊件黏合在一起。为此，常在电极与焊接工件之间增设厚度约 0.2~0.5mm 的不锈钢垫片；铝合金电阻焊应采用短时间、大电流、阶梯施压的焊接控制流程，且焊接电流应按照缓慢上升和缓慢下降的规律变化；铝合金电阻焊的电流密度一般为 $100A/mm^2$，大约是低碳钢电阻焊的2~3倍；硬铝、高强度铝合金、热处理强化铝合金的电阻焊，热影响区强度明显降低，焊点处往往因内应力而产生裂纹，为此需采用直流冲击波电阻焊机，并选用大电流、高电极压力进行焊接。铝合金电阻焊的焊接参数见表3-5和表3-6。

2. 铝合金激光焊

铝合金中存在密度很大的自由电子，自由电子受到激光（强烈的电磁波）作用会产生次级电磁波，造成强烈的反射波和较弱的透射波，因此铝合金表面对激光具有较高的反射率

第三章 汽车焊装工艺

和很小的吸收率,而铝合金激光焊接所需焊机输出功率约为同等厚度钢板激光焊接的5倍以上。解决铝合金激光焊接这一不利因素的方法主要是对铝合金板表面进行适当的处理,如喷砂、打磨、表面化学侵蚀、表面镀、石墨涂层、空气炉中氧化等,以降低铝合金对激光束的反射率,有效地增大铝合金对光束能量的吸收。

表3-5 采用直流冲击波电阻焊机焊接铝合金的焊接参数

铝合金种类	焊件厚度/mm	电极球面半径/mm	电极加压方式	电极压力/kN 焊接	电极压力/kN 锻压	焊接电流/mm	锻压开始时间/s	焊接通电时间/s	熔核直径/mm
非热处理强化铝合金	0.8+0.8	75	恒定	1.96~2.45	—	25~28	—	0.06	—
	1.0+1.0	100		2.45~3.53	—	29~32	—	0.04	—
	1.5+1.5	150		3.43~3.92	—	35~40	—	0.06	—
	2.0+2.0	200		4.41~4.90	—	45~50	—	0.10	—
	2.5+2.5	200		5.80~6.37	—	49~55	—	0.12	—
	3.0+3.0	200		7.84	2.16	57~60	—	0.16	—
热处理强化铝合金	0.5+0.5	75	阶梯形压力	2.25~3.04	2.94~3.14	19~26	0.06	0.02	3.1
	0.8+0.8	100		3.14~3.43	4.90~7.84	26~36	0.06	0.04	4.0
	1.0+1.0	100		3.53~3.92	7.84~8.82	29~36	0.06	0.04	4.5
	1.3+1.3	100		3.92~4.12	9.80~10.29	40~46	0.06	0.04	4.5
	1.6+1.6	150		4.90~5.78	13.23~13.70	45~54	0.08	0.06	6.4
	1.8+1.8	200		6.66~8.82	14.70~15.68	50~55	0.10	0.08	7.0
	2.0+2.0	200		6.86~8.82	18.62~19.11	70~75	0.12	0.10	7.6
	2.5+2.5	200		7.84~10.78	24.50~25.48	80~85	0.15	0.12	9.1
	3.0+3.0	200		10.78~11.76	29.40~31.36	80~85	0.20	0.16	9.3

表3-6 采用三相电阻焊机焊接铝合金的焊接参数

板厚/mm	电极直径/mm	电极球面半径/mm	电极压力/kN 焊接	电极压力/kN 锻压	通电时间/s 焊接	通电时间/s 锻压	电流/kA 焊接	电流/kA 锻压	熔核直径/mm
三相整流式焊机									
0.5	16	76	2.4	5.2	20	—	22	—	3
1.0	16	76	3.0	7.0	40	—	28	—	4.1
1.6	16	200	5.0	13.3	80	80	43	36	6.5
2.0	23	200	5.6	17.3	100	140	52	42	7.5
3.2	23	200	11.4	30	160	340	69	54	11
三相变频式焊机									
0.5	16	76	2.3	—	10	—	26	—	3.2
1.0	16	100	3.2	8.2	20	60	36	9	4.1
1.6	16	150	5.9	13.6	40	80	54	18.9	6.5
2.0	23	150	9.1	19.6	40	80	65	22.7	7.5
3.2	23	200	18.2	40.9	60	160	100	45	11

3. 熔化极惰性气体保护焊（MIG）

热功率大、能量集中和保护效果好的焊接方法对铝及铝合金的焊接较为合适，熔化极惰性气体保护焊就是其中之一。

用于铝合金车身焊接的熔化极惰性气体保护焊，主要采用氩气作为保护气体，焊丝是熔化电极，这种焊接又称熔化极氩弧焊。其特点是适用范围广，几乎可以焊接所有的金属，焊接过程中几乎没有氧化损失，冶金过程较简单，如图3-41所示。若熔化极惰性气体保护焊（MIG）采用直流反接方式连接，可去除氧化铝薄膜层，提升接头焊接质量。

熔化极惰性气体保护焊可焊铝合金厚度较大、效率高、适合于自动化生产，在铝合金车体型材的焊接中得到了广泛应用。

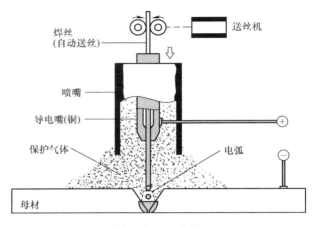

图 3-41 MIG 焊

4. 钨极惰性气体保护电弧焊（TIG）

钨极惰性气体保护电弧焊（TIG）又称钨极氩弧焊，它采用金属钨作为不熔化电极，保护介质为纯度99.999%氩气，焊接接头质量高但速度较慢。钨极惰性气体保护电弧焊（TIG）的特点是，电弧电极和焊缝熔池可见性较高，操作方便；焊缝周边几乎没有熔渣产生。但TIG的生产效率较低，主要用于补焊，如图3-42所示。

5. 铝合金搅拌摩擦焊（FSW）

铝合金搅拌摩擦焊是利用摩擦热与塑性变形热作为焊接热源的新型固态焊接技术，如图3-43所示。其特点是焊接过程中几乎没有烟尘、飞溅和噪声，可保持无污染生产环境；焊后变形小，焊接强度高。但搅拌摩擦焊仅限于平直的对接接头。

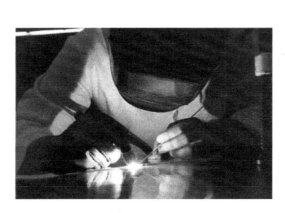

图 3-42 TIG

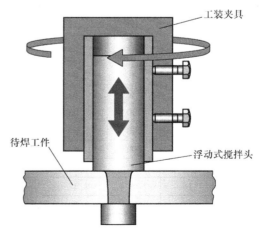

图 3-43 摩擦搅拌焊示意图

二、铝车身铆接工艺

除了焊接以外,铆接也是铝合金车身常用的连接工艺,还可以用于异种材料(比如:钢-铝、金属-非金属)的连接。常用的铆接工艺主要有自冲铆接(SPR)、无铆钉铆接、热熔旋转攻丝铆接(FDS)等。

1. 自冲铆接(SPR)

半空心铆钉在冲头压力的作用下刺入板材,当撞击到底模时铆钉脚张开与板料形成互锁,实现连接。自冲铆接的铆钉有实心与半空心两种不同的结构形式,半空心铆钉应用广泛。

自冲铆接工艺过程由如下四个阶段组成(图3-44)。

(1)压紧阶段 压边圈向下运行,将预铆接板料压紧,防止板料移动。

(2)刺入阶段 冲头向下运行,铆钉在冲头压力作用下将上层板料刺穿,上板发生较大的塑性变形。

(3)张开阶段 铆钉刺穿上板后,铆钉腿在下层板料和下模的作用下张开,下板在凹模与铆钉的共同作用下填充模腔,铆钉腿部嵌入下板中,上、下板形成机械互锁。

(4)返回阶段 冲铆行程结束后,冲头与压边圈复位,铆接工艺完成。

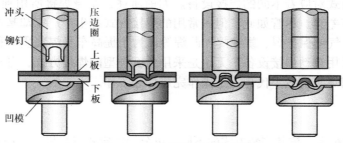

图3-44 自冲铆接工艺示意图

自冲铆接可以有效解决铝合金难焊接的问题,并获得高的结合强度(相比电阻焊的连接强度高30%);可实现不同材质的双层和多层连接。

2. 无铆钉铆接

无铆钉铆接又称压力连接或压印连接,对板料施加压力,将板料压入凹模内,形成一个相互镶嵌的圆形连接点,适用于两层及两层以上的多层板料的连接,如图3-45所示。

图3-45 无铆钉铆接工作原理图

3. 热熔旋转攻丝铆接

热熔旋转攻丝铆接通过高速旋转螺钉产生热量软化板件后利用轴向压力将螺钉压入板材,利用自身螺纹拧紧作用使两层或多层板料固定在一起,如图3-46所示。热熔旋转攻丝铆接工艺需经历加热、刺穿、攻丝、拧紧四个阶段,可实现单面及多种材料的连接。所形成的螺纹可以用米制螺钉替换以利于返修。其缺点是对板件刚性要求高，螺钉外露严重影响外观，不适合外覆盖薄板件的连接。

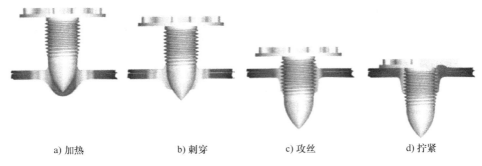

a) 加热　　　　　b) 刺穿　　　　　c) 攻丝　　　　　d) 拧紧

图 3-46　热熔旋转攻丝铆接工作原理

第八节　常用焊装设备

不同的焊接方式对应着不同的焊接设备。如前所述，车身焊接所用到的焊接方式很多，不同的厂家还略有差异。尽管如此，但最常用的焊接方式各生产厂家却基本相同，主要是点焊、激光焊、CO_2 气体保护焊、螺柱焊、凸焊等。为了提高车身焊装质量和焊装效率，轿车生产企业已大量采用自动焊接设备。无论是采用什么类型的焊接方式，自动焊接模式基本相同，几乎都是采用焊接机械手代替人工操作完成焊装工作。

一、点焊机

点焊机的种类很多，按其安装方式的不同，可分为固定式点焊机、悬挂式点焊机和自动式点焊机三类。如图 3-47 ~ 图 3-49 所示。汽车车身焊接用点焊机主要是悬挂式和自动式点焊机。其中，悬挂式点焊机又有分体式和整体式之分，车身焊装生产很少采用分体式点焊机。

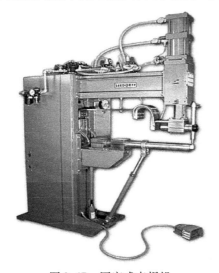

图 3-47　固定式点焊机

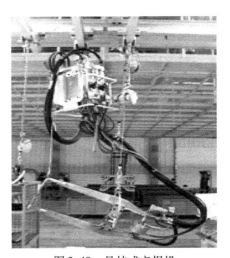

图 3-48　悬挂式点焊机

第三章 汽车焊装工艺

图 3-49　自动式点焊机

点焊机主要由变压器、机架与夹持装置、电流控制电路三个部分组成，普通点焊机与自动点焊机的区别在于，自动点焊机多了一套操作点焊机工作的机械手。

为了达到所需的焊接效果，需对点焊电流和焊接时间进行严格准确的控制，为此点焊机都专门配有控制器。点焊机控制器具有许多不同的功能，如焊接电流控制、焊接时间控制、电网同步控制、电流递增控制、测量焊机参数、诊断或控制焊接质量等。

二、电弧螺柱焊机

电弧螺柱焊机简称螺柱焊机，如图 3-50 和图 3-51 所示。螺柱焊机由焊枪、时间控制器和电源等部分组成。螺柱焊枪有手持式、固定式和自动式三种，其工作原理都相同，手持式（图 3-50）和自动式（图 3-51）在车身焊接中应用较普遍。固定式通常是为某特定产品而专门设计的，焊枪被固定在支架上，在工位上完成焊接，车身焊接工艺中很少采用固定式焊枪。

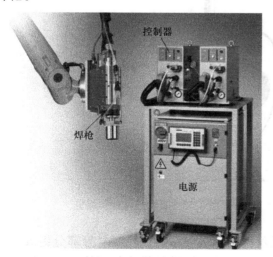　　

图 3-50　手持式螺柱焊机　　　　　　　图 3-51　自动式螺柱焊机

为了获得良好的焊接质量，螺柱焊的操作应注意如下问题：

1) 除去焊接表面的油污、氧化层和杂质，确保焊接表面的清洁。

2) 焊接操作时，应特别注意保证螺柱与焊接接合面的垂直度，避免焊弧分布不均，影响焊接的牢固度。

3) 螺柱的提升高度和下沉时间对焊接质量有很大的影响，因此，在焊接操作前，应通过实验确定提升高度和下沉时间。

4) 螺柱焊常见的质量问题有焊瘤、飞溅、焊偏、错位、高度偏差等，应及时检查及时解决。

三、气体保护焊机

气体保护焊有 CO_2 气体保护焊、MAG 焊、MIG 焊等多种，在早期的车身焊接工艺中所采用的气体保护焊主要是 CO_2 气体保护焊，为了进一步提高气体保护焊的焊接质量，现阶段保护气体已不再单纯采用 CO_2 气体，而是采用 80% Ar + 20% CO_2 的混合气体或惰性气体氩（Ar）、氦（He）。单纯采用 CO_2 作为保护气体的焊接称为 CO_2 气体保护焊，采用两种及以上气体混合在一起作为保护气体的焊接称为混合气体保护焊，采用惰性气体氩（Ar）作为保护气体的焊接称为氩弧焊，与之对应的焊机分别称为 CO_2 气体保护焊机、混合气体保护焊机和氩弧焊机。尽管焊机有所不同，但此三种焊机的结构原理和焊接方法基本相同，且都有半自动焊机和自动焊机两类，如图 3-52 和图 3-53 所示。自动焊和半自动焊的唯一区别是：半自动焊的焊枪由人工操作，焊接过程的其他操作均由焊机自动完成；而自动焊的焊枪由机械手操作。

图 3-52 半自动气体保护焊机

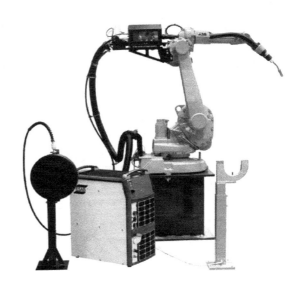

图 3-53 自动气体保护焊机

气体保护焊机主要由焊接电源、焊枪、送丝机构、供气系统、控制盒等部分组成，如图 3-54所示。气体保护焊的焊接过程是：焊丝盘上的焊丝被送丝机构的滚轮送入焊枪的导丝嘴，到达焊接区后与焊接工件间保持一个合适的距离便产生电弧，气管中的保护气体经减压后以一定流量从喷嘴流出,将电弧和熔池与空气隔离开来,防止空气对焊缝金属的侵害,焊丝不断地熔化进入熔池,从而形成连续的焊缝。

气体保护焊的参数主要有电弧电压、焊接电流、焊接速度、电感大小、焊丝伸出长度、气体流量等。焊接参数选择的原则是:在保证焊接质量的前提下,尽可能提高劳动效率,并注意对飞溅、气孔、焊缝成形及焊接过程稳定性的影响。

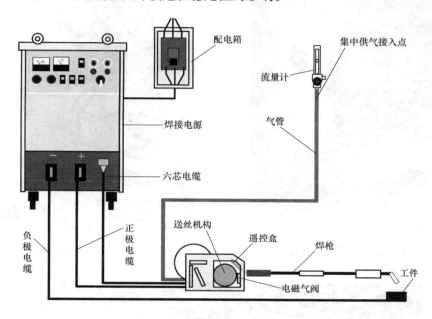

图 3-54 气体保护焊机组成

四、激光焊机

激光焊接有无填充料焊接、有填充料焊接、激光复合焊接等多种不同方式,不同的焊接方式有与之对应的激光焊机,如图 3-55 ~ 图 3-57 所示。无论是哪一种激光焊接方式,激光焊接的原理都是利用激光加热被焊的工件与填充料使之熔化而实现焊接。由此可见,激光焊接的主体是提供焊接热的激光器。常用的焊接激光器主要有 CO_2 激光器和 YAG (Yttrium Aluminum Garnet, 钇铝石榴石) 激光器。激光器的结构与工作原理是一门专门的学科,在此不作介绍。

五、机器人

汽车车身焊接工艺过程中所采用的各种焊接方式,目前均处在人工焊接和机械手(或称工业机器人)自动焊接两种模式共存的阶段。所谓工业机器人(Industrial Robot,简称 IR)是指能够自主动作、多轴联动、可替代工人进行各种操作的机械设备。工业机器人在必要情况下配备有传感器,其动作步骤包括灵活的转动和移动都由程序控制来完成,在工作过程中,无需任何外力的干预。

工业机器人通常由基体、驱动系统和控制系统三个基本部分组成。基体包括臂部、腕部和手部,有的机器人还有行走机构。大多数工业机器人有 3~6 个运动自由度,其中腕部通常有 1~3 个运动自由度；驱动系统包括动力装置和传动机构，用以使执行机构产生相应的动作；控制系统是按照输入的程序对驱动系统和执行机构发出指令信号，并进行控制。

图 3-55　无填充料激光焊接

图 3-56　有填充料激光焊接

图 3-57　激光-电弧复合焊接

工业机器人按臂部的运动形式分为四种。直角坐标型的臂部可沿三个直角坐标移动，圆柱坐标型的臂部可做升降、回转和伸缩动作，球坐标型的臂部能回转、俯仰和伸缩，关节型的臂部有多个转动关节。

工业机器人按执行机构运动控制方式的不同，可分为点位型和连续轨迹型两种不同的类型。点位型机器人只控制执行机构由一点到另一点的准确定位，适用于机床上下料、定位焊和一般搬运、装卸等作业；连续轨迹型可控制执行机构按给定轨迹运动，适用于连续焊接和涂装等作业。

工业机器人按程序输入方式的不同，分为编程输入型和示教输入型两类。编程输入型以穿孔卡、穿孔带或磁带等为信息载体，输入已编好的程序。

示教输入型的示教方法有两种：一种是由操作者用手动控制器（示教操纵盒），将指令信号传给驱动系统，使执行机构按要求的动作顺序和运动轨迹操演一遍；另一种是由操作者直接领动执行机构，按要求的动作顺序和运动轨迹操演一遍。在示教过程进行的同时，工作程序的信息即自动存入程序存储器中。在机器人自动工作时，控制系统从程序存储器中检出相应信息，将指令信号传给驱动机构，使执行机构再现示教的各种动作。示教输入程序的工业机器人又称为示教再现型工业机器人。

具有触觉、力觉或简单视觉的工业机器人，能在较为复杂的环境下工作；如具有识别功能或更进一步增加其自适应、自学习功能，即成为智能型工业机器人，它能按照人给的"宏指令"自选或自编程序去适应环境，并自动完成更为复杂的工作。焊装机器人如图3-58所示。

图3-58　焊装机器人

六、焊装夹具

车身焊装是一个由车身部件焊装→总成与大片焊装→车身合装等由小到大非常复杂的焊装工艺流程。为了确保车身焊装质量及高的焊装生产效率，车身焊装的全工艺过程都需要高精度的焊装夹具作为保证。焊装夹具是焊装生产过程中的一种十分重要的工艺装备，利用它实现需要进行组焊作业的工件迅速定位并保持其相对位置关系不变。

1. 车身部件、总成与大片焊装夹具

焊装夹具是一种多构件的组合体，尽管焊装夹具因焊装对象的不同，其结构存在非常大的差异（车身部件焊装所用到的夹具相对简单；车身总成与大片焊装所用到的夹具十分复杂），但总体上看，无论多么复杂的焊装夹具，其总体构造都由底座、支架、定位元件和夹紧机构四大部分组成，如图3-59所示。

（1）底座　底座不仅是焊装夹具的基础，也是焊装工艺施工的工作平台，还是焊装夹具的定位基准，因此夹具支架安装表面应具有高的平面度。此外，基于成本和可移动性的考虑，在不影响夹具支架安装、定位装置定位点或定位面的检测与调整的前提下，尽可能采用框架结构。

（2）支架　由于车身冲压件的形状特征大多是形状特别复杂的三维自由曲面，焊装前的冲压件大多是刚度小的片状结构，因此，为了确保焊装精度和质量，不仅定位点较多，而且每一个定位点的高度都各不相同。由此所决定的焊装夹具支架，其结构形式亦多种多样，如图3-60所示。

（3）定位元件　冲压件的外形复杂且易变形，因此工件在夹具中的定位应选择在曲面

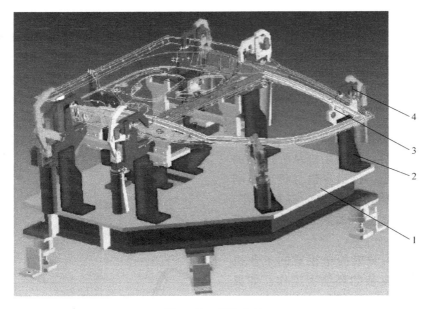

图 3-59 焊装夹具
1—底座 2—支架 3—定位元件 4—夹紧机构

图 3-60 焊装夹具中各种不同的支架结构

外形、曲面上经过整形的平台、工件经拉延和弯曲成形的台阶、经修边的窗口和外部边缘、装配孔或工艺孔等部位,如此对应的定位元件主要有定位销、定位块,如图 3-61 所示。其中,定位销有固定销(图 3-61)、伸缩销和倒勾销(图 3-62)等多种。

(4)夹紧机构 焊装夹具的夹紧有一节旋转销、二节旋转销、自锁式夹紧等不同的夹紧机构,如图 3-63 所示。一节旋转销式夹紧机构的突出特点是结构简单、工作可靠,但夹具开口间隙较小,对于形状、结构复杂的工件会存在进出夹具较困难甚至无法进出的问题;二节旋转销突出的特点是,夹紧机构可以完全离开夹紧区,工件进出夹具十分方便,但结构略比一节旋转销夹紧机构复杂;自锁式夹紧机构都是三节旋转销夹紧机构,若三个旋转销处于同一条直线上,此夹紧机构便产生自锁,若夹具处在夹紧工作状态时正好自锁,显然可以

第三章 汽车焊装工艺

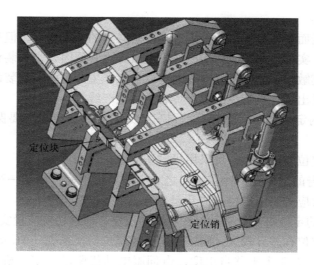

图 3-61 定位销与定位快

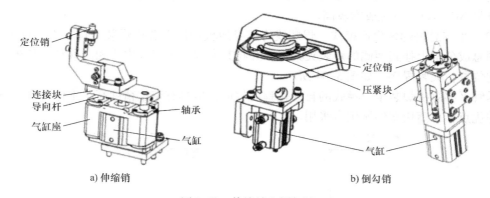

图 3-62 伸缩销和倒勾销

提高夹具的工作可靠性。

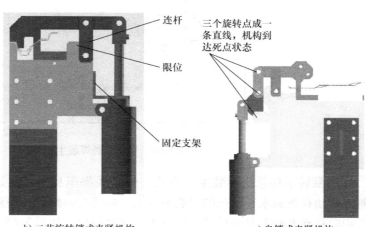

a) 一节旋转销式夹紧机构　　b) 二节旋转销式夹紧机构　　c) 自锁式夹紧机构

图 3-63 夹紧机构

2. 车身合装夹具

对于汽车生产线而言，多车型柔性生产早已是必备的基本属性。但车身焊装生产相对涂装和总装生产而言，实现多车型混线生产的难度较大。其原因是，焊装夹具与抓具等工装设备对车型的变化极其敏感。为解决好这一问题，各汽车生产企业及焊装设备供应商均进行了长期深入的研究，推出了各具特色的车身焊装柔性生产线方案。

（1）地板总成的定位夹具　要实现不同车身共线生产，首先需要保证不同车身地板总成的定位夹紧要求。

若各车型地板定位差异不大，可采用机械切换方式，如：

① 针对不同车身的定位孔设计多组与之对应的定位机构，在某一车型进入总拼焊装工位之前，与该车型对应的一组定位机构升起，另几组定位机构降下。

② 将不同车型的定位机构分别设置在不同的位置，通过切换位置实现不同车型的定位。

若各车型地板定位孔差异较大，则多采用数控定位切换系统（NC locator）。数控定位切换系统（NC locator）有3个平移自由度，由伺服电动机驱动，定位机构的切换程控实现，其控制原理类似于工业机器人，定位精度可达0.1mm，足以很好地满足多车型柔性生产。其缺点是NC locator系统成本较高。

（2）平移总拼焊装生产模式　焊装线将车身地板输送至总拼焊装工位，人工将车身左、右侧围总成分别上挂到两侧的焊装夹具上，并将其向焊装生产线中心相向移动至和车身地板贴合的位置，夹紧焊接，如图3-64所示。

尽管平移总拼焊装生产模式的自动化程度较低，但具有定位精度高、工作可靠、投资成本低的优点，在商用车领域仍有采用。

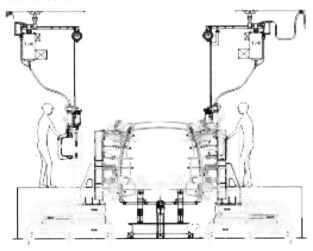

图3-64　平移总拼焊装生产模式

（3）翻转平移总拼焊装生产模式　焊装线将车身地板输送至总拼焊装工位，车身左、右侧围自动移送到水平状态的焊装夹具上，焊装夹具翻转至垂直状态，并将其向焊装生产线中心相向移动至和车身地板贴合的位置，夹紧焊接，如图3-65所示。

翻转平移总拼焊装生产模式具有定位精度高、工作可靠、投资成本较低、可实现自动化的优点。

第三章 汽车焊装工艺

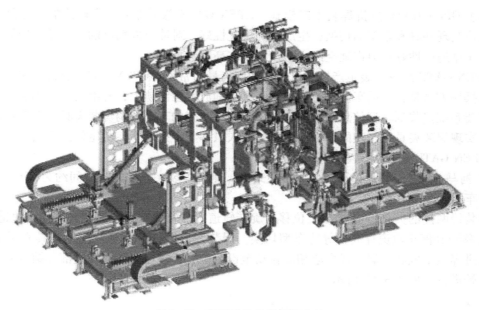

图 3-65 翻转平移总拼焊装夹具

（4）多面体总拼焊装生产模式 多面体总拼焊装模式是在平移总拼焊装模式的基础上，通过可旋转的滚筒将分布在滚筒四个方向上对应不同车型的侧围焊装夹具转到焊装工位，实现焊装夹具与车型的切换，从而达到柔性化焊装生产的目的。此总拼焊装模式可以实现4种不同车型的共线焊装生产，如图3-66所示。

图 3-66 多面体总拼焊装夹具

（5）OPEN GATE 总拼焊装生产模式　OPEN GATE 总拼焊装生产模式的特点是：可在一个工位实现夹具和车型的切换；生产线的稳定性好，对冲压件精度的要求相对较低；技术成熟、车型适应性好；但占地空间大、设备成本高。

OPEN GATE 总拼焊装生产模式以柯马和库卡最为常见。OPEN GATE 总拼焊装生产模式的具体操作方法是：不同车型的总拼焊装夹具分别放置在滑轨上，各滑轨之间相互连通，当总拼焊装系统接收到车型信息后，便将与该车型相对应的车身侧围焊装夹具移至合拼焊装工位，以实现焊装夹具及车型的切换。工位机器人只参与焊接，不参与定位。下面以柯马为例介绍 OPEN GATE 总拼焊装生产模式。

① 柯马 OPEN GATE 总拼焊装生产模式一。侧围焊装夹具的转换时间约为 15s，可以生产 6 种车型。

焊装线两侧的夹具 A 从焊接工位移至旋转轨道上，转动旋转轨道使之与停车轨道对接，夹具 A 移动到停车轨道存放，等待车型切换。焊装线两侧挂有车身侧围的夹具 C 沿着轨道移至总拼焊装工位后向焊装线中心相向移动至设定位置，待与夹具的固定部分锁紧后，拼焊作业开始进行，如图 3-67 所示。

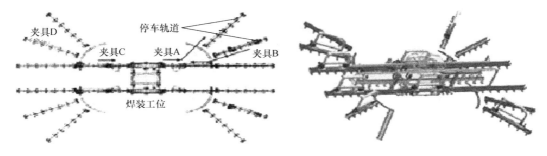

图 3-67　柯马 OPEN GATE 模式一总拼焊装夹具

② 柯马 OPEN GATE 总拼焊装生产模式二。侧围焊装夹具的转换时间约为 15s，可以生产 8 种车型。

柯马 OPEN GATE 总拼焊装生产模式二和柯马 OPEN GATE 总拼焊装生产模式一很类似，所不同的是：它取消了柯马 OPEN GATE 总拼焊装生产模式一中的旋转轨道，并将柯马 OPEN GATE 总拼焊装生产模式一中发射状的轨道布置改成了平行布置，夹具的切换在水平面上通过平行移动来实现，如图 3-68 所示。

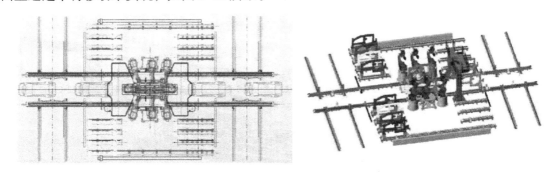

图 3-68　柯马 OPEN GATE 模式二总拼焊装夹具

（6）机器人总拼焊装生产模式　机器人总拼焊装生产模式的突出特点是，机器人既要承担定位工作又要进行施焊作业。车型和焊装夹具的切换通过切换机器人抓具来实现，如图 3-69 所示。机器人抓具主要有如下两种不同的结构形式。

① 整体侧围抓具：机器人抓取侧围并将其准确放至总拼焊装工位，抓具通过锁紧装置实现车身侧围的夹紧。

② 前后两个独立的侧围抓具：这种抓具更具灵活性，特别适合于同一车型的两厢与三厢车的切换及同一车型但车身长度不同的切换。

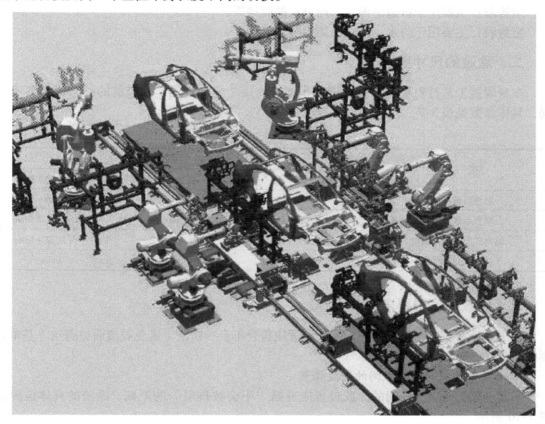

图 3-69　机器人总拼焊装夹具

车身总拼焊装生产模式的种类非常多，前面所介绍的总拼焊装生产模式，都是将不同车型的焊装夹具放置在水平地面上，还有将焊装夹具放置在两层甚至三层的不同空间上的方式。尽管焊装夹具的放置方式不同，但其切换的基本原理都很相像，在此不再一一介绍。

第九节　车身焊装工艺过程的涂胶工艺

涂胶技术是借助黏结剂黏在固体表面上所产生的黏合力，将同种或不同种材料牢固地连接在一起的方法。黏结的主要形式有两种：非结构型和结构型。非结构型黏结主要是指表面黏涂、密封和功能性黏结，典型的非结构型黏结胶包括表面黏结用黏结剂、密封和导电黏结剂等；结构型黏结是将结构单元用黏结剂牢固地固定在一起的黏结，所用黏结胶的种类非常多,如金属结构胶、玻璃胶、建筑结构胶等,其主要特征是黏结点必须能传递结构应力。

一、胶的分类

胶的种类很多,其分类方式亦各不相同,若按应用领域分,胶可分为工业胶、玻璃胶、建筑结构胶等;若按用途分,胶可分为嵌入胶、结构胶、密封胶。当然还有许多其他的分类,在此不一一列举。汽车焊装工艺过程中所用的胶主要是按照用途进行分类。

嵌入胶:主要用于隔声、隔振等。

结构胶:主要用于折边的固定、内外板的胶接等。

密封胶:主要用于防水、防气、防尘等。

二、涂胶的尺寸要求

车身焊装工艺过程中的涂胶,根据车型和胶接功能的不同,涂胶前的贴合间隙各不相同,具体参数见表3-7。

表3-7 涂胶尺寸标准

明 细	胶的类别		
	嵌 入 胶	密 封 胶	结 构 胶
贴合后最小间隙	0.1mm	0.1mm	0.1mm
贴合后最大间隙	5mm	5mm	0.1mm 或 0.5mm
贴合前所涂胶条高度	实际间隙+2mm	实际间隙+2mm	实际间隙+1mm
最小涂胶宽度	6mm	6mm	6mm

三、涂胶的位置要求

为了保证涂胶工艺的有效性,涂胶位置应符合不会被挤出、避免胶接面被腾空等基本原则的要求。

1. 平面金属板与拐折板间的涂胶位置

平面金属板与拐折板间的涂胶位置应遵循"不会被挤出"的原则,涂胶的具体位置如图3-70所示。

2. 折弯金属板上的涂胶位置

折弯金属板上的涂胶位置应遵循"避免胶接面被腾空"的原则,涂胶的具体位置如图3-71所示。

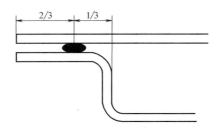

图3-70 平面金属板与拐折板间的涂胶位置

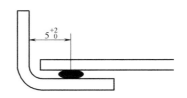

图3-71 折弯金属板上的涂胶位置

3. 推荐和禁止采取的涂胶方案

上面通过两个示例介绍了车身焊装工艺过程中涂胶位置应遵循的两项基本原则,为了帮助读者正确理解此原则,表3-8 中给出了四个图例,其中前两项是推荐用的结构方案,后两项是禁止用的结构方案。无论是推荐还是禁止的结构方案,都是基于上述两项基本原则。

表 3-8 推荐与禁止的涂胶方案

防胶溢出的推荐方案	便于涂胶的推荐方案	禁止使用的方案 1	禁止使用的方案 2

四、涂胶的方法

涂胶方法有手动涂胶或自动涂胶两种,无论是手动涂胶还是自动涂胶,都禁止将刚涂完胶的带胶零件翻起或垂直存放,零件相对于地平线的倾斜角应小于 40°,如图 3-72 所示。手动涂胶在汽车制造公司的应用已越来越少,汽车制造公司大多已采用自动涂胶。

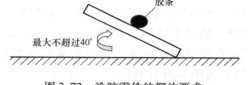

图 3-72 涂胶零件的摆放要求

1. 手动涂胶

手动涂胶时,应特别注意胶条在工件上的位置,为此常采用样板对涂胶嘴进行导向或借助于导向爪用零件边缘导向。焊接工艺过程中的涂胶,整个涂胶装置应进行温度控制。当焊接涂胶涉及安全与法规特性参数时,就不应采用手工涂胶,否则应有相适应的监控措施。

2. 自动涂胶

目前,汽车制造公司的涂胶大多采用机器人自动涂胶。在进行涉及安全和/或法规特性参数的焊接涂胶时(或其他如冲焊、铆接等装配技术辅助涂胶时),涂胶装置应带一摄像机以控制胶条的位置与宽度。

每个涂胶机组的涂胶枪数量为:嵌入胶、密封胶、焊接胶最多两把涂胶枪同时工作,结构胶最多四把涂胶枪同时工作。

上述数量是为了保证每把涂胶枪的最小流量,通过机器人的互锁以按顺序工作可以增加涂胶枪的数量,但要考虑涂胶枪下方排放桶的摆放位置。若使用与涂胶泵连接的涂胶枪,如果软管太长,则应选择带罐的涂胶枪(管网最长 18m + 涂胶枪软管最长 6m)。

第十节 间隙面差调整与外观返修

轿车车身上有多个开启件,如发动机舱盖、行李舱盖和四个车门等。开启件与周边边框的间隙应有一个合适的数值(如 3.5mm、4.0mm 或 4.5mm)且应均匀一致,开启件与周边边框的高度差应尽可能小,否则就会严重影响其视觉效果。车身开启件与周边边框间隙的差值及开启件与周边边框高度的差值统称为间隙面差。尽管车身上开启件装配的间隙面差是利用样架对其进行准确定位来保证的，但由于组成车身的零件不可避免地会存在加工误差，在焊装过程中还会存在焊装工序误差，因此，焊装成形的白车身不可避免地会存在间隙面差超差的现象，为此需对其进行调整与返修。

焊装白车身的返修主要是针对车身覆盖件的局部变形和零件的变形，车身结构、部位、变形特征的不同，需要采用不同的返修工艺。

一、零件非外观表面的返修

对零件非外观表面弯曲、凹凸变形的返修，可采用托模返修法，即用垫铁直接置于变形部位底部，用钣金锤在另一面锤击变形部位，直至变形消除，如图 3-73 所示。在锤击过程中，垫铁和钣金锤的位置必须一致，垫铁的顶力必须大于锤击力，否则会产生新的变形。

对有弧度的部位，垫铁也必须有一定的弧度（依据缺陷的实际情况进行选择），才能保证返修后的质量；对焊穿、开裂、缺料等缺陷的返修方法，可以采

图 3-73 零件非外观表面变形的返修

用先在缺陷部位补焊（对开裂缺陷返修时，必须先在开裂处的首末端钻孔后才能进行补焊），再用 D50 打磨机将其打磨平整。

二、外观面上缺陷的返修

白车身总成在总装装配后无法遮盖，用户可以直接看到的部位都是外观面，依据用户发现缺陷可能性的大小，车身外观面又分为外 1、外 2、内 1、内 2 等区域，在外 1、内 1 区域必须消除 C 级缺陷。目前，用户对车身质量的关注不仅仅在于功能，对外观的要求也越来越高，为此需要与之对应的返修方法和技巧。

1. 车身外观返修常用的工具

1）记号笔：用于检查外观时对所发现的缺陷进行 100% 标识，以保证后续返修不遗漏缺陷。

2）钣金锉：用于缺陷部位的检测及校平。

3）钣金锤：用于对凸包或在返修时略高于镀锌层的凸点进行敲击校正，使缺陷平整。

4）钣金钩：用于对凹坑及尖坑部位修复，将其校正到略高于镀锌层表面便于返修。

5）ϕ150 抛光机：用于对返修部位的缺陷（飞溅、划痕等）进行抛光处理，使钢板平滑。

6）ϕ178 打磨机：用于对钣金锉无法使用的部位进行检查和整形。

7）ϕ60 打磨机：主要用于对补焊后的缺陷部位进行打磨返修。

8）多功能焊机：用于对小的凹陷及划痕进行校正，对韧性较高的钢板进行碳化，使其硬度变高以利于返修。

9）钻枪：用于钢板的钻孔。

2. 常见的外观缺陷及返修方法

焊接白车身常见的外观缺陷主要有：凹坑与大面积凹陷、凸点与凸台、划痕、开裂、焊穿等。

（1）凹坑与大面积凹陷的返修　凹坑与大面积凹陷的返修过程是：

1）用钣金钩对凹陷部位进行校正（图3-74），在校正过程中应从缺陷最深的地方开始进行校正，然后向四周扩散；对一些小的凹陷可以直接用多功能焊机进行校正以提高工作效率（多功能焊机不适用于对顶盖和发动机舱盖的变形进行校正），但在使用前必须调整好参数，否则会将钢板拉破；对钣金钩无法直接到达的部位，首先选择在合适的非外观面上进行钻孔以保证钣金钩能够对缺陷进行校正；在使用钣金钩或多功能焊机对缺陷进行校正时，不要将缺陷挑得太高（一般略高于正常面即可），特别是顶盖和发动机舱盖上的缺陷，如果挑得太高会导致返修不良（可能会将缺陷由凹陷变成凸台）及增加

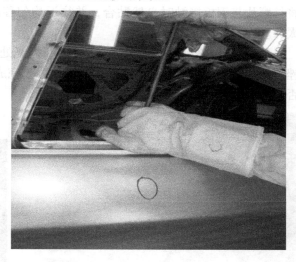

图3-74　用钣金钩对凹陷部位进行校正

返修时间；对缺陷进行校正的过程中要及时用手检查校正效果，避免挑得太高或还没校平。

2）缺陷校正完毕后，用钣金锤对高点进行锤击，使其与正常面基本一致（图3-75）。在锤击的过程中要掌握好力度和方法，锤击时一般采用左手掌轻轻按在钢板上，右手握锤依托在左手上进行锤击，这样可以避免锤击部位错误，便于掌握好力度。

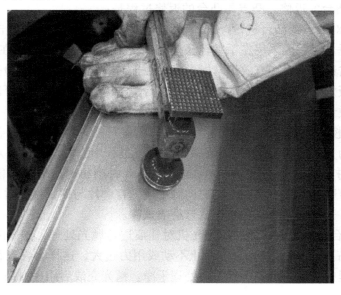

图3-75　用钣金锤敲击高点

3)用钣金锤校正平整后,再用钣金锉对缺陷部位进行检查与校正(图3-76)。在使用钣金锉的过程中,锉刀的方向应与运动方向成30°角,同时在校正和检查过程中力度要适中;对锉刀无法使用的地方采用ϕ178打磨机进行校正和检查。在使用ϕ178打磨机时,转速不能太快,也不能用力在同一个地方打磨,具体操作方法是:使打磨机的转速达到中速,将打磨片与钢板接触时自然贴合,并往返均匀移动打磨机,否则会导致钢板破裂或打磨痕太深。

4)缺陷返修好后用抛光机对锉痕进行抛光处理,如图3-77所示。抛光时应特别注意将锉刀痕处理干净,否则会产生新的缺陷;抛光完成后,用手对缺陷进行检查,以确认返修是否合格。

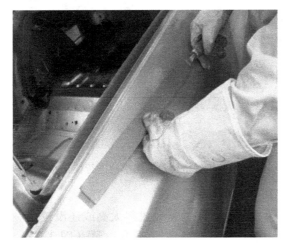

图3-76 用钣金锉对缺陷部位进行检查与校正

图3-77 缺陷修复部位的抛光

(2)凸点和凸台的返修 凸点与凸台的返修过程是:

1)用钣金锤对凸点或凸台进行锤击,使其与正常面基本一致,在锤击的过程中要掌握好力度和方法,锤击时一般采用左手掌轻轻按在钢板上,右手握锤依托在左手上进行锤击,这样可以避免锤击部位错误和有效地掌握力度。锤击时,也要用手及时检查修复的效果,避免锤击过度,钢板发生凹陷。对大面积的凸台进行锤击时,钢板另一侧可以用垫铁顶住,以提高返修效率和质量。

2)用钣金锤校正平整后,用钣金锉对缺陷部位进行检查及校正。钣金锉的使用应注意锉刀的方向与运动方向成30°角,同时在校正和检查过程中力度要适中。对锉刀无法使用的地方,采用ϕ178打磨机进行校正和检查。使用ϕ178打磨机时,转速不能太快,也不能用力在同一个地方打磨,具体方法为:转速调到中速,打磨片与钢板接触时自然贴合,同时还需往返均匀移动,否则会导致钢板破裂或打磨痕太深。

3)凸点和凸台缺陷返修好后,用抛光机对锉痕进行抛光处理,抛光时在缺陷部位均匀移动(上下或左右),不要在一个地方停止不动或用力过大,这样会导致钢板受热后再次发生凹陷。抛光过程中注意一定要将锉刀痕处理干净。抛光完成后用手对缺陷进行检查,以确认是否返修合格。

(3)划痕的返修 对于较深的划痕,其返修方法与凹坑返修方法基本一致,在此不再重复；对于长度及深度都比较小的划痕，可以直接采用抛光的方法进行返修。

（4）开裂的返修　开裂的返修过程与方法是：

1）在开裂处的头尾部位用钻枪进行钻孔（一般采用 $\phi6$ 的钻头）。

2）用 MAG 焊机对开裂处进行补焊。补焊时应特别注意：针对不同的钢板厚度选择合适的焊接参数；补焊时不要一次性补好，先用定位焊焊一点，等钢板冷却后再继续，或在补焊过程中对钢板进行冷却以防止钢板发生塌陷；补焊时，要对钢板进行清理，避免气孔的出现；补焊的焊缝要高于正常板面。

3）用 $\phi60$ 打磨机对补焊处进行打磨，使补焊处基本与正常板面平齐。打磨时，先使用 P60 打磨片，待打磨到快平齐时，更换成 P80 打磨片进行打磨；打磨时手要稳，避免出现较深的磨痕。

4）用 $\phi178$ 打磨机对补焊处进行校正和检查，使用 $\phi178$ 打磨机时，转速不能太快，也不能用力在同一个地方打磨。

（5）焊穿的返修　焊穿的返修方法与开裂的返修方法基本相同，只是不需要进行钻孔。

3. 其他外观返修方法

（1）锡钎焊　锡钎焊返修方法在有些汽车制造公司，如法国 PSA 汽车公司应用比较广泛，但在国内仅用于补焊直径小于 1mm 的气孔，在其他地方较少采用，主要原因是锡在涂装工艺过程中会熔化。锡钎焊的具体操作方法是：将需要补焊的气孔用划针清理干净后，用烧热的电烙铁（功率在 75W 左右）将锡焊丝（不需要松香的焊丝）熔化在气孔里，将气孔填充满，待锡焊冷却后，用抛光机抛光使表面平整即可。

（2）膨胀法　膨胀法主要用于较小凹陷变形的修复，其具体操作方法是：用氧气乙炔火焰在变形表面处加热，钢板发生热膨胀使凹陷部位恢复原状，然后用钣金锉或 $\phi178$ 打磨机对其进行校正和检查。对凹陷面积小于 $4mm^2$ 的缺陷，也可用钣金锉或其他金属物品在缺陷表面摩擦使钢板发热膨胀，使得凹陷部位恢复原状。

第四章　汽车涂装工艺

汽车是一种陆路交通工具，其使用的环境、气候、道路条件复杂多变，为此，它需要有良好的耐候、耐蚀、耐擦伤及抗石击的特性，即应在日晒、雨淋、风沙冲击、干湿交替、冷热变换、盐雾与酸雨侵蚀的环境下，具有良好的保光、保色、不粉化、不脱落、不起泡、不锈蚀能力。此外，覆盖在车身表面的油漆涂装层还是汽车一层美丽的外装，对于绝大多数用户而言，外观往往是决定是否购买某车的主要因素。由此可见，汽车涂装应具有防护和装饰两大功效。汽车涂装工艺的重点就在于：在低污染、低成本的前提下实现对汽车车身及其他各总成部件最有效的防护并达到最佳的美化效果。

第一节　汽车涂装工艺流程

汽车涂装工艺经历了100多年的发展历程，其作业方式由最初作坊式的简单刷涂到简单喷涂再到适应于大量流水生产的现代化工业涂装；其作业内容也由最初的仅在需保护的工件表面刷上一层油漆到在工件表面先刷防锈漆再喷面漆，最后发展到现在的"漆前处理—电泳—中涂—面漆"等十分复杂的作业内容，其工艺布局与流程如图4-1所示。车身涂装涂层至少包括电泳底漆、中涂、色漆和清漆四层，如图4-2所示。对于有密封要求的焊缝部位，在电泳底漆与中涂之间还要加涂PVC或SGC密封胶。近20多年来，为了适应用户对汽车外观质量越来越高及多样化的要求，汽车车身涂装工艺过程中的漆前处理、底漆阴极电泳

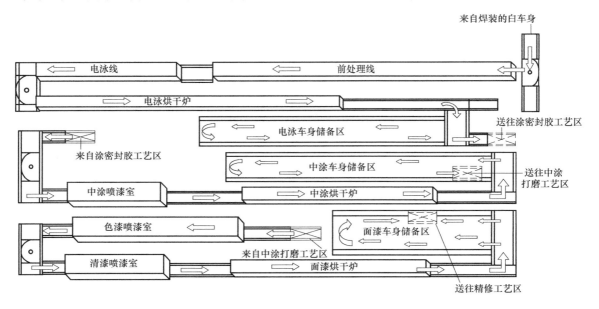

图4-1　涂装工艺布局与流程图

工艺已实现全自动化，中涂与面涂工艺实现了静电自动喷涂（机器人喷涂机实现喷涂无人化）、计算机智能化控制。汽车车身涂层质地（外观装饰性、耐蚀性、抗擦伤性等）得到了显著提高，车身保用期达到或超过了汽车的整体使用寿命。

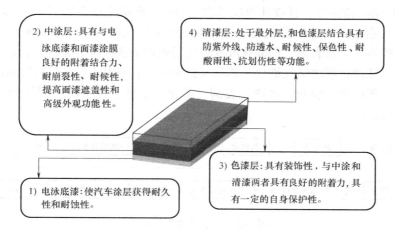

图4-2　车身涂层的构成

影响汽车车身涂层质地的因素很多，如基底材料（需保护的材料）的表面质量、表面状态（是否有油、锈、其他附着物）、涂料与基底材料的黏附能力、涂层颜色的一致性、涂层的光泽与柔韧性、涂层表面硬度等。

基底材料的表面质量是由上游工艺冲压和焊装决定的，所以要想汽车的外表美观好看，冲压与焊接工艺不可忽视。

基底材料的表面状态及涂料与基底材料黏附能力的好坏则主要取决于其前处理工艺，内容包括除脂、除锈、表调、磷化等。为了提高工件的耐蚀能力，还需要涂底漆。

电泳涂底漆在汽车涂装工艺中的应用已有超过30年的历史，是汽车工业中普及最快和技术更新最快的金属件涂底漆方法。阴极电泳涂底漆工艺经几十年的不断发展与完善，已成为目前最成熟的汽车车身、车轮和车架等涂底漆（或底面合一涂层）的技术之一，至今尚无替代它的更先进的涂装方法。

为了改善被涂工件表面和底漆的平整度，为面漆层创造良好的基底，以提高面漆涂层的鲜映性、丰满度及抗石击的能力，需要进行中涂。

面漆包括色漆层和清漆层两个层级，色漆层的主要作用是装饰，使车身美观好看；清漆层处于涂装的最外层，其主要作用是：防紫外线、防水的渗透、耐气候的蚕食、保色、耐酸雨、抗划伤等。

第二节　漆前处理

早期生产的汽车，尽管新车出厂时涂层外观非常漂亮，但过不了多久就会出现漆面起泡、涂层表面冒出星罗棋布的锈蚀斑点，即涂层的寿命太短，通常每隔2~3年就需要重新涂一次油漆。究其原因就是漆膜的附着能力不够、耐腐蚀能力差。为了有效提高涂层使用寿命，经过不懈努力，人们找到了一种十分有效的方法，即磷化，利用磷酸的离解（平衡）

反应在洁净的金属表面析出不溶性的磷酸金属盐膜（简称磷化膜）。实验表明，磷化膜能显著提高涂层的附着力和耐蚀性。磷化膜是否能够有效生成与金属表面的洁净程度和表面微观结构直接相关。然而汽车车身在上游的冲压与焊装工艺过程中不可避免会在金属车身表面留下脂（防锈油、润滑油等）、锈或其他残留物。为此，在磷化前需进行十分彻底的除脂、除锈和表调处理（在金属车身表面形成一层有利于生成磷化膜的均匀结晶核）；磷化处理后，还需彻底清除残留在车身表面上的磷化液及磷化膜表面的疏松层，并对磷化膜不完全的部分空穴进行封闭，使磷化膜的结晶细化，提高其致密性（即钝化）。汽车车身的前处理通常需要经历预清洗、预脱脂、脱脂、水洗、表调、磷化、水洗、纯水洗、翻转沥水等十多道工序，如图4-3所示。

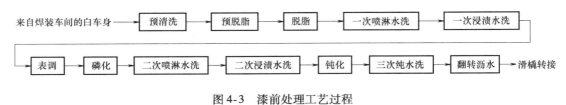

图4-3 漆前处理工艺过程

一、脱脂

前五道工序是除油清洗（脱脂）工序。用热水和热碱液喷、浸结合的方法清洗车身，通过脱脂剂中的碱性物质对油污皂化及表面活性剂的浸润、分散、乳化及增溶作用达到脱脂的目的。脱脂质量的好坏主要取决于脱脂温度、脱脂时间、机械作用和脱脂剂四个因素。

1）脱脂温度。一般说来，温度越高，脱脂效果越好。温度高可使油污的黏度降低，加速皂化等化学反应和表面活性剂的浸润、乳化、分散等作用。但不是所有场合都是温度越高越好，不同的脱脂剂有其自身最合适的温度范围，过高的温度会使某些脱脂剂中的表面活性剂析出聚集，附着在被清洗的表面上，造成磷化膜发花不均。

2）脱脂时间。必须保证有足够的脱脂时间，喷射方式的脱脂时间一般为 $1\sim3\text{min}$，浸渍方式的脱脂时间一般为 $3\sim5\text{min}$。油污种类和多少的不同所需的脱脂时间亦各不相同。但对于先进的高效流水生产线，往往需要在较短的时间内达到良好的脱脂效果，这正是需采用预清洗、预脱脂、脱脂、喷淋水洗、浸渍水洗等多道工序，并辅以机械作用的原因。

3）机械作用。借助压力喷射和搅拌等机械作用（图4-4）可以达到良好的脱脂清洗效果，其原理是：压力喷射可强化脱脂液的渗透和破坏油膜的作用，阻止油污在车身表面的再吸附。尤其是中、低温脱脂，机械作用显得特别重要。实验表明，在相同的温度条件下，压力喷射（喷射压力通常为 $0.1\sim0.2\text{MPa}$）脱脂比浸渍脱脂速度快一倍以上。为了提高浸渍脱脂的效率，常采用液压泵实现脱脂液的循环搅拌。

4）脱脂剂。脱脂剂的组成和品种对脱脂效果有很大的影响。例如，含有表面活性剂的碱性脱脂剂较单独的碱性脱脂剂的脱脂效果好，所以，要根据被清洗物的材质（钢板、镀锌板还是铝材等）、油污状态、处理方式和与下道工序的匹配性，通过试验来正确选用脱脂剂。常用的含表面活性剂的碱性脱脂剂有氢氧化钠、碳酸钠、磷酸三钠及缩合磷酸盐、硅酸钠等，它们各自的特点如下所述：

① 氢氧化钠：碱性化合物，在水中溶解后，与各类油脂发生皂化反应。

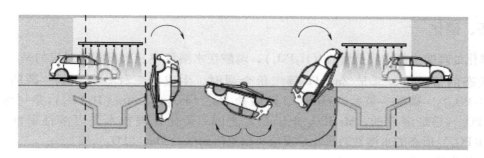

图 4-4 压力喷射与搅拌相结合的清洗

② 碳酸钠：在水中溶解后呈碱性，具有一定的缓冲作用，对硬水有一定的软化能力。

③ 磷酸三钠及缩合磷酸盐：有软化硬水和促进污垢粒子分散的作用，具有较高的碱性，通过皂化作用使油脂类污垢溶解。

④ 硅酸钠：水解后生成的硅酸不溶于水，以胶束结构悬浮在水中，胶束对固体污垢粒子具有悬浮和分散能力，对油污有乳化作用，有利于防止污垢在工件表面上再沉积。

在脱脂工艺过程中，脱脂剂会不断地被消耗，需定期补加，保持适当的浓度。脱脂剂的脱脂效果与浓度并不是一个直线上升的关系，浓度越高，随车身带走的量越多。如此不仅会增加脱脂剂的消耗量，还会加重后续清洗工序的负担。

二、除锈

除锈较为有效的方法是酸洗。对于现代汽车制造业而言，由于普遍采用了拉动式生产方式，焊装好的白车身无需中间停留便进入到涂装工艺，锈蚀通常来不及产生，在现代化的汽车制造公司，车身涂装工艺中已很少见到除锈工序。当然，若车身冲压件及换装好的车身有较长时间的储存、中转，车身表面锈蚀可能在所难免，在这种情况下，则应增设除锈工序。

三、表调

表调是磷化前必须进行的一道重要工序，其作用是改变金属表面的微观状态，促使磷化过程中形成结晶细小、均匀、致密的磷化膜。尤其是经酸洗或高温强碱清洗过的金属表面。

表调液的主要成分是铁盐（钛胶体）和磷酸钠，是微碱性的胶体溶液。由于胶体微粒表面能很高，对金属表面有极强的吸附作用，可在被处理表面形成数量极多、细小且均匀的磷酸盐晶核，于是便限制了大晶体的生长，促使磷化膜细化、致密，能有效提高磷化的成膜性、缩短磷化时间、降低磷化膜厚度。

要想达到良好的表调效果，需对如下因素进行严格控制：

1）有效铁浓度≤10mg/kg，pH=8.5~9.5，Ti（钛）浓度≥10mg/kg。

2）配制表调处理液的水应纯净，其电导率应≤200μS/cm，自来水含有氯离子，会严重影响表调质量，最好使用去离子水。

3）表调处理液及车体温度≤35℃。

4）为保证表调处理液的稳定性，必须及时添加新鲜水和表调剂，每周需更换一次表调处理液，处理液应保持良好的搅拌状态，避免沉淀。

5）表调处理时间为30~60s，浸渍式处理。

四、磷化

磷化处理的主要物质是磷酸（H_3PO_4），磷酸在水溶液中三次离解所对应的是三种不同离解状态的盐。当金属是 Zn、Fe 等二价金属时，生成的三种盐分别是：磷酸二氢盐 $Me(H_2PO_4)_2$、磷酸一氢盐 $MeHPO_4$、磷酸盐 $Me_3(PO_4)_2$。$Me(H_2PO_4)_2$ 是可溶性的，$Me_3(PO_4)_2$ 是难溶性的，$MeHPO_4$ 介于二者之间。磷化处理技术是可溶性磷酸二氢盐 $Me(H_2PO_4)_2$ 形态的水溶液通过化学反应析出难溶磷酸盐 $Me_3(PO_4)_2$ 膜。

1. 磷化的分类

磷化的分类有磷化成膜体系、磷化膜厚度、磷化处理温度、促进剂类型等多种分类方法。

(1) 磷化成膜体系　按磷化成膜体系的不同，磷化可分为锌系、锌钙系、锌锰系、锰系、铁系、非晶相铁系等六大类。

锌系磷化液的主体成分是：Zn^{2+}、$H_2PO_4^-$、NO_3^-、H_3PO_4、促进剂等。其在钢铁件上形成磷化膜的物质是：$Zn_3(PO_4)_2 \cdot 4H_2O$、$Zn_2Fe(PO_4)_2 \cdot 4H_2O$。锌系磷化液的磷化膜晶粒呈树枝状、针状、孔隙较多，广泛应用于涂漆前打底、防腐蚀和冷加工减摩润滑。

锌钙系磷化液的主体成分是：Zn^{2+}、Ca^{2+}、NO_3^-、$H_2PO_4^-$、H_3PO_4 及其他添加物等。其在钢铁件上形成磷化膜的物质是：$Zn_2Ca(PO_4)_2 \cdot 4H_2O$、$Zn_2Fe(PO_4)_2 \cdot 4H_2O$、$Zn_3(PO_4)_2 \cdot 4H_2O$。锌钙系磷化液的磷化膜晶粒呈紧密颗粒状（有时有大的针状晶粒），孔隙较少，可用于涂装前打底及防腐蚀。

锌锰系磷化液的主体成分是：Zn^{2+}、Mn^{2+}、NO_3^-、$H_2PO_4^-$、H_3PO_4 及其他添加物。其在钢铁件上形成磷化膜的物质是：$Zn_2Fe(PO_4)_2 \cdot 4H_2O$、$Zn_3(PO_4)_2 \cdot 4H_2O$、$(Mn, Fe)_5H_2(PO_4)_4 \cdot 4H_2O$。锌锰系磷化液的磷化膜晶粒为颗粒-针状-树枝状混合型晶粒，孔隙较少，广泛用于漆前打底、耐腐蚀及冷加工减摩润滑。

锰系磷化液的主体成分是：Mn^{2+}、NO_3^-、$H_2PO_4^-$、H_3PO_4 及其他添加物。其在钢铁件上形成磷化膜的物质是：$(Mn, Fe)_5H_2(PO_4)_4 \cdot 4H_2O$。锰系磷化液的磷化膜厚度大、孔隙少，磷化膜晶粒呈密集颗粒状，广泛应用于防腐蚀及冷加工减摩润滑。

铁系磷化液的主体成分是：Fe^{2+}、$H_2PO_4^-$、H_3PO_4 及其他添加物。其在钢铁件上形成的磷化膜物质是：$Fe_5H_2(PO_4)_4 \cdot 4H_2O$。铁系磷化液的磷化膜厚度大，磷化温度高，处理时间长，膜孔隙较多，磷化膜晶粒呈颗粒状，可用于防腐蚀以及冷加工减摩润滑。

非晶相铁系磷化液的主体成分是：Na^+（NH_4^+）、$H_2PO_4^-$、H_3PO_4、MoO_4^-（ClO_3^-、NO_3^-）及其他添加物。其在钢铁件上形成磷化膜的物质是：$Fe_3(PO_4)_2 \cdot 8H_2O$，Fe_2O_3。非晶相铁系磷化液的磷化膜薄，微观膜结构呈非晶相的平面分布状，仅应用于涂漆前打底。

(2) 磷化膜厚度　按磷化膜厚度（磷化膜重）的不同，磷化可分为次轻量级、轻量级、次重量级和重量级四类。次轻量级膜仅重 $0.1 \sim 1.0 g/m^2$，一般是非晶相铁系磷化膜，仅用于漆前打底，特别是变形大工件的涂漆前打底效果很好；轻量级膜重 $1.1 \sim 4.5 g/m^2$，广泛应用于漆前打底，在防腐蚀和冷加工行业应用较少；次重量级膜重 $4.6 \sim 7.5 g/m^2$，由于磷化膜较重、较厚（一般大于 $3\mu m$），较少用于漆前打底，一般用于防腐蚀及冷加工减摩润滑；重量级膜重大于 $7.5 g/m^2$，广泛用于防腐蚀及冷加工。

(3) 磷化处理温度　按磷化处理温度的不同，磷化可分为常温、低温、中温和高温四类。常温磷化即不加热磷化，低温磷化处理温度为 $30 \sim 45℃$，中温磷化温度为 $60 \sim 70℃$，高温磷化温度大于80℃。温度的划分并不严格,也无明确的界限,具体的磷化温度常由工序时间而定。通常情况下,温度越高,成膜时间越短;温度越低,成膜时间越长。

(4) 促进剂类型 按促进剂类型的不同,磷化可分为硝酸盐型、亚硝酸盐型、氯酸盐型、有机氮化物型和钼酸盐型五类。每一个促进剂类型又可与其他促进剂配套使用,于是构成许多分支系列。硝酸盐型包括 NO_3^-、NO_3^-/NO_2^-(自生型),氯酸盐型包括 ClO_3^-、ClO_3^-/NO_3^-、ClO_3^-/NO_2^-,亚硝酸盐型主要是硝基胍 $R\text{-}NO_2^-/ClO_3^-$,钼酸盐型包括 MoO_4^-、MoO_4^-/ClO_3^-、MoO_4^-/NO_3^-。

磷化分类方法还有很多,如按材质可分为钢铁件、铝件、锌件以及混合件磷化等。

2. 汽车车身磷化工艺

当今汽车行业比较流行低锌磷化(磷化液锌含量≤1.5g/L)。实验表明:低锌磷化与阴极电泳配合使用效果非常好,可使阴极电泳的优势得以充分发挥。低锌磷化液中需加入少量的 Mn^{2+}、Ni^{2+},一是为了提高耐蚀性,二是为了能形成颗粒状晶粒的磷化膜。低锌磷化所用的促进剂多为 NO_3^-/NO_2^-,处理温度为 50~60℃,磷化膜重 1.5~2.5 g/m^2;处理方式有淋涂、浸渍、喷浸结合、刷涂等多种,由于浸渍(图4-5)处理方式具有高的生产效率和高的磷化处理质量,在汽车车身磷化处理工艺中应用最为广泛。

a) 进入磷化池   b) 浸渍磷化

图4-5 磷化施工

在磷化处理工艺过程中,应严格控制总酸度、游离酸度、酸比、温度、处理时间、促进剂的浓度等工艺参数。

(1) 总酸度 总酸度偏低,会导致磷化膜生成反应所需要的游离磷酸锌量不足,因而不能充分生成磷化膜(结晶);反之,总酸度过高,生成磷化膜的药品消耗量过大,沉渣发生量增多,附着在磷化膜面上形成磷化缺陷。控制总酸度的意义是将磷化膜中的成膜离子浓度保持在必要的范围内。总酸度随磷化液的消耗而逐渐下降,为此需实时监控,及时补充。

(2) 游离酸度(H^+浓度) 游离酸度过高或过低均会对磷化产生不良影响。游离酸度过高不能成膜,易出现黄锈;游离酸度过低,磷化液的稳定性差,易生成额外的沉渣。游离酸度可通过控制磷酸二氢盐的离解度来实现。

(3) 酸比 酸比即总酸度与游离酸度的比值。酸比视磷化处理对象、条件和所选用药剂而定,酸比一定要维持在一个适当的数值。酸比小(即游离酸度高),成膜速度慢,磷化时间长,所需温度高;酸比大,成膜速度快,磷化时间短,所需温度低。

(4) 温度 磷化处理温度与酸比一样,是能否成膜的一个关键因素。不同的磷化液配方都有与之对应的处理温度范围。温度过高会产生大量沉渣，磷化液很快会失去原有的浓度平衡；温度过低，成膜离子达不到成膜所需的浓度，磷化膜不完整。须特别注意的是：磷化处理温度过高而失去原有的浓度平衡后，即便是处理液温度恢复到原定温度，浓度平衡也不能恢复，需进行必要的调整，才能达到设定的磷化效果。

（5）处理时间　磷化处理时间过短，成膜不足，不能形成致密的磷化膜；时间过长，结晶在形成的膜上继续生长，使磷化膜变粗、变厚，且疏松。

（6）促进剂浓度　在汽车涂装的高质量快速磷化工艺中，促进剂是一个必不可少的成分。磷化处理用促进剂浓度过低，游离酸返回，Fe^{2+}和H^+浓度变得过大，磷化膜生成困难；促进剂浓度过高，游离酸被中和，产生大量沉渣；若促进剂浓度继续增高，铁面会产生氧化发蓝。

五、水洗

磷化后的水洗，其目的是清除残留在车身表面上的磷化液。水洗效果与水洗次数、水洗方式、水的洁净度、水质（自来水、纯水、去离子水）和沥水时间等工艺参数有关。多次水洗是提高清洗效果的关键因素，欲达到工艺要求的洗净度，需水洗2~4次。在大量生产的流水生产线上喷射水洗一般为20~30s，浸渍水洗为浸入即出。沥水时间以达到没有水流及近乎无滴水为标准，一般需30s左右，最长不超过1min。如果超过1min还沥不干净，则应在产品上增设排水孔。应充分注意清洗用水的水质，所用自来水的电导率应$<200\mu S/cm$；新鲜纯水的电导率应$<1\mu S/cm$。前处理的最终一道水洗必须用纯水来置换自来水，使得从车身上滴落下来的水的电导率$<30\mu S/cm$。

六、钝化

利用化学或电化学的方法，在金属表面形成一层化学转换膜使活性金属表面处于钝化状态，称为钝化。汽车车身磷化后的钝化处理常采用化学钝化方法，即利用钝化剂实现钝化。常用的钝化剂有稀铬酸（0.1~2g/L）和铬酸盐溶液（0.01%）。磷化后进行钝化处理能进一步改善电泳涂层与磷化膜黏附能力和提高磷化膜的耐蚀性。钝化处理可在常温下进行，钝化时间约为0.5~1min。由于钝化剂中的六价铬系剧毒物质，涂装公害严重，日本、韩国则在提高磷化膜P比（P比最初的定义为$P/(P+H)$，其中P为磷酸二锌铁的含量，H为磷酸锌的含量，P比的大小代表磷化膜中磷酸二锌铁所占比率的高低。P比高的磷化膜其结晶膜不易失水，也不易附水，其耐蚀性比低P比的磷化膜好）的基础上已取消了钝化工序。但欧美的汽车公司仍坚持在磷化后要进行钝化处理，为了减小污染，无铬钝化剂已开始用于欧美的汽车制造公司。结合我国的国情，对于普通钢板，若采用低锌磷化液进行磷化可不进行钝化处理；若采用高锌磷化液或镀锌钢板磷化后应进行钝化处理，以提高磷化膜与电泳涂装的附着力和涂层的耐蚀性。

七、Oxsilan 硅烷漆前处理新技术

漆前处理最重要的环节是磷化。铝合金磷化通常需要控制一定浓度的游离氟来增加刻蚀和成膜能力，但铝合金在这样的条件下会部分溶出。铝离子浓度一旦达到一定数值，就会抑制磷化膜的形成，即磷化液"中毒"；铝、氟、钠反应生成的冰晶石，是困扰铝合金磷化工艺的最大难题。为避免磷化液"中毒"，对于钢–铝车身，铝合金的占比不应高于20%，否

则磷化工艺无法进行；对于全铝车身，原来用于钢质车身的磷化工艺就完全不适用。为此，需要采用新的 Oxsilan 硅烷漆前处理新工艺。

Oxsilan 硅烷漆前处理工艺技术是预处理技术的最新发展方向，具有环保、节能、操作简便、成本低等许多优点。目前，Oxsilan 硅烷漆前处理工艺技术在汽车产业中已开始逐步取代铁系和锌系磷化工艺。Oxsilan 硅烷漆前处理工艺技术是采用 Oxsilan 超薄有机涂层替代传统的结晶型磷化保护层，在金属表面吸附一层超薄的类似磷化晶体的三维网状结构有机涂层。在界面形成的 Si-O-Me 共价键（其中，Me 即金属）可在金属表面和随后的涂层间形成良好的附着力。

1. Oxsilan 硅烷漆前处理的技术原理

硅烷含有两种不同化学官能团，一端能与无机材料（如玻璃纤维、硅酸盐、金属及其氧化物）表面的羟基反应生成共价键，另一端能与树脂生成共价键，从而使两种性质差别很大的材料结合起来。Oxsilan 硅烷漆前处理可描述为三步反应模型。

（1）水解　水解后 Oxsilan 分子中的 Si-OH 基团与金属表面的 Me-OH 基团形成氢键，快速吸附于金属表面。

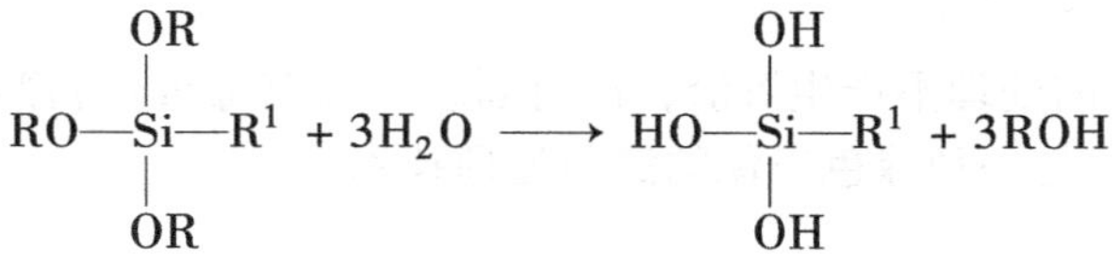

$$\mathrm{RO\!-\!\underset{\underset{OR}{|}}{\overset{\overset{OR}{|}}{Si}}\!-\!R^1 + 3H_2O \longrightarrow HO\!-\!\underset{\underset{OH}{|}}{\overset{\overset{OH}{|}}{Si}}\!-\!R^1 + 3ROH}$$

（2）凝聚　在干燥过程中，Si-OH 基团和 Me-OH 基团进一步凝聚在界面上生成 Si-O-Me 共价键。

Si-OH 基（溶液）+ Me-OH 基（金属表面）= Si-O-Me 基（界面）+ H_2O

（3）缩合　剩余的 Oxsilan 分子通过 Si-OH 基团之间的凝聚反应在金属表面形成具有 Si-O-Me 三维网状结构的有机膜。

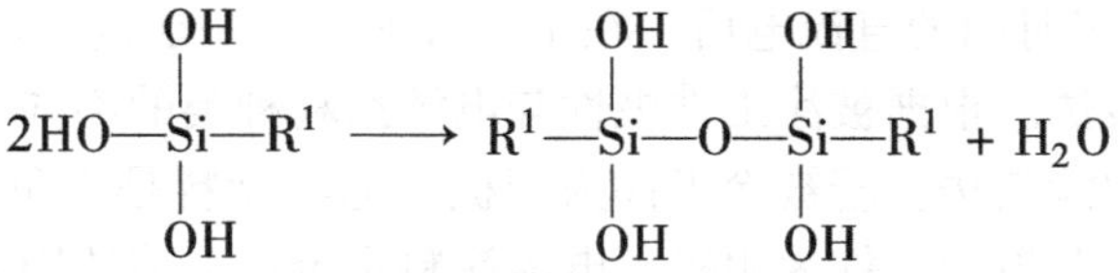

$$2HO\!-\!\underset{\underset{OH}{|}}{\overset{\overset{OH}{|}}{Si}}\!-\!R^1 \longrightarrow R^1\!-\!\underset{\underset{OH}{|}}{\overset{\overset{OH}{|}}{Si}}\!-\!O\!-\!\underset{\underset{OH}{|}}{\overset{\overset{OH}{|}}{Si}}\!-\!R^1 + H_2O$$

Si-O-Me 三维网状有机膜的结构模型如图 4-6 所示。

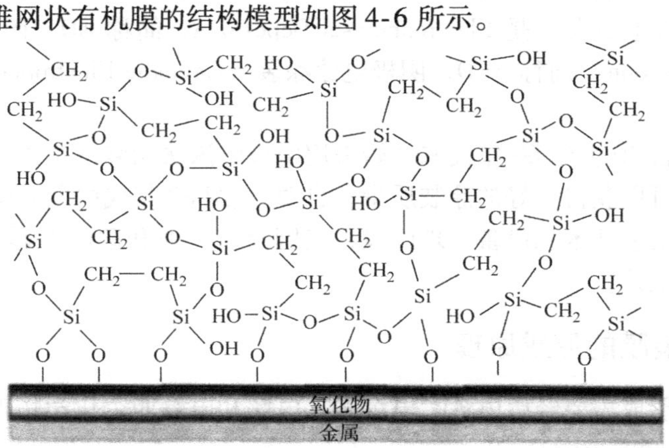

图 4-6　Si-O-Me 三维网状结构有机膜的结构模型

2. Oxsilan 硅烷漆前处理的技术特点

① Oxsilan 硅烷漆前处理技术适用于各种不同材料的漆前处理，彻底解决了磷化不适合处理铝合金车身及钢铝混合材料车身的难题。

② Oxsilan 硅烷漆前处理形成的超薄有机膜质量仅为 $0.1g/m^2$，磷化膜的质量为 $2\sim3g/m^2$，相差 20 倍左右，使用 Oxsilan 硅烷漆前处理技术可以大大降低原材料消耗，节省生产成本。

③ Si-O-Me 共价键分子间的结合力比磷化膜强，如此可以显著提高油漆与车身表面的附着力和车身的防腐蚀能力。

④ Oxsilan 硅烷漆前处理技术操作简单、便于控制，槽液为双组分液体，其配制仅需控制 pH 值和电导率，无须像磷化液那样，必须对游离酸、总酸、促进剂、锌、镍、锰的含量和温度等许多参数进行严格控制。

⑤ 磷化处理的工作温度为 $35\sim40℃$，而 Oxsilan 硅烷漆前处理在常温下进行，如此可减少能源消耗，降低能源费用。

⑥ Oxsilan 硅烷漆前处理与磷化处理相比可省去表调及磷化后两道水洗工序，工艺简单、处理所用的时间短、生产效率高。

⑦ Oxsilan 硅烷漆前处理不产生沉渣，没有固废物和有毒重金属离子的排放，有效地延长了槽液的倒槽周期，是一种绿色环保的漆前处理技术。

第三节　电泳涂装工艺

电泳涂装是一种特殊的涂膜形成方法，仅适用于电泳涂装专用水溶性或水乳液涂料（或称电泳涂料）。将具有导电性的被涂工件浸渍在装满用水稀释过的低浓度电泳涂料的槽中，被涂工件作为一个电极（阳极或阴极），在槽中另设置一个与之相对应的电极（阴极或阳极），两极间通上一定时间的直流电后，在工件表面析出一层均匀的水不溶性涂膜，这种涂装方法称为电泳涂装法。根据被涂工件极性与电泳涂料种类的不同，电泳涂装法分为阳极电泳涂装法和阴极电泳涂装法。若被涂工件为阳极，电泳涂料是带负电荷的阴离子型涂料，则称为阳极电泳涂装；若被涂工件为阴极，电泳涂料是带正电荷的阳离子型涂料，则称为阴极电泳涂装。电泳涂装的英语是 Electrophoresis Deposition，简称 ED。阳极电泳涂装（Anodic Electrophoresis Deposition）简称 AED，阴极电泳涂装（Cathodic Electrophoresis Deposition）简称 CED。

我国汽车工业自 20 世纪 60 年代末开始采用阳极电泳法涂装汽车覆盖件和驾驶室。由于阴极电泳涂装工艺可以获得更好的涂装质量，自 20 世纪 80 年代中期开始我国向国外学习和引进阴极电泳涂装工艺技术和设备。现阶段，我国汽车产业和国际有影响的汽车公司一样，大多采用阴极电泳工艺。

一、电泳涂装膜的形成原理

电泳涂装膜的形成需要经历电泳、电沉积、电解和电渗四个化学物理过程。

1. 电泳（Electrophoresis）

胶体溶液中的阳极和阴极接电后，在电场的作用下带正（或负）电荷的胶体粒子向阴极（或阳极）一方泳动的现象称为电泳。胶体溶液中的物质不是分子和离子形态，而是分散在液体中的溶质，该物质体积较大（粒度约为 $10^{-9} \sim 10^{-7}$m），不会沉淀。

2. 电沉积（Electro Deposition）

固体从液体中析出的现象称为沉积，一般是在冷却或溶液浓缩时才会产生，而电泳涂装中是借助于电的作用，使得带正电荷的粒子在阴极上凝聚，带负电荷的粒子（离子）在阳极上聚集。当带正电荷的胶体粒子（树脂和颜料）到达阴极表面时得到电子，并与氢氧离子反应生成水不溶性膜，沉积在阴极（工件）上。

3. 电解（Electrolysis）

具有离子导电性的溶液中的阳极和阴极接通直流电后，产生电化学反应，在阳极端产生金属溶解，放出氧气、氯气；阴极端金属析出，并将 H^+ 电解还原为氢气。

4. 电渗（Electroosmosis）

阴极和阳极通电后，低浓度的溶媒向高浓度侧移动的现象称为电渗。刚沉积到工件表面上的涂膜是半渗透膜，在电场的持续作用下，涂膜内部所含的水分从涂膜中析出，涂膜脱水，这就是电泳涂装过程中的电渗。电渗使亲水的涂膜变成憎水涂膜，脱水使涂膜致密。电渗性好的电泳涂料泳涂后的湿漆可用手摸而不粘手，且可用水冲洗附着在湿漆膜上的电泳液。

二、电泳涂装膜的增厚

电泳涂料是靠添加中和剂使水不溶性的涂料树脂变成水溶化和水分散化的液态涂料。阴极电泳涂料呈酸性。阴极电泳涂料是用有机酸中和碱性树脂（氨）基改性的环氧树脂制成水溶化（水乳化）带阳离子的涂料粒子，使之附着到阴极的工件上，工件表面上得到负电荷析出水不溶性涂膜。随着这一过程不断进行，涂膜不断增厚而形成湿涂膜。图4-7所示是电泳涂装过程电流值、涂膜厚度和涂膜电阻的变化曲线。湿电泳涂膜的特点是涂膜有一定的电阻值，因而使其有较好的泳透力。

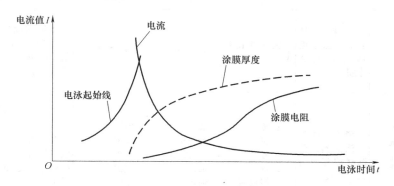

图4-7 电泳涂装过程电流值、涂膜厚度和涂膜电阻变化曲线

三、电泳涂装的特点

1. 良好的浸透性

电泳涂料可在水中完全溶解和乳化，且电泳液的浓度很低，和水差不多。它能浸透到车身内外表面的每一个部分，包括袋状结构部及缝隙中，所以可以对车身实现无遗漏的全方位保护。

2. 泳透性好、涂膜均匀

电泳液具有良好的导电性，涂料粒子具有很高的活性，但随着涂膜厚度的增加，沉积到车身上湿涂膜的导电性逐渐减小，电阻逐渐增大。当涂膜电阻达到一定数值时，电沉积停止，涂膜不再增厚。由此可见，电泳涂装具有良好的泳透性，涂膜厚度均匀。

3. 电泳液的利用率高

槽液的固体含量小，黏度小，被车身带出槽外的涂料少，且可用超滤（UF）装置和反渗透（RO）装置回收利用，电泳液的利用率高。

4. 电泳涂膜的附着能力、防锈能力均强

由于电泳涂膜均匀、致密，因此涂膜的附着能力和防锈能力都很强。

5. 安全性好

电泳液的浓度很低，用喷灯点火都烧不起来，因此不可能发生爆炸与火灾，整个工艺过程均十分安全。

6. 电泳涂装工艺的应用范围受限

导电性能差、多种不同材料的组合体、耐温性能差的工件及批量小的产品均不适合电泳涂装工艺，且电泳涂装工艺最适合涂底漆工艺。

四、电泳涂装工艺流程

电泳涂装工艺由电泳、电泳后清洗、吹干和烘干（涂膜固化）等工序组成，如图4-8所示。电泳过程由摆杆链式输送系统在输送过程中自动完成，如图4-9所示。各工序的功能、工艺参数管理要点等见表4-1。

表4-1 阴极电泳底漆涂装工艺内容与参数控制表

工序名称	处理功能	工序处理内容			控制内容	备 注
		方式	时间	温度		
1. 阴极电泳涂装法涂底漆	车身内、外表面泳涂厚度均匀的电泳涂膜	浸（通直流电）	3~4min	28~29℃	电泳液固体分（NV）、pH值、温度、电泳电压等	涂膜厚度约为（20±2）μm，厚膜电泳涂膜厚度可达35μm
2. 电泳后清洗 a. 一次UF液洗 b. 二次UF液洗 c. 三次UF液洗 d. 四次UF液洗 e. 去离子水洗 f. 新鲜纯水洗	清洗、回收电泳涂料，消除缝隙部位的二次流痕	a. 喷 b. 冲 c. 浸 d. 淋 e. 浸或喷 f. 淋	通过 20~30s 全浸即出 通过 通过 通过	室温 室温 室温 室温 室温 室温	各工序清洗的固体分（NV）或电导率	1. UF液逆工序补加，最终返回到电泳槽中 2. 电泳与UF液清洗间隔时间≤1min
3. 翻转沥水	车体倾斜倒掉积水、吹掉车体表面的水珠	自动倾斜、自动吹风	2~3min	室温或热风	检查涂膜表面是否有积水和水珠	消除电泳涂膜表面的水斑及二次流痕等缺陷
4. 烘干	固化电泳涂膜	热风或辐射加热	30~40min	190℃	烘干温度、膜干燥程度	测烘干温度-时间曲线，方法：溶剂擦拭法

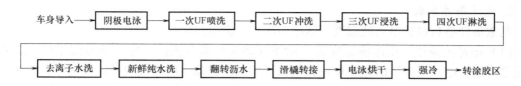

图 4-8 电泳涂装工艺流程

a)车身进、出电泳池　　　　　　b)车身进入电泳中

图 4-9 电泳涂装

五、电泳涂装工艺参数

阴极电泳涂装的工艺参数包括四类 12 个参数，分别是：

1. 电泳液成分参数

电泳液成分参数主要有固体分、灰分与颜基比、MEQ、有机溶剂含量四种。

（1）固体分（NV）　电泳涂料在（105±2）℃温度条件下烘烤 3h 所留下来的不挥发部分称为电泳涂料的固体分，NV = 残留物质量/样品起始质量×100%。电泳液固体分（NV）应适量，对于阴极电泳涂装（CED），固体分（NV）应控制在（19±1）% 范围内。固体分（NV）过高会使电泳涂膜产生二次流痕、膜厚增加、涂料回收率下降；固体分（NV）过低，膜厚降低、易起桔皮、泳透力下降。

（2）灰分与颜基比　灰分指固体分或干涂膜经高温烘烤后的残留分，表示涂料、电泳液或干涂膜中的含颜料量。颜基比指电泳涂料、电泳液或干涂膜中颜料与基料（如树脂）含量的比值。

（3）中和物质当量（MEQ）　电泳涂料的中和物质当量表示使涂料具有水溶性所需中和剂的中和程度。

（4）有机溶剂含量　为提高电泳涂料的水溶性和电泳液的稳定性，电泳涂料的配方中加有亲水性的有机溶剂，常用的有中、高沸点的酯系或醇系溶剂。电泳液有机溶剂含量指电泳液中除水以外的有机溶剂的百分含量。新配制的电泳液中原漆带入的有机溶剂含量较高，一般待电泳液的熟化过程结束后，挥发掉低沸点的有机溶剂才能泳涂工件。国外已开发出不需要熟化的电泳涂料的品种。电泳液有机溶剂含量是电泳涂装的主要工艺参数之一，一般应控制在 2.5%~4% 的范围内。电泳液有机溶剂含量高，涂膜臃肿、过厚，泳透力和破坏电压会下降，再溶解现象严重；电泳液有机溶剂含量低，槽液的稳定性差，涂膜干瘪。有机溶剂的挥发会污染大气，因此基于环保的考虑，国外已开始研究和使用无有机溶剂的电泳液。

2. 电泳条件参数

电泳条件参数包括电泳液温度、泳涂时间和泳涂电压。

(1) 电泳液温度　电泳液温度应控制在 (28±1)℃ 范围内。电泳液温度增高，涂膜厚度随之增加，电泳液变质的速度加快；电泳液的温度越低，电泳液的稳定性越好，但涂膜厚度随之下降。当电泳液温度低于 15.5℃ 时，湿涂膜的黏度大，被涂工件表面的气泡不易排出。电泳液温度对泳透力也有影响，通常在较低温度下可得到较高的泳透力。

(2) 泳涂时间　被涂工件浸在电泳液中通电（成膜）的时间称为泳涂时间。泳涂时间通常由生产节拍确定，对于汽车车身涂装，多为 2~4min。泳涂时间一旦设定，一般不再变动，除非需要调整生产节拍。

(3) 泳涂电压　泳涂电压的高低会直接影响到涂膜厚度和泳涂时间。泳涂电压高，在涂膜厚度不变的情况下，可缩短泳涂时间。若因生产纲领的调整需要缩短生产节拍时间，可通过提高泳涂电压来实现。当然，泳涂电压应控制在一个合适的范围内，一旦超过某一数值，被涂工件表面上剧烈的化学反应会产生大量气体，使得被涂工件表面的涂膜炸裂，并产生异常附着，严重影响涂膜质量，这一电压称为破坏电压（或称泳涂上限电压）。泳涂电压也不可太低，当泳涂电压低于某一电压时，将泳涂不上漆膜，这一电压称为临界电压（或称泳涂下限电压）。为获得优良的泳涂膜外观和较高的泳透力，常采用变电压涂装模式，即在电泳的前半时段，采用较低的泳涂电压，以减轻被涂工件表面反应的剧烈程度，随后提高泳涂电压，以缩短泳涂时间。泳涂电压与涂料的种类有关，应根据涂料的种类和生产节拍合理选用。

3. 槽液特性参数

槽液特性参数包括电泳液 pH 值、电泳液电导。

(1) 电泳液 pH 值　电泳涂料利用碱或有机酸中和漆基中的羟基或氨基，并保持一定的氢离子浓度（酸性和碱性）而获得较稳定的水溶液或乳液，度量电泳涂料水溶液或乳液氢离子浓度常用的方法是 pH 值。阴极电泳涂料所用中和剂是有机酸，其原漆和电泳液呈酸性，pH 值在 5.8~6.7 之间，最好控制在 6.0~6.3 的范围内。有些品种的色浆或原漆未完全中和，其 pH 值甚至超过 7.0，调配电泳液时需适当加酸，或用 pH 值低于 6.0 的电泳液（或乳液）中和。

(2) 电泳液电导　电导又称比电导度，是指间距为 1cm、面积为 $1cm^2$ 两极面间的导电量。电泳液的电导与固体分、pH 值和杂质离子的含量等有关，是重要的工艺参数之一，应严格控制，电导偏低或偏高均会直接影响电泳涂装的质量。电导的大小取决于电泳涂料的品种。

电泳涂料的调配、极液的更换、电泳后的清洗都需用纯水、去离子水或蒸馏水。电泳涂装用纯水水质一般用电导表示，水质纯度标准为 $10\mu S/cm$ 或 $1000M\Omega\cdot cm$，如果水质超过 $25\mu S/cm$，则涂料可能被污染；水质低于 $25\mu S/cm$，则对涂装质量不会构成明显影响。

4. 电泳特性参数

电泳特性参数包括库仑效率、泳透力、杂质离子浓度。

(1) 库仑效率　库仑效率是表征涂膜生长难易程度的量，其表达方法有二：一是 mg/C，即电泳涂装过程中消耗 1C 电量析出涂膜的质量，反映的是用电效率，故又称为用电效率；二是 C/g，即被涂工件表面沉积 1g 固体漆膜所需电量的多少。

（2）泳透力　在电泳涂装过程中被涂工件表面涂上漆的能力称之为泳透力，又称泳透性，是电泳涂料的重要特性参数之一。泳透力与电泳液的电导有关，电导越大泳透力越高。泳透力还与涂装工艺参数（泳涂时间、泳涂电压、电泳液固体分）直接相关。泳涂时间长、电压和固体分高，泳透力随之增高。

（3）杂质离子浓度　杂质离子浓度是指被涂工件或挂具从前处理工序中带入电泳槽的 Na、Fe、Zn 等杂质离子的含量，Fe 离子还可从涂料循环管道（管道腐蚀）带入，杂离子含量在界限值以上时，会影响涂膜性能和感观质量。除去 Na、K 等离子，可采用废弃 UF 液；除去 Fe 离子不能采取同样的方法，只能通过更换部分电泳液的方法解决。

六、电泳后清洗

电泳后清洗是一道十分重要的工序，其目的和作用是：回收电泳液，提高电泳涂料的利用率（在封闭清洗场合，涂料利用率可达 95% 以上）；提高和改善涂膜表面质量；减小打磨工作量，从而提高涂层的耐蚀性。

电泳后清洗工艺一般由下列工序组成：

1）槽上一次清洗。在被涂工件出槽口或溢流槽上，用去离子水、新鲜超滤（UF）液或循环超滤液喷雾淋洗，被涂工件出槽至清洗的间歇时间应小于 1min。

2）二次清洗。用循环超滤（UF）液冲洗 30~40s，沥液时间最多 60s。

3）三次清洗。用循环超滤（UF）液浸洗（全浸没、浸入即出）。

4）四次清洗。用新鲜超滤（UF）液在 UF 浸洗槽出口端淋洗，沥液时间不小于 60s。

5）去离子水清洗。用循环去离子水浸洗（或喷洗 30~40s），沥水 10s。

6）最终清洗。用新鲜纯水或去离子水淋洗，沥水时间不小于 60s。

有的涂料公司还推荐在清洗工序 3）和 4）之间增加一道循环超滤液冲洗。以上是典型的封闭式汽车车身电泳后清洗工艺，其采用喷浸结合方式，以提高车身内表面和焊缝的清洗质量，消除二次流痕。车身电泳后清洗质量与清洗次数、清洗液的压力和流量、喷嘴的状态和清洗液的清洁度等有关，在设计工艺时应认真考虑，在生产运行中应将喷嘴调整到最佳状态。

七、电泳涂膜的烘干

阴极电泳涂料属于热固化性涂料，必须在规定的较高温度下固化，其烘干过程包括溶剂（水分）挥发、涂膜热熔化和高温热固化三个阶段。由于电泳涂膜本身含水（溶剂）少，又经吹干、晾干，所以其烘干过程与热固性粉末涂料相仿，可直接进行高温烘干。

阴极电泳涂膜在热固化过程中（当涂膜温度达 110℃ 以上时）有热分解产物，产生较多的油烟，在较高温度下较长时间的烘干，能使涂膜变薄 2~3μm，膜的平整度明显提高。烘干条件（工件温度和烘干时间）对阴极电泳涂膜的固化十分重要，低于规定温度和烘干时间则不能固化，严重影响涂膜质量和性能。不同品种的阴极电泳涂料，涂膜烘干时间和温度有所不同，应根据涂料厂的推荐和试验确定。如果电泳涂膜未烘干，会严重影响涂膜的力学性能、附着力、耐蚀性、抗石击性和耐崩裂性。如果烘干温度过高，烘干时间过长，则会产生过烘干，轻者会影响中涂或面漆与电泳底漆层的附着力；重者涂膜会变脆，乃至脱落。正确评估电泳涂膜的干燥程度，对确保车身涂装质量十分重要。在生产现场应经常观察涂膜的色泽变化，以判断涂膜的干燥程度。如车身涂膜出烘干室时处于热态、不冒烟、不粘手，即表明涂膜已基本干透。电泳涂层完全干透需在约190℃的烘干炉（图4-10）中烘烤30~40min。

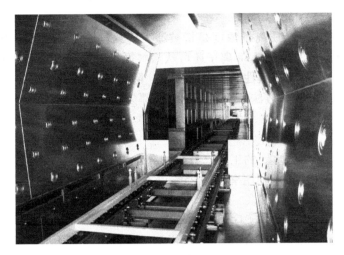

图4-10　烘干炉

八、强冷

电泳后的车身经长达近40min、190℃高温的烘烤，车身温度远远高于后续涂防石击密封胶工艺所要求的温度，为了使后续工序能按照生产节拍连续进行，须迅速降低车身温度，即对电泳烘干后的车身进行强冷处理。

第四节　PVC涂装与防振隔声材料装贴工艺

PVC是聚氯乙烯英文（Ploy Vinyl Chloride）的缩写。PVC在汽车涂装工艺中的应用有两种不同的形态：一是PVC密封胶，主要用于焊缝的密封；二是PVC方式的涂料，其喷涂到汽车车身的底部，可以防止汽车行驶时车轮甩起的沙石对汽车底部的损害。

PVC密封胶与PVC涂料的主要成分是PVC树脂、增塑剂、填充料（碳酸钙白色粉末）和附着力增强剂，各组成部分的作用与功能见表4-2。由于PVC密封胶与PVC涂料的流动性、涂装方式与设备均存在较大差异，PVC密封胶与PVC涂料中各组成物质的比例也存在较大差异。

表4-2　PVC密封胶的成分作用与功能

序　号	名　称	作用与功能
1	PVC树脂	氯乙烯和醋酸乙烯的聚合体，有良好的固化和密封作用
2	增塑剂	分散PVC粉体，可改善涂布特性，加热时有利于PVC扩散，形成良好的涂膜
3	填充料	使PVC密封胶具有适当的流动性，可增加涂层硬度，防止涂膜开裂
4	附着力增强剂	提高PVC密封胶的附着能力

一、PVC 密封胶的涂装工艺

我国早期生产的汽车，由于没有采用 PVC 密封胶工艺，所以车身漏风、漏雨、焊缝淌黄锈等质量问题经常发生，而且还严重影响到车身的使用寿命。20 世纪 80 年代，我国开始学习和引进国外先进的 PVC 涂装工艺，车身密封性和寿命均有质的改变。PVC 密封胶的涂装部位主要是那些有密封要求的焊接部位，如图 4-11 所示。密封胶的涂装，对于轿车生产企业已基本实现了自动机械手作业，如图 4-12 所示。

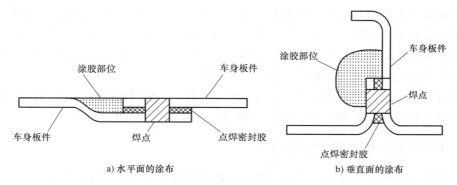

图 4-11　PVC 密封胶的涂装部位示例

图 4-12　涂密封胶

PVC 密封胶由聚氯乙烯树脂、增塑剂、填充料、附着力增强剂、稳定剂和防止发泡剂等构成，是一种性能优良的高黏度的聚氯乙烯塑料溶胶。

1. PVC 密封胶的胶化（固化）模式

常温（40℃以下）时，增塑剂内聚氯乙烯粒子表面被溶媒溶和（分子或离子间强力吸引，形成一个分子集团），聚氯乙烯粒子彼此间可自由移动，具有流动性，可用泵供料，涂布作业方便。

温度为 40~80℃时，聚氯乙烯粒子产生膨润，粒子表层开始溶解，失去流动性呈果冻状（心部仍是溶胶状态）。

温度为 80~140℃时，聚氯乙烯粒子全体膨润（胶化），粒子间产生强的络合状态，具有足够的物理强度。

2. PVC 密封胶的涂布作业

常用的 PVC 密封胶有高黏度和低黏度两种不同的类型。高黏度 PVC 密封胶的黏度为 70000~120000mPa·s，采用高压枪涂布；低黏度 PVC 密封胶的黏度为 40000~70000mPa·s，采用低压枪或手工涂布器涂布。对于轿车生产企业，车身 PVC 密封胶的涂装作业已广泛采用机械手自动涂布。当然，对于商用汽车，我国现阶段还大量采用人工涂布作业方式。据介绍，美国 Graco 公司推出的新型精密旋纹焊缝涂胶枪（Graco Precision Swirl TM），其 PVC 密封胶的涂布质量大幅提高，涂布成本得以明显下降。

车身密封胶的涂装工艺过程是：先将喷枪喷嘴沿车体板的搭接缝，距涂布面 20mm 左右喷涂，利用足够的压力将 PVC 胶充分压入缝隙，密封胶膜厚约 3~5mm。

二、PVC 防石击涂料的涂装工艺

汽车轮罩下表面、车底板下表面、纵梁、悬架摆臂下部等部位极易受石击而损伤。普通油漆涂料抗石击的能力差，不足以提供应有的保护，为此需要喷涂防石击涂料。防石击涂料有沥青质系、PVC 树脂系、SGC（Stone Guard Coat）系等多种类型。沥青质系防石击涂料与电泳底漆及中涂漆的结合力均不好，且沥青易渗出，因此在汽车上已基本不再采用；PVC 树脂系防石击涂料无沥青质系防石击涂料的上述问题，且重涂性好，因此在汽车车体下部得到了十分广泛的应用；但由于 PVC 防石击涂料的外观平整度不够理想，对于外观质量要求高的豪华轿车，常采用 SGC 系防石击涂料。

车底防石击涂料的涂装工艺过程是：利用防石击涂料专用喷枪将 PVC 或 SGC 防石击涂料均匀喷涂到车底外表面上，喷涂膜厚度约为 500~800μm。在轿车生产企业，防石击涂料的涂装大多采用机械手自动作业，如图 4-13 所示。

图 4-13 防石击涂料的涂装

三、减振隔声材料装贴

为了减小振动和噪声对乘客和驾驶人的影响，减振隔声材料在汽车上得到了广泛应用，其原理是利用某些材料良好的内阻尼特性衰减振动、吸收或阻碍声的传播。据统计，现代轿车上使用的减振隔声材料已达 15~20kg/辆。

减振隔声材料主要是厚度为 1.0~2.0mm 的复合板材，如果防声效果不足，可使用两层型的材料，即将两层复合板材用树脂黏结剂粘在一起使用。

减振隔声材料的主要成分是橡胶、改型树脂、有机纤维增强材料、填充料。

粘贴部位主要是门板、隔板、车顶盖、发动机舱、后行李舱等的内表面，车身地板的上表面。

作业方式：目前主要是人工作业，但在部分汽车生产企业已开始采用机械手自动粘贴。

第五节 中涂、色漆、清漆及返修工艺

尽管中涂、色漆、清漆是三种不同类型的涂料，且分设在汽车涂装工艺的不同阶段，但由于其所采用的涂装设备及工艺方法较为相近，所以将其放在一起讨论。

一、中涂工艺

中间涂层简称中涂层，其主要作用是改善被涂车身表面和底漆的平整度，为面漆层创造良好的基底，提高面漆涂层的鲜映性、丰满度和抗石击性，以达到良好的外观装饰效果。为此，中涂工艺应包括表 4-3 所示的工艺内容。

表 4-3 中涂工艺内容表

序 号	工序名称	作用与功能
1	底漆打磨	消除表面缺陷、形成良好的喷涂基面、增强涂层附着力
2	擦净	去掉车身表面杂质、确保车身表面清洁、保证中涂层质量
3	喷涂	形成良好、鲜映性好、丰满度高的漆膜
4	晾干（流平）	在自然流平的过程中，挥发多余的溶剂、形成平整的漆膜
5	烘干	使漆膜完全固化，避免后续工序对车身外观的不良影响
6	强冷	降低车身温度，便于后续工序的连续进行

对于装饰性要求很高的中高级轿车，油漆涂层需光亮如镜，其鲜映性应达到 0.8 以上，这就要求中涂层表面有高的平整度，为此就必须进行一两道中涂工序。中涂工序的作用是充分利用中涂层的填平性能，消除底漆涂层表面的微小不平和缺陷；为了获得与底漆及面漆涂层的很好的结合力，选用的中涂漆应与底漆、面漆有良好的相溶性，以避免出现涂层剥落及被面漆溶剂咬起等质量问题。中涂层还应良好的展平性和打磨性，经过湿打磨能得到平整光滑的表面，在不打磨时仍能靠本身的展平性形成平整光滑的表面。目前大批量生产时，中涂已普遍采用静电喷涂工艺。

中涂涂装应控制的工艺参数主要有：中涂环境温度（20~26℃）、湿度 [（65±3）RH%]、风速（0.3~0.5m/s）、空气压力（≤0.6MPa）、漆膜厚度（内表面总厚 35~

$45\mu m$,外表面总厚 $50\sim 60\mu m$)、表面质量(无明显脏点、针孔,无明显流挂、无漏喷)、中涂烘干时间(约 $30min$)、烘干温度($140\sim 150℃$)、强冷时间($7\sim 8min$)。

1. 底漆打磨

底漆打磨是消除底漆表面缺陷、提高底漆表面平整度最有效的方法。底漆打磨有人工打磨和机械手自动打磨两种方式,不同的作业方式如图 4-14 和图 4-15 所示。近些年,为了改善汽车涂装操作工的工作环境,减少可能对工作人员健康带来的影响及工位的用工人数,采用机械手自动打磨已越来越普遍。油漆打磨在专门的封闭式打磨间进行,地面有栅格和打磨水槽,配有能产生微负压的送风系统。

图 4-14 人工打磨

图 4-15 机械手自动打磨

2. 擦净

保证涂装前车身表面洁净是获得高质量涂装质量重要且最基本的前提条件,为此需对车身进行擦净处理。其方法是采用吹、擦相结合的方式,除去车身表面上的灰尘、水渍,力争做到车身表面的洁净度达到 100%。擦净处理有人工和机械自动两种作业方式,如图 4-16 和图 4-17 所示。由于机械自动擦净的质量好、效率高,已在轿车制造企业得到了越来越广泛的应用。

第四章 汽车涂装工艺

图4-16 人工擦净

图4-17 用驼毛擦净机擦净

3. 喷涂

为了确保涂装质量，中涂喷涂在专门的恒温、恒湿的超高洁净度工艺区内进行。近几年，由于我国汽车产业的高速发展，随之带来生产方式的进步越来越快，中涂涂装和后面要介绍的面漆（色漆和清漆）涂装大多已采用机械手自动喷涂，如图4-18、图4-19所示。

图 4-18 车身外部喷涂

图 4-19 车身内部喷涂（机械手将发动机舱盖打开喷涂发动机舱内部）

中涂后的涂膜质量应无明显脏点、针孔，无明显流挂、无漏喷。

4. 晾干（流平）

尽管机械手喷涂系统可以大幅提高喷涂的均匀度，但要想做到绝对均匀事实上亦是不可能的。中涂用涂料（油漆）具有很好的流动性，一方面可以利用油漆在失去流动性前的短暂过程，利用其流动性让漆面充分自动流平；另一方面，在其尚未失去流动性前，进入烘干楼高温烘烤，还会带来漆面炸裂、桔皮、鱼鳞斑等质量缺陷。因此，适当的晾干（流平）

时间是一个十分必要和重要的工艺过程。由于未干的漆层表面具有高的黏附性,灰尘会严重损伤漆层表面,因此晾干(流平)的环境应高度洁净。

5. 烘干

中涂烘干在专门的高洁净度密封烘干间内进行,如图 4-20 所示。烘干温度为 140~150℃、烘干时间约 30min。烘干规范以中涂涂料生产厂商的使用手册为准,因为不同厂家和不同品种的中涂涂料的工艺特性存在一定的差异。

图 4-20　中涂烘干

6. 强冷

高达 140℃以上的高温车身既不便于向下一道工序转运,又不便于下一道工序的施工(稍不注意会烫伤操作工)。自然冷却所需的时间太长,会影响生产效率,为此需要在短的时间内实现冷却。当然,冷却时间若能短到足以满足流水生产的节拍要求最为理想,但冷却时间还受漆面快速强冷是否会带来漆膜损伤(冷却速度太快会导致漆膜炸裂)及能耗太高等因素的影响。实践表明,中涂强冷时间为 6~8min 较为合适。强冷后的车身温度一般控制在 40℃左右。

二、色漆喷涂工艺

色漆又称面漆。所谓色漆工艺,是指获得所要求的设定颜色及色彩鲜艳饱满、无外观质量缺陷的全过程。色漆工艺与前面介绍的中涂工艺很相像,所不同的是,由于油漆成分与性质的不同,涂装工艺过程中的某些具体操作细节会略有差异。为了避免重复,在此仅就色漆工艺的特殊性做一简要介绍。

色漆有本色漆、金属漆和树脂漆等多种,这三种漆的性质存在较大差异,因此应分别设置三个与之对应的喷涂站。在乘用车生产企业,色漆的喷涂几乎已全部采用机械手自动喷涂作业,如图 4-21 和图 4-22 所示。金属漆的机械手自动喷涂,第一道喷涂工序和第二道喷涂工序存在一定的差异。金属漆自动喷涂的第一道喷涂工序一般采用高压静电旋杯喷涂,第二道喷涂工序采用非静电空气喷涂。这是因为金属漆中含有金属粉,空气喷涂可以使金属粉排列规则,能避免色差。

图 4-21　车身外部喷涂

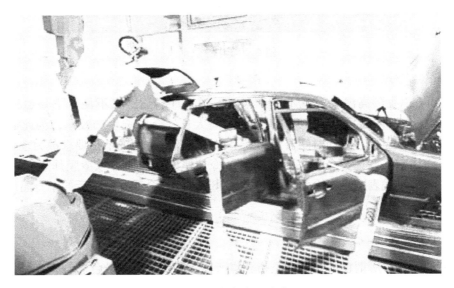

图 4-22　车身内部喷涂

三、清漆喷涂工艺

清漆又称罩光漆，无色透明，固化后有很好的耐气候特性和足够的抗划伤、抗石击的能力。清漆的喷涂与中涂喷涂工艺几乎完全相同，在此不再重复。

四、面漆的修饰与喷蜡

色漆和清漆加在一起统称为面漆。面漆修饰的目的在于消除操作人员、喷涂设备、涂料、操作方法、作业环境等原因所导致的颗粒、脏污、流痕等涂装缺陷,使车身外观达到所要求的视觉效果。修饰的工艺方法主要有打磨、抛光、修补等三种。

1. 打磨

对于颗粒、脏物和小的流痕仅用1200～1500号的细砂纸打磨即可,如图4-23所示;对于较为明显的流挂(大的流痕),先用刨刀将其刨平,再进行打磨,既可以干磨,也可以湿磨。

图4-23 面漆修饰打磨

2. 抛光

擦净打磨留下的膜灰,涂上抛光膏对打磨过的部位用抛光机进行抛光,如图4-24所示。抛光膏的用量应适当,抛光用力应适宜,抛光时间不宜太长,以免损坏油漆涂层。抛光后应彻底清洁涂层表面。

图4-24 油漆抛光

3. 修补

对于经打磨、抛光的部位,往往需要补漆才能恢复原貌。为了避免补漆对其他部位的影响,需在补漆部位的四周贴上遮盖物(如纸张),调好修补用漆(黏度为18～23Pa·s)后,用人工喷涂的方法补漆。晾干(流平)3～5min后再进行第二次喷涂,待漆面固化后喷涂清漆（罩光漆）。补漆后经几分钟的晾干（流平），用烤灯烘烤修补部位20~30min。

4. 车身喷蜡

出于轻量化的考虑，汽车车身设计了大量的空腔结构，由于车身空腔内部在电泳底漆涂装过程中离电极较远，电场较弱，形成的电泳底漆层较薄，且由于空腔内部是看不见的部分，并不要求具有良好的装饰性，所以在后续的涂装工艺过程中，空腔内部不再进行中涂和面漆涂装。由此可见，车身空腔结构内部表面的防腐蚀能力很难达到标准要求。为了提高其防腐性能，需在那些电泳底漆层相对较薄且不再进行中涂和面漆涂装的部位灌喷一层防锈蜡，形成憎水层。为了便于实现防锈蜡的喷涂，在车身空腔结构部位设计有很多喷蜡工艺孔，空腔结构件上的安装孔也是喷蜡工艺孔的组成部分，如图4-25所示。喷蜡工艺完成后，用专用堵头密封喷蜡工艺孔。

图4-25 喷蜡工艺孔

车身喷蜡早已是车身涂装中的标准化工艺，早期均采用人工喷涂操作（图4-26）。随着工艺技术的进步，机械手自动喷蜡设备已在轿车制造企业得到了广泛的应用，如图4-27所示。

图4-26 空腔喷蜡人工喷涂

空腔喷注的防锈蜡主要用特制的喷头（图4-28）将其喷注到车身前后纵梁、门槛梁、车门、发动机舱盖、翼子板内衬、各类夹层结构件等60~100个专门设计的孔中。不同位置

图 4-27 空腔喷蜡机械手自动喷涂

的孔喷注时需采用不同的喷嘴，喷嘴的选用以确保防锈蜡能有效均匀布满空腔内表面（图 4-29）为原则。

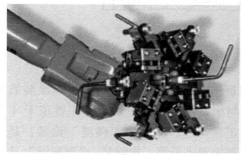
a) 多嘴喷头

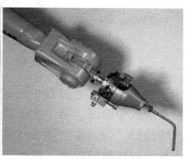
b) 单嘴喷头

图 4-28 注蜡喷头的结构

图 4-29 防锈蜡在空腔内的散发状态

五、涂装厂房的合理利用

为了提高厂房的利用率，汽车涂装车间大多为三层式结构，前面介绍过的漆前处理、电泳底漆涂装、中涂、烘干、色漆及清漆涂装等通常多在二楼进行；PVC喷涂、打磨、精修、喷蜡、返修等工艺都在一楼完成，如图4-30所示；第三层为空调机组层，用来调节厂房温度和湿度，使车间内达到恒温、恒湿，并始终保持厂房环境微正压和高的清洁度。为了确保涂装质量，并降低涂装工艺的能量消耗，根据不同工序的工艺特点，将其分为超高洁净区（中涂和面漆喷漆室）、高洁净区（涂胶线和面漆返修区）和洁净区（其他工艺区）。每个区域相互隔断，并保持一定的压力梯度。

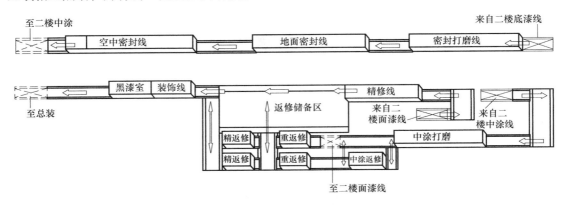

图4-30 一楼涂装工艺布局图

当然，为了减小涂装工艺过程中的能量消耗，简化工艺流程，提高涂装效率，PVC涂装后不烘干直接进入中涂线、第一次中涂与第二次中涂间不烘干经短暂晾干（流平）后直接进行第二次中涂的"湿碰湿"涂装工艺正在兴起。所谓"湿碰湿"涂装，是指前一道涂装后不烘干，仅经过短暂的晾干（流平）就接着进行第二次涂装。"湿碰湿"涂装在国内轿车生产企业的应用正在逐渐推广和扩大。

第六节 塑料与碳纤维件的涂装工艺

早期工业产品的涂装主要是为了防腐，但现代的工业产品，涂装的功用除防腐外，还有装饰（为了美观、好看）的功能。对于汽车产品而言，装饰甚至比防腐显得更加重要。正因为如此，尽管塑料件自身具有良好的防腐性能，但仍然需要涂装。由于塑料件的材质、表面形态与金属件存在很大的不同，因此其涂装工艺亦有自身的特点。

图4-31所示是金属、塑料和碳纤维涂装工艺流程对比图，从中不难看出，这三种不同类材料的涂装工艺在漆前处理和底漆的涂装环节存在明显差异。

涂料涂装在工件表面上附着力的大小是影响涂装质量最重要的因素之一，然而，汽车上所用到的工程塑料（无论是聚乙烯、尼龙，还是聚丙烯）都是结晶度高的聚合物，分子排列规整，聚集态紧密，分子间作用力大，其抗拉强度、刚性、硬度、耐热性、耐溶剂性、耐化学品性均较高，但是表面张力却较小，一般的溶剂不能溶解或溶胀其表面，因此涂料与塑

图 4-31 不同材料涂装工艺流程对比

料件表面的附着力远比金属件小。这是塑料件涂装工艺应特别注意的问题。为了使涂料与塑料件表面获得应有的附着能力，就应采用与之相适应的漆前处理工艺。

碳纤维复合材料由碳纤丝、树脂组成，是一种孔隙率约为 2% 的材料，孔隙中含有的空气，在涂装表面极易造成针孔、坑洼等缺陷。为此，漆前应采用能有效释放碳纤维基材内部气体的工艺。

一、塑料件的漆前处理

塑料件漆前处理方法有很多种，常用的主要有化学溶剂处理、火焰处理。

1. 化学溶剂处理

化学溶剂处理是塑料件漆前处理最简单、有效的方法之一。化学溶剂处理的功效在于：在改变材料表面形态的同时还能有效除去工件表面的污物，如化学溶剂处理可以溶蚀部分非结晶性表面，产生增加粗糙度的效果；溶剂处理后的塑料工件表面的溶胀性得到一定程度的提高，改善了涂料在塑料表面上的渗透能力，有利于底材和涂料互溶层界面结合力的提高，改善了涂料在塑料表面的附着能力；能有效清除塑料工件表面的增塑剂、脱模剂、粉化分解物（表面氧化或紫外线老化后的产物）。

2. 火焰处理

用强氧化焰使塑料表面氧化的过程称为火焰处理。火焰处理包含一系列复杂的物理、化学反应过程。

火焰处理的物理反应：高温的火焰将能量传递给基材表面的油污和杂质，使其受热蒸发，起到清洁作用。

火焰处理的化学反应：火焰中含有大量的离子，具有很强的氧化性，在高温状态下与被处理的塑料表面发生氧化反应，形成一层带电的极性功能团，提高了其表面能，从而可提高吸附液体的能力，即可提高涂料在塑料表面的附着能力。

（1）火焰处理的控制参数　火焰处理的控制参数主要有空燃比（空气与燃气的比例）、过火时间和过火区域（火焰离被处理工件表面的距离）。要想达到最佳的火焰处理效果，必须精确控制上述三个参数。空燃比的控制主要在于使火焰具有最佳的活性。对于不同的基材（塑料工件），其过火时间各不相同，为此在进行火焰处理之前，应通过实验测出最佳的过火时间。过火区域一般选择从焰根 20mm 处向外 200mm 高度的范围，这个深蓝色的区域富含大量离子，是火焰的活跃区。

(2) 火焰处理的优点　火焰处理的优点是：原料是易于获得的廉价且清洁的燃气，与化学溶剂处理相比，具有非常良好的环保特性（对环境危害非常小）；火焰设备简单、成本低、易于维护；效率高，对于某些工件，只要适当调整火焰长度，可一次性完成整个工件的火焰处理；易于实现表面处理的自动化，适合于大规模流水生产。

(3) 火焰处理注意事项　经火焰处理后的塑料工件应尽快进行涂装作业，火焰处理与后续涂装作业的间隔时间应控制在30min以内，否则会使火焰处理的效果大打折扣。尤其是经火焰处理后又用溶剂或洗涤剂再处理过的工件表面，由于其表面含氧量迅速下降，因此会严重影响涂层与塑料件表面的附着力。

二、塑料件的涂装

由于塑料工件的诸多特性与金属工件存在很大的不同，因此，为了获得最佳的涂装质量，塑料件的涂装从涂料的选用到工艺参数的控制均应充分注意其差异性。

1. 涂料的选用

塑料工件与涂层的热膨胀系数往往不同，在环境温度发生变化时不可避免会产生内应力，其大小随温度而变化，内应力过大会导致涂层炸裂或折皱等质量问题。涂层与塑料工件热膨胀系数的差值与涂料的弹性模量成正比，为了减少内应力，最好选用与被涂塑料工件热膨胀系数相近或柔韧性好的涂料。

2. 塑料件涂装应特别注意的问题

1) 增塑剂和脱模剂的存在会严重影响涂料在塑料工件表面的附着性能，因此在涂装前应彻底清除增塑剂和脱模剂。

2) 塑料工件表面容易由摩擦产生静电，因此，塑料工件表面很容易吸附灰尘，涂装前必须除去工件上的静电和灰尘等污染物。

三、碳纤维漆前处理

碳纤维材料表面较为光滑，缺乏化学活性的官能团，表面呈现化学惰性，严重影响底漆与基材的附着力，因此需要对碳纤维进行打磨或喷砂处理，以使碳纤维基体内部气体逸出，防止后续喷漆出现气泡、针孔缺陷，增加涂层附着力。喷砂处理是利用高速砂流的冲击作用清理和粗化碳纤维基体表面，还可以改善碳纤维表面的力学性能，提高其疲劳强度。

四、碳纤维件底漆的涂装

尽管碳纤维涂装前所采用的打磨或喷砂处理能有效释放基材孔隙中的气体，但很难做到干净彻底，因此气泡与针孔缺陷较难避免。为此，对碳纤维底漆工序提出了更高的要求，常需采用加大底漆喷涂次数（如三四道底漆）来消除气泡与针孔缺陷。每道底漆喷涂后都需要烘烤与打磨。

1. 涂料的选用

由于碳纤维材料存在一定的孔隙率，因此选择涂料时应综合考虑碳纤维的表面特性，以保证涂料对基体有良好的浸润性，以便涂料能渗进碳纤维材料的孔隙中。

碳纤维底漆涂装常采用碳纤维专用环氧底漆。环氧底漆具有封闭性强、附着力大、填充性能好的特点，可以很好地填充基材表面的孔隙，对基材有良好的封闭作用，可避免空气逸出产生的气泡缺陷。

2. 底漆的涂装

碳纤维底漆的涂装和塑料一样，也因不具有导电性而不便采用电泳涂装底漆，通常采用喷涂的工艺方法。

第七节 涂装质量控制

汽车产品被人们形象地称为流动的工艺品，可见汽车的外观质量是多么的重要。正因为如此，汽车制造厂家不得不用"放大镜"去挑车身外观质量的毛病（图4-32、图4-33），对汽车的涂装质量进行层层把关。当然，无论涂装工艺多么先进和多么严格，但要做到绝对无涂装质量缺陷也是不可能的。为此需要对涂装质量进行检测和评判，这就是所谓的汽车涂装质量标准。

图4-32 涂装质量外观检查

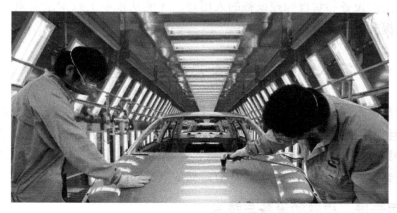

图4-33 漆面鲜映性和光泽的检测

一、汽车涂装质量标准

汽车涂装质量标准涉及的内容十分广泛，其内容包括涂装前钢材表面粗糙度等级评定、钢材件涂装前除油程度检验方法、防锈前处理清洁技术条件、涂漆前磷化处理技术条件、漆膜颜色标准、漆膜厚度测定法、漆膜光泽测定法、漆膜附着力测定法、漆膜硬度测定法、漆膜耐磨性测定法、漆膜磨光性测定法、漆膜耐冲击测定法、漆膜柔韧性测定法、漆膜弯曲试验、漆膜耐水性测定法、漆膜耐汽油测定法、漆膜耐热性测定法、漆膜耐湿热测定法、漆膜耐霉菌测定法、漆膜耐化学试剂性测定法等许多方面（这只是众多标准中的一部分），其数量之多是其他各类标准中少有的。除此之外，各汽车制造厂家还有自己的涂装质量标准。由于汽车涂装质量标准的内容太多，受篇幅的限制，在此不做详细介绍。

尽管标准是判定涂装质量的依据，也是涂装质量控制的重要组成部分，但它却不是涂装质量控制的目的。涂装质量控制的目的在于寻找产生涂装质量问题的原因，最终达到避免涂装质量缺陷的产生。

二、常见涂装质量缺陷及应对措施

汽车涂装常见的质量缺陷主要有露底、起泡、漆膜开裂、不平、流挂、针孔、颗粒、桔皮、起皱等，其主要原因是涂料的调配不够准确、涂料的性能不符合相关的技术标准、喷涂操作规程的执行不够严格、涂装工艺参数的控制不够精确、涂装工艺设计不够合理、涂装技术不够先进等。

大量的生产实践表明，人工涂装出现质量问题的概率远远大于机械手自动涂装。正因为如此，为了减少涂装质量问题的产生，汽车制造企业越来越注重涂装设备、涂装工艺和涂装技术的改进。目前，许多汽车制造公司（尤其是轿车制造公司）已采用全自动流水涂装生产线，这样就可避免人为因素（技术水平、精神状态、工作情绪）对涂装质量的影响。当然，机器并非万能，为了保证汽车的涂装质量，应合理地设计汽车涂装工艺，实时监控涂装生产线的技术状况，精确控制涂装全工艺过程的工艺参数，强化涂装工艺过程的管理。只有把先进的涂装生产设备和管理操控设备的人用好，才能从根本上减少涂装质量问题的产生，并持续不断地提升汽车涂装质量水平。

第八节 涂装工艺设计的基本原则

汽车涂装是汽车四大工艺中投资最大、耗能最多、生产环境要求最高（恒温、恒湿、高洁净度），且使用的原材料几乎都是有毒的化学品的一种较为特殊的工艺，为此，涂装工艺的设计应特别注意"投资省、生产成本低、环境污染小、设备运行可靠、涂装质量好"等问题。欲做到这一点，涂装工艺的设计应遵循如下原则。

一、采用先进、成熟的设备与技术

用户越来越注重汽车的外观质量，这早已是一个不争的事实。要想获得高的涂装质量，对于大规模生产的汽车产业，只能是依靠先进的涂装设备和技术。

在涂装工艺技术方面，采用3C1B（三喷一烘）新技术代替3C2B（三喷两烘）传统技术，即以湿碰湿喷涂方式完成中涂、面漆底色漆和面漆罩光漆涂装，然后一同烘干的3C1B工艺取代传统的分两次烘干的3C2B工艺。由于取消了中涂烘干工序，因此减少了中涂后打磨、擦净、烘干和强冷设备的费用投入，降低了涂装设备能源消耗，节约了中涂打磨、擦净等人工和材料费用。

二、将节能与环保的理念贯穿涂装工艺设计的全过程

优先选用节能型涂装材料、工艺、设备及应用涂装节能新技术，如降低涂装材料的处理温度，缩短工艺处理时间，减少多余的物流存放和线路迂回，采用涂装设备的余热回收技术，选用外置式自动喷涂机或壁挂式喷涂机器人缩小喷漆室内部送风空间等。

采用环保性较好的水性漆或粉末涂料，在设计涂装工艺时，按照清洁生产要求，尽可能使用低污染涂料。

三、工艺设计应注重"以人为本"的原则

尽管在轿车生产企业，靠涂装工人工操作的内容越来越少，但在一个相当长的时期内，不可能完全取消人工操作工位。人工操作工位越少，就更应重视"以人为本"的原则。为此，涂装工艺设计应综合考虑功能集约化和改善装配作业姿势，尽量避免较困难的作业姿势（如仰卧、全蹲、半蹲、踮脚、蟹步作业及凭感觉作业）。根据输送线标高，对工程进行归类、调整，通过保证以汽车功能为单元的工程装配品质来达到涂装品质要求，这样既能达到高效品质管理的目的，又能降低员工操作作业的劳动强度，提高作业效率，保证作业安全。

四、柔性化原则

柔性生产（多车型混合生产）是现代汽车生产的一项基本要求。不同车型其结构和外形尺寸等不可避免存在一定的差异，要想实现共线生产，在进行涂装工艺设计时，应充分考虑多车型的适应性和前瞻性，即不仅要考虑在产的所有产品，还必须能适应未来将要发展的新产品。为此，汽车涂装线的设计应易于工艺的持续改进。

产能提升几乎是任何一个汽车生产单元都会面临的共性问题，因此汽车涂装工艺的设计必须充分注意到产能提升的问题。

五、物流路线最短原则

涂装产品（如汽车车身）的物流，各种材料、物料及废物的物流，在涂装工艺设计时应遵循物流路线最短原则，因为路线越短越能节省物流时间，还可节省物流费用。

六、涂装功能区域化原则

根据涂装工艺过程中功能和对环境洁净度要求的不同，将涂装车间分成若干个不同的作

业区，即区域化布置。这样不仅便于生产管理，更重要的是还可以使汽车涂装生产以低的运行成本获得高的涂装质量。如汽车涂装车间多为立体化多层厂房，在底层布置一般洁净区，将手工操作的检查、打磨、修整和返修等易产生尘埃颗粒的工位及各种辅助设备、洁净度要求较低的各类库房、物流输送频繁的各种材料存放地置于一般洁净区；将洁净度要求较高的密封、车底喷涂线设置在洁净区；将洁净度要求特别高的中涂、面漆涂装设置在超高洁净区。通过控制区域洁净度就能降低产品返修率。

第五章 汽车总装工艺

汽车总装工艺是将来自汽车零部件生产企业的数以万计的总成部件组装成一辆辆完整汽车整车的全部工艺的总称,是汽车整车制造四大工艺过程中的最后一个环节,是汽车整车质量的重要保证。业内常说的"采用质量上乘的零部件不一定能装配出一辆品质优良的汽车整车"充分揭示了汽车总装工艺的重要性;当然,如采用劣质的零部件,无论总装工艺何等先进,也绝对装不出一辆好车。

尽管汽车的种类很多,不同类型汽车的结构与总装工艺存在较大的差异,但各类汽车总装线的基本构成与工艺原理却大同小异。一方面,受篇幅的限制,不可能把各种不同车型的总装工艺拿来一一介绍;另一方面,轿车总装工艺最具代表性(轿车总装线不但工位数与占用的设备最多,而且自动化程度往往也最高)。因此,在此仅以轿车为例,介绍汽车的总装工艺。

第一节 汽车总装工艺的设计原则

汽车总装工艺在机械化的流水生产线上完成,其内容包括汽车总成部件的配送、装配、车身的输送及汽车整车的下线检测等内容。为了提高汽车整车的装配效率,通常在汽车总装线的旁边设置若干个汽车主要总成部件的分装线(也称为部装线),如内饰线、车身合装线、机械分装线、动力总成分装线、车门分装线、车桥分装线和仪表总成分装线等。为了使汽车总装工艺能高效有序地进行,汽车总装工艺的设计应遵循如下原则。

一、人、零件、汽车整车无交叉物流路线原则

汽车总装线一般是由输送设备(空中悬挂输送设备、地面输送设备)和专用设备(如升降台、加注设备、助力机械手、检测和螺栓螺母的紧固设备等)构成的有机整体。输送线的规划应综合考虑厂房空间的利用率、物流配送距离、人员移动的损耗和以后产能扩展的便利等因素。为了充分有效地利用总装车间的空间,总装主输送线常采用多段回折的形式,如三回折或四回折。为了实现分装总成搬运路径的最小化,各分装线都设置在总装主线的侧面靠近总成装配点位置,由此达到最短的物流配送路径。同时,将部件仓储存放区设置在总装线附近区域,规划成四面物流路线,可有效减少部件搬运上线时间,提高物流效率。

总装厂的工艺布局应充分考虑到装配作业和来访参观的双重需要。在物流布局方面,应贯彻人、车、物流分开的设计思想,即在总装车间设置与物流配送通道完全隔开的专门参观通道,这样既照顾到了参观者希望了解装配作业全过程的需求和保证了来访者的安全,又可避免来访者的参观对整车装配生产的影响,从而有利于提高装配作业的效率。

为保证汽车总装车间良好的工作环境,汽车总成部件的准时配送(又称总装车间的物流配送)均采用电动牵引车及电动叉车,杜绝了总装车间的空气污染,同时亦大大减少了总装车间的噪声。

二、工艺设计应注重"以人为本"的原则

应将"以人为本"的理念贯彻到总装工艺设计的全过程，综合考虑功能集约化和改善装配作业姿势，在工艺设计中尽量避免较困难的作业姿势（如仰卧、全蹲、半蹲、踮脚、蟹步作业及凭感觉作业）。根据输送线标高，对工程进行归类、调整，这样既能通过保证以汽车功能为单元的工程装配品质来达到整车品质要求和高效品质管理的目的，又能改善员工装配作业的劳动强度，提高作业效率，保证作业安全。

三、工位时间均衡原则

汽车总装工艺由数百个工位组成，每一个工位都有其严格具体的作业内容，完成工位作业内容所需要的时间称为工位作业时间，简称工位时间。工位时间均衡不仅可以避免工时浪费，有利于工作效率的提高，更重要的是还可以保证总装作业按生产节拍有效进行。

四、柔性化原则

柔性生产（多车型混合生产）是汽车总装生产线的一项基本要求，其原因是为了适应工厂现有车型及将来发展车型的混线生产。

不同车型其总装工艺或多或少会存在一定的差异。然而，汽车制造公司为了提升自身的竞争力，除每年都要推出新车型外，在产的车型还需要不间断的持续改进。新车型的导入，不可避免会带来部分工位工艺的变化；在产车型的改进有时也会带来装配工艺的变化。汽车总装线的设计应易于工艺的持续改进。

产能提升几乎是任何一个汽车生产单元都会面临的共性问题，因此汽车总装工艺的设计必须充分注意到产能提升的问题。

五、经济性原则

总装工艺的设计应充分考虑成本因素，以追求低成本、高品质、高效益为终极目标。

总装生产的经济性包括设备、工艺两个方面。设备选购应讲求先进、方便、实用，不片面追求高新技术；工艺设计应科学、简单、合理。

六、节能降耗原则

在总装工艺设计过程中，应高度重视节能降耗原则，能源（包括LPG、汽油、冷冻水和生产生活用水）动力（压缩空气、电力）集中供应；动力源尽量靠近使用点以减小沿程损失；分装线设置在主线的侧面靠近总成装配点位置，以实现物流配送路线最短化；将部件仓储存放区设置在总装线附近区域，以减少部件搬运上线时间等。这些都能达到非常良好的节能降耗效果。

七、总装工序集中与分散相结合的原则

将同样的操作集中在同一位置，尽量使用同一工具在同一工序装配，可优化投资成本；同样的操作可减少装配工时，提高劳动生产率，降低成本，提高生产质量。

将同工时的工作分散给多个工位完成，一方面可使每一工位的每种车型的装配尽量饱

第五章 汽车总装工艺

和,提高劳动生产率;另一方面方便后面的工位对前面工位完成的工作进行检查,可防止错装漏装的发生,提高产品质量。

将总装流水生产分成若干个装配模块,模块间集中,模块内分散,以满足所有车型的装配工艺和保证汽车装配的质量,有效实现柔性化生产。

第二节 基于精益生产的汽车总装工艺规划

精益生产最早由美国麻省理工学院的研究团队提出,他们在一项名为"国际汽车计划"的研究项目中,通过对日本企业的大量调查与对比研究发现,日本丰田汽车公司的生产组织与管理方式是一种最适用的现代制造方式,能降低生产成本、提高生产效率、杜绝一切浪费,进而达到提高企业经济效益的目的。

汽车制造业是一种产线特别长、制造工艺特别复杂、具有独立完整体系的制造业,工艺规划与生产管理的任何疏漏都会对产品质量和生产效率造成严重影响,而汽车总装生产所造成的影响更为突出。由此可见,利用精益生产的思想与方法对汽车总装工艺进行科学规划显得十分重要。

一、总装工艺规划的评价指标

精益生产的核心思想是"以最少的投入,产出尽可能多和最好的产品",要想做到这一点,就必须基于生产节拍的要求和工位作业时间均衡一致的原则,合理分配工位作业内容、确定工序数,实现整车装配单车消耗工时最少的目标。由此可见,整车装配单车消耗工时就是总装工艺规划中最重要的评价指标。

整车装配单车消耗工时,就是精益生产中的哈勃工时(Hours Per Vehicle,HPV),是指一定时期内生产的车辆平均消耗的出勤工时,即

$$HPV = \frac{\Sigma H}{\Sigma N}$$

式中 HPV——哈勃工时(单车消耗工时);
  ΣH——所有从事批量生产人员的实际工时;
  ΣN——汽车产量。

HPV 由美国哈勃咨询公司提出,它的创始人 Jim Harbour 曾经担任美国克莱斯勒汽车公司产品制造主管。自 1991 年起,HPV 被视为汽车领域常用的绩效考核指标。

HPV 的组成如图 5-1 所示,其中,制造工时是其核心内容。因此,基于精益生产的总装工艺规划的工作重点应是制造工时的优化。

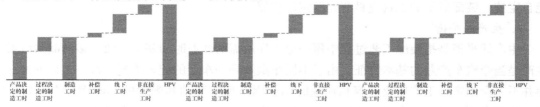

图 5-1 HPV 组成

按照价值创造理论，可以将总装制造工作分为产生增值工作、隐含浪费工作及明显的浪费工作三个部分。

对于明显浪费的工作，如返修、零件拆包等工作应尽可能消除；对于隐含浪费的工作，如零件运输、工具操作、零件放置和取料等工作应尽量减少；对于增值的工作，如拧螺钉、装配、加注、检测等工作应尽可能提高其效率。

二、精益生产的总装工艺规划操作准则

为了更好地帮助员工理解总装精益规划的理念，从而实现以创造价值为目标的精益化汽车总装工艺规划，需要建立具有可操作性的准则，其内容包括减少浪费、作业区内操作、一触一动、生产线平衡、人机工程学等。

1. 减少浪费

总装工艺的每一个工序都包含创造价值和浪费两部分工作，浪费工作的减少，直接带来 HPV 的降低。总装工艺中的浪费主要包括如下几方面。

（1）等待　在总装工艺中，若工序作业内容分配不合理，就会出现人等人、人等机器的现象，如等待前道工序的完成、等待维修或设备安装调试、停工待料等。

（2）不必要的动作与移动　所谓不必要的动作与移动是指装配操作人员需要走动一定的距离去取工件或工具、需要更换工具才能完成本工位的装配作业等。由于这些动作与移动不会创造价值，应尽可能减少与降低。在总装工艺规划时，应尽可能做到：操作人员在能触及的 20~50cm 范围内取件和取工具；每一个工位只需要取用一种工具就可以完成工位作业内容。

（3）不必要的过程　所谓不必要的过程是指重复作业、多次检查、返修和拆除零件包装等。

2. 作业区内操作

确保所有的装配操作都在各自的作业区域内完成，如此可以避免操作人员与装配操作的相互干涉和减少操作人员不必要的走动。

3. 一触一动

"一触一动"的含义是：①任何零部件的装配，当完成第一步操作后就无须抓住；②无须后续定位；③便于装配操作；④每一位装配操作人员可以在本工位内使用1个工具完成装配操作；⑤零部件自身带定位，无须调整；⑥零部件装配无须使用辅助工具定位；⑦操作人员拿起零部件可以直接装配；⑧在拿起和装配零部件的过程中无需更改位置；⑨若零部件不能自定位，装配所用的工具应具有辅助定位功能。

4. 生产线平衡

生产线平衡是指装配工艺过程中每一道工序所需的作业时间基本一致。多产品共线柔性生产是当今汽车产业的基本特征，由于不同车型及同一车型的配置不同，每一工位的作业内容并不完全固定，工位作业内容和作业时间会因车型的变动和配置的不同而存在一定的差异，要想做到生产线完全均衡比较困难，但应尽可能将同一工位不同车型或同一车型不同配置之间的工时不平衡降到最小，以减小工艺流程中的浪费。

5. 人机工程学

汽车总装工艺中的人机工程学是指装配工能够以最舒适的姿势与动作、十分方便地完成装配工作。具体地讲就是在进行汽车总装工艺设计时，应避免装配工在装配作业过程中出现如下情况：①不自然的体姿；②复杂的身体动作；③过大的用力；④高负载作业；⑤过低或过高的装配操作位置。

三、精益生产的总装工艺规划设计

所谓精益生产的总装工艺规划设计是指将总装工艺规划设计贯穿于产品开发至批量生产前的各个阶段。产品开发阶段，总装工艺规划设计的重点是如何降低由汽车产品设计所决定的制造工时，即由设计所决定的生产一辆汽车所需的时间；对于产品数据冻结至批量生产之前，总装工艺规划设计的重点是降低总装工艺过程中的非增值时间。

1. 总装工艺的同步工程设计

总装工艺规划以同步工程的形式介入产品开发阶段，对生产系统进行同步开发，具体地讲就是将汽车的制造工艺、工装和汽车产品同步进行设计开发，汽车产品设计者从概念设计开始就考虑生产系统的需求，考虑产品的制造工艺性。在汽车产品设计初期利用虚拟制造技术进行先期工艺评价和验证，尽可能将生产过程中可能出现的工艺问题解决在产品设计阶段，以减少后期制造工艺设计阶段所需人力、财力和时间的投入，缩短产品工艺设计开发的时间。

2. 总装工艺的实操演练与优化

尽管虚拟制造技术已广泛应用于汽车产业，并显著提高了汽车制造工艺设计开发的效率，但虚拟制造与实际的工艺操作仍存在一定的差异，为了提高总装工艺规划设计的可操作性，需要对总装工艺进行实操演练与优化，其过程主要包括如下4个环节。

（1）装配流程的实演　按照先期设计的汽车总装工艺进行实操演练，并对整个流程（每个工位单节拍的工作内容）进行摄像。

（2）工时分析　IE工程师利用录像资料对每一个工艺环节的工时进行全面分析，将工艺流程分解成动作要素，计算每个工位所需的实际作业时间与劳动负荷率。

（3）总装工艺评估与优化　利用精益生产的指标体系对总装工艺流程进行全面评估，通过对所发现的总装工艺问题的深入研究，提出切实的解决方案；以减少浪费为目标，优化总装工艺设计。

（4）总装工艺的最终确定　对优化后的总装工艺进行一次全面的实操验证，其内容包括工位布置、工位作业内容、工位工时、工艺流程、物流配送的及时性与准确性、生产系统的稳定性等。对产品设计阶段同步建立的工艺规划方案进行验证及细化，规避潜在的风险，实现以创造价值为导向的精益化生产方式，改善混线生产的工时不平衡现象；提高混线车型起步生产阶段的工艺稳定性，缩短起步生产时间，提高起步生产及批量生产之后车辆的装配质量。

四、总装工艺模块化技术

汽车是一种十分复杂的机电混合系统，由数万个不同的零部件组成，若所有的零部件都集中到一条生产线上装配，不仅生产线特别长，而且还会带来大量非增值的工作时间，严重影响总装工作效率、增加生产成本。为了解决好这一问题，"模块化"技术在汽车总装工艺中备受重视。

模块是产品的一部分，具有独立的功能、一致的几何连接接口，同类模块在产品族中可以重用与互换。由于模块具有独立性，所以模块装配生产线可以脱离总装线单独存在。由于部件不具备这种独立性，所以部件只能作为总装线的一部分或作为总装线的分支而存在。

模块化总装工艺最重要的特点在于，将部分总装生产线上的装配工作转移到模块化生产线上与总装线并行生产，如此使得汽车总装线得以大大简化。

模块化装配工艺的设计思路与模块化产品设计相同，都是基于对约束条件的分析与整理（评分、聚类），将研究对象（产品或生产系统）中的"变因"进行分类与"结构化处理"，并梳理出与设计"变因"相关的内容和规则。据此可将汽车总装分成底盘、前端、车门、仪表、线束、车轮、座椅等多个大的模块，大的装配模块还可以细分为小的装配模块，如底盘模块还可以分为动力、悬架、车桥等小模块。

第三节　总装工艺流程

尽管从 20 世纪初汽车产业实现大规模工业化生产以来，汽车总装配的流程方式已基本确定，即将完成涂装（做好油漆）的车身转移到总装线的输送设备上，车身在连续不断移动过程中，操作工将上千种零部件按照严格的工艺要求装配到汽车上，流水线结束时，一台汽车就装配完成。但汽车总装工艺与设备却在持续不断地发展与更新。在早期的总装生产线上，除车身的输送由机械设备来完成外，其他所有的装配工作几乎都依赖于手工作业，为了保证总装线上的物流配送，常采用庞大的二级仓储模式，即汽车总装厂均配置有一个十分庞大的备件总库和分散在总装线各工位处的若干多个二级备件库。随着技术的不断进步，总装作业方式发生了许多本质性的变化，主要表现在总装作业自动化程度越来越高、多品种共线柔性化生产、总装备件的无库存准时配送、生产过程的信息化等多个方面。

一、汽车总装工艺的总体布局

汽车总装工艺的布局首先应遵循前面所述的七大原则，然后结合各企业场地的具体实际进行合理规划。目前，常见的总装工艺布局形式主要有 S 形、T 形及 U 形三种，如图 5-2 ~ 图 5-4 所示。神龙汽车公司、东风本田汽车公司的总装线采用的是 S 形布局，上海通用汽车公司的总装线采用的是 T 形布局，载货汽车及微型车总装线大多采用 U 形布局。

为了便于汽车总装质量的控制与总装工艺的规范化管理，汽车总装工艺常将其分为若干个模块，如内饰装配一线、内饰装配二线、底盘分装线、车门分装线、仪表台分装线、车轮分装线、车身合装线、终装线和性能检测线等。当然，不同的工厂，由于其所生产车型及生产纲领的不同，工艺模块会有较大差异。尽管如此，但总装工艺的主题内容和方法却没有本质的不同。

汽车总装工艺十分复杂，由数百个工位组成，图 5-5 所示是某汽车公司汽车总装工艺的主要工艺流程。为了简化总装工艺、提高总装效率，汽车总装已普遍实现了模块化生产，即将多个总成部件按照其装配关系或功能的关联性组合成一个个的装配模块，如将动力系统（对于燃油汽车，包括发动机及整个传动系统，对于电动汽车，包括动力电池、电机及整个传动系统）、车桥与悬架集成为一个底盘装配模块（图 5-6），将汽车全部仪表与空调机组

第五章 汽车总装工艺

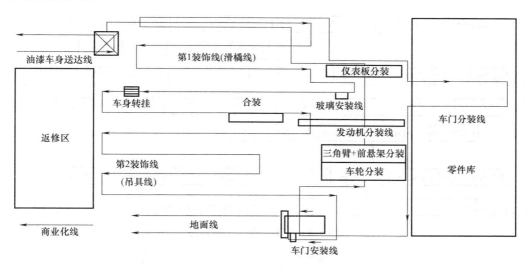

图 5-2　S 形布局的总装线

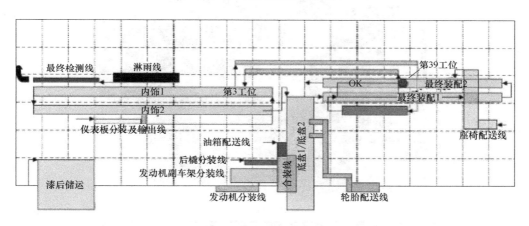

图 5-3　T 形布局的总装线

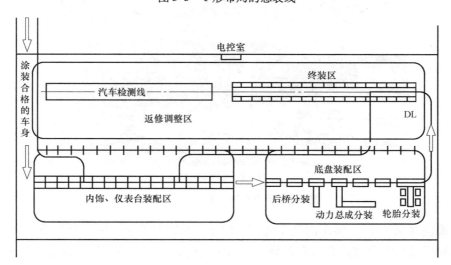

图 5-4　U 形布局的总装线

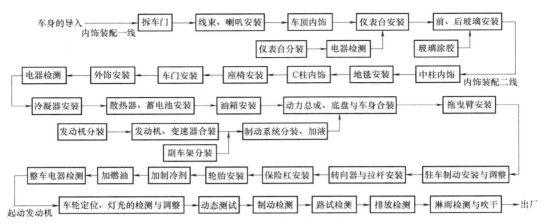

图 5-5 汽车总装工艺流程图

a) 对于燃油汽车

b) 对于电动汽车

图 5-6 动力系统、车桥与悬架模块

组成一个模块（图 5-7），将车门及安装在车门上的全部附件组合成一个模块（图 5-8）等。当然，不同厂家其组合方式会略有差异，不同年代建成的汽车总装厂，其装配模块的差异更大。建设较早的汽车总装厂，汽车装配模块的数量较少，大量的装配工作都放在总装线上完成,汽车总装线相对较长。近几年建设的汽车总装厂,在总装配线旁便于就近分装的地方设置有各总装模块的分装线,总装线相对较短。这样不仅可大大缩短总装生产的节拍时间,而且由于每一个总装模块就是一个功能相对独立的大系统,模块化集中装配,其系统功能和性能更容易保证,因此汽车的总装质量得以明显提升。

图 5-7　仪表与空调机组模块

图 5-8　车门与附件模块

二、汽车总装生产方式

汽车总装生产已普遍采用准时制拉动式生产方式（Just-In-Time,JIT）,所谓拉动式生产是以看板管理为手段,采用"取料制",即最后一道工序依据市场需求进行生产,对本工序在制品短缺的量,从前道工序取相同的在制品量,从而形成全过程的拉动控制系统。这种"拉动式"逆向控制方式,把由于企业划分所形成的、相对孤立的工序生产,同步化地衔接起来,从根本上有效地制止了盲目过量生产,大幅度地减少了生产过程中的在制品数量,提高了生产效率和生产系统的柔性。为此需根据企业的经营方针和市场预测,制订年度计划、季度计划以及月度计划,然后据此制订出日生产计划。但这些计划都是滚动调整的动态计划,对生产只起到预测指导和参考作用。在生产实际中,通过产品订单拉动进行生产。真正作为生产指令的最终投产顺序指令只下达到最后一道工序,即总装配线（混流生产线）。其余工序由总装配线顺次上溯,通过看板或同步控制信息拉动进行。

1. 工位与工段

工位（Workstation）是总装生产线上的基本单元,工位地址提供物料运送的位置,安排生产人员并完成装配任务。总装线上的每一个工位都配置有装配用的专用工具和设备，供生产人员用于各总成部件的装配。待装配的车身作为装配基体，在流水线上（Conveyor）以一定的速度移动，各工位的操作工在移动中完成本工位的装配工作。

为了便于管理和提高生产效率，常将大总成大系统的装配、同类零部件的装配组合在一起进行集中装配，这就是总装线上的工段。如前面所述的内饰装配一线、内饰装配二线、底盘装配线、车门分装线、动力总成分装线、动力总成合装线、仪表台分装线、终装线、性能检测线都是总装线上的独立工段。

2．工位节距

工位节距（FPS），是工位起点和终点之间的距离，也就是前一辆车和下一辆车的间隔距离。不同工段的工位节距往往不尽相同。

3．流水线节拍 R

流水线节拍是指车身从一个工位的起始点移动到终点的时间。流水线节拍决定混流生产条件下各工位的工位工时。流水线节拍 R 的计算公式如下：

$$R = \frac{T_s}{N}$$

式中　T_s——日实际工作时间，日实际工作时间 = 日理论工作时间 × 流水线开动率；

N——日产量。

4．等效工位工时 T_w

工位时间是指完成工位作业内容所需要的作业时间。如果一条流水装配生产线上只生产一种车型，则应均衡每一工位的作业内容，使各工位的作业时间尽可能地等于流水线节拍。但对于多车型共线生产的柔性生产线，由于各车型在同一工位所装配的零部件不一定相同，装配工序也可能不一样，要使任何一款车型在同一工位所进行装配作业的时间都接近流水线节拍往往很难，甚至是不可能。因此，在进行工艺设计时，应根据各车型的生产比例算出等效工位工时 T_w，使之尽可能接近流水线节拍 R。这样虽然有的车型在某工位的工时会略高于流水线的节拍，另一些车型的工位工时会略低于流水线的节拍，但只要等效工位时间 T_w 接近流水线节拍 R，就能基本保证操作工既不会长期超负荷工作，又不会影响流水线的节奏。等效工位工时 T_w 的计算公式如下：

$$T_w = \Sigma q_i T_i$$

式中　q_i——混流生产时第 i（i = 1，2，…，n）种车型投入生产的百分率；

T_i——第 i（i = 1，2，…，n）种车型在某装配工位上所需的工位工时。

例如：生产 A、B、C、D 四种车型，在某工位的装配时间分别为 128s、133s、135s、143s。四种车型的生产比例为 35∶30∶15∶20，即 35% A、30% B、15% C、20% D，则该工位的等效工位工时为

$$T_w = 35\% \times 128 + 30\% \times 133 + 15\% \times 135 + 20\% \times 143 = 133.55s$$

5．工作要素

工作要素（Work Element）又称工序，是装配过程中全部工作内容的一部分，是完成某项操作所进行的最小工作单元。

6．工位质量控制

按照精益生产（Lean Manufacturing）的理念，从前道工序流到后道工序的零部件必须是 100% 的合格率，决不允许任何不合格品从前工序流到后工序。所谓 100% 的合格率，不

仅是指已加工完成的零部件及产品的加工质量应全部合格,还包括是否按照生产工艺的要求完成了对零部件及产品的全部作业。若操作工在本工位作业区域内没能完成装配作业,则该产品被视为不合格产品,不允许流到下一工位的作业区。若出现某一工位在其作业区内没能完成其作业内容,该作业岗位的工人就必须拉下标有 Andon 的开关或按钮(图 5-9),停止装配线的移动,继续进行未完成的装配作业(这时班组长会前来协助完成装配),直到作业完成后再次拉下 Andon 开关,重新起动装配线的移动。

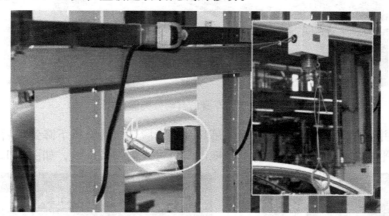

图 5-9　用于临时停止总装线移动的装置(Andon 绳、Andon 按钮)

一旦某一工位的员工拉下 Andon 绳或按下 Andon 按钮,停止装配线的移动,其他岗位的员工也被迫停止装配而处于空闲状态。如此不但影响了整个装配线的工作效率,而且影响了流水线的开动率。此外,若装配流水线频繁地停止、起动,还会对装配线的使用寿命带来不利影响。这就是为何必须均衡工位作业时间的原因。

三、汽车总装配工艺

汽车总装配工艺包括若干个装配工段、数百个工序,若在此一一介绍既不可能(受篇幅限制)又没有必要(常规性、简单、雷同的内容太多),为此,下面简要介绍几个典型工段的作业内容和作业方法。

1. 车身(车架)的导入

车身(载货汽车的车架)是汽车各总成部件的装配基础,车身(车架)在流水线上移动的过程中,将全部总成部件装配到车身(车架)上便完成了汽车的总装。由此可见,车身(车架)的导入是汽车总装工艺的起点。

车身进入总装线后,积放链的控制系统通过控制线路上的道岔使车身按照产品的品种自动分类储存到不同的储存线路内,如图 5-10 所示。总装车间的生产控制人员根据库区内储存车身的具体情况安排总装车间的生产次序。积放链系统能够按照生产调度人员指定的生产次序自动从储存区内提取符合要求的车身并转运至内饰线。

总装线的起点处设置一个升降机将涂装好的车身转挂到总装线上(图 5-11),并赋予车身一些必要的信息(如车型、各总成部件的配置、内饰颜色等)。

携带车身的吊具在接到转接工位允许进入的信号时进入转接工位,待完全到位后,吊具定位并夹紧,随后升降机下降。待接近下位时,将车身缓慢放置到在转接工位处等待的内饰

图 5-10　车身的自动分类储存

线大平板上，并继续下降一定高度，确保吊具和车身脱开。升降机下降到位后自动发送内饰线允许起动大平板的信号，大平板将车身拖出吊具进入内饰装配线，如图 5-12 所示。

图 5-11　车身转挂升降机

图 5-12　进入总装线的车身

2. 装饰一线（或称工段）

装饰一线的作业内容主要有车门拆卸、装线束、装车顶内饰、装天窗、装仪表台、装前/后风窗玻璃等零部件。

（1）拆车门　涂装合格的车身进入总装车间的装饰一线后，第一项工作是将车门和车身分离，即拆车门，如图 5-13 所示。在涂装作业过程中，将车门与车身装在一起整体涂装是为了保证车身的颜色一致，而到总装车间后将两者分开则是为了便于各种部件在车身上的安装及避免在总装过程中造成车身涂层的破坏。车门和车身通过空中运输通道送到各自的装配线，仪表和动力总成的分装也同时进行。

（2）车内线束及内饰的安装　车门从车身上拆下后，就可以非常方便地进行车内线束和内饰的安装，如图 5-14 ~ 图 5-29 所示。为了提高效率、尽可能减小人为因素对汽车装配质量的影响，汽车总装过程中，需人工调整的内容越来越少，除门锁、铰链、车轮定位参数、车灯等极少数内容需要人工调整外，其他绝大多数装配项目的装配质量由设备和工装来保证。通常情况下，装配操作工只需将待装配的总成部件放置到相应位置（任何错位都装配不上），然后就由专用卡口、专门的锁紧机构和定力矩扳手来完成，对于体积与质量大的总成部件，由专用吊具或机械手协助完成装配。为此，在列举汽车装配工艺过程时，不再介绍其简单的工艺操作方法。

a) 拆车门铰链

b) 卸下车门

图 5-13　拆卸车门

a) 装车内线束

b) 装发动机舱线束

图 5-14　装车内线束

a) 隔热垫的安装

b) 安装后的隔热垫

图 5-15　安装前壁板隔热垫

图 5-16 装安全带

图 5-17 装天窗

图 5-18 仪表台专用吊具

图 5-19　装仪表台

图 5-20　安装中控台

图 5-21　装地垫

图 5-22　装车顶内饰

图 5-23　安装车门锁

图 5-24　装 A 柱、B 柱内装饰板

第五章 汽车总装工艺

图 5-25 装转向盘及组合开关

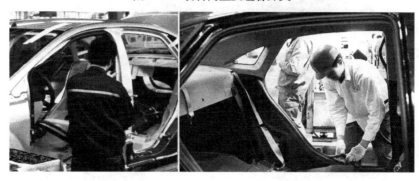

图 5-26 装车门框密封条

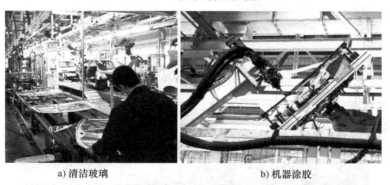

a) 清洁玻璃　　　　　　　　b) 机器涂胶

c) 安装前风窗玻璃　　　　　d) 安装后风窗玻璃

图 5-27 前、后风窗玻璃的安装

图 5-28　装制动主缸、制动管路及 ABS 泵

图 5-29　装前横梁及散热器

装饰一线的装配完成后转到底盘装配线，汽车车身的传送方式由大平板改为悬挂输送，如图 5-30 所示。

图 5-30　由大平板输送改为悬挂输送

第五章 汽车总装工艺

前面述及,在车身进入总装线第一个装配工段——装饰一线的同时,从车身上拆下的车门及仪表台、动力总成、车桥与悬架总成在总装线的两侧紧邻其与车身合装处的分装线上同步分装。

3. 车门分装

图5-31、图5-32所示分别是某轿车车门的分装线全貌和工艺流程图,车门分装的内容包括:车门限位器、车门线束、门把手、车门锁、玻璃升降器、车门玻璃、车门密封条、防水帘、后视镜、车门内防护板、扬声器、电检等,其具体装配工艺过程如图5-33~图5-38所示。

图 5-31　车门分装线全貌

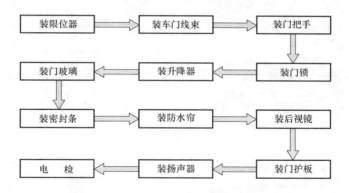

图 5-32　车门分装工艺流程图

图 5-33　将车门放入悬吊式的专用车门装配架

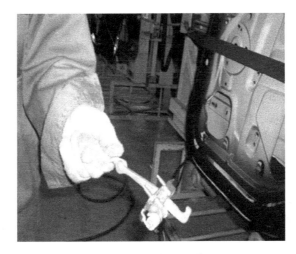

图 5-34 安装车门限位器

图 5-35 装车门线束

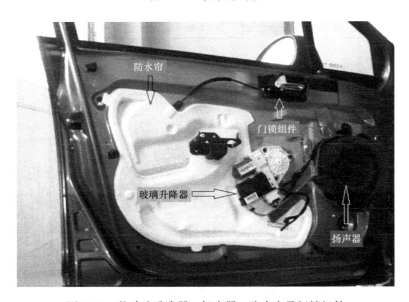

图 5-36 装玻璃升降器、扬声器、防水帘及门锁组件

图 5-37 装车门内防护板、用橡胶锤敲击消除装配缝隙

图 5-38 装车门密封条

4. 仪表台分装

仪表台是一个多总成集成的装配模块,包括仪表板、仪表、转向柱、空调机组与通风管道等。图 5-39 所示是某轿车仪表台分装线。仪表台分装的主要设备是可翻转的仪表台专用装配台架,如图 5-40 所示。其主要装配工艺过程是依次将仪表台安装横梁(图 5-41)、仪表台线束(图 5-42)、风道(图 5-43)、空调机组(图 5-44)、仪表台面板(图 5-45)及仪表台附件(图 5-46)等装到仪表台装配架上。

图 5-39 仪表台分装线

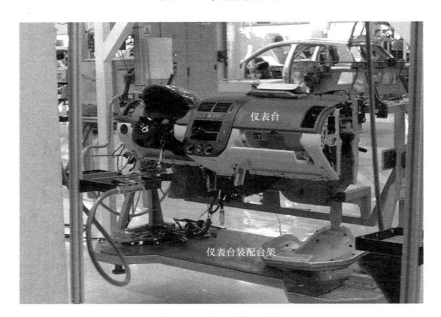

图 5-40 仪表台装配台架

图 5-41 仪表台安装横梁

图 5-42 仪表台线束

图 5-43 空调风道

图 5-44 空调机组

图 5-45 仪表台面板

a) 转向柱

b) 组合开关

图 5-46 仪表台附件

5. 底盘的分装

关于汽车底盘，在不同的场合有着完全不相同的定义。如在《汽车构造》和《汽车设计》此类教科书上，对底盘的定义是汽车上除发动机、车身和电气设备之外的部分，由传动系统、行驶系统、转向系统和制动系统四个部分组成。在汽车改装行业，汽车底盘被分为二、三、四共三类：二类底盘与汽车整车的唯一区别就是没有装配货厢；将二类底盘上的驾驶室拿掉就是三类底盘；四类底盘和三类底盘的组成完全一样，其唯一区别是，四类底盘是没有组装在一起的散件，若将四类底盘组装在一起就是三类底盘。对于轿车的总装生产，"底盘"缺少一个清晰的概念，它只是汽车总装生产的一个模块化装配单元。由于汽车结构上的差异，底盘装配模块的组成往往各不相同。图5-47、图5-48和图5-49所示分别是三种不同车型的底盘装配模块，从图中不难看出：图5-47中的底盘装配模块包括发动机与动力传动系统、前桥、前悬架等部分；图5-48中的底盘装配模块所包括的总成部件更多，除图5-47中的总成部件外，还把后桥和后悬架也组合到了一起；图5-49中的底盘装配模块在图5-48的基础上进一步把前横梁、灯板梁、护风罩、发动机冷却风扇等总成部件组合在一起，构成一个更大的底盘装配模块。事实上，即便是同一个厂牌型号的汽车，若分别在两个不同的工厂生产，由于工厂建设年代的差异，底盘装配模块的组成也会有所不同。关于这一点前面已述及，在此不再重复。

图5-47 底盘装配模块1

a) 燃油汽车底盘装配i模块

b) 电动汽车地盘装配i模块

图5-48 底盘装配模块2

图 5-49　底盘装配模块 3

关于底盘的分装，尽管因构成的不同其装配工艺过程会有所差异，但经分析不难发现，不同构成的底盘装配模块，只存在装配工序数的差异，其主体的装配工艺基本相同，故在此以某一车型为例不加区分地介绍底盘的装配工艺。

汽车底盘装配的工艺流程如图 5-50 所示，在此需特别指出的是，现代汽车的传动系统包括 MT（手动机械式变速器）、AT（液力自动变速器）、CVT（带式无级自动变速器）、AMT（机械式自动变速器）等多种不同的结构形式。对于采用 CVT 和 AMT 的汽车，由于 CVT 和 AMT 常做成整体式结构，因此其装配过程比 MT 和 AT 的汽车少了一道装离合器（或液力变矩器）的工艺。对于绝大多数轿车而言，底盘装配模块中的前桥和后桥之间缺少确定彼此位置关系的专门装置，因此需将底盘组成部件统一装到一个专门的安装架上，此专门安装架在汽车制造业将其称为机械托架，如图 5-51 所示。机械托架上设置有许多个不同高度、不同形状、不同尺寸的定位点，用此确定各总成部件在汽车上的精确位置。此外，为了实现柔性生产（多品种共线生产），其上设置有在产各车型的定位点。若需要导入新车型，则需补充适合新车型的新的定位点。

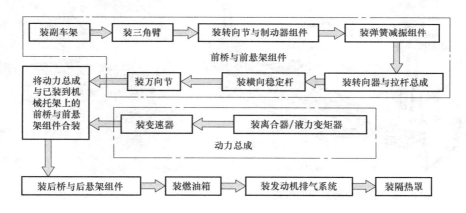

图 5-50　底盘装配工艺流程

图 5-51 机械托架

为了便于读者看清底盘分装各总成部件的位置关系，下面借用图 5-52～图 5-57 简要介绍底盘的装配过程。先将图 5-52 中的副车架安装到机械托架上，再依次安装悬架中左右侧的三角臂、万向节与制动器组件、弹簧与减振组件、转向器与拉杆总成、横向稳定杆、万向节，然后再将组装在一起的动力总成（发动机、离合器、变速器）装到副车架上，如图 5-55 所示。在此需说明的是，有的厂家先将万向节、制动器及弹簧与减振组件组装在一起，然后再将其安装到机械托架的副车架上。

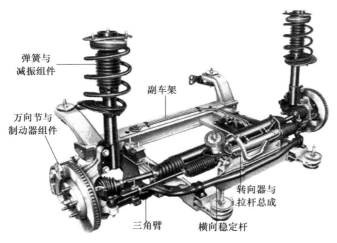

图 5-52 前桥与前悬架的组装

图 5-53 装离合器

图 5-54　装变速器

图 5-55　将动力总成（装发动机、离合器、变速器）装到副车架上

图 5-56　依次将后桥和燃油箱装到机械托架上

图 5-57 装排气系统

6. 车身合装

车身合装的主要内容是将前面各分装工艺过程所得到的底盘装配模块、车门装配模块、车轮装配模块装配到车身上,如图 5-58 ~ 图 5-66 所示。

图 5-58 底盘与车身的合装

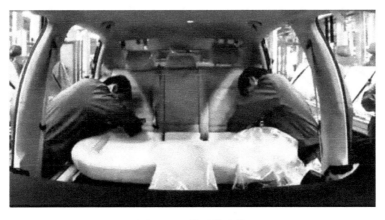

图 5-59 装后排座椅

第五章 汽车总装工艺

图 5-60 装前排座椅

a) 安装车底管路　　　　　　　　b) 接头处打标记

图 5-61 装车身底部管路，在接头处打上标记

图 5-62 吊装车轮

图 5-63　拧紧轮胎螺栓

图 5-64　装转向盘

图 5-65　安装车门

图 5-66　检查车门缝隙

7. 装饰二线

装饰二线的主要装配内容包括合装后车身底部管路连接、散热器风扇机组装配、汽车制动/冷却/空调/助力转向等系统管路的装配、前/后照明灯装配、前/后保险杠装配、管路的密封检查、发动机/变速器润滑油加注、制动液/空调液加注、发动机冷却液/助力转向液/玻璃清洗液加注等，如图 5-67～图 5-74 所示。

图 5-67　装发动机舱内制动、冷却、空调、助力转向等系统管路

图 5-68　装散热器风扇机组

图 5-69　装保险杠内衬

图 5-70　装保险杠

图 5-71 装车灯

图 5-72 装发动机密封条

图 5-73 加注制动液

图 5-74　油液加注（发动机/变速器润滑油、制冷剂、动力转向油）

所有的部件都安装完毕后，下线前需起动发动机，使整车能够进入正常运行状态。由于这是全车设备第一次集体工作，需要用专门的设备"激活"整车电控系统，如图 5-75 所示。

图 5-75　车载电控系统的初始化

8. 避免柔性生产中总成部件装配错误的技术措施

前面述及，现代化的汽车制造公司均已采用拉动式生产方式（PPM）组织汽车的生产。为了均衡工位工时，汽车制造公司基于市场预测的结果制订年度生产计划、季度生产计划、月度生产计划直到日生产计划，按照日生产计划中各车型的比例交叉安排生产。为了避免不同车型共线生产时错装总成部件，目前常用的有两种方法：其一是汽车车身进入装配线时，随身携带了一个详细的配置单（图 5-76），每一个装配工位均严格按照配置单装配；另一种方法是在每一个装配工位均配置有按车型分别摆放的配件架，各车型的配件分别放置在各自的配件箱里，配件箱的正前方设置有红、绿指示灯，如图 5-77 所示。车身上线时随身携带有包含该车规格、型号、配置等信息的 VIN 码。VIN 码是按照国际标准统一编制的，有一维和二维两种，车身每到一个工位，先利用条码阅读器录入车身的条码（图5-78），条码一录入，应该装配的配件箱前的绿灯被点亮，装配工按照绿灯的指示取件装配便可彻底避免装错配件。

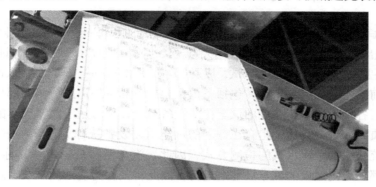

图5-76 保证柔性生产不出错的配置单

图5-77 带指示灯配件架

图5-78 录入VIN码

第四节　整车性能测试与调整

为了确保汽车产品质量，汽车制造公司除对汽车制造过程每一道工序的作业内容、操作方法和工艺要求均做出了详细与严格的规定及用大量现代化高精度的生产设备以保证其产品质量外，汽车在出厂前还要进行全面的检测和调试，以避免存在质量问题的汽车产品流入市场。

汽车出厂前的性能检测与调整，包括室内台架检测和室外道路检测两部分，其中室内台架检测常将具有各种不同检测功能的汽车检测设备组合在一起用于汽车整车的性能检测，以达到控制产品质量的目的，这种组合在一起的汽车检测设备统称为汽车整车出厂检测系统。由于该检测系统采用的是流水式的检测方式，因此，汽车制造公司常将其称为整车检测线。室外道路检测都在专门建设的试车场地上进行，因此将其称为场地测试或道路测试。

一、检测线

汽车出厂前需检测与调整的内容主要包括：四轮定位参数的检测与调整、汽车前照灯的检测与调整、汽车制动性能检测、汽车行驶性能检测、汽车防雨密封性检测、汽车外观检测和汽车排放检测等，如图5-79～图5-83所示。

a) 四轮定位参数检测　　　　　　b) 前束角的调整

图5-79　四轮定位参数的检测与调整

a) 前照灯的检测　　　　　　b) 灯光照射位置的调整

图5-80　前照灯的检测与调整

第五章 汽车总装工艺

a) 测试台架

b) 显示仪表

图 5-81 汽车行驶与制动性能测试

图 5-82 排放测试

图 5-83 防雨密封性测试

二、外观检查

为了满足人们对汽车外观质量日益苛刻的要求，汽车在出厂前还要将其置于专门的外观检测间对汽车的内饰、外饰、发动机舱进行全面的检查，如图 5-84 和图 5-85 所示。外观检测间对洁净程度及光照强度有专门的要求。

图 5-84 发动机舱检查

图 5-85　整车外观检查

三、道路测试

道路测试的内容非常多，主要包括汽车各总成部件的运行状况，是否有异响，发动机的工作温度、机油压力，发电机的发电量与充电特性，汽车起动、加速、制动、操纵性能，汽车维持直行的能力与转向回正特性，悬架的缓冲与减振特性，车轮是否摆振等。

汽车下线的道路测试与其他目的的道路测试的根本区别是必须在极短的时间内（5～10min）完成名目繁多的测试。正因为如此，汽车下线道路测试不可能提供将车载式的汽车道路性能试验仪器设备安装到车上和从车上卸下的时间。所以到目前为止，汽车下线的道路测试除少数项目（如汽车行驶跑偏）采用固定式设备（固定安装在试车道上）进行测试外，绝大多数项目仍采用最原始的人工主观评价方法进行测试。图 5-86～图 5-89 所示为汽车道路测试的部分内容。

图 5-86　大、小石块波浪路

第五章　汽车总装工艺

图 5-87　高速直行路段

图 5-88　凸包路面

图 5-89　ESP、ABS 测试路段

第五节　汽车的返修

返修是任何一个汽车制造公司不可避免的一项重要工作，不但是汽车总装与部件分装有返修，而且汽车的涂装与焊装也都有返修。不过在此需特别指出的是，汽车制造工艺过程中任何一个制造环节的返修都是针对微小问题的维修，凡是较大的质量问题，其处理方法是直接报废。

对于汽车总装的返修主要是装配调整的问题，如位置误差、小件漏装、覆盖件间隙不均匀、紧固件拧紧力矩偏差、内外饰件表面破损等。当然，尽管都是一些小问题，但任何一家有影响的汽车公司都视其为零容忍，只有这样，才能有效保证汽车产品质量。正因为如此，在汽车总装厂均专门设置有足够面积的返修区，如图 5-90 所示。如果在汽车出厂前的下线检验中发现有任何质量问题，均将其开到返修区由专门的返修工对其进行维修，返修后的车辆需重新上线检测合格后方可出厂。

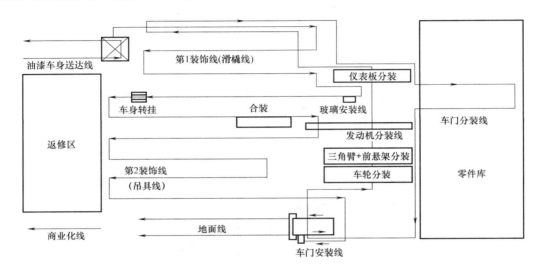

图 5-90 返修区的设置

第六章 汽车制造过程中的物流配送系统

汽车不仅由数万个零部件组成,而且零部件生产企业分布在各个不同的地区乃至不同的国家。无论是总成与系统的分装还是整车总装,都离不开准时化的物流配送系统。汽车制造过程中的物流配送主要涉及车身焊装、总成与系统分装及整车总装。尽管车身焊装、总成与系统分装及整车总装的工艺对象、工艺流程和工艺方法均各不相同,但就物流配送而言,其所用到的系统、工具、方法却基本相同。

第一节 物流配送系统规划设计

汽车生产过程中的物流配送规划就是要以最低的物流成本准时将分布在各地供应商那里成千上万种零部件持续不断地送至车身焊装或汽车总装生产线,既要避免因零部件的积压而占用生产场地和流动资金,又不能因零部件供应不及时而影响正常生产。

一、物流配送系统技术与发展

汽车生产过程中的物流配送系统技术随着汽车产业技术的发展而发展,随着计算机与通信技术的进步而进步。早期的汽车制造物流配送以庞大的汽车零部件库为中心,分布在不同地区的汽车零部件企业根据汽车整车企业的月度订货计划,提前数天乃至数周将零部件送往汽车整车企业的零部件仓库,汽车整车企业根据周或日生产计划,利用叉车或牵引车定时将汽车零部件送往生产线线边库。这种物流配送模式最突出的缺点是,汽车整车企业需要建设一个规模庞大的汽车零部件仓库,如此不仅需要占用大量非增值的生产辅助空间,而且还要占用数量极大的流动资金,大大增加了汽车整车的生产成本。为了解决好这一问题,日本丰田汽车公司率先试行了汽车的精益生产模式。基于精益生产的思想,各大汽车公司根据各自的生产实际,纷纷探讨了各种不同的汽车生产物流精益配送模式,并在计算机与现代通信技术的帮助下不断发展与完善,具有代表性且应用较广的主要有线边超市、JIS 看板配送、VMI 仓储配送、Milk Run 循环取货、Cross-Docking 对接配送、直供上线配送、SPS 随行物流配送等多种模式。厂内物流配送的运输工具已由原来的叉车和牵引车发展为各种不同类型的自动导引小车(AGV)。

二、物流配送系统规划的基本要求

汽车生产过程中的物流配送是一个庞大而复杂的系统工程,涉及物料运输、卸货、入库、检验、存储、分拣、分装、配发等许多环节,任何一个环节出现问题都将导致生产线停产。为此,物流配送系统的规划设计应满足如下基本要求。

① 物流配送应全面满足生产工艺流程的需求。
② 为确保汽车制造过程不间断地连续生产,物料的配送要有一定的线边存量。
③ 物流流向合理、距离短,最大限度地简化物流环节,减少倒运、搬运次数,满足零

件"先进先出"的要求。

④ 确定合理的库存量和物料周转量。

⑤ 物流配送应与生产节拍同步，尽量减少在制品的库存。

⑥ 线边库存所占用的场地空间应尽可能小。

⑦ 汽车零部件配送的目的地应尽量靠近生产作业人员，以减小生产作业人员的走动、转身、弯腰等不增值的作业时间。

三、入厂物流规划应注意的问题

入厂物流规划所涉及的内容十分繁杂，为了避免因规划的疏漏而影响整车的正常生产，入厂物流规划应特别注意如下几个问题。

1. 供应商的地域分布

尽管基于精益生产的思想，应尽量减小库存，但为了保证整车生产能有效连续进行，适量的库存是必需的。汽车整车制造企业的零部件仓库通常包括线边存放区、厂内仓库和外部仓库3个部分。供应商的地域分布直接影响汽车整车制造企业的厂内库存量和外部库存量的大小。

厂内零部件的库存量通常为1~8h的装配用量。距离整车生产企业较远的供应商所生产的零部件及体积相对较小的零部件，需要有相对较多的库存量。

整车企业的外部仓库，其功能和管理方式存在较大差异。导致这种差异的原因主要是供应商与整车生产企业的距离。如：有的整车生产企业的外部仓库只存放外形尺寸较小及进口零部件，外形尺寸较小零部件的库存量大约为2~7天；有的整车生产企业的外部仓库只存放远离整车生产企业生产的零部件。

2. 多车型共线生产的物流配送

为了适应个性化消费的需要，绝大多数汽车生产线都要共线生产3~5种甚至更多的不同车型。多车型共线生产，对于尺寸大的零部件装配工位，由于大型零部件存放所需的空间大，而线边存放区的空间十分有限。为此，汽车整车制造企业不得不采用一些更复杂的零部件调入方法，如：大型零部件供应商在整车企业附近建厂或在整车企业附近设备件库、大型零部件由供应商直接配送线边等。

3. 生产的均衡性

多车型共线柔性生产早已是汽车制造的重要特征，由于各生产环节的特殊性，使得生产均衡性变得较为困难，但若做不到均衡生产往往不时会出现停线的风险。如：车身焊装生产严格遵循均衡性原则，然而由于涂装生产希望将一段时间（日或数小时）内生产的同种颜色车型一起喷漆，而且还有一小部分车辆需重新进入喷漆间进行缺陷修复，如此生产排序不得不被打乱，最终进入总装车间的顺序已经与车身生产时的顺序完全不同，如果直接按照这种顺序将车辆投入总装，极有可能会导致生产线停产及入厂物流配送量的很大波动。为解决好这一问题，需对车辆投入顺序进行优化，其优化目标可以有2种不同的选择，即：①均衡生产线内各工序的负荷（总装配时间）；②使生产线上零部件的使用速度保持一致。不同的整车企业因其自身情况的不同对优化目标的选择各不相同。丰田公司为了能实现相对更好的第二个目标，专门开发了自动排序软件。

四、物流配送系统规划设计

汽车生产过程中的物流配送包括入厂物流和厂内物流两大部分，物流配送系统规划设计就是要以尽可能低的物流成本，确保汽车零部件按照所需要的时间和数量运送到生产线或线边储存区。

1. 物流配送规划的影响因素

影响物流配送规划的因素很多，如零部件价值、零部件的运输距离和零部件的外形尺寸。在确定零部件的送货频率时，需要充分考虑上述影响因素，使之达到物流配送全过程的总成本最小化。

（1）零部件的价值　对于价值特别高的零部件尽可能完全按照准时化物流模式供货，零部件直接送到整车企业的生产线边，不经过任何中转。

（2）零部件的运输距离　对于运输距离较远的零部件，尤其是进口零部件，应充分注意零部件运输频率与库存成本的矛盾。尽管适当降低运输频率可以降低运输成本，但绝不能因为考虑到大批量低频率运输成本较低而忽视由于订货提前期拉长带来的库存风险与库存成本的上升。

（3）零部件外形尺寸　外形尺寸较大的零部件，控制物流配送成本较有效的方法就是在整车企业的附近生产，采用台车配送。若做不到这一点，则应加大运送频率，以减小其占用的库存面积。

在物流规划过程中，应充分注意上述各种因素，只有这样才能使零部件的运输更加合理。为了降低物流成本，世界各国的学者和汽车制造企业提出了多种不同的解决方案，其中具有代表性的方案是，基于对汽车零部件的价值、运输距离和外形尺寸的综合评估将汽车零部件分为 A、B、C、D、E 五类，按照零部件的分类确定零部件运输频率。其中：A 类零部件（主要指外形尺寸较大且价值较高的零部件，如发动机、传动装置、车门、座椅、制动系统等），按照整车企业生产线的排产顺序，以小时为单位将零部件直接送到生产线边，这类零部件的价值约占汽车零部件总价值的 66%；B 类零部件，送货频率为每天一次；C 类零部件每两天送一次；D 类零部件每周送一次；E 类零部件每两周送一次。

2. 厂内物流配送功能区的布局

厂内物流配送是零部件从工厂收入口运送到生产线的过程，包括检收场到货确认、P 链和 PC 棚搬入、分类区零部件的分拣、出发链按需配送上架、零部件牵引上线、空容器返回、整理等，如图 6-1 所示。

厂内物流配送功能区布局的关键是保证零部件的配送与生产线的无缝隙对接，基于精益生产的思想，厂内物流配送已广泛采用拉动式模式，根据生产线生产进度，按需到上一道工序领取零部件。

厂内仓库功能区的布局：

厂内仓库至少应包括卸货、检验、存储、分拣、分装、配送等多个功能区，以完成零部件的卸货、检验验收、储存、分拣分装与发送，如图 6-2 所示。

厂内仓库各功能区的布局应充分考虑各自生产工艺与所生产车型的结构特征，遵循搬运线路避免交叉（如从卸货区到检验存放区、从检验存放区到存储区、从存储区到分拣排序区等搬运路线都应避免交叉）的原则，将厂内物流配送的全过程设计成一个无任何交叉的

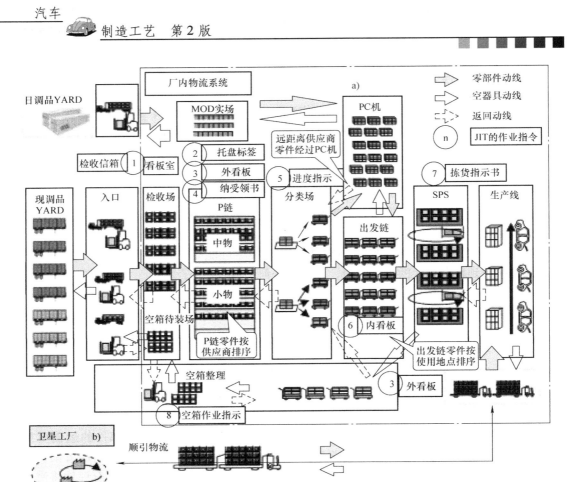

图 6-1 厂内物流配送

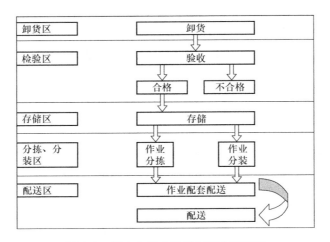

图 6-2 厂内仓库功能区与作业流程图

顺流模式。

① 卸货区布局：包括零部件卸货区、空器具回收装车区、零部件紧急卸货区、装卸设备停放区及充电区等。零部件卸货及空器具回收装车有侧面装卸和后面装卸两种，需根据仓

库结构及货物流动路线合理选用。

② 检验缓存区布局：检验缓存区主要用于零部件在检验与分类过程中的缓存，应设置在卸货与存储区之间，其面积的大小应视入库零部件的种类、数量、检验内容及免检零部件的比例确定，还应预留一定的备用空间，以应对零部件供货质量波动及突发事件必须增大检验范围的紧急需要。

③ 储存区布局：由于汽车零部件的大小、材质、特征存在非常大的差异，为了尽可能充分利用仓库的储存空间，而又便于零部件的分拣和避免损坏，储存区通常包含货架存储和落地存储两个部分。

货架储存：主要用于外形相对较为规整、尺寸与重量较小的零部件，利用多层货架储存可以大大提高仓库的空间利用率。储存零部件的货架有精益管理货架和标准通用货架两类。

落地储存：对于尺寸与质量相对比较大、不便上货架的零部件，如蒸发器、地毯、保险杠、排气管、燃油管、车窗玻璃等通常借助入库时的包装容具直接堆放于地面。落地储存区的占地面积需要根据生产线节拍、设定库存周期、共线车型差异件及共用件包装数据等确定。

④ 分拣发送区布局：分拣发送是指按照车辆排序的要求，定时定量将零部件分拣到配送工具如 AGV（现阶段广泛采用的配送工具），并分发到指定的工位，以确保生产线生产的连续性。分拣发送区常和储存区布置在一起，因此将储存区和分拣发送区统称为储存分拣区。

⑤ 分装区布局：共线生产车型的增多，使得线边储存空间不足的问题越来越严重，解决这一问题的方法之一是，将分装区前移至物流区域，根据分装总成件种类、分装台占地面积、操作空间、工艺流向的实际需要确定分装区域的布局。

⑥ 配套区布局：配套区布局主要由内部配送周期、配送周期内排序小车占地面积决定。以方便配送工具如 AGV 的运行为准。

⑦ 混杂区布局：混杂区主要包括油品存储、报废零件存储及安全库存。设置安全库存的主要目的是为了应对如下紧急情况：

a. 计划的临时变动造成零部件短缺。

b. 不合格件及生产过程中出现工件报废造成零部件短缺。

c. 调货周期较长、偶发原因导致交通短时中断等不可控因素造成物料短缺。

为了避免因安全库存导致 PC 区内零件库存量增加得太多，安全库存存储的主要零件有：来件检验不合格的零件、生产过程容易造成报废的零件、到货周期较长的零件。

⑧ 线边物料存放区布局：线边物料存放区是用来满足每个装配工位在一定时间内所需零部件的存放区域，设置在装配线的两旁。该区域的长度由线体工位节距、线旁设备布局等决定；宽度一般为 1.5～2m。线边物料存放区的布局主要由一个配送周期内所用零部件的种类和数量决定，原则上不允许跨工位摆放，还应满足零部件先进先出、配送周期均衡等要求。

⑨ 零部件库位地址设定：零部件库位地址是指为零部件存储位置设计的一种地址编码，目的是便于零部件的库存信息化和物流配送标准化。

第二节　入厂物流

对汽车制造企业而言，入厂物流的主要功能是采集供应商的零部件，以最小的物流成本将汽车零部件准时送到整车企业，确保整车按订单连续拉动生产。现阶段，入厂物流应用较广泛的方式是直接配送、循环取货和集装箱物流相结合。为此，入厂物流规划的主要内容应包括仓库配置、入厂物流供货模式、零部件包装、物流信息系统、零部件输送方式等。

一、仓库配置

为了适应不同入厂物流方式的不同需要，入厂物流至少需要零部件临时储存的厂外中转仓库和整车企业的厂内仓库。

1. 厂外中转仓库

对于远离整车企业的零部件供应商，无论是零部件供应商自己送货还是整车企业或是三方物流公司承担零部件的入厂物流，往往会存在物流配送准时化与物流运输车装载率低的矛盾。为此需要设置厂外中转仓库，用于零部件的临时储存，一定要尽可能控制其库存量。厂外中转仓库有零部件供应商在整车企业周边建立的，也有整车企业在离整车企业相对较远但零部件供应商相对较为集中的地区建立的。前者是零部件供应商为了确保始终能按照整车企业的生产要求准时供货所设；后者则是为了避免因运输车辆装载率低而增加物流成本所设，其目的是将来自不同供应商的零部件临时储存起来，等多种零部件均到达可凑满一车再发运到整车企业。

2. 厂内仓库

由于汽车零部件物流配送的复杂性，入厂物流往往需要采用多种不同的物流模式，其中只有部分零部件适合采用台车物流直接将零部件送到线边储存区，其他的物流模式均需要有一个厂内仓库将来自不同供应商的零部件集中起来，然后按照排产顺序定时将零部件配送到生产线。

二、入厂物流供货模式

为了最大限度地降低入厂物流成本，汽车整车、零部件及三方物流公司均探讨了各种不同的入厂物流供货模式，应用较广泛的主要有模块化供货模式、同步供货模式、电子看板供货模式、计划供货模式等。

1. 模块化供货模式

模块化是指按汽车的组成结构将零部件或子系统进行集成，从而形成大部件、大总成。模块化供货是指将按照模块化集成的大部件、大总成按照装配工艺的要求装配起来送到整车企业的总装线。模块化供货模式要求零部件供应厂商承担原来由整车企业完成的一部分分装工作。

2. 同步供货模式

同步供货模式是指零部件供应商与汽车整车企业同步生产，供应商按照整车企业生产节拍的要求准时将零部件送到整车企业的生产线，以达到消除中间库存的目的。信息共享是实现同步供货模式的前提条件，同步供货的间隔时间主要由内部和外部反应时间、交通状况等因素决定。

第六章　汽车制造过程中的物流配送系统

3. 电子看板供货模式

看板供货模式始于 20 世纪 60 年代，由丰田汽车公司率先提出。计算机和信息技术的发展彻底改变了传统看板的形态，物理结构的看板被计算机的显示屏或电子看板所取代。整车企业的各工序之间、整车与零部件供应商之间的信息传递全都通过网络来完成。入厂物流根据整车企业最后一道工序反馈的需求信息随时调整零部件的配送，这种入厂物流配送模式称为电子看板供货模式。

4. 计划供货模式

计划供货模式是指零部件供应商按整车企业的需求计划，按时将零部件送达整车企业的厂内仓库或生产线。计划供货模式是一种较为传统的供货模式，现阶段主要用于来自海外和距离整车企业非常远的零部件入厂物流。

5. 循环取货模式（Milk Run）

这是一种流行于日本汽车制造企业的零部件入厂物流配送模式，汽车整车制造企业或委托第三方物流公司按照生产需求和采购订单，根据事先的时间安排与物流线路规划，到多个供应商工厂循环取货。这种模式既可降低库存又可提高物流配送的效率，从而达到降低物流成本的目的。

三、零部件包装

为了减少物流配送过程中的拆包、分拣等中间环节，进一步降低物流配送成本，零部件的包装已发生了根本性变化，标准周转箱包装已被广泛应用。标准周转箱包装的特点是，零部件供应商将不同时刻所需的零部件分门别类地放置在不同的标准周转箱内，物流运输部门或第三方物流服务商将装有零部件的标准周转箱直接送往整车企业的厂内仓库或生产线边。

四、物流信息系统

提到汽车产业的物流信息系统，就离不开制造执行系统（Manufacturing Execution Systems，MES）。在 AMR 的 INTECH 1994 年 5 月号上，对 MES 的概念表述是：在公司的整个资源按其经营目标进行管理时，为公司提供实现执行目标的执行手段，通过实时数据库连接基本信息系统的理论数据和工厂的实际数据，提供业务计划系统与制造控制系统之间的通信功能。因此，MES 不只是工厂的单一信息系统，而是横向之间、纵向之间、系统之间集成的系统，即所谓经营系统。对于供应链管理系统（Supply Chain Planning，SCP）、企业资源计划（Enterprise Resource Planning，ERP）、客户关系管理（Customer Relationship Management，CRM）、数据仓库（Data Warehouse，DW）等被关注的各种企业信息系统来说，只要包含工厂这个对象，就离不开 MES。归结起来，MES 可以概括为一个宗旨（制造怎样执行）、两个核心数据库（实时数据库、关系数据库）、两个通信接口（与控制层接口和与业务计划层接口）、四个重点功能（生产管理、工艺管理、过程管理和质量管理）等。

国际制造执行系统协会（Manufacturing Execution System Association，MESA）对 MES 的定义是：通过信息的传递，对从订单下达开始到产品完成的整个产品生产过程的优化管理，对工厂发生的实时事件及时做出相应的反应和报告，并用当前准确的数据对其进行相应的指导和处理。

MESA 在 MES 定义中强调了以下三点：

① MES 是对整个车间制造过程的优化，而不是单一地解决某个生产瓶颈。
② MES 必须提供实时收集生产过程中数据的功能，并做出相应的分析和处理。
③ MES 需要与计划层和控制层进行信息交互，通过企业的连续信息流实现企业信息全集成。

五、零部件输送方式

为了保证零部件的准时化供应，同时尽可能减少库存，需要选用合适的零部件输送方式。现阶段汽车整车生产企业常用的零部件输送方式主要有台车物流、飞翼车物流和集装箱物流等。

1. 台车物流

台车物流是指在进行整车生产工厂规划时，就将符合台车物流的零部件（发动机、座椅、轮胎、玻璃、油箱等）供应商安排在整车生产工厂的周边，并建立专用台车物流通道。

选择什么样的供应商进入台车物流系统，主要从是否顺引、单品体积、重量、运输安全、技术可行性、投资必要性、供应商意愿等几个方面考虑。设置在整车生产企业周边的零部件主要有：发动机、座椅、轮胎、油箱、油管、排气管、玻璃和车身冲压件。

台车物流的运输工具主要有台车和专用载货汽车。专用载货汽车主要用来运输体积很大的零部件，如发动机、座椅和轮胎等。零部件供应商根据整车企业的生产排序安排好零部件的供给顺序，直接送到线上。运输零部件的台车由专用的牵引车头牵引单翼车厢，使用带车轮的专用容器，走专用通道；对于需要经行公路到达装配线的台车物流，运输零部件的是专用载货汽车，专用容器置于车厢内。台车物流的特点是装卸快捷，无叉车作业。

台车物流采用定量不定时的物流方式。所谓"定量"是指台车或专用载货汽车的装车数量都是确定的，一般控制在 20~30 之间；所谓"不定时"是指零部件的送达时间随总装车辆下线的进度滚动。

为了保证台车物流的"直通"，供应商早在出货前便可通过看板或电子顺序指示等可视化的工具看到整车生产企业发出的零部件需求数量和顺序。

2. 飞翼车物流

飞翼车是一种具有标准规格和尺寸的物流车，可通过手动或液压装置开启车厢两侧的翼板，展开后像小鸟的翅膀一样，因此得名"飞翼车"。由于其具有装卸速度快、效率高、可侧面装卸货物等优点，在汽车制造业的物流配送中得到了广泛使用。

飞翼车物流的特点是，物流容器全部实现标准化，即飞翼车的货柜和承载零部件的托盘采用统一的标准尺寸，放置零部件的周转箱同样采用标准尺寸，只是根据零部件外形尺寸的大小将其分成了若干个不同的规格（如丰田汽车公司将其分为 15 种规格），多个不同规格的周转箱均可方便地组合成托盘的尺寸。一个托盘就是一个零部件的运输单元，零部件的装卸与堆垛储存也以托盘为单位。采用标准周转箱最大的好处是，可将装有零部件的周转箱配送到线边，如此可以减少零部件的中间转移环节，节省物流配送成本。

飞翼车有确定的物流线路和物流时间，对于每个供应商均按 1 订单/天的频率将每天零部件的数量以箱为单位均分到各订单里，月度订单数量一般不会变化，变化的只是订单里零部件的箱数。供应商出货时不同订单的零部件不得混装在一个托盘内，如此可实现厂内物流以托盘为单位的小批量配送。

第六章　汽车制造过程中的物流配送系统

3. 集装箱物流

集装箱物流主要用于运输海外零部件，定期装船发送。海外零部件的物流周期长，且影响物流品质的不安全因素很多，为此需要有一个合理的库存量。零部件进入总装车间之前，均在集装箱内存放，如此减少了物流的操作，节约了仓储管理的费用。

六、库存控制

对于前述三种常用的物流形式，只有台车物流可以实现无库存配送，飞翼车物流和集装箱物流都不可避免需要有一定的零部件库存量。零部件库存量太大显然会带来极大的浪费；库存量太小会存在因零部件供应不上导致停产的风险。为此需要对零部件的库存进行管控。零部件库存管控常用的工具是物料需求计划（Material Requirements Planning，MRP）。

MRP 由美国生产管理与计算机应用专家 Oliver W. Wight 和 George W. Plosh 首先提出，IBM 公司率先在计算机上实现了 MRP 处理，并由美国生产与库存管理协会倡导而发展起来。

MRP 是一种对企业库存和生产进行有效管理的软件，是以物料计划人员或存货管理人员为核心的物料需求计划体系；是依据主生产计划（MPS）、物料清单、库存记录和已订未交定单等资料，经由计算而得到各种相关物料需求的状况，提出各种新订单补充的建议，以及修正各种已开出订单的一种实用技术；是一种以计算机为基础的编制生产与实行控制的系统。它不仅是一种新的计划管理方法，也是一种新的组织生产方式。

MRP 的出现和发展，引起了生产管理理论和实践的变革。MRP 根据总生产进度计划中规定的最终产品的交货日期，规定必须完成各项作业的时间，编制所有较低层次零部件的生产进度计划。对外，计划各种零部件的采购时间与数量；对内，确定生产部门应进行加工生产的时间和数量。一旦作业不能按计划完成，MRP 系统可以对采购和生产进度的时间和数量加以调整，使各项作业的优先顺序符合实际情况，从而达到降低库存的目的。

1. MRP 的计算

净需求量 = 毛需求量 + 已分配量 + 安全库存量 – 计划在途量 – 实际在途量 – 可用库存量

毛需求量：不考虑库存、制造、采购的需求量。

如果是独立需求，毛需求量 = 主生产计划需求量 + 物料的不良率。

独立需求是指某一存货项目的需求与其他项目需求没有关联，如生产的最终产品，是企业生产的可以销售的产品项目，通常位于产品结构表的最上层。

如果是相关需求，毛需求量 = 上层物料的下达量。

相关需求是指某项物料的需求与另一项物料的需求相关，如半成品、原料。可以通过最终产品的需求量计算得到半成品、原料的需求量。

已分配量：尚保存在仓库中，但已分配给制单的物料数量，即物料控制档中欠发的数量。已分配量 = 应发数量 – 实发数量。

安全库存量：为防止各种异常导致缺料，从而特地额外增加的需求量，通常也可以理解为备品数量。

计划在途量：从已生成采购计划到生成采购单的过程中所需的采购数量。

实际在途量：包括采购在途量和制造在途量两部分。

采购在途量：已审核未结案的采购单的欠交数量。

制造在途量：已审核未结案的制造单的未入库数量。

可用库存量：是指所有仓库中可用的良品实物库存数量（可用库存量＝库存量－安全库存量）。

2. MRP 系统的运行步骤

① 根据市场预测和客户订单，正确编制可靠的生产计划和生产作业计划，在计划中规定生产的品种、规格、数量和交货日期。生产计划必须是同现有生产能力相适应的计划。

② 正确编制产品各种物料、零件的用料明细表。

③ 正确掌握各种物料的实际库存量。

④ 确定各种物料的采购交货日期、订货周期、订购批量。

⑤ 通过 MRP 逻辑运算确定各种物料和零件的总需求量、实际需要量。

⑥ 向采购部门发出采购通知单，即正式下达计划订单。

3. 再次计算

物料需求计划的再次计算有两种方式，即：①对库存信息重新计算，同时覆盖原来计算的数据，生成的是全新的物料需求计划；②当制订、生成物料需求计划的条件发生变化时，才相应地更新物料需求计划有关部分的记录。此两种计算方式都有实际应用的案例，至于选择哪一种要视企业实际情况而定。

4. MRP 的基本原理

MRP 的基本原理是将产品的交货期转换成零部件的生产进度日程与原材料、外购件的需求数量和需求日期，即将产品出产计划转换成物料需求表，并编制能力需求计划，实现按需准时生产。

5. MRP 的基本结构

MRP 的基本结构主要包括基本条件数据和展开数据两个部分。

(1) 基本条件数据　MRP 的基本条件数据主要有产品出产计划（主生产计划）、产品结构文件、库存状态文件。

1) 产品出产计划（主生产计划）（Master Production Schedule，MPS）：是确定每一具体的最终产品在每一具体时间段内生产数量的计划。最终产品是指企业最终完成、出厂销售的完成品，需要具体到产品的品种、型号。具体时间段，通常是以周为单位，在有些情况下，也可以以日、旬、月为单位。主生产计划详细规定生产什么、什么时段产出。主生产计划根据客户合同和市场预测，把经营计划或生产大纲中的产品系列具体化，使之成为展开物料需求计划的主要依据，起到从综合计划向具体计划过渡的承上启下作用。

2) 产品结构文件（Bill of Materials，BOM）：也叫物料清单，是 MRP 的核心文件，即物料计划的控制文件，在物料分解与产品计划过程中占有重要的地位。

3) 库存状态文件：MRP 中库存状态文件的数据主要有静态数据和动态数据两个部分。静态数据，在运行 MRP 之前就已确定，如物料的编号、描述、提前期、安全库存等；动态数据，在 MRP 运行过程中，将会不断变更，如总需求量、预计到货量、库存量、净需求量、计划发出（订货）量等。

① 总需求量（Gross Requirements）：如果是产品级物料，则总需求由主生产计划决定；如果是零件级物料，则总需求来自上层物料（父项）的计划发出订货量。

② 预计到货量（Scheduled Receipts）：又称在途量，计划在某一时刻入库但尚在生产或采购中，可以作为 MRP 使用。

③ 现有库存量（On Hand）：上期末结转到本期初可用的库存量。现有库存量 = 上期末现有数 + 本期预计到货量 - 本期总需求量。

④ 净需求量（Net Requirements）：总需求量与现有库存量加上预计到货量的缺口部分即为生产净需求量。净需求量 = 总需求 -（现有数 + 预计到货量）。

⑤ 计划接收订货量（Planned Order Receipts）：当净需求量为正时，就需要接收订货量。计划收货量取决于订货批量，如果采用逐批订货的方式，则计划收货量就是净需求量。

⑥ 计划发出订货量（Planned Order Release）：计划发出订货量与计划接收订货量相等，但需要有一个提前时段，即订货提前期。

有的企业设定的库存状态文件可能还包括一些辅助数据项，如订货情况、盘点记录、尚未解决的订货、需求的变化等。

（2）展开数据　MRP 系统的展开数据主要是生产与库存控制计划与报告，其内容和形式与企业生产的特点有关。

生产与库存控制计划主要包括计划发出订单（零部件的投入与产出计划、原材料采购与外协件计划）、订单执行注意事项通知、订单变动通知、工艺装备需求计划、库存状态数据等。

辅助报告主要有例外情况报告（如迟到或过期订货报告、过量废品与缺件报告等）、用于预测需求与库存的计划报告（如采购约定与评价需求报告）、交货期模拟报告（不同产品实际交货期的模拟报告）、执行控制报告（如呆滞物品报告、实际的使用量与费用的偏差报告）等。

6. MRP 的运行逻辑

按照产品结构层层分解，确定不同层次物料的总需求量；根据产品最终交货期和生产工艺的对应关系，反推各零部件的投入产出日期；根据库存状态，确定各种物料的净需求量；根据订货批量与提前期确定订货日期与数量。MRP 有重新生成与净改变两种运行方式。重新生成运行方式是每隔一定时期，从主生产计划开始，重新计算 MRP，较适合于计划比较稳定、需求变化不大的 MTS（面向库存生产）；净改变方式是当需求方式变化，只对发生变化的数据进行处理，计算那些受影响的零件的需求变化部分。净改变方式可以随时处理，或者每天结束后一次处理。

7. 能力需求计划（Capacity Requirement Planning，CRP）

尽管 MRP 的出发点是"围绕物料转化，组织制造资源，按需准时生产"，但实际上基本的 MRP 并没有能够获得真正的按需准时生产，因为 MRP 采用的是基于无限能力基础上进行倒排的方法确定物料需求计划，没有考虑能力占用的问题，因此这样的计划无法实现真正的准时生产。以 MRP 为基础的计划，经常导致大量库存积压且应对变化较为迟缓。为了解决这样的问题，在物料需求计划之后需要补充一个能力需求计划，以实现能力与负荷的平衡，然后调整物料需求计划，使物料需求计划建立在生产能力基础上。能力需求计划的主要任务是：

① 将物料需求计划转化为对设备、人力等资源的能力需求（如工时）。

② 按照时段和设备组（或工作中心）对所需要的能力进行汇总。

③ 用能力需求报告或负荷图检查能力与负荷之间的差异。

④ 提供解决能力与负荷之间差异的措施。

8. 计算模型编辑

物料需求计划（MRP）的制订需要主生产计划、物料清单、库存记录三个关键信息。在 MRP 的制订过程中，库存记录的计算方法构成了 MRP 的基本计算模型。

MRP 中的库存记录又称为 MRP 表格，其内容包括：计划因子、粗需求量、预计入库量、现有库存量、计划订货入库量和计划发出订货量等。它将未来的需求分成一个个时间段来表示，这种时间段的单位通常是周，但有时也用日或月来表示。

9. 制造业 MRP 模型

制造业 MRP 模型包括销售、计划、采购、库存、生产、零件数据、产品结构、工艺路线等子模型，以物料需求计划为核心，把管理的各个模型集成起来，形成一个通过信息流反映物流状况，追踪和控制物流运行的管理模型系统。

（1）销售模型　有了销售需求才能编制出相应的产成品计划并生产。因此销售是制造产品的原因和目的。销售模型中的数据项类型包括输入数据、有效数据、公式数据和宏数据四种，其中：销售合同编号、订货日期、销售数量和折扣数据项需管理人员手工输入，属输入数据项；产品零件号数据项定义为零件数据模型中产成品零件号的有效数据，需管理人员选择有效数据输入，非有效数据无法输入；名称、规格、单位、销售价格、销售总价等数据项由数据项公式自动计算出结果，无须人工输入。

（2）计划模型　计划在制造业管理中占有很重要的地位，它决定了企业制造什么、生产多少。通过合理的计划，可以有效地组织企业中的人力、物力、财力，使企业制造过程各个环节能有计划、按比例地协调进行，达到高的经济效益。

计划模型的输入数据项为计划日期；公式数据项包括计划生产量和计划单位；宏数据项包括产品零件号、名称、规格、库存现有量、销售使用量、生产采购量、安全库存量和目前可用量。数据通过执行宏语言程序引入。

（3）采购模型　由于制造业中采购件和原材料在产成品成本中占比较高，对产成品的质量影响较大，因而采购成为制造业管理中的重要组成部分，它对产成品的制造周期、制造成本、产品质量构成重要影响。

采购模型的输入数据项仅有采购日期；公式数据项包括采购数量、采购单位、单价、总价、采购人员、零件供应商；宏数据项包括零件号、名称、规格。在采购模型中编制"采购下达"宏语言程序，作为采购下达的条件是引入零件数据模型中目前可用量数据项为负数的采购件和原材料。

（4）库存模型　适当的库存可以应对突发事件，防止不稳定的物流引起停产。由于库存会占用企业流动资金，进而增加物流成本，所以控制库存对制造业管理具有重要意义。

库存模型的输入数据项有库存日期、入库数量、出库数量；有效数据项有零件号；公式数据项有名称、规格、单位、单价、总价、库存占用总资金。

（5）生产模型　生产是制造业管理的重心，是企业基本功能，它将各生产要素转化为产品，从而创造价值和增加价值。

生产模型的输入数据项为生产日期，其余各数据项均为宏数据项。在生产模型中编制"生产下达"宏语言程序，作为生产下达的条件引入工艺路线模型中生产数量数据项为正数的产成品和自制件。

（6）零件数据模型　零件数据模型是制造业管理中对零件属性进行描述的技术文件，是实现模型功能的数据基础。

第六章 汽车制造过程中的物流配送系统

输入数据项有零件号、名称、规格、重量、标准成本、销售价格、安全库存量；有效数据项有类型、单位、保管员、计划员、采购员、供应商名称；公式数据项有条形码、图纸、实际成本、库存现有量、销售使用量、生产采购量、目前可用量、零件层次代码。其中：零件号数据项是在制造业管理中对每一种零件给予一个唯一的代码，包括产成品、自制件、采购件和原材料；图纸数据项是插入图形图像的超链接；类型数据项是指各种零件按类型均可分为产成品、自制件、采购件和原材料。

（7）产品结构模型　产品结构模型是在管理过程中用来定义产品构造层次和数量关系的技术文件，是实现计划模型中的产成品分解成自制件、采购件和原材料的数据基础，以及零件实际成本汇总的依据。

输入数据项是构成数量；有效数据项是父项零件号和子项零件号；公式数据项有父项名称、子项名称、子项规格、父项需求累计、子项需求累计、单位、子项类型、子项层次代码、父项层次成本和子项实际成本。其中：父项零件号数据项指由子项零件组装或加工成的零件；子项零件号指经加工或与其他子项零件组装可构成父项零件的零件；构成数量项是指父项零件为一个单位时，子项零件所需的数量；父项需求累计是指此父项零件在产品结构模型中作为子项时子项需求累计的合计与零件数据模型中安全库存量之和；子项需求累计对于产成品是计划中计划生产量的合计，非产成品是构成数量与父项需求累计的乘积；子项层次代码是指当子项零件为产成品时，代码为"0"，产品结构模型向下展开一层代码加1；父项层次成本是构成数量与子项实际成本的乘积；子项实际成本对于采购件和原材料是采购的平均价格，对于自制件和产成品是直接材料费、人工工时费、机时费之和。

（8）工艺路线模型　工艺路线模型是描述零件加工步骤和装配产品的操作顺序的技术文件，包含加工工序及内容，是产成品及自制件实际成本的依据。

生产数量数据项根据计划生产量和零件数据中目前可用量确定产成品和自制件的生产数量；工序号是指加工工序的顺序；工序名称是工序的简短说明；工序内容是工序的详细说明；车间班组是指此工序所在的车间班组；生产设备是指此工序所用的制造设备；工艺装备是指此工序所用的工装设备；配备人数是指此工序最少配备的人数；准备工时是指此工序的辅助工时；单件工时是指完成此工序每生产一件零件所需的工时；单件机时是指完成此工序每生产一件零件所需的机时；零件层次代码是指零件的低位码，用于确定生产时的优先级。

零件数据模型、产品结构模型和工艺路线模型共同构成制造业MRP模型的数据基础，是实现模板功能的必要条件。

（9）数据词典模型　数据词典模型为零件数据模型、产品结构模型和工艺路线模型提供规范的数据。通过定义数据词典中的名称，在零件数据模型、产品结构模型和工艺路线模型中用有效数据的序列，引入数据词典的名称进行连接。类型词典模型是指零部件的所属类型，任何一种零部件都可归为产成品、自制件、采购件和原材料中的一种类型。当前值词典含工时费率、机时费率，用于计算自制件和产成品的人工工时和机时费用，其中费率数值已分摊了制造中的各种费用。单位词典模型是指零件制造过程中使用的量词。职员词典模型是指员工的各种信息，其中姓名用于零件数据中的保管员、计划员和采购员。供应商词典模型是指采购件和原材料供货厂商的各种信息，其中名称用于零件数据中的供应商名称。

10. MRP 的应用

MRP 的基本功能是实现物料信息的集成，保证及时供应物料，降低库存，提高生产效率。物料需求信息由需要什么、何时需要、需要多少、何时订货四个要素组成。

MRP 是在已知主生产计划（根据客户实际订单，结合市场预测制订出来的各种产品的排产计划）条件下，根据产品结构、物料主数据、加工工艺流程、产品交付期、成品库存、半成品库存、在途量、在制量、原材料库存等信息编制出的物料采购计划和物料生产计划。MRP 应用所需的保障条件是：①相对稳定的主生产计划；②完善的物料主数据与产品结构文件；③强有力的供保能力；④支持柔性生产的能力；⑤明确的订单管理流程，尤其是订单的变更管理；⑥合理的排产方案。任何一个条件不满足，都有可能引起生产组织的不畅。

11. MRP 的演变与发展

从物料需求计划（MRP）发展到制造资源计划（MRPⅡ），是对生产经营管理过程的本质认识不断深入的结果，体现了先进的计算机技术与管理思想的不断融合。

制造资源计划（Manufacturing Resource Planning，MRPⅡ）是以生产计划为中心，把与物料管理有关的产、供、销、财等各个环节的活动有机地联系起来，形成一个相互协调的整体，使之在生产经营管理中发挥最大的作用。其最终目标是使生产保持连续均衡，最大限度地降低库存与资金的占用，减少浪费，提高经济效益。

MRPⅡ 的进一步发展就是企业资源计划（Enterprise Resources Planning，ERP）。企业资源计划是一种先进的管理思想，现已成为当前国际上最通用的信息管理系统。企业资源计划汇集了离散型生产和流程型生产的特点，在先进的企业管理思想的基础上，把系统的计划、事务处理和控制等多种管理功能合为一体，有效配置各项资源，加快市场的反应、降低成本、提高效率和效益，为企业决策层及员工提供决策运行手段，从而全面提升企业竞争力。

企业资源计划系统的形成与发展大致经历了库存控制订货点法、时段式物料需求计划（MRP）、闭环物料需求计划（闭环 MRP）、制造资源计划（MRPⅡ）、企业资源计划（ERP）、企业资源计划（ERPⅡ）六个阶段的发展。

企业资源计划（ERP）系统包括财务管理、生产控制管理、物流管理、人力资源管理四大模块。

（1）财务管理模块　财务管理模块包括总账管理、固定资产管理、报支管理、应收款项管理、应付款项管理、产副品账务管理、厂务会计、成本管理及预算管理模块。企业可根据自身情况选择其所需安装的模块。

（2）生产控制管理模块　生产控制管理模块包括生产计划、物料需求计划、能力需求计划、车间控制、制造标准。以计划为导向，通过整合整个生产过程，将各个生产环节自动连接，前后连贯，从而达到高能、高效的生产力。

（3）物流管理模块　物流管理模块包括销售与客户管理、采购与供应商管理、库存管理 3 个子模块。

① 销售与客户管理子模块：包含管理客户信息、销售订单、销售结果分析。通过建立健全客户信息，对客户进行针对性的服务，以获得更多的客户资源；通过对销售订单的管理，合理安排产品生产计划；通过对销售结果的统计与分析，评估出合理的销售方案、生产方案等，以便达到公司收益最大化。

② 采购与供应商管理子模块：包括供应商管理、采购订单管理、采购统计与分析，以达到：确定定货量、对供应商和产品的优劣进行有效甄别；随时提供订购、验收信息，对外购或外委物料进行跟踪管理，保证货物及时到达；建立供应商档案，对库存进行有效管理。

③ 库存管理子模块：物料库存建档，包括物料检验、入库、收发等日常事务。库存管理模块是动态、真实的库存控制系统，能结合部门需求、随时调整库存，并精确地反映库存现状，为正常生产提供保障。

（4）人力资源管理模块　人力资源管理模块主要包括人力资源规划辅助决策体系、人员招聘、工资核算、工时管理、差旅费核算等。它将日常碎片化的管理信息进行归类集中，形成信息集成优势，实现企业人事调配、人工成本管控、统计分析等业务的整合。

随着企业管理模式的发展与变化，特别是企业过程重组的应用，企业组织结构已从递阶式结构向网络化、虚拟化发展，ERP 的功能将向如下几个方面进一步拓展：

① 支持实时、智能化管理。
② 支持供应链的同步化运作。
③ 支持企业知识管理。
④ 支持电子商务和在线工作流管理。
⑤ 支持动态企业建模。

第三节　厂内物流配送

厂内物流配送的关键是与生产线的无缝隙对接，现阶段，乘用车生产企业几乎都已采用引取式（又称拉动式）物流配送模式，即根据生产线生产进度，按需去上工序领取零部件。为了降低物流配送成本，各大汽车制造公司均在不断探寻物流配送新技术，推出了多种不同的入厂物流模式。

一、准时化物流配送模式

准时化模式（Just In Time，JIT）的基本原理是利用看板跟踪汽车零部件的实际消耗情况，根据看板上显示的零部件消耗信息进行拉动循环补料。即在真正需要装配某种零件的时候，这种零件才出现在生产线边，并且零件个数有限，仅满足一个有限时段的物料需求。这样一来，生产线边几乎没有这类零件的"线边库存"，即使有，也随时被取用。

二、仓储物流配送模式

汽车整车企业需降低库存压力和市场风险，零部件供应商需降低供货不及时的风险。供应商在汽车整车企业附近租用库房，或使用统一由第三方物流管理的物流配送中心，通过供应商零部件的 JIT 仓储配送为整车企业生产提供物料上线服务。供应商零部件在送达汽车生产车间前的资产所有权属供应商，即在零部件送达汽车整车企业的生产车间之前，供应商对其零部件库存拥有管理权利。

三、直供上线物流配送模式

直供上线模式较适用于产业集群范围内体积大、容易损坏、专用性强的汽车零部件，如玻璃、座椅、保险杠、轮胎等，由供应商按照汽车整车制造企业的生产顺序送到汽车整车制造企业的生产线边。这种从生产线到生产线的直供模式大大降低了物流配送过程中的损耗和厂内物流的占用空间，深受汽车整车和相关零部件供应商的喜爱。

四、同步物流配送模式

同步供货是指按整车的装配顺序进行汽车零部件的准备和运输。当整车沿生产线"流动"到某装配点时,相应零件同步送到该工位,从而实现严格的按生产拉动供应,消除一切零件中间库存。

当车身通过整车身份确定点时,该车身即被赋予一个具体的生产订单,其零部件构成和下线时间随即被确定。这时将零件的需求信息传递给相应的供应商,供应商即可组织零件生产。然后,按各整车品种均衡生产的规则确定装配顺序并将该顺序信息转换成零件交货顺序传递给供应商,供应商按此顺序和预定的时间将零部件送到相应的工位,实现同步供货。同步供货的条件:

① 需要一定的发货提前期。发货提前期 >(批量等待时间 + 指令传递时间 + 备货时间 + 运输时间 + 安全时间)。

② 同步供货的零部件应是具有多种选装和变型的大型零部件,如保险杠、座椅、车门护板等,当大型零部件的变型超过 5 种时,就应考虑采用同步供货。

③ 同步供货的零部件应具有很高的质量水平,必须是质量免检的产品。

④ 同步供货的零部件供应商应是与整车生产企业关系密切、互相信任,且离整车生产企业很近的供应商(或运输代理商)。

五、随行物流配送模式

丰田汽车公司率先将随行物流配送模式(SET PARTS SUPPLY,SPS)用于总装车间的物流配送,其重要特征是按照一辆份装车所需零部件为单位向总装线配送物料。SPS 配送模式是针对待装配车辆所需零部件的专有集配供给,因此既不依赖于线边预先配置的库存,又能很好适应多车型、多配置混线生产的需要,是一种将精准性与灵活性融为一体的厂内物流配送模式。

随行物流配送模式(SPS)的操作过程是:零部件拣配人员根据生产系统排产顺序,在待装配的车辆上线之前,按照该车装配所需零部件的列表和零部件的装配顺序,将一车份的零部件集配到随行配送台车上,将其送到装配线始端并通过连接装置(如连接销)连接到总装线的输送平板上随总装输送线一起运行,如图 6-3 所示。在整车装配过程中,由于总装进行中的车辆和随行配送台车始终处于相对静止状态,零部件离装配操作工近,方便拿取,可实现拿取零件"不行走、不弯腰、无须选择、无重体力劳动"的理想状态,大幅度减少了装配操作人员拿取零件的步行数,从而大幅降低了装配操作人员的无效作业时间,提高了

a)随行台车置于大平板端头

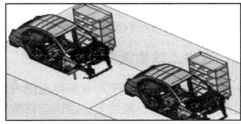
b)随行台车置于大平板中部

图 6-3 随行物流配送

第六章 汽车制造过程中的物流配送系统

装配作业效率;当该车装配完成后,随行配送小车在总装线末端与输送线脱开连接,物料配送人员或 AGV 自动将随行配送台车运回零部件拣配处。

六、混合配送模式

由于汽车整车生产涉及分布在各地数百家不同的零部件配套企业,且汽车零部件的尺寸大小、形状、特征各不相同,上面所述 5 种不同的入厂物流模式中没有任何一种仅凭单一的模式就能很好地满足汽车整车生产的要求。为此,常将多种不同的入厂物流模式组合起来使用,即混合入厂物流模式。

尽管随行物流配送模式(SPS)具有拿取零件不行走、不弯腰、无须选择、无效作业时间少、生产效率高等突出特点,但由于一辆车的零部件数量非常庞大,总装输送线和随行小车均不可能具有如此大的容纳能力,所以随行物流配送模式(SPS)特别适合重量在 3kg 以下(最大不超过 5kg)、外形长宽高尺寸小于 0.5m 的中、小零部件;对于体积大、容易损坏、专用性强的汽车零部件,如玻璃、座椅、保险杠、轮胎等,最佳的配送模式是直供上线物流配送;由于适合随行物流配送和直供上线物流配送的零部件均有限,另外相当一部分零部件由仓储物流配送、同步物流配送做补充。

七、厂内物流配送设备

厂内物流配送设备主要由物流配送台车和牵引台车运行的牵引车两大部分组成。

1. 物流配送台车

物流配送台车是一种安装有四只脚轮用于装载物料(汽车零部件)不带动力的转运车辆。由于汽车零部件的大小形状各异,因此物流配送台车的结构、外形、装载零部件的形式都存在较大的差别,如图 6-4、图 6-5 所示。

图 6-4 较小零件配送台车

2. 台车牵引车

台车牵引车有自动导引小车和人工驾驶牵引小车两大类,如图 6-6 和图 6-7 所示。由于自动导引小车(Automated Guided Vehicle,AGV)具有自动化程度高、安全可靠、可大大节

图 6-5　形状特殊、外形较大零部件配送台车

省人力成本等许多其他类牵引小车所不具有的独特优点，因此在汽车制造企业得到了十分广泛的应用。

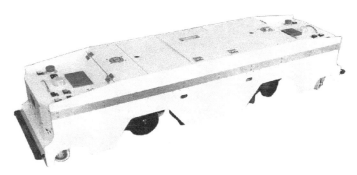

图 6-6　自动导引小车

AGV 的变形设计非常方便灵活，如此就可以赋予其各种不同的使用功能，适应各种不同的应用，如图 6-8～图 6-12 所示。

早期的 AGV 大多采用磁条导引技术，其缺点是：①贴在地面上的磁条容易损坏，磁条的维护频繁；②磁条导引技术的灵活性较差，若要改变 AGV 的行驶路线，必须在地面上重新粘贴磁条。为了克服磁条导引的上述缺点，现已发展了多种新的 AGV 导引技术，主要有激光导引技术、轮廓导引技术、二维码导引技术等。

第六章 汽车制造过程中的物流配送系统

图 6-7　有人驾驶的牵引小车

图 6-8　AGV 叉车

图 6-9　乘用车底盘模块配送 AGV

图 6-10 潜伏式 AGV

图 6-11 牵引式 AGV

图 6-12 AGV 在涂装生产中的应用

(1) 激光导引技术　激光导引技术是在 AGV 行驶路径的周围安装激光反射板，AGV 通过发射与采集由反射板反射的激光束确定当前的位置和方向，实现 AGV 的导引。

激光导引技术的优点是：①定位精度高；②地面无须设置其他定位设施，行驶路径可灵活改变，能够适合多种现场环境。

激光导引技术的缺点是：①成本高；②对环境的要求较高，较适用于无遮挡环境。

（2）轮廓导引技术　轮廓导引是一种较为先进的 AGV 导引技术，其工作原理是先利用二维激光扫描系统对现场环境进行全面扫描测量，绘制 AGV 运行范围内的全景地图，AGV 在运行过程中不断地对周边环境（墙壁、柱子以及其他固定物体）进行测试感知并与地图进行对比实现导引。其特点是：不需要反射器和其他设置在地面上的导引装置或标识，成本相对较低。

（3）二维码导引技术　二维码导引技术是利用安装在 AGV 上的摄像头识别粘贴在地面上的二维码实现导引。由于粘贴在地面上的每一个二维码的二维信息各不相同，只要将每一个二维码粘贴的位置坐标和二维码关联起来，AGV 在行驶的过程中不仅每读取一个二维码就能准确地知道自己所处地点的位置坐标，而且由于 AGV 所设定的行驶路径中早已定义了经过此二维码后下一个二维码的方位，因此走完任何一个二维码后的行进方向同样早已确定，如此就可以利用二维码实现 AGV 的导引，并可以十分灵活地按照任意给定的路径行驶。二维码导引技术的特点是：①二维码的设置既方便又便宜，因此导引装置的成本低；②行驶路径可灵活改变，能够适合多种现场环境。

第四节　物流配送管理系统

尽管物流配送管理系统有多种不同的类型，但汽车制造企业所用到的物流配送管理系统主要是制造执行系统（Manufacturing Execution System，MES）。

MES 的概念由美国先进制造研究中心（Advanced Manufacturing Research，AMR）于 1990 年 11 月提出，将 MES 定义为"位于上层的计划管理系统与底层的工业控制之间面向车间层的管理信息系统"，它为操作人员/管理人员提供计划的执行、跟踪及所有资源（人、设备、物料、客户需求等）的当前状态。制造执行系统协会（Manufacturing Execution System Association，MESA）对 MES 给出的定义是：MES 能通过信息传递对从订单下达到产品完成的整个生产过程进行优化管理。当工厂发生实时事件时，MES 能对此及时做出反应，并用当前的准确数据对其进行指导和处理。这种对状态变化的迅速响应使 MES 能够减少企业内部不产生价值的活动，能有效指导工厂的生产运作，提高工厂及时交货的能力，改善物料的流通性能。MES 还通过双向的直接通信在企业内部和整个产品供应链中提供有关产品行为的关键任务信息。

制造执行系统（MES）是制造企业的一个综合管理系统，物流配送管理只是其众多功能的一部分。

一、制造执行系统（MES）的发展背景

20 世纪 80 年代，MRP Ⅱ/ERP 系统在美国生产与库存管理协会（American Production and Inventory Control Society，APICS）的大力宣传和推动下得到了迅速普及应用，对制造业管理水平的提升起到了重要推动作用，但在应用过程中也暴露出一些不足，如 MRP Ⅱ/ERP 对预测需求和销售管理重视不够、对车间的大量实时事件及数据没能很好地利用等。许多企

业意识到需要有其他的系统来弥补这些不足，于是可以满足销售、预测管理需求的分销资源规划系统（Distribution Resource Planning，DPR）和功能强大的制造执行系统（MES）应运而生。

制造执行系统（MES）是处于计划层和车间层操作控制系统（Shop Flow Control，SFC）之间的执行层，主要负责生产管理和调度执行。通过控制包括物料、设备、人员、流程指令和设施在内的所有工厂资源来提高制造竞争力。

制造执行系统（MES）是计算机集成制造系统（Computer Integrated Manufacturing System，CIMS）的纽带，是实施企业敏捷制造战略和实现车间生产敏捷化的基本技术手段。制造执行系统（MES）是近10年来在国际上迅速发展、面向车间层的生产管理技术与实时信息系统。MES可以为用户提供一个快速反应、有弹性、精细化的制造业环境，帮助企业降低成本、保证交货期、提高产品与服务质量。MES适用于不同行业（家电、汽车、半导体、通信、IT、医药），能够对单一的大批量生产和既有多品种小批量生产又有大批量生产的混合型制造企业提供良好的企业信息管理。

由于市场环境的变化和现代生产管理理念的不断更新，一个制造型企业能否良性运营，关键是使"计划"与"生产"密切配合，企业和车间管理人员可以在最短的时间内掌握生产现场的变化，做出准确的判断和快速给出应对措施，保证生产计划得到合理而快速的修正。虽然ERP和现场自动化系统已经发展到了非常成熟的程度，但是由于ERP系统的服务对象是企业管理的上层，一般对车间层的管理流程不提供直接和详细的支持。而现场自动化系统的功能主要在于现场设备和工艺参数的监控，它可以向管理人员提供现场检测和统计数据，但是本身并非真正意义上的管理系统。所以，ERP系统和现场自动化系统之间出现了管理信息方面的"断层"，对于用户车间层面的调度和管理要求，它们往往显得束手无策或功能薄弱。

二、制造执行系统的组成与功能

MES基于ISA95标准，采用SOA（Service – Oriented Architecture）面向服务的架构，包括工厂建模、产品建模、系统管理、计划管理、生产管理、质量管理、设备管理、仓储物流管理、数据采集、报表平台、电子看板平台等核心功能模块。各功能模块可作为单独的服务独立运行，功能模块之间通过标准化服务接口通信，根据需求对低耦合的功能组件进行分布式部署、组合与使用。

① 通过对现场设备的联网和通信，实时采集获取设备运行状态的参数，对其归类和分析处理，并将归类和分析处理的信息储存到数据库，以供生产系统共享使用。

② 车间现场部署计算机终端（PC）、一体机、扫描枪、条码打印机、无线局域网、移动操作终端（PDA）、平板电脑、RFID标签、电子看板等实现批次物料标识、现场数据及时录入和数据实时展示。

③ 可与第三方信息化系统（PLM、CAPP、ERP）进行数据交互。

④ 系统整体为B/S（Browser/Server）架构，无须额外安装客户端，可支持云服务器，减少了IT维护工作量，降低了数据丢失风险。

从信息流的角度看，MES在高端计划层与低端现场控制层之间建立起了有效的信息传递途径，充分发挥了承上启下的作用；从产品质量控制和实时管理角度看，MES强调生产过程的系统优化，收集生产过程中产生的大量实时数据，并及时处理，为企业持续改进动态机制的建立提供了强劲的技术支撑。

三、制造执行系统在汽车整车企业中的应用

制造执行系统（MES）有前面所述的 11 个核心功能模块，汽车整车企业所用到的与物流配送相关的功能模块主要有生产计划管理、质量 ANDON 系统、物料 ANDON 系统等。

1. 生产计划管理

生产计划管理模块的主要功能是接收、分解、下达生产计划，并将生产计划上传给上层计划系统。通常情况下，MES 与 ERP 系统所采用的操作平台会不同，因此需要用 FTP 协议实现二者间的通信。

MES 与 ERP 系统通过文本文件交换数据，当 MES 接收到文本文件后，用某种高级编程语言将文本文件中每条生产计划进行分解并存储在数据库中的特定数据列表中。

如：在焊装车间每天都会接收到来自 ERP 的生产计划文件，将其分解后分别存储在与之对应的不同生产线（左侧围生产线、右侧围生产线、地板生产线、左车门生产线、右车门生产线等）的数据表中。MES 与 ERP 系统会对文本文件的格式进行约定，通过标识符判断获取计划文件信息的完整性。

MES 将存储在数据库中的计划信息下达到各生产线的可编程逻辑控制器（Programmable Logic Controller，PLC）及条码打印设备，以指导现场操作。

ERP 系统会在制品生产过程中设定几个关键信息点，用于推算车辆生产的时间、库存、物料管理等。MES 将采集到的生产实时信息储存在 MES 的数据库中，ERP 系统随时关注 MES 数据库指定表格中数据的变化，以实现其生产计划管理功能。

2. 质量 ANDON 系统

质量 ANDON 系统是一套专门为汽车企业设计的信息管理和控制系统，能够实时收集和处理生产线上有关设备及质量管理的信息，用于控制分布于车间各处的灯光和声音报警系统，用声、光显示当前生产线状况，实时提醒工段长、分工段长、维修人员及其他相关人员发生在某工位的质量问题及物料需求。质量 ANDON 系统还是操作工请求帮助的一个工具。

在质量 ANDON 系统使用之前，整车企业的生产流水线上任何一个工位如果发生质量问题，都需要停线进行故障排查与维修。采用质量 ANDON 系统后，系统收集处理的信息能为故障排查与维修提供直接的帮助，可以大大缩短停线维修的时间。

3. 物料 ANDON 系统

物料 ANDON 系统利用预测计划拉动与实际消耗拉动实现车辆生产物料消耗的补充，消耗多少物料就补充多少物料。物流配送不受车型影响，可以适应柔性化生产的需要，更好地保障生产的连续性。相对于传统的计划物流配送方式，避免了由于车型多而导致供货的复杂性，降低了工厂的库存，加快存货周转率，并可利用目视管理以便于物流操作，充分体现了精益生产的理念。物料 ANDON 系统具有十分强大的功能，主要有：

① 物料求援触摸屏悬挂在有物料请求的货架上方，用于物料请求及确认。

② 在物料配送区域的显示板上实时显示和更新物料请求信息。

③ 随时向物料配送人员提供所需物料配送的全部必需信息，包括零部件的配送位置、配送方式等。

④ 提供多种不同模式的库存信息查询功能。

⑤ 库存盘点：可方便地对厂外、厂内及线边库存进行盘点，允许相关人员根据实际库存数据手动调整库存量，并生成库存量报表。

⑥ 库存报警开启/关闭设定：可对指定区域内的物料库存设定开启或关闭报警，当库存量低于或高于设定库存量时提供报警提示。

⑦ 库存量实时更新：当收到来自工位送料到达的确认信号后，自动扣除该物料存储区的相应物料库存；当收到来自 JIT 供应商的供货到达信号后，在该物料存储区增加相应物料库存量。

第七章　汽车制造过程中的物流输送系统

汽车制造过程中的物流输送系统的作用是汽车零件、部件、总成及整车在生产制造过程中，将其从生产线的第一个工位，按照制造工艺流程、生产节拍的要求输送到每一个工位直至生产线的最后一个工位。物流输送系统在汽车工业中具有十分重要的地位，是汽车制造工艺过程有效进行的基本保证。

第一节　车身冲压物流输送系统

由于车身冲压件不仅结构复杂，而且大多是三维自由曲面，因此其冲压成形往往需要多道工序才能完成。为了提高效率，车身冲压生产线大多已采用全自动物流输送系统。车身冲压物流输送系统主要由拆垛单元、上料传送带机、清洗与涂油设备、对中装置、上料机器人（或机械手）、传输机器人（或机械手）、取件机器人（或机械手）、线尾传动带机等组成，如图7-1所示。由于对某一具体的冲压生产线，上料机器人（或机械手）、压力机间的传输机器人（或机械手）及取件机器人（或机械手）常采用同一种类型，因此无须区分，都将其称为机器人（或机械手）。

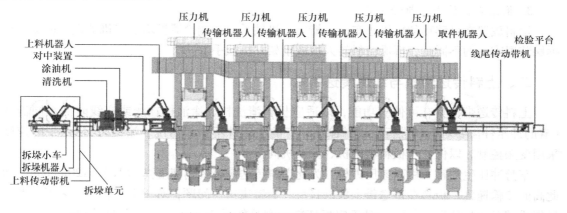

图7-1　车身冲压物流输送系统的组成

当然，并非所有的车身冲压生产线物流输送系统都必须由上述设备组成，如有些车身冲压件的毛坯板料无须清洗、涂油且对对中要求不高，这类冲压生产线就可以采用简化版的物流输送系统，即在冲压生产线的前端不设置上料传送带机，且将拆垛机器人（或机械手）和上料机器人（或机械手）合二为一，由一台机器人（或机械手）代之，如图7-2所示。

一、拆垛单元

车身冲压生产线常用的拆垛单元主要有拆垛机、机器人+拆垛小车、桁架式机械手+拆垛小车三种不同的类型。

图 7-2 简易版冲压生产线物流输送系统

1. 拆垛机

其结构特点是垛料放置在可移动液压升降台车上,垛料高度通过电控液压系统自动调节,使之始终保持恒定。磁力分张器(用于钢板)或齿条吹气分张器(用于铝板)将垛料最上端的板料与其他板料分开,利用夹持在拆垛机上的阵列真空吸盘式端拾器抓起板料并将其放到冲压生产线输入端上料传送带机上,由传送带机将板料传送到板料对中装置。板料经对中调整后由上料机器人(或机械手)将其送到压力机的工作平台。

2. 机器人 + 拆垛小车

垛料放置在可移动的拆垛小车上,机器人通过端拾器拆垛。与前述拆垛机的唯一不同是:放置在拆垛小车上的垛料高度不可调,随着板料一张张地拾起送入冲压生产线,垛料高度逐渐下降。拆垛过程中,控制系统利用读取取走板料的数量及板料厚度计算出垛料高度的变化,实时自动调整机器人的拾料高度。

3. 桁架式机械手 + 拆垛小车

垛料放置在可移动的拆垛小车上,桁架式机械手通过端拾器拆垛。与机器人 + 拆垛小车拆垛装置唯一的不同是,拆垛由机器人换成桁架式机械手。

二、上料传送带机与线尾传送带机

上料传送带机具有可伸缩功能,以适应板料清洗机、涂油机在线或离线时的不同需要(有的冲压件需要对板料进行清洗并涂油,有的冲压件不需要清洗、涂油)。传送带的速度采用变频控制,以保证与板料清洗机、涂油机同步。

车身冲压生产常采用高速压力机,为此上料传送带机传输速度高达 100~120m/min,如此高的传输速度,板料在传送带上极易打滑。为解决这一问题,对于钢板坯料,采用磁性传送带或带真空的传送带传输;对于铝板坯料,则只能采用带真空的传送带传输(传送带上打孔,传送带下方设置真空腔,由真空泵产生真空,当铝板覆盖传送带表面的小孔时,产生吸附力,铝板被吸在传送带上)。

线尾传送带机和上料传送带机的唯一不同就是无须具有伸缩功能。

三、板料对中装置

为了保证板料被准确地放置到冲压模具内,在上料机器人拾取板料前需要对板料进行对中。常用的对中设备有重力对中台、机械对中台及光学对中台三种。

1. 重力对中台

重力对中台是一装满滚珠的斜面,利用板料自身重力在装满滚珠的斜面上向低处滑向台面的固定位置实现对中。重力对中台上通常设置有板料到位检测及双料检测装置。重力对中台具有结构简单、成本低的优点,但对中需要的时间较长(约2s),且不适用于异形板料的对中,柔性差,仅在专门冲压由矩形板料成形的车身冲压件生产线上得到了应用。

2. 机械对中台

机械对中台利用气压推动夹持机构(销或板)将板料推到设定位置实现板料的对中。机械对中台上设有板料到位检测及双料检测装置,能够满足各种异性料的高速对中;可采用双中心设计,实现一模两件或双模双件的对中。对中台上设有板料到位检测及双料检测装置。由于车身冲压生产线通常要进行一线多种不同冲压件的生产,冲压件的种类越多、结构越复杂,所需要的夹紧机构越多,对中台的结构也越复杂。

3. 光学对中台

光学对中台和前述的重力对中台、机械对中台的结构原理完全不同,它由板料位置精确测试装置和上料机器人(或机械手)两大部分组成。光学对中台仅仅是对板料的位置进行精确检测,并不调整板料的位置,而是将板料的位置坐标信息传给上料机器人(或机械手),机器人(或机械手)根据板料的位置坐标计算出将板料准确送至压力机工作平台的运行轨迹,如此便可实现板料的精确对中。板料位置坐标的检测使用最多的是CCD/CMOS图像传感器。光学对中台可以自动适应各种不同大小、不同形状冲压件的对中,柔性极好,因此在车身冲压生产线上得到了越来越广泛的应用。

四、机器人

一条冲压生产线通常要用到多台机器人,是冲压工艺中最重要的输送设备。机器人的种类非常多,结构功能各不相同。车身冲压生产线上所用的机器人主要有六轴机器人和七轴机器人等。

1. 六轴机器人

六轴机器人是具有六个关节的工业机器人,每一个关节称为一个轴,如图7-3所示。

第一轴:本体回转轴,位于底座处,承载着整个机器人的重量,可使机器人水平回转摆动。

第二轴:主臂前后摆动的轴,可实现机器人前后的摆动运动。

第三轴:也是机器人前后摆动的轴,但摆动幅度比第二轴小,是六轴机器人中实现展臂的轴。

第四轴:是机器人上臂的活动关节,其最大转动角度为180°,相当于人的肘关节。

第五轴:是实现精确定位的一个关节,相当于人的腕关节。

第六轴:是一个定位微调的关节,相当于一个可水平360°旋转的转盘。

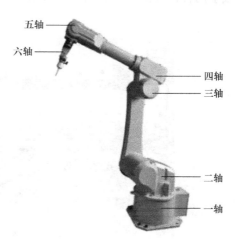

图7-3 六轴机器人

六轴机器人在冲压生产线中的应用如图7-4所示。

图 7-4 冲压生产线上的六轴机器人

2. 七轴机器人

七轴机器人又称为冗余机器人,它在六轴机器人手臂的末端增加了一轴(图 7-5),如此使机器人具有躲避某些特定障碍的能力,便于末端执行器到达特定位置,可以更加灵活地适应某些特殊工作环境。

与六轴机器人相比,七轴机器人具有更快的输送速度,并可以实现零件在各个工序间的同向输送,因此七轴机器人在车身冲压生产线上的应用越来越广泛,如图 7-6 所示。

3. 机械手

由于机械手传送具有传输速度快、生产效率高、工作稳定性好、传输工件的位置精度高等特点,在高速冲压生产线上得到了广泛应用。在冲压生产线上应用的机械手有单臂机械手和双臂机械手两种,如图 7-7 和图 7-8 所示。

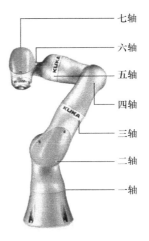

图 7-5 七轴机器人

图 7-6 七轴机器人在冲压生产线上的应用

第七章　汽车制造过程中的物流输送系统

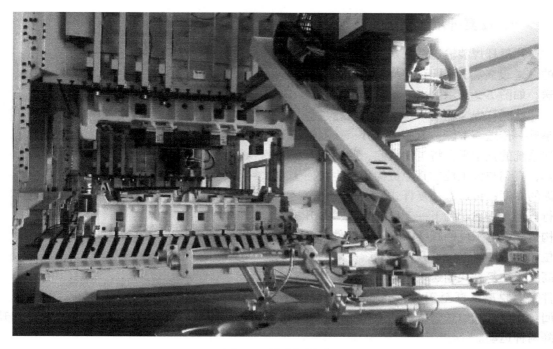

图 7-7　单臂机械手

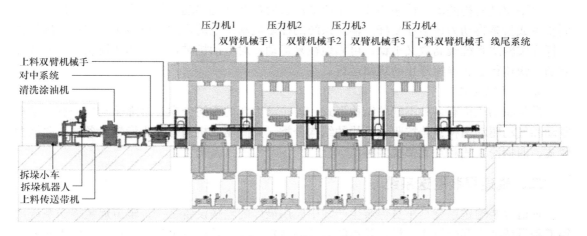

图 7-8　双臂机械手

第二节　车身焊装物流输送系统

技术的进步，使得车身焊装生产的自动化程度越来越高，以至于在不少的汽车焊装车间已见不到焊装操作工。为适应车身焊装生产的这一变化，焊装物流输送已在乘用车生产企业完全实现了自动化甚至智能化。现阶段，焊装主线所用的输送系统主要有往复杆、辊道等不同的输送系统。

一、往复杆焊装输送系统

往复杆焊装输送系统是焊装生产线常用的输送设备，适用于车身各总成的序间输送，如图 7-9 所示。

往复杆焊装输送系统的输送运行过程是举升→传送→下降→返回。举升：往复杆输送系统的托架平台将工件举起，脱离工位夹具，直到与该工位的其他机构不发生任何干涉的高度；传送：往复杆式输送系统向前运行，将工件输送到下一工位；下降：举升机构带动装有工件的托架下降，使工件落在工位的定位夹具上，举升机构继续下降到原始高度，往复杆式输送系统上的定位夹具与工件完全脱离，直至工件落入工位夹具；返回：往复杆式输送系统返回原位。由此可见，往复杆焊装输送系统的运动应该包括水平和升降两种运动。

图 7-9　往复杆焊装输送系统

1. 水平驱动机构

水平驱动机构的动力传输路线是调速电动机通过转动轴将动力传给齿轮机构，齿轮通过同步带或齿条将动力传给往复杆。输送系统的往复运动由电动机的正反转来实现；为确保往复杆焊装输送系统既高效又平稳、可靠地往复运动，对电动机进行变频调速控制，以实现慢起动、快速行进、慢速停止的规律运行。

2. 升降驱动机构

升降驱动机构有多种不同的结构形式，若按动力源的不同分类，升降驱动机构有电动机驱动和气动驱动两种；若按驱动机构的结构分类，升降驱动机构可分为齿轮齿条式、曲柄摆臂式、曲柄滑块式和交叉臂式四种。

二、辊道焊装输送系统

辊道焊装输送系统是车身焊装生产线中应用最广的输送设备之一，辊道焊装输送系统由辊道和滑橇两大部分组成，滑橇是承载工件的装置，辊道是运载工具。辊道主要由骨架、底座、水平驱动机构、升降驱动机构等部分组成，如图 7-10 所示。辊道输送系统有往复式和循环式两种不同的运行模式。往复式辊道输送系统的工作方式是辊道升到高位将滑橇连同工件一起托起输送到下一工位，滑橇到位后辊道下降，将零件落入工位夹具，然后辊道继续下降到低位，滑橇连同工件与辊道脱离，辊道通过辊轮的反向旋转回到初始工位，即辊道在前后两工位间往复运动，实现零件逐个工位间的传输。循环式辊道则不同，滑橇连同工件到达下一工位后辊道不返回到初始工位，而是在低位等待工件生产工艺完成后再次托起载有工件的滑橇向下一工位前进，直至到达生产线末端，通过提升机升到另层返回线，再通过返回线返回到生产线首端，由升降机将辊道返回到地面生产线的第一工位。

为了满足焊装自动化的要求，焊装输送系统通常需要直行辊道、旋转辊道、横移机、升

第七章 汽车制造过程中的物流输送系统

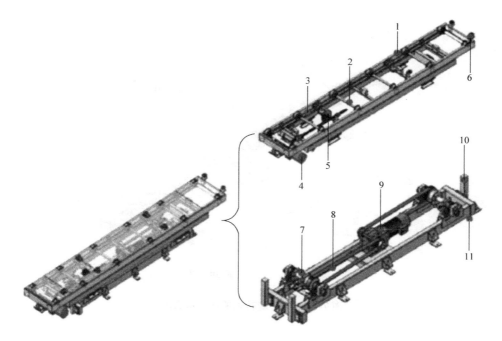

图 7-10 辊道输送系统

1—骨架 2—辊轮组 3—水平运行传动同步带 4—水平运行驱动电动机 5—读写器 6—导向轮
7—偏心轴组件 8—升降运行传动同步带 9—升降运行驱动电动机 10—升降导向装置 11—底座

降机、堆垛/拆垛机等设备共同协调一致的工作才能完成焊装生产工艺中的输送任务。

1. 直行辊道

直行辊道是指可以单方向直行也可以前后往返运行的辊道，这类辊道大多具有升降功能，即需要水平和升降两套运行驱动机构。

（1）水平驱动机构　辊道的水平运行的动力源是变频调速电动机，通过同步带驱动辊轮转动实现水平运行。辊道输送系统在汽车生产线上的应用以循环式更为普遍，相较于往复式输送线，其滑橇不需要返回，因此传输时间更短，布局也更灵活。但此种应用形式需要再建一层返回线，增加了平台钢构、提升机等设备，投资成本较大。

（2）升降驱动机构　辊道升降驱动机构的种类非常多，常见的主要有升降塔式、摆臂式、偏心轮式（或称凸轮式），图 7-10 中的辊道升降驱动机构采用的是偏心轮式升降驱动机，由变频调速电动机通过同步带驱动偏心轮实现其升降功能。

2. 旋转辊道

旋转辊道用于改变工件的输送方向（可以是任意角度）。旋转辊道可以实现正反两个方向的旋转。旋转辊道有中心旋转与偏心旋转两种不同的结构形式，用于不同的生产环境。图 7-11 所示为中心旋转辊道。

3. 横移机

为了将装载工件的输送设备（如滑橇或搭载滑橇的辊道）从一条生产线移至另一条与之平行的生产线上，就需要用到横移机。横移机主要由框架结构的机体和驱动机构组成，如图 7-12 所示。其中驱动机构有轴驱动和带驱动两种常用的形式。

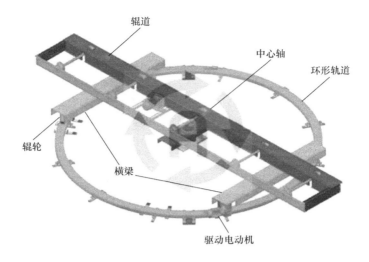

图 7-11　中心旋转辊道结构示意图

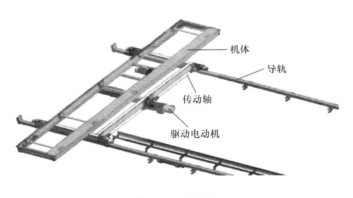

图 7-12　横移机

4. 双柱升降机

双柱升降机主要由机架、升降滑架、驱动机构、配重、传动带、升降锁紧机构和维修平台等组成，如图 7-13 所示。双柱升降机的升降运动由减速电动机通过传动带提升机构来实现。

5. 堆垛/拆垛机

为了扩大空滑橇返回线的储存能力，常用的方法是将多个滑橇相互堆叠起来，即堆垛；在车身底板到达空滑橇转换工位前，需要将堆叠在一起的滑橇相互分开，即拆垛，以便搭载工件并将其送到后续的焊装工位。拆垛是堆垛的逆操作，可以用完全相同的设备乃至同一套设备完成堆垛与拆垛工作，此设备称为堆垛/拆垛机。

堆垛过程中，通过升降运动和四个摆臂的摆动实现堆垛功能；拆垛是堆垛的逆过程。

第七章 汽车制造过程中的物流输送系统

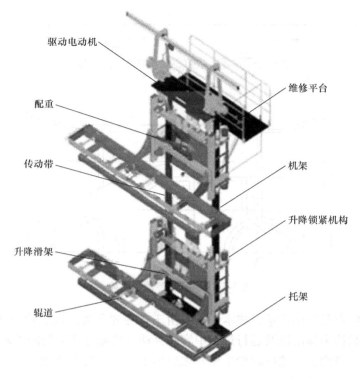

图 7-13 双柱升降机

第三节 车身涂装物流输送系统

由于车身涂装工艺的特殊性,汽车四大制造工艺中涂装工艺的自动化、智能化一直走在其他工艺的前面。

车身涂装工艺包括漆前处理、涂底漆、涂面漆三大部分,尽管漆前处理和涂底漆的工艺内容不同,但工艺方法和工艺过程较为类似,因此漆前处理和涂底漆工艺所用的输送设备基本相同;但涂面漆工艺却与漆前处理及涂底漆的工艺方法和工艺过程完全不同,所以涂面漆也采用了完全不同的输送设备。

一、漆前处理及电泳底漆涂装工艺的物流输送系统

漆前处理及涂底漆工艺常用的物流输送系统主要有自行葫芦输送系统、积放式悬挂输送系统、摆杆输送系统、Ro-Dip 翻转输送系统、Lean-Dip 翻转输送系统、Shuttle 翻转输送系统等多种。

1. 自行葫芦输送系统

自行葫芦输送系统主要由载物车、升降葫芦、轨道、道岔、升降站、电气控制系统等组成,它能够按工艺要求的程序自动运行,具有积放、垂直升降、分线、合流等功能,如图 7-14 所示。

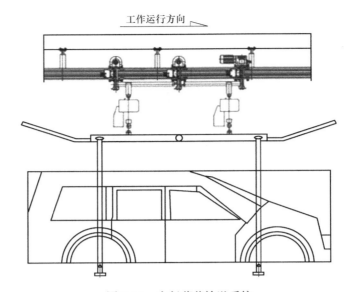

图 7-14 自行葫芦输送系统

自行葫芦的特点是结构简单、成本低，但由于存在漆前处理液、底漆不易从车身底部，车身中的管、槽结构中排出以及运行过程中容易晃动而使输送速度受限等缺点，自行葫芦输送系统在乘用车车身涂装工艺中较少采用，主要用于专用改装车企业。

2. 积放式悬挂输送系统

积放式悬挂输送系统是一种单链式空中输送系统，主要由上下两层轨道组成。牵引轨道在上，承载轨道在下，通过牵引链条上的推杆推动小车沿承载轨道运行，承载车身的小车可在主线和辅线之间自由转送，从而实现积放功能。积放式悬挂输送系统于20世纪80年代中期得到了快速发展，具有工件自动化装卸、快速输送、积放存储等功能，如图7-15所示。积放式悬挂输送系统既能按照工艺节拍程序运行，又可改变节距输送。

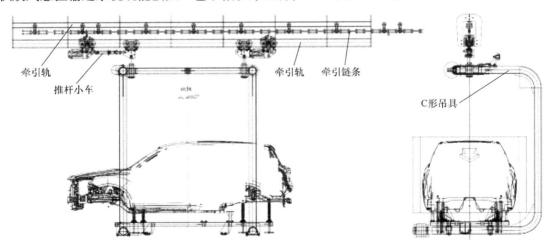

图 7-15 积放式悬挂输送系统

第七章 汽车制造过程中的物流输送系统

积放式悬挂输送系统需要设置专用的轨道来控制工件的停止或运行。链条及轨道设置于漆前处理及电泳槽体中心的正上方,工件通过转换站转载到"C"形吊具上并固定,运行过程中,工件在槽体出入口的上下坡度角为30°。可通过多条链的组合实现不同的速率及节距,通过道岔实现工件在不同线体间的分合及存储。

3. 摆杆输送系统

摆杆输送系统主要由摆杆链组件、驱动单元、张紧单元、入口塔、出口塔、轨道等部分组成,如图7-16~图7-18所示。

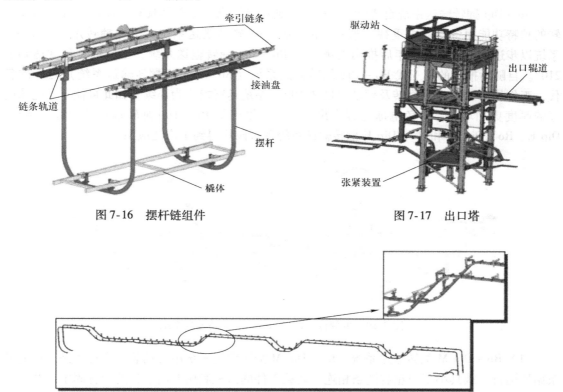

图7-16 摆杆链组件　　　　图7-17 出口塔

图7-18 轨道

摆杆输送系统适用于大批量生产的漆前处理与电泳底漆涂装生产,通常与滑橇配合使用。滑橇装载于U形摆杆的支撑杆上,前后摆杆成对使用。用于电泳底漆涂装的摆杆输送系统,电泳电流通过固定在摆杆上的导电铜刷导入,通过摆杆上的支撑件传给车身。摆杆中安装有一个导向轮,用于返回时的导向和支撑。

摆杆上端的轴通过连接板与链条铰接在一起,前后两个摆杆为一组,每一组摆杆上固定一个滑橇,工件固定在滑橇上。在入口塔处工件由入口辊道转接到摆杆上,入口辊道设置推车机构及阻挡器,保证工件转接平稳,并通过两组对射式光电开关检测滑橇是否成功转接。牵引链带动摆杆沿轨道运行,使工件完成前处理及电泳的各个工序。工件在出口塔处由摆杆转接到出口辊道上。出口辊道两侧设置导向轮用于滑橇的导向,出口辊道入口端设置弹簧支腿和接近开关,用于检测滑橇是否成功脱离摆杆。空载的摆杆沿槽体下部的返回轨道平躺着返回。摆杆输送系统在漆前处理及电泳的对应工位处(如脱脂、磷化、电泳)设计有驼峰,以利于排出工件内的空气,从而保证工件的漆前处理和电泳底漆涂装质量。

布置在漆前处理与电泳底漆涂装液槽上方的轨道,与液槽对应的位置设置有上、下坡段,其坡度一般为 45°。运行过程中摆杆始终保持垂直状态不变,工件进入与离开液槽时,由于前、后摆杆处于不同高度的轨道上,前、后摆杆的高度差实现了工件以一定的倾斜角进入和离开液槽。工件进入液槽时浸入角度可达 45°,不仅缩短了前处理和电泳设备的长度,而且降低了槽体容积,减少了能源及药剂消耗。

4. Ro – Dip 翻转输送系统

Ro – Dip 翻转输送系统自 20 世纪 90 年代初面世以来,由于其具有可以让工件大角度翻转的独特功能而备受业内重视。第一代的 Ro – Dip 翻转输送系统,工件翻转角度为 180°,系统以步进模式运行。两年后推出的第二代 Ro – Dip 翻转输送系统,工件翻转角度达到了 210°。自随后推出的第三代 Ro – Dip 翻转输送系统(Ro – Dip M 翻转输送系统)之后的各代,工件均可 360°连续翻转及摆动(图 7-19),系统运行模式为连续。如此可使车身电泳底漆的厚度更加均匀,避免电泳过程中出现气泡。第四代 Ro – Dip 翻转输送系统称为 Ro – Dip E。Ro – Dip M 和 Ro – Dip E 翻转输送系统现阶段均得到了广泛应用。

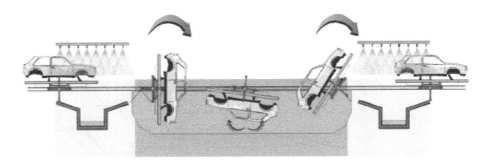

图 7-19　可翻转 360°的 Ro – Dip 翻转输送系统

(1)Ro – Dip M 翻转输送系统　Ro – Dip M 翻转输送系统由驱动装置带动两条平行的链条循环运行。载具小车与左右链条相连,装载工件的滑橇利用专门设计的装置固定在载具小车上。完整的 Ro – Dip M 输送系统由入口塔、轨道系统、V 形导轨、载具小车、出口塔等组成。在入口塔位置,自动将载有车身的滑橇固定在载具小车上;入口塔的下方配有链条张紧装置,保证运行过程中链条始终处于张紧状态;出口塔设置有输送线的驱动装置和出口转接站,用于将滑橇及工件转接到出口辊道上。Ro – Dip M 翻转输送系统的入口塔和出口塔与前述摆杆输送系统基本相同。

载具小车有两种,分别用于漆前处理和电泳底漆涂装,如图 7-20 和图 7-21 所示。漆前处理载具小车为全不锈钢制作,耐腐蚀;电泳底漆涂装载具小车的 V 形支架表面需要特殊处理,与主轴的连接处需要绝缘,表面涂层需耐受 8000V 以上的高压,电流通过特殊的导电装置传导到车身上,使车身能够完成阴极电泳。载有车身的滑橇通过专门设计的自动锁紧装置固定在载具小车上,确保翻转过程中车身不会脱落。

为了尽可能减少载具小车对槽液带来的污染,载具小车只有跟滑橇固定的一小部分浸入槽液中。在电泳的过程中,工件沿 V 形导轨在槽液中可上下摆动,避免工件上的狭小空间部分形成气室而导致电泳不良。

第七章　汽车制造过程中的物流输送系统

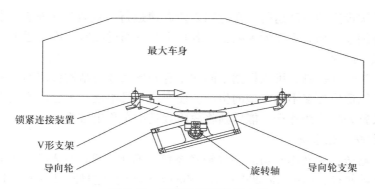

图 7-20　漆前处理用载具小车

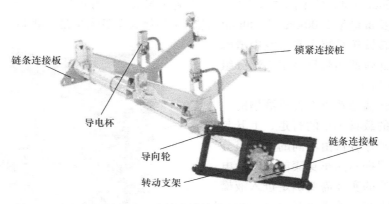

图 7-21　电泳底漆涂装用载具小车

（2）Ro – Dip E 翻转输送系统　Ro – Dip E 翻转输送系统主要由转换站、载具小车、轨道系统、集电装置、进出口转接站、维修通道等组成，如图 7-22 所示。相比第三代 Ro – Dip M，省去了链条、导轨、翻转 V 形轨等装置，安装调试更加方便、快捷。每个载具小车均采用单独的减速电动机驱动。翻转运动由另外一组减速电动机驱动。在漆前处理或电泳底

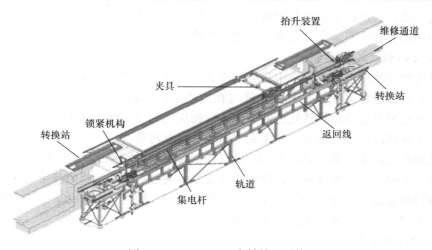

图 7-22　Ro – Dip E 翻转输送系统

漆涂装工艺过程按设定的速度运行，在返回阶段高速运行，且载具小车自动折叠 90°，载具小车平行于槽体侧壁，如此不仅大大减少了载具小车返回过程所占用的通道，而且可使载具小车的需求量减少约 30%。

每个载具小车独立控制，可以根据不同的车身外形尺寸与结构设定不同的工艺时间和翻转速率，如此可以适应更多不同车型的生产，使生产线更具柔性；不会因为其中某个载具小车发生故障而导致整条生产线停产，能单独将故障载具小车移出维修。

5. Shuttle 翻转输送系统

Shuttle 翻转输送系统又称多功能穿梭输送系统，有 E-Shuttle 和 V-Shuttle 两个系列，其中 E-Shuttle 系列有 E-Shuttle 200 和 E-Shuttle 300 两个型号。E-Shuttle 200 只有前后移动和翻转功能；E-Shuttle 300 除具有前后移动和翻转功能外，还具有升降功能。V-Shuttle 和 E-Shuttle 300 的不同之处主要是所能输送的最大车身重量不同：E-Shuttle 300 能输送的最大车身重量是 1000kg；V-Shuttle 能输送的最大车身重量是 1500kg。

Shuttle 翻转输送系统主要由空中滑触供电系统、地面轨道和载具小车三部分组成，如图 7-23 所示。

Shuttle 翻转输送系统设置于液槽的一侧，载有车身的载具小车的行走、上升与下降、翻转等动作各自由不同的电动机分别驱动，均可根据不同车身漆前处理及电泳底漆涂装工艺的实际需要确定进入液槽的角度、翻转方式、前进速度。

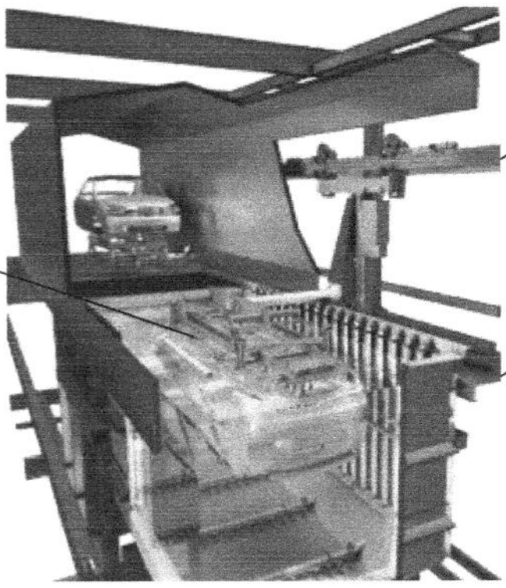

二、面漆涂装工艺物流输送系统

图 7-23 Shuttle 翻转输送系统

基于更加有利于保证车身涂装质量、避免输送系统可能会带来微小颗粒物给涂装表面造成质量缺陷的原则，面漆涂装几乎都采用地面输送系统。现阶段，应用最广的面漆涂装输送系统主要是地面反向积放式输送系统和地面滑橇输送系统。日本汽车企业和国内的中日合资企业大多采用地面反向积放式输送系统，欧美及与中国的合资汽车企业大多采用地面滑橇输送系统。

1. 地面反向积放式输送系统

地面反向积放式输送系统由空中积放式输送系统演变而来，工件的停止、分流和合流同样是利用停止器和道岔来完成，只是工件与积放轨道的相对位置不同。空中积放式输送系统，工件是利用吊具悬挂在积放轨道的下方；地面反向积放式输送系统，工件是利用随行支架或台车支承在积放轨道的上方，输送系统对工件没有污染。

地面反向积放式输送系统如图 7-24 所示，既可单线独立运行，也可将多条输送线组成一个大的地面反向积放式输送系统，使用非常方便、灵活；低速运行时速度可调、高速运行时速度可分档按需设置；可以进行工件的快速分发和循环输送；可自动上、下工件，是大批量车身涂装流水生产的一种有效的输送设备。

2. 地面滑橇输送系统

地面滑橇输送系统由地面输送机及滑橇两大部分组成，如图 7-25 所示。其中地面输送

第七章 汽车制造过程中的物流输送系统

图 7-24 地面反向积放式输送系统

机可以是辊道、地面链输送机、摩擦输送机等多种；滑橇是用来搭载车身的装置。滑橇输送系统的特点是：①能适应多变的工艺要求，如把一条线上的滑橇与工件按工艺需要，可分成两线、三线输送或将两线、三线合为一条线路输送；②可以根据工艺需要改变输送间距，如喷漆室区的输送间距与烘干室区的输送间距可以不等；③可以利用升降机实现多层立体空间布置，例如为了节能，积放式地面输送机只能靠爬坡来实现桥式烘干室的需要，而滑橇输送机则可以通过垂直升降来满足"Π"字形烘干室的需要；④空滑橇可以实现堆垛储存，每垛可以放置 3~5 个滑橇，从而可大大减小输送线的占地面积；⑤没有地下工程，所有设备均安置在地面之上，从而降低了建筑费用。

图 7-25 地面滑橇输送系统

第四节　汽车总装输送系统

汽车的总装是车身（或车架）在流动的过程中将数千种总成部件按照规定的工艺流程和工艺要求安装到车身（或车架）上，车身（或车架）的流动需要借用为汽车总装专门配置的输送系统。

一、汽车总装输送系统的分类

汽车总装输送系统主要由空中悬挂输送设备、地面输送设备和升降设备等组成，其中：空中悬挂输送设备主要有空中积放式输送系统、空中摩擦输送系统、电动单轨输送小车系统等；地面输送设备主要有自导向输送小车（AGV）系统、滑板输送系统、板链输送系统、滑橇输送系统、地面摩擦输送系统等。

1. 积放式输送系统

积放式输送系统（图7-26）是过去较常用的一种总装输送系统，现阶段在许多公司仍在采用，其特点是：技术成熟、设备投资较低，但由于积放式输送系统采用的是链传动，因此噪声大、润滑点多、维修保养不太方便。

图7-26　空中积放式输送系统

2. 空中摩擦输送系统

空中摩擦输送系统是一种具有国际先进水平的新型输送方式，如图7-27所示。空中摩擦输送系统改变了传统依靠链条传动的方式，利用动力装置（摩擦轮）与工件承载介质（吊具、台板）间的摩擦力完成工件的输送，其特点是噪声小、能耗低、节能环保、维护简单、柔性大、扩能方便，但技术难度和初期投资较大。

3. 滑橇输送系统

滑橇输送系统是由多种标准单元模块组合成的组合式输送系统，如图7-28所示。滑橇输送系统输送物件的橇体依靠托辊或链条的摩擦力实现前进、后退、平移、举升、积放、旋转等功能。滑橇输送系统具有机动灵活、运行平稳、结构紧凑、接近性好等特点。

第七章　汽车制造过程中的物流输送系统

图 7-27　摩擦输送系统

a) 滑橇旋转台　　　　　　　　　　　　　　b) 滑橇输送机

图 7-28　滑橇输送系统

4. 滑板输送系统

滑板输送系统按承载能力的不同可分为轻型、重型和特重型三个系列，分别用于小、中、重型车的输送；按滑板宽窄的不同分为宽滑板输送系统和窄滑板输送系统（图 7-29 和

图 7-29　宽滑板输送系统

图 7-30）。滑板输送系统属直线输送设备，占地面积小、运行安全、使用可靠，是汽车部装和总装常用的输送设备。

图 7-30　窄滑板输送系统

对于汽车总装而言，尽管无人自动化装配已在部分工位得以实现，但汽车总装线上由人借助专用工具完成装配操作仍占有较大的比重。为了最大限度降低装配工的劳动强度、提高工作效率与装配质量，近些年，汽车制造工艺的人性化备受重视。所谓汽车制造工艺的人性化，是指作业人员能以最舒适的姿势、最便利的操作方式完成全部操作作业内容，即：尽量避免装配人员过高、弯曲或侧身的动作，减少人员的职业健康伤害。基于人性化的要求，汽车总装生产已广泛采用升降高度自由可调的带升降平台的滑板输送系统，如图 7-31 所示。

图 7-31　带升降平台的滑板输送系统

5. 板链输送系统

按板链宽窄的不同分为宽板链输送系统和窄板链输送系统，其中窄板链又有单板和双板链之分,如图 7-32 和图 7-33 所示。板链输送系统同样属于直线输送设备。

图 7-32 宽板链输送系统

a) 双板链输送系统　　　　　　　　　b) 单板链输送系统

图 7-33 窄板链输送系统

6. 电动单轨输送小车系统

电动单轨输送小车系统(Electric Monorail transport trolley System,EMS)是物料搬运设备革新的产品,在对速度和智能要求成为主要指标的特别环境下日益流行。EMS 从其运行的轨道上取电,可满足物料在水平、垂直方向的自由输送。在各种使用场合均已证明 EMS 具有维修简单、生产效率高等特点,在同步和非同步的制造和装配线上得到了较广泛的应用,如图 7-34 所示。

7. 自导向输送小车(AGV)

自导向输送小车(Automated Guided Vehicle,AGV)是指具有磁条、轨道或者激光等自

图 7-34 电动单轨输送小车系统（EMS）

动导引设备，沿规划好的路径行驶，以电池为动力，并且装备安全保护以及各种辅助机构（例如移载、装配机构）的无人驾驶自动化车辆，如图 7-35 所示。通常由多台 AGV、控制计算机（控制台）、导航设备、充电设备及周边附属设备组成 AGV 输送系统。AGV 在计算机的监控及任务调度下，按照规定的路径行走，到达指定的作业位置后，完成一系列规定的任务，控制计算机可根据 AGV 自身电量决定是否到充电区进行自动充电。

国内外许多汽车制造工厂部分总装工位已普遍采用 AGV 作为总装线的输送设备。AGV 的突出特点是：输送线因局部故障或某工位因操作错误而停顿时，可以利用设置的离线维修岔道消除其对装配线整体的影响，对于瓶颈工序（如发动机与变速器合装工位、驾驶室与底盘合装工位），AGV 可岔出主装配线，利用局部装配道岔，满足主线生产节拍的要求，缺点是 AGV 输送系统的造价较高。

图 7-35 自导向输送小车（AGV）

8. 地面摩擦输送系统

地面摩擦输送系统是空中摩擦输送技术在应用上的拓展，其主体由 H 形轨道、驱动装置、道岔装置、定位装置等组成，如图 7-36 所示。

图 7-36 地面摩擦输送系统

9. 升降设备

为了便于装配，汽车在总装过程有些工段需要采用空中悬挂式输送设备，有些工段则需要采用地面输送设备。无论是由空中转为地面还是由地面转为空中，为了节省空间常采用升降设备实现空—地或地—空输送的转换，如图 7-37 所示。

图 7-37 升降设备

对于某具体的汽车总装厂（车间），其输送设备的选用往往需根据所生产的车型、生产纲领、投资规模、总装工艺的设计综合确定。此外，总装工艺中的每一个装配工段有其自身的工艺特点，作业内容和作业方式存在很大的不同，因此，不同工段所采用的输送系统也会有所不同。由此可见，任何一个汽车总装厂（车间）均不可能采用单一的输送系统，往往是两三种不同输送系统的合理组合。如：涂装车间与总装车间间的中转输送系统常采用滑橇输送系统，内饰一线常采用板式输送系统（宽板链输送系统或地面摩擦输送系统），车身合装线常采用积放式输送系统或空中摩擦输送系统与自导向输送小车（AGV）相结合的输送系统，内饰二线常采用板链输送系统（单板链或双板链输送系统）或地面摩擦输送系统。

二、总装输送系统的基本要求与功能

尽管因汽车的种类和结构的不同，汽车总装工艺及总装输送所选用的设备存在较大的差异，但汽车总装输送系统的基本要求与功能却非常接近。下面以某汽车制造厂为例，简要介绍汽车总装输送系统的基本要求与功能。

1. 油漆到达输送系统

（1）油漆到达输送系统的功能与布局　油漆到达输送系统的功能主要是将涂装后的车身从涂装车间按照生产排序提供给总装车间进行装配。油漆到达输送系统犹如涂装车间与总装车间之间的中转仓库。油漆到达输送系统主要由预排产储存区和同步配送延长线两个部分组成，如图7-38所示。

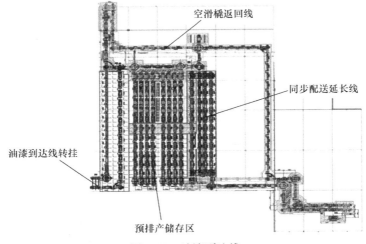

图7-38　油漆到达线

（2）油漆到达输送系统的工作过程　空滑橇经返回线进入油漆线与总装线的转挂点，然后将涂装后的车身从油漆滑橇转接到总装油漆到达系统空滑橇上。经转接后车身滑橇进入 n 条道（n 由生产纲领决定，年产量大 n 的数量就多，$n=8$ 或10）的储存线入口，得到预排产信息后，车身进入预排产储存区。

在储存线出口，排产人员根据生产指令进行排产，将车身排入同步配送延长线。油漆到达线滑橇上的车身通过叉式移载升降机转接到内饰一线的宽板链输送线上。

若需要对已排产的车身流向进行改动，可通过控制系统发出修正指令，在同步输送线第2道的出口，按照修正后的信息对车身流向自动进行纠错。

油漆到达输送系统通常还设有人工排产模式，当排产人员需要对某储存线内某条道上某处的车身进行排产时，可以先将前面的车身导出，导出的车身由预排产人员手动控制将车身导入到车身同步配送排产纠错线，车身滑橇经同步配送排产纠错线回到移行机入口，再次进入预排产区。

2. 内饰一线输送系统

内饰一线是汽车总装工艺的第一条装配线，其作业内容主要是车门拆卸及线束、顶篷、天窗、仪表板、前后风窗等零部件的装配。依据内饰一线零部件装配的特点，其输送系统常采用宽板（宽板链或宽滑板）输送方案，其主要流程如下：

油漆滑橇上的车身通过转挂装置转挂至内饰一线 HC1 装配线宽板输送系统的滑橇上，在完成车门拆卸、线束装配、顶篷装配等操作后进入内饰一线两条装配线之间的快速缓冲区，滑橇在快速缓冲区中通过高低横移链跨过物流通道进入内饰一线的 HC2 线，车身在宽板链上完成天窗的安装、仪表板的合装、前后风窗的安装等操作后进入转挂区，车身从滑橇转挂至悬链吊具后即完成了整个内饰一线的工艺流程。若从功能区域来划分，内饰一线输送系统主要包含工艺区（HC1 和 HC2 装配线）、快速缓冲区、维修区，如图 7-39 所示。

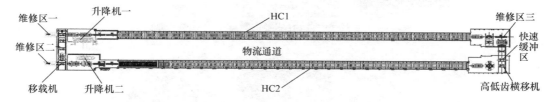

图 7-39　内饰一线输送系统的布局

（1）工艺区　内饰一线的全部装配作业均在工艺区内完成。

（2）快速缓冲区　快速缓冲区的作用是：①将两条工艺线 HC1 和 HC2 连接在一起；②减少其中一条线设备故障对另一条线装配作业的影响。当然，缓冲区中的车位数越多，两条线的相互影响越小，但车位数太多会降低总装车间的空间利用率，所以缓冲区应设置合适的车位数。

（3）维修区　在内饰一线常设置两三个维修区。

维修区一又称车辆排产调整区，当生产部门需要从线外导入车身而不是从油漆到达线排入车身时，可以将车辆从该区域导入内饰一线。

维修区二的主要功能是将生产线空滑橇导出或导入内饰一线。

维修区三的主要功能是将已进入内饰线但有问题的车身（缺零件或装配不当的车身）导出到该区域进行线外维修，维修完成后的车身再导回内饰一线。

维修区的设置可使内饰一线更具柔性化功能。

3. 车身合装线输送系统

车身合装的主要作业内容是动力总成、汽车底盘各系统（动力总成和底盘一起又称机械部分）与车身的合装，为了便于装配，车身合装常采用悬挂输送系统，如图 7-40 所示。

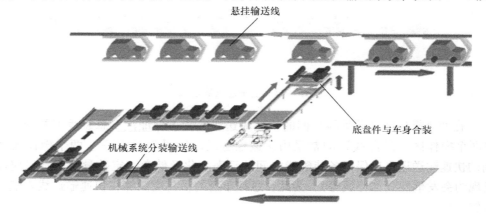

图 7-40　车身合装线输送系统

4. 内饰二线输送系统

车身合装完成后，余下的装配内容主要是车身底部管路连接、散热器风扇机组、灯光、信号装置、前/后保险杠、油液加注等，对于输送系统应该是经过一定距离的空中悬挂输送后再转入地面输送，如图7-41所示。

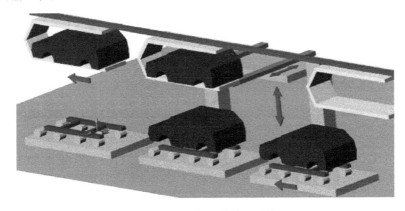

图7-41　内饰二线输送系统

（1）空中连续输送　车身合装线和内饰二线的前半部分均采用空中悬挂输送，尽管车身合装与内饰二线属两个不同的装配工段，但对于空中输送设备却采用的是同一套系统。由于内饰二线装配工段的装配内容非常多，为了使装配工艺的布局趋于合理，空中输送线常需要多次折回，如图7-42所示。

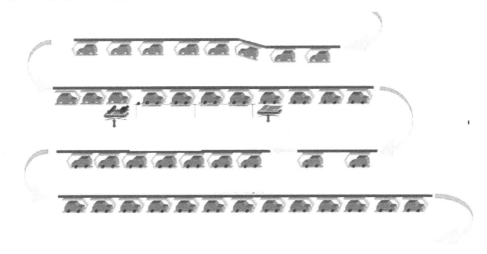

图7-42　空中连续输送线

（2）在两个操作区（装配线）间的快速输送线　为了保证汽车总装线工艺操作的连续性，在两个操作区（装配线）间常采用快速输送线，如图7-43所示。两个操作区（装配线）间的快速输送还可以保证各装配线之间的动态变化及储存一定数量的车身以应对生产期间出现的突发事件（如停线等），为此，悬挂车身的吊具应能够在快速输送线末端的停止器处积放。

第七章　汽车制造过程中的物流输送系统

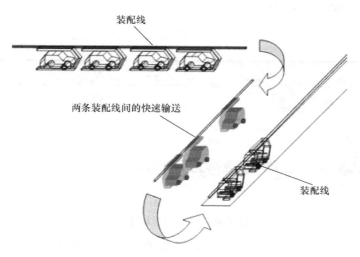

图 7-43　线间快速输送

（3）空中输送线向地面线的转挂　空中输送线向地面线转挂的目的在于将在装配线上移动的已完成车轮装配的车身从空中输送线的吊具上放到地面板链（双板链或单板链）输送系统，以便完成后续的装配、检查等操作，如图 7-44 所示。

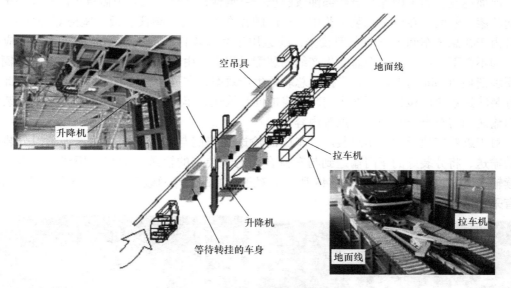

图 7-44　空中输送线向地面线的转挂

5. 机械分装输送系统

在过去，机械分装输送大多采用宽板链输送系统或地面摩擦输送系统连续输送，在运行过程中操作工将装配件装配到宽板链输送系统（地面摩擦输送系统）的机械托盘上，装配完成后，连同机械托盘一起通过移行机输送到合装处的垂直举升机上，带机械托盘的汽车机械部分在与悬挂的车身同步向前移动的过程中完成与车身的合装。当机械部件与车身合装拧紧后，在固定工位把机械托盘从车辆/吊具总成上分开，再把空的机械托盘重新循环到机械分装线第一工位，如图 7-45 所示。

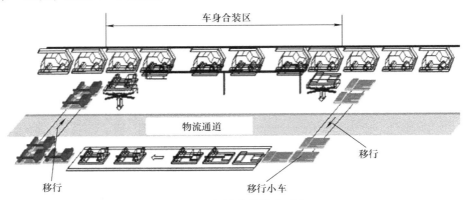

图 7-45　机械分装输送系统

近几年新建的汽车总装厂，机械分装输送越来越多地采用自导向输送小车（AGV）输送系统，将汽车机械部分直接装配到自导向输送小车（AGV）的托盘上，自导向输送小车（AGV）完成机械部分的输送、举升，与吊挂的车身同步运行，合装完成后返回到机械分装线第一工位处。

6. 车门分装输送系统

前面述及，为了确保车身各部油漆颜色的一致性，在涂装工艺中需将车门安装到车身上一起喷漆。然而，在汽车总装工艺中，车门的存在不仅会影响仪表板、座椅等部件的安装，而且由于在总装车间生产的车型较多，线边用于存放零件的面积已不能满足零件供应的要求，如不拆下车门，在整个总装生产线的装配过程中，由于不停地开关车门，平均每辆车至少要多消耗 30min 的工时。为了提高总装的生产效率，在进行总装前需拆下车门。为此，车门分装输送系统应包括卸下的车门与车身的同步输送、车门分装过程中的输送、将分装好的车门输送到与车身合装的安装点等内容。

对于近些年建设的汽车总装厂，车门的输送（车门与车身的同步输送、车门分装过程中的输送、将分装好的车门输送到与车身合装的安装点的输送）大多采用统一的空中悬挂连续输送方式，如图 7-46～图 7-49 所示。对于早期的汽车总装厂，车门分装过程中的输送也有采用地面连续输送方式的。

图 7-46　车门与车身的同步输送

图 7-47　车门分装输送

第七章　汽车制造过程中的物流输送系统

图 7-48　车门与车身合装输送

图 7-49　输送吊具的返回

第八章 零件毛坯制造工艺

汽车零件毛坯的成形方法有很多，其中尤以铸造为代表的液态成形、锻压为代表的固态成形以及焊接为代表的连接成形最为常见。获得毛坯所用的成形方法以及所获得毛坯的质量，将直接影响到产品的质量和经济效益。

第一节 砂型铸造

砂型铸造是用型（芯）砂制作铸型，将熔融金属注入铸型，待其冷却、凝固后，经落砂取出铸件的方法。一个铸型只能使用一次。砂型铸造又分为湿砂型铸造、壳型铸造、组芯造型铸造、自硬砂型铸造等，其共同特点是铸型由砂和黏结剂组成，适用于铸铁、铸钢、部分有色金属及其合金。砂型铸造可生产尺寸、质量、复杂程度不同的铸件，且生产率高、原材料来源广、成本相对低廉，因此是应用最广泛的一种传统铸造方法。

一、砂型铸造工艺过程

砂型铸造的工艺过程主要由以下几个部分组成：造型、制芯、砂型及型芯烘干、合型、熔炼金属、浇注、落砂、清理、检验等，如图 8-1 所示。在此需指出的是，对于某个具体的铸造工艺过程并不一定包括上述全部内容，如铸件无内壁时无需造芯，湿型铸造时砂型无需烘干等。

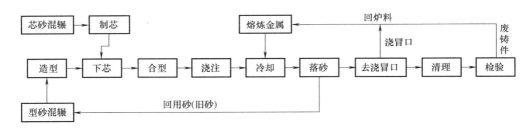

图 8-1 汽车零件毛坯的砂型铸造流程

1. 造型与制芯

造型是用型砂和模样制造铸型的过程，是砂型铸造中最基本的工序。按紧实型砂的方法，造型可分为手工造型和机器造型两大类。

（1）手工造型 手工造型是用手工或手动工作的方法进行紧砂、起模的造型方法。其操作灵活，大小铸件均可采用。手工造型可以制造出外廓复杂、难以起模的铸件。其对模具的要求不高，一般采用成本较低的实体木模，对于尺寸较大的回转体或等截面铸件还可以采用成本很低的刮板来造型。手工造型对砂箱的要求也不高，如不需严格的配套和机械加工，较大的铸件还可以采用地坑取代下箱，这样可减少砂箱费用、缩短生产准备时间。因此，尽管手工造型生产率低，对工人技术水平要求较高，而且铸件的尺寸精度及表面质量较差，但在实际生产中仍是难以完全取代的重要工艺方法。手工造型主要用于单件、小批量生产，有时也可用于较大批量的生产。其铸造用砂箱和常用工具如图 8-2 和图 8-3 所示。

手工造型的方式有很多，常见的有整模造型、两箱分模造型、三箱分模造型、挖砂造型、活块造型等。

1) 整模造型。对于形状简单、最大截面为平面且在一端的铸件，可采用整模造型。整模造型的特点是造型时整个模样全部

图 8-2　铸造用砂箱

置于一个砂箱内，分型面与分模面多为同一平面，不会出现错箱缺陷，操作简单，铸件形状、尺寸精度较高。整模造型过程如图 8-4 所示。

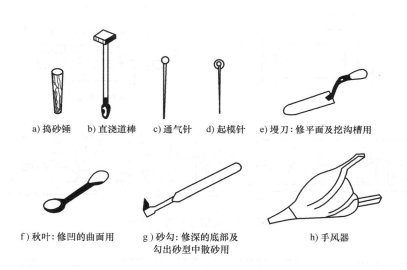

a) 捣砂锤　b) 直浇道棒　c) 通气针　d) 起模针　e) 墁刀：修平面及挖沟槽用

f) 秋叶：修凹的曲面用　g) 砂勾：修深的底部及勾出砂型中散砂用　h) 手风器

图 8-3　砂箱及常用手工造型工具

2) 两箱分模造型。两箱分模造型适用于形状较复杂且有良好对称面的铸件（最大截面在中部）。模样从最大截面处分为两半，用销钉定位，分模面和分型面可在同一个平面内。造型时模样分别置于上、下砂箱中，分模面和分型面位置相重合，图 8-5 所示为两箱分模造型示意图。两箱分模造型广泛用于圆柱体、管件、阀体、套筒等形状比较复杂的铸件生产。其造型方便，应用较广，缺点是制作模样较麻烦，若砂箱定位不准，夹持不牢，易产生错箱，影响铸件精度，且铸件沿分型面还会产生披缝，影响铸件表面质量，清理也费时。

3) 三箱分模造型。当铸件形状为两端截面大、中间截面小，如带轮、槽轮、车床四方刀架等，为了顺利起模，应采用三箱分模造型，如图 8-6 所示。该造型方法特点是模样必须分开，以便从中箱内取出模样；三箱造型的关键是选配合适的中箱，中箱上、下两面都是分

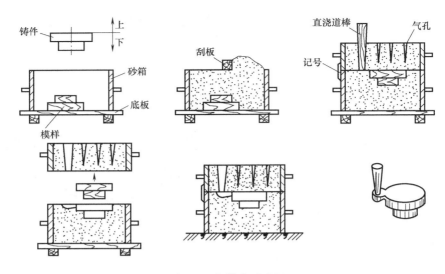

图 8-4　整模造型过程

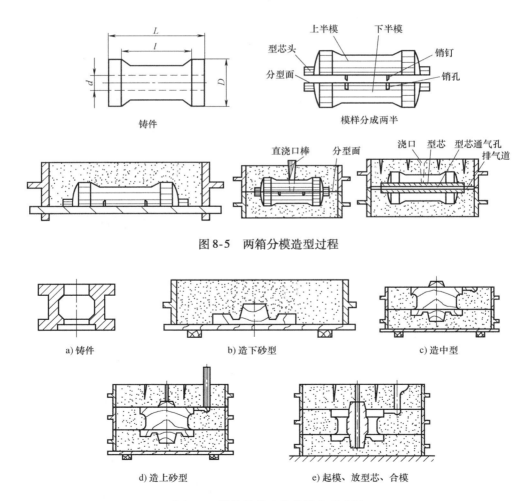

图 8-5　两箱分模造型过程

a) 铸件　　b) 造下砂型　　c) 造中型

d) 造上砂型　　e) 起模、放型芯、合模

图 8-6　槽轮铸件三箱分模造型过程

型面,且其高度与其中模样的高度相近;造型过程复杂,生产率低,易产生错箱缺陷,故仅用于形状复杂、不能用两箱造型的单件小批量生产。

4) 挖砂造型。当铸件的外部轮廓为曲面(如手轮)时,由于其最大截面不在端部,难以找到一个平面作为分型面,只能采用整模造型。造型时需挖出阻碍起模的型砂,将分型面修挖出来,这种方法叫作挖砂造型(图8-7)。挖砂造型的分型面是一个曲面或高低变化的阶梯状面,造型时为了保证顺利起模,必须把砂挖到模样最大截面处,且坡度应尽量小些,表面应平整光洁。由于是手工挖砂,操作技术要求高,造型工时多,生产率低,只适宜于单件小批量生产。大批量生产时,应采用假箱造型(图8-8),即利用预先制备好的半个铸型(假箱)承托模样,造型时先造出下型,这样就省去了修挖分型面的工时,提高了铸型质量与生产效率。

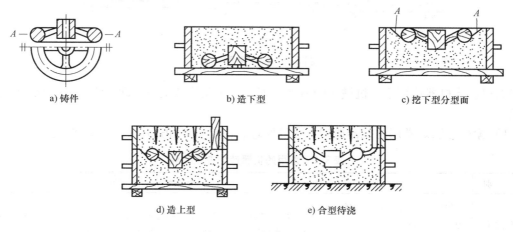

图8-7 挖砂造型过程

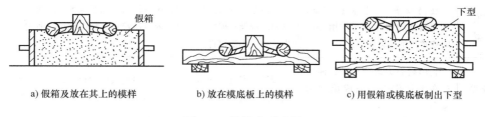

图8-8 假箱造型过程

5) 活块造型。有些铸件上有妨碍起模的部分,如凸台、筋条等,造型时可将其做成活块,用销子或燕尾结构与模样主体形成可拆连接。起模时先取出模样主体,活块模仍留在铸型中,然后从侧面取出活块的造型方法称为活块造型(图8-9)。活块造型的操作技术要求高、生产率低,多用于带有突出部分而妨碍起模的铸件、单件小批量、手工造型的场合。如果这类铸件批量大,需要机器造型时,可以用砂芯形成妨碍起模的那部分轮廓。

(2) 机器造型 机器造型是现代化铸造车间大批量生产的基本方式。它的特点是可以大大提高生产率,质量稳定,铸件尺寸精确,表面光洁,加工余量小。机器造型是将紧砂、起模两个造型工序全部或者部分实现机械化。根据紧砂、起模方式的不同,有各种不同种类

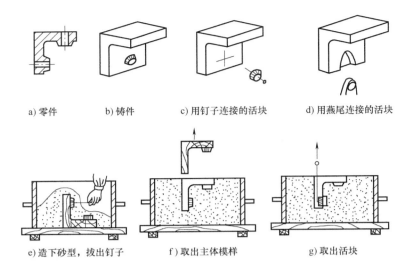

图 8-9 活块造型过程

的造型机。当机器造型配以机械化的型砂处理、浇注及落砂工序,即可组成现代化的铸造生产线。

1) 紧砂方法。常用的机器造型方法的原理、主要特点和适用范围见表 8-1。

表 8-1 常用的机器造型方法比较

类别	原理	主要特点和适用范围
震压造型	先以机械震击紧实型砂,再用较低的压力(0.15～0.4MPa)压实	设备结构简单,造价低,效率较高,紧实度较均匀;但紧实度较低、噪声大。适用于成批大量生产中、小型铸件
微震压实造型	在高频率、小振幅振动下,利用型砂的惯性紧实作用并同时或随后加压紧实型砂	型砂紧实度较高且均匀,频率较高,能适应各种形状的铸件,对地基要求较低;但机器微震部分磨损快、噪声较小。适用于成批大量生产中、小型铸件
抛砂造型	利用离心力抛出型砂,使型砂在惯性作用下完成填砂和紧实	型砂紧实度较均匀,不要求专用模板和砂箱,噪声小,但生产效率低,操作技术要求高。适用于单件小批量生产中、大型铸件
气冲造型	用蒸汽或压缩空气瞬间膨胀所产生的压力波紧实型砂	型砂紧实度高,铸件精度高;设备结构较简单,易维修且能耗低,敲落砂少,噪声小。适用于成批、大量生产中、小型铸件,尤其是形状较复杂的铸件
负压造型	型砂不含黏结剂,被密封于砂箱与塑料膜之间,抽真空使干砂紧实	设备投资较少;铸件精度高、表面光滑;落砂方便,旧砂处理简便,能耗和环境污染较小;但生产效率较低;形状复杂且覆膜较困难。适用于单件、小批量生产形状不太复杂的铸件
多触头高压造型	用许多小触头压实砂型,同时还进行微震	型砂紧实,铸件质量好,生产率高且劳动条件好,但设备复杂。适用于大批量生产的铸件

2) 起模方法。造型机大都装有起模机构,为了起模动作平稳,没有冲击,所以动力绝

大多数采用液压或气压。起模方法分为顶箱、漏模和翻转三种。

3）工艺特点。机器造型是采用模板进行的两箱造型。模板是将模样、浇注系统沿分型面与底板连接成一整体的专用模具，造型后底板形成分型面，模样形成铸型型腔。

机器造型多采用单面模板，其特点是上、下型以各自模板，分别在两台配对的造型机上造型，造好上、下半型用箱锥定位而合箱。对于小铸件生产有时采用双面模板进行脱箱造型。双面模板是把上、下两个半型及浇注系统固定在同一模板的两侧。此时，上、下两型均在同一台造型机上制出，铸型合箱后将砂箱脱出，并在浇注前在铸型上加套箱，以防错箱。

机器造型与手工造型相比，显著提高了劳动生产率，改善了劳动条件，提高了铸件尺寸精度、表面质量，减少了加工余量。但是机器造型不能紧实型腔穿通的中箱，故不能进行三箱造型；机器造型也应避免使用活块，因为取出活块费时，使造型机的生产率显著降低。因此，在设计大批量生产的铸件及确定其铸造工艺时，需考虑机器造型的工艺要求，并采取措施予以满足。

（3）制芯　制作型芯的工艺过程称为制芯。当制作空心铸件或铸件的外壁内凹，或铸件具有妨碍起模的外凸时，经常需要制芯。型芯可以手工制造，也可机器制造，形状复杂的型芯可分块制造，黏合成形。为了提高型芯的刚度和强度，需在型芯中放芯骨；为了提高型芯的透气性，需在型芯的内部制作通气孔；为了提高型芯的退让性，型芯可以做成空心或在芯骨上缠草绳；为了提高型芯的强度和透气性，一般型芯需烘干使用。

2. 浇注系统

为了使液态金属流入铸型型腔所开的一系列通道，称为浇注系统。浇注系统的作用是保证液态金属均匀、平稳地流入并充满型腔，以避免冲坏型腔；防止熔渣、砂粒或其他杂质进入型腔；调节铸件的凝固顺序或补给金属液冷凝收缩时所需的液态金属。浇注系统是铸型的重要组成部分，若设计不合理，铸件易产生冲砂、砂眼、浇不足等缺陷。典型的浇注系统由以下几部分组成，如图8-10所示。

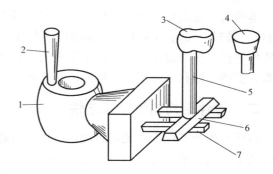

图8-10　铸件的浇注系统
1—铸件　2—冒口　3—盆形外浇道（浇口盆）
4—漏斗形外浇道（浇口杯）　5—直浇道
6—横浇道　7—内浇道（两个）

（1）外浇道　外浇道的作用是缓和液态金属的冲力，使其平稳地流入直浇道。

（2）直浇道　直浇道是外浇道下面一段上大下小的圆锥形通道。它具有一定的高度，使液态金属产生一定的静压力，从而使金属液能以一定的流速和压力充满型腔。

（3）横浇道　横浇道位于内浇道上方，为上小下大的梯形通道。由于横浇道比内浇道高，所以液态金属中的渣子、砂粒便浮在横浇道的顶面，从而防止产生夹渣、夹砂等。此外，横浇道还起着向内浇道分配金属液的作用。

（4）内浇道　内浇道的截面多为扁梯形，起着控制液态金属流向和流速的作用。

（5）冒口　冒口的作用是在液态金属凝固收缩时，补充液态金属，防止铸件产生缩孔缺陷。此外，冒口还起着排气和集渣的作用。冒口一般设在铸件的最高和最厚处。

3. 合型

将铸型的各个组件(上型、下型、砂芯、浇口盆等)组成一个完整铸型的过程称为合型。合型时应检查铸型型腔是否清洁,型芯的安装是否准确牢固,砂箱的定位是否准确、牢固。

4. 熔炼

通过加热使金属由固态变为液态,并通过冶金反应去除金属中的杂质,使其温度和成分达到规定要求的操作过程称为熔炼。金属液的温度过低,会使铸件产生冷隔、浇不足、气孔等缺陷;金属液的温度过高,会导致铸件产生总收缩量增加、吸收气体过多、黏砂等缺陷。铸造生产常用的熔炼设备有冲天炉(熔炼铸铁)、电弧炉(熔炼铸钢)、坩埚炉(熔炼有色金属)、感应加热炉(熔炼铸铁和铸钢)。

5. 浇注

将金属液从浇包注入铸型的操作过程,称为浇注。铸铁的浇注温度在液相线以上200℃(一般为1250~1470℃)。

6. 落砂

用手工或机械使铸件与型砂(芯砂)、砂箱分开的操作过程称为落砂。浇注后,必须经过充分的凝固和冷却才能落砂。若落砂过早,铸件的冷却速度过快,使铸铁表层出现白口组织,导致切削困难;若落砂过晚,由于收缩应力大,使铸件产生裂纹,且生产率低。

7. 清理与检验

落砂后,用机械切割、铁锤敲击、气割等方法清除表面黏砂、型砂(芯砂)、多余金属(浇口、冒口、飞边和氧化皮)等操作过程称为清理。铸件清理后应进行质量检验,并将合格铸件进行去应力退火。可通过眼睛观察(或借助尖嘴锤)找出铸件的表面缺陷,如气孔、砂眼、黏砂、缩孔、浇不足、冷隔。对于铸件内部缺陷可进行耐压试验、超声波探伤等。

二、零件结构的铸造工艺性

铸件的生产不仅需要采用合理的、先进的铸造工艺和设备,还要求铸件的结构尽可能适合铸造生产的要求。铸件的结构是否合理,对于铸件的质量、成本和铸造生产率都有很大的影响。铸件结构不仅要保证铸件的力学性能和使用性能要求,还必须考虑合金的铸造性能以及制模、造型、制芯、合型、铸件清理等各个工艺环节,应力求简单、保证质量、节省材料、提高生产率和降低成本。铸件结构工艺性的基本要求见表8-2。

表8-2 铸件结构工艺性的基本要求

设计准则	工艺性不合理	工艺性合理	说明
铸件外形力求简单			应避免采用不必要的曲面和内凹,便于制造模样、造型和清理

第八章　零件毛坯制造工艺

（续）

设 计 准 则	工艺性不合理	工艺性合理	说　　明
铸件内腔形状应尽量避免或减少型芯数量	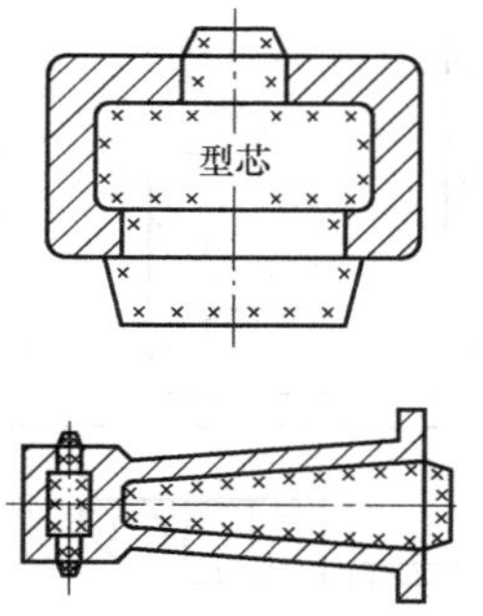	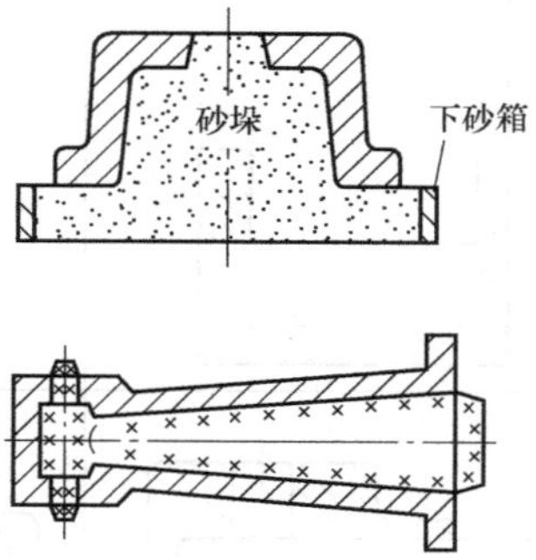	节约芯盒和型芯制造的工时及材料消耗
铸件上的凸台、肋条、凸缘等突起部分，尽量不要妨碍起模	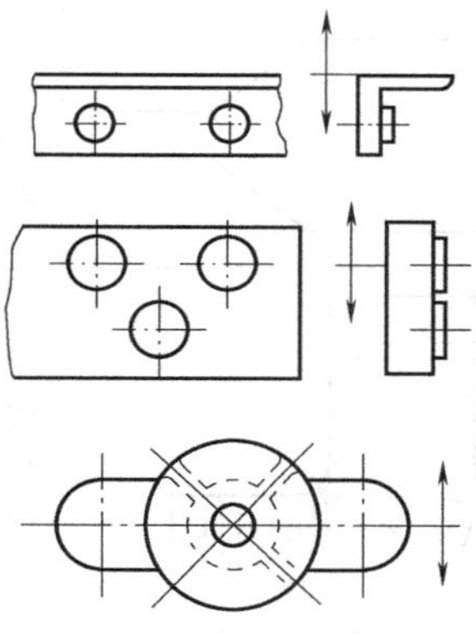	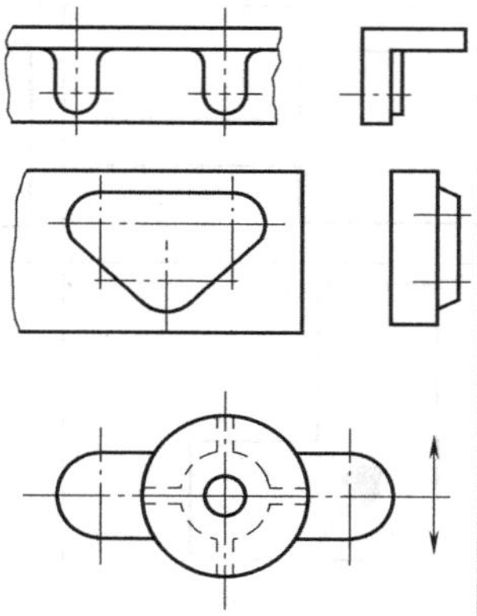	若突起部分妨碍起模，只能做成活块或用外芯做出，均使工艺复杂化
使铸件结构具有最简单的分型面	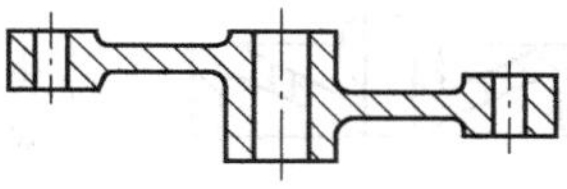	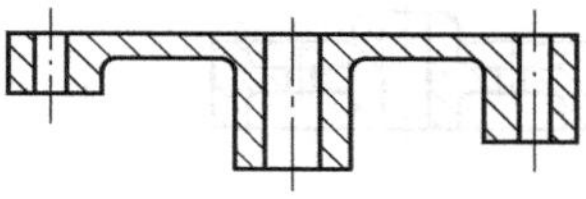	若分型面不规则，使得造型工艺复杂化
凡垂直于分型面的非加工表面，应有结构斜度	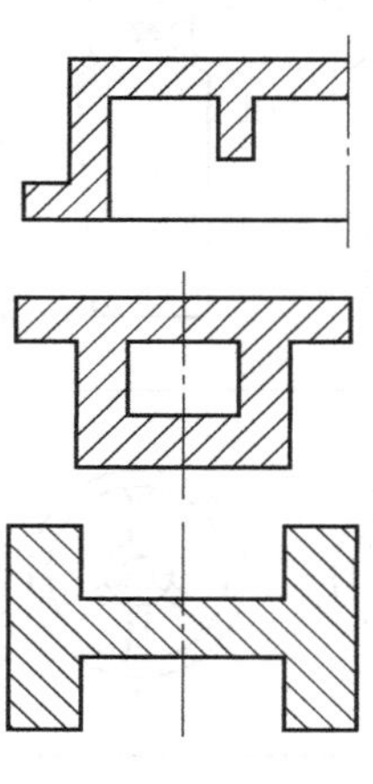	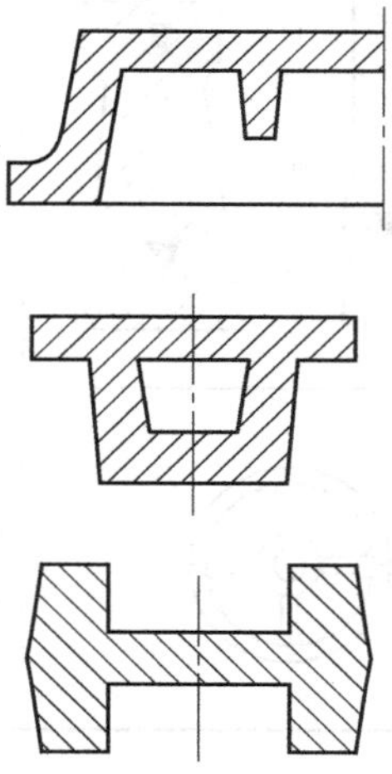	便于起模

265

（续）

设计准则	工艺性不合理	工艺性合理	说明
铸件壁厚不宜太薄，也不宜过厚			铸件壁太薄会引起冷隔、浇不足等缺陷；铸件壁太厚会引起组织粗大、缩孔、缩松等缺陷
铸件壁厚要均匀，避免金属局部积聚			壁厚不均会引起铸造应力、变形和裂纹；金属局部积聚产生缩孔和缩松等缺陷
厚壁与薄壁间的连接要逐步过渡			厚壁与薄壁间突变，容易产生应力集中现象，甚至形成裂纹
铸件转角及壁间连接处应有圆角			铸件壁直角相交，会形成晶间脆弱面，产生应力集中，引起裂纹、缩孔、缩松等缺陷，也不便于造型、清理
铸件应尽量避免有过大的水平面			过大的水平面上容易产生夹砂、结疤、气孔、冷隔等缺陷
有利于补缩			当铸件中必须有厚壁部分时，为了不使厚壁部分产生缩孔，铸件结构应具备顺序凝固和补缩条件
铸件冷却时应能自由收缩			弯曲轮辐和奇数轮辐的设计，可使铸件能较好地自由收缩，减小铸造应力，防止发生裂纹

三、铸造工艺设计

铸造工艺设计是根据铸件要求、生产批量、生产条件和铸件结构特征，确定铸造工艺方案、工艺参数和工艺规程，编写工艺卡，设计工装的全过程。

1. 浇注位置

浇注时，铸件在铸型中所处的位置称为浇注位置。浇注位置的确定应遵循以下基本原则：

1）铸件重要表面应朝下或处于侧面。浇注时液态合金中的气体、夹渣、砂粒等易上浮，使铸件上部缺陷增多，组织也不如下部致密。图 8-11 所示是车床床身铸件的浇注位置，由于床身导轨面是关键表面，故应朝下安放。

2）铸件的大平面应朝下。型腔上表面长时间被合金烘烤，易拱起或开裂，造成夹砂等缺陷，如图 8-12 所示。

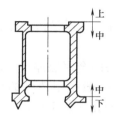

图 8-11　车床床身铸件的浇注位置

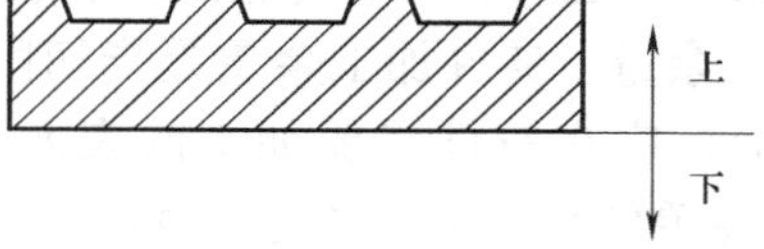

图 8-12　平板的浇注位置

3）铸件薄而大的平面应放在型腔的下部、侧面或倾斜的位置，以利于液态合金充填铸型，防止产生浇不足、冷隔等缺陷，如图 8-13 所示。

4）铸件较厚的部分浇注时，应放在型腔的上部或侧面，以便安放冒口，使铸件自下而上顺序凝固，以利于补缩，防止缩孔缺陷。

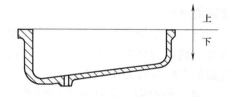

图 8-13　薄壁铸件的浇注位置

5）确定浇注位置时，应尽量减少型芯的数量，有利于型芯的安装、固定、检查和排气，避免使用吊砂、吊芯或悬臂式砂芯。

2. 分型面

分型面是指上、下铸型之间的接合面，其确定原则如下：

1）分型面应选择在铸件的最大截面处，保证模样从型腔中顺利取出。

2）尽量使分型面为平直面，且数量只有一个，以便简化造型，减少错箱等缺陷，保证铸件质量，提高生产率，如图 8-14 所示。

3）尽可能将铸件的全部或大部分置于同一砂型内，以避免错箱和产生较大的缝隙与飞边。

4）分型面的选择应有利于下芯、合箱，使型芯安放稳固，便于检查型腔尺寸，如图 8-15 所示。

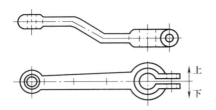

图 8-14 起重机臂铸件分型面的选择

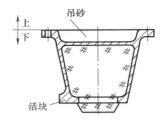

图 8-15 机床床脚的铸造工艺

分型面与浇注位置的关系，有时相互矛盾，要尽量做到二者统一。一般而言，对于质量要求高的铸件，应在满足浇注位置的前提下，再考虑分型面；对于一般铸件，则优先考虑分型面。

5）分型面的选择应尽量减少型芯及活块的数量，尽量使型腔及主要型芯位于下箱。

3. 工艺参数

铸造工艺参数是指工艺设计时需要选择的与获得完整铸件、高质量铸件相关的一些参数，如加工余量、起模斜度、铸造圆角、收缩率和芯头等。

（1）加工余量　铸件加工余量是指切削加工从铸件上切去的金属层厚度。因此，制造模样和芯盒时，应在铸件需要加工的表面上留出加工余量。一般小型铸件的加工余量为 2.5~6mm。在单件小批量生产时，铸件上小于 $\phi 30 \sim \phi 50$mm 的孔通常不铸出，而在切削加工时直接钻出，成批大量生产时，最小铸孔直径为 $\phi 12 \sim \phi 30$mm。

（2）起模斜度　起模斜度是指为使模样容易从砂型或型芯中脱出，平行于起模方向在模样或芯盒壁上所增加的斜度。起模斜度通常是 1°~3°，模样或型芯的高度越高，起模斜度取值越小。

（3）铸造圆角　在设计铸件和制造模样时，相交壁的交角要做成圆弧过渡，称为铸造圆角。其目的是防止铸件交角处产生缩孔及由于应力集中而引起裂纹并形成黏砂等缺陷。铸造圆角半径一般为 3~10mm。

（4）收缩率　铸件在冷却时要产生收缩，因此模样的外尺寸应比铸件大，其数值取决于铸件线收缩率。收缩率与铸造合金种类、铸件结构和铸型种类等因素有关，例如铸铁件线收缩率为 1%，铸钢件线收缩率为 2%，有色金属线收缩率为 1.5%。

四、铸件热处理

铸件的种类很多，其热处理的方法各异，下面简单介绍几种典型铸件的热处理方法。

1. 灰铸铁件的热处理

由于灰铸铁件中片状石墨的隔热作用，使得灰铸铁件的导热性较差，灰铸铁件热处理只能改变其表面层的基体组织，不能改变灰铸铁件的内部基体组织及石墨的形态与分布。因此灰铸铁件热处理主要是为了减少铸件的内应力，提高表面的硬度和耐磨性。灰铸铁件常用的热处理方法有下面几种。

（1）时效　用以消除残留应力、提高尺寸稳定性等。时效方法有自然时效、热时效以及振动时效等。热时效是将铸件加热至弹-塑性转变的温度范围（500~600℃）保温一段时间后出炉。振动时效是借助外加激振器产生的激振力，使铸件产生低频共振，从而消除或

第八章　零件毛坯制造工艺

均匀化残余应力，此工艺还处于开发之中，效果还需验证。

汽车灰铸铁件因为产量大，应尽量通过控制工艺、延长在型内冷却时间、降低落砂温度等措施来减小应力。一般中小型铸件，包括中小型发动机的缸体缸盖等均可不经时效处理。对于较大型的复杂汽车铸件需要时效处理。时效处理时必须严格控制炉温及时间，注意铸件堆放方法，以免产生新的应力。

（2）退火　目的是降低硬度以及消除由于工艺控制不当而产生的白口组织，改善切削加工性。按加热温度不同，退火可分为低温退火（650~750℃）和高温石墨化退火。低温退火是使共析渗碳体分解和粒化，降低硬度，改善韧性；高温退火是为了分解铸件中的自由渗碳体，形成铁素体或珠光体基体，从而消除白口组织。实践经验表明，灰铸铁件经高温退火后，尽管能消除白口，但基体组织及石墨将变得粗大，力学性能下降，因而应尽量避免。

（3）表面热处理　耐磨灰铸铁件，如缸套、机床导轨等，采取表面淬火工艺，使工作表面具有耐磨的马氏体组织，内部仍保持良好的韧性。对于缸套也有采用激光淬火工艺的。

2. 球墨铸铁件的热处理

（1）退火　根据铸件原始组织不同，退火可分为低温（720~760℃）退火和高温（900~960℃）退火。前者是使共析渗碳体分解而获得铁素体基体，后者是为消除自由渗碳体和三元或复合磷共晶。若原始组织中碳化物及磷共晶太多时，可采用高温退火+低温退火两阶段退火工艺。

（2）正火　当铸件珠光体含量达不到产品要求的80%~90%时，可采取正火工艺。即将铸件加热到Ac_3上限左右而奥氏体化，然后通过空冷、风冷或喷雾冷却，以获得珠光体或索氏体组织，提高铸件的强度、硬度和耐磨性。为减少正火形成的内应力，对复杂件应再进行回火处理。

（3）等温淬火　等温淬火是获得奥贝球墨铸铁的关键工序。它是将铸件加热到850~950℃，保温奥氏体化，再迅速过冷到贝氏体转变区（250~450℃），等温转变成上贝氏体或下贝氏体，然后空冷，分别获得上贝氏体+残留奥氏体或下贝氏体+少量马氏体+残留奥氏体组织的球墨铸铁。

（4）表面高频淬火　表面要求耐磨的铸件，如曲轴、凸轮轴等，往往在加工后对轴颈表面进行高频淬火，使其表面具有耐磨的马氏体组织，心部仍保持具有强韧性能的球墨铸件组织。

3. 可锻铸铁热处理

黑心可锻铸铁的石墨化退火一般分五个阶段，即升温、第一阶段石墨化（920~960℃）、中间冷却、第二阶段石墨化（650~750℃）、出炉冷却，最终得到铁素体基体和团絮状石墨组织。珠光体可锻铸铁则是在石墨化后，再进行空淬或液淬并回火。白心可锻铸铁件则是在强氧化性介质中氧化脱碳退火，小断面（≤6mm）铸件主要组织为铁素体，无退火碳，大断面铸件则外层为铁素体，中间为铁素体+珠光体，心部还存在退火碳组织。

4. 冷硬铸铁件热处理

对汽车凸轮轴、气门挺杆等铸件，一般仅进行消除内应力退火。

5. 铸钢件热处理

汽车常用的碳钢铸件，形状复杂且易变形与开裂的铸件应采用退火处理；形状不复杂，壁厚不大的铸件可采用正火处理，厚大铸件则可采用正火+回火工艺，以提高其力学性能。

6. 有色金属和合金铸件的热处理

有色金属和合金的种类非常多，其热处理工艺各不相同，在此仅介绍几种在汽车行业常用的有色金属和合金铸件的热处理工艺。

（1）铝合金铸件的热处理　铝合金铸件热处理要根据具体情况而定，例如对压铸铝铸件，由于内部存在气孔、气泡、缩松等，而表层却较致密，一般不进行热处理，以免破坏表面致密层；对于金属型生产的缸盖等铸件，为提高其硬度和强度，可采用淬火＋回火处理。

（2）镁合金铸件的热处理　镁合金铸件为提高力学性能，降低铸造应力等也应进行热处理。其为提高力学性能而进行固溶处理，但前提是合金元素在淬火时可以固溶，然后经时效可以析出。固溶处理加热温度根据镁合金成分不同而不同，例如，ZMgAl8Zn 镁合金，加热温度为（415±5）℃，保温时间 6~12h，而后进行空冷淬火；人工时效的加热温度为（200±5）℃，保温 12~16h。镁合金铸件热处理加热温度超过 400℃，需采用 CO_2 等保护性气体，防止铸件表面氧化。

（3）锌合金铸件的热处理　锌合金铸件常用的热处理工艺主要是稳定化处理和均匀化处理。

① 稳定化处理。因铸造锌合金中的固相脱溶分解及共析转变，容易受到冷却速度和铜、镁等的作用而被抑制，铸态下的组织不稳定，随后会因组织缓慢时效而影响铸件尺寸和性能。其在低温（100℃以下）下进行稳定化处理则可加速组织转化，而使尺寸及性能稳定。

② 均匀化处理。可改善枝晶偏析，并得到细片状共析组织，以提高塑性。均匀化处理温度一般为 320~400℃，保温 5~8h。

（4）铜合金铸件的热处理　对于结构较复杂的铸件，常采用退火处理以防止铸件在使用中尺寸不稳定及变形，退火加热温度为 250~300℃，保温 1.5~2.5h，而后空冷。

五、铸件质量控制

铸造生产工序多，易使铸件产生各种缺陷，为提高质量，降低废品率，首先应正确判断铸件缺陷类别，并分析产生的原因，采取相应措施。常见铸件缺陷及其原因见表 8-3。

表 8-3　常见铸件缺陷及其原因

序号	缺陷	定义	主要原因
1	气孔	主要为圆形、椭圆形等形状的孔洞，内壁较光滑，通常不露出铸件表面，大孔常孤立存在，小孔则成群出现	型砂含水过多或起模、修型时刷水太多；砂型紧实度过大或透气性差；型芯排气道堵塞或型芯未烘干；金属液溶气太多；浇注系统不合理；充型或浇注速度过快，气体排不出；铸件结构不合理，不利于排气等
2	缩孔	形状极不规则、孔壁粗糙并带有枝状晶的孔洞，常出现在铸件最后凝固的部位或厚壁处	浇注系统和冒口位置不当；补缩不良；铸件结构不合理；浇注温度过高或铁液成分不对，吸收太大等
3	缩松	铸件断面上出现分散而细小的缩孔，有时借助放大镜才能发现	原因与缩孔相同
4	砂眼	铸件内部或外表面带有砂粒的孔洞	型砂或芯砂强度低；型腔内部分砂未紧实；铸型被破坏，型砂卷入金属液等

（续）

序号	缺陷	定义	主要原因
5	冷裂	铸件凝固后在较低温度下形成的裂纹，呈长条形且宽度均匀。裂口常穿过晶粒延伸到整个断面	应力过大；含磷过高；铸件设计不合理；铸件各部分冷速不均等
6	热裂	断面严重氧化，无金属光泽，裂口沿晶粒边界产生和发展，外形曲折而不规则的裂纹	铸件设计不合理，壁的厚薄相差较大；合金含硫量高；收缩不均；砂型或型芯退让性差；浇注系统和冒口设置不合理；金属液过热度大；应力过大等
7	夹砂结疤	夹砂是指铸件表面产生的疤片状金属突起物。其表面粗糙，边缘锐利，有一小部分金属和铸件本体相连，疤片状突起物与铸件之间有砂层	砂型烘烤过度，使面部砂层开裂或翘起；砂型局部温度太高，黏土过多；砂型紧实度不均匀，强度和透气性不好；铸件设计不合理等
8	机械黏砂	也称渗透黏砂，是指铸件的部分或全部表面上，黏附着一层砂粒和金属的机械混合物。清除黏砂层时可以看到金属光泽	型砂耐火度不好，砂粒太粗；型腔未刷涂料或刷得太薄；浇注温度太高；型砂紧实度不够等
9	冷隔	在铸件上有穿透或不穿透，边缘呈圆角状的缝隙。冷隔常出现在远离浇注系统的宽大表面或薄壁处、金属液汇合处、激冷部位（冷铁、芯撑）等	浇注温度过低，充型速度太慢或浇注时发生中断；流动性不好；浇道截面太小或位置不当；铸件设计不合理等
10	浇不到	铸件残缺或轮廓不完整或可能完整但边角圆且光亮。浇不到常出现在远离浇注系统的部位及薄壁处，其浇注系统是充满的	与产生冷隔的原因相同
11	错型	由于合型时错位，铸件的一部分与另一部分在分型面处相互错开	合型时上、下型未对准或造型时上、下模未对准；定位销磨损等
12	偏芯	由于型芯在金属液作用下漂浮移动，使铸件内孔位置偏错、形状和尺寸不符合铸件图要求	型芯变形或放置时偏位；型芯尺寸不准或安置不牢；浇道位置不合理，金属液冲偏了型芯等

铸件检验是指根据图样技术条件和用户要求等有关技术文件，用目测、量具、仪器或其他手段检验铸件是否达到合格的操作过程。其任务是找出质量低于要求和违反操作工艺规程的原因，制订提高产品质量的措施，调整有关工序的执行顺序，检验铸造工装和铸造生产的全部工艺过程等。铸件质量检验包括外观质量、内在质量和使用质量的检验。

第二节 钢模铸造

将液态金属浇注入耐热钢制成的铸型而获得铸件的方法，称为钢模铸造，其属于金属型铸造的一种。铸型是用金属制成，可以反复使用多次（几百次至几千次）。

一、钢模铸造的工艺要求

钢模铸造具有许多优点，特别适合自动化大批量生产，在汽车行业的应用十分广泛，如熔点较低的有色金属的大批量铸件生产或形状不太复杂的尺寸较精确的中小型铸件，特别在铝、镁合金成批大量生产中应用最为广泛，如汽车发动机中的铝合金活塞、气缸体、气缸盖及铜合金轴瓦、轴套等。

1. 金属型的预热

金属型导热性好，如果金属型温度低，液体金属冷却快，流动性剧烈降低，容易使铸件出现冷隔、浇不足、夹杂、气孔等缺陷。同时未预热的金属型在浇注时，铸型将受到强烈的热冲击，产生较大热应力，使铸型寿命降低。因此，金属型在开始浇注前，应该先预热，预热温度（即工作温度）因合金的种类、铸件结构和大小有所不同，可通过试验确定。一般情况下，金属型的预热温度不低于150℃。

2. 金属型的浇注温度

金属型的浇注温度一般比砂型铸造时高，可根据合金种类，如化学成分、铸件大小和壁厚，通过试验确定，也可以参考相关手册。由于金属型的激冷和不透气，浇注速度应做到先慢，后快，再慢。在浇注过程中应尽量保证液流平稳。

3. 铸件出型和抽芯时间

金属型芯在铸件中停留的时间越长，由于铸件收缩产生的抱紧型芯的力就越大，因此需要的抽芯力也越大。当铸件冷却到塑性变形温度范围并有足够的强度时是抽芯最好的时机。铸件在金属型中停留的时间过长，型壁温度升高，需要更多的冷却时间，也会降低金属型的生产率。最合适的铸件出型与抽芯时间，一般用试验方法确定。

4. 金属型工作温度的调节

要保证金属型铸件的质量稳定、生产正常，首先要使金属型在生产过程中温度变化恒定，因此在浇注过程中常用强制冷却的方法。冷却的方式一般有风冷、间接水冷和直接水冷。直接水冷是在金属型的背面或局部直接制出水套，在水套内通水进行冷却，主要用于浇注钢件或其他合金铸件，铸型要求强烈冷却的部位，因其成本较高，只适用于大批量生产。

如果铸件壁厚薄悬殊，在采用金属型生产时，也常在金属型的一部分采用加热，另一部分采用冷却的方法来调节型壁的温度分布。

5. 金属型涂料

在金属型铸造过程中，常需要在金属型的工作表面喷刷涂料。涂料的作用是调节铸件的冷却速度，保护金属型，防止高温金属对型壁的冲蚀和热击，并利用涂料层蓄气排气。

金属型涂料由三类物质组成，即粉状耐火材料（如氧化锌、滑石粉、锆砂粉、硅藻土粉等）、黏结剂（常用水玻璃、糖浆或纸浆废液等）和溶剂（水）。不同合金采用不同配方的涂料。

二、钢模铸造的特点

1）铸型材料的热导率和热容量大，冷却速度快，铸件组织致密，力学性能比砂型铸件高15%左右；但又使金属液较快地丧失流动性，降低了充填铸型的能力。

2）能获得较高尺寸精度和较好表面质量的铸件，铸件质量稳定性好，废品率低，工艺

第八章 零件毛坯制造工艺

出品率高。

3）减少了粉尘和有害气体的污染，改善了劳动环境。

4）易于实现机械化、自动化，生产效率高，技术容易掌握，便于生产管理。

5）铸型制造周期长、成本高、工艺要求严格，易出现大量同一缺陷的废品。

6）退让性差，铸件凝固时易产生裂纹和变形，故铸件应尽早从型腔中取出，且不宜生产形状太复杂的铸件。

7）受铸型材料熔点的限制，熔点高的合金不适宜用钢模铸造。

8）常见缺陷有气孔、缩孔、缩松、裂纹、冷隔等。

第三节 压力铸造

压力铸造就是将液态或半液态金属在高压作用下高速填充金属压铸模型腔，并在压力作用下快速凝固而获得铸件的方法。高压、高速充型是压力铸造区别于其他铸造方法的重要特征。

一、压力铸造的工艺过程及原理

图 8-16 所示为压铸工艺过程图。压力铸造的铸型是金属型，通常用热模具钢制成。

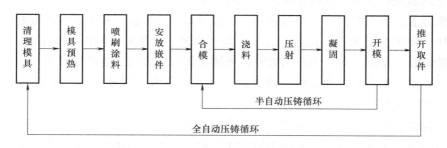

图 8-16 压铸工艺过程图

用于压力铸造的机器称为压铸机。压铸机种类很多，可分为热室和冷室两种形式。冷室式又分立式和卧式两种，其中卧式冷压室压铸机（图 8-17）应用较为广泛。

在压铸过程中，作用在液体金属上的压力以两种不同的形式出现，其作用也不同：一种是液体金属流动过程中的流体动压力，其作用主要是完成充填及成形过程；另一种是在充填结束后，以流体静压形式出现的最终压力（其值明显大于动压力），其作用是对凝固过程中的金属进行"压实"。最终压力的有效性，除与合金的性质及铸件的结构有关外，还取决于内浇道的形状、大小及位置。

图 8-17 卧式冷压室压铸机

下面以具有增压器的三级压射机构压力铸造为例介绍其工艺原理。

压铸过程中作用在液体金属上的压力不是一个常数,它随着压铸过程的不同阶段而变化。液体金属在压室及压铸型中的运动情况可分为四个阶段。图 8-18 所示为压铸件不同阶段液体金属所受压力的变化情况。

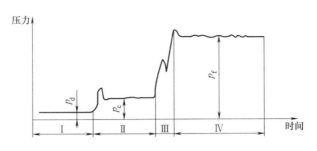

图 8-18　压铸过程中压力的变化曲线

第一阶段 I,慢速封孔阶段:压射冲头以慢速向前移动,液体金属在较低压力 p_d 作用下推向内浇道。低的压射速度是为了防止液体金属在越过压室浇注孔时溅出和有利于压室中气体的排出,减少液体金属卷入气体。此时压力 p_d 只用于克服压射缸内活塞移动和压射冲头与压室之间的摩擦阻力,液体金属被推至内浇道附近。

第二阶段 II,充填阶段:二级压射时,压射活塞开始加速,并由于内浇道处的阻力而出现小的峰压,液体金属在压力 p_c 的作用下,以极高速度在很短时间内充填型腔。

第三阶段 III,增压阶段:充型结束时,液体金属停止流动,由动能转变为动压力。压力急剧上升,并由于增压器开始工作,使压力上升至最高值。这段时间极短,一般为 0.02~0.04s,称为增压建压时间。

第四阶段 IV,保压阶段或称压实阶段:金属在最终静压力 p_f 作用下进行凝固,以得到组织致密的铸件。由于压铸时铸件的凝固时间很短,因此,为达到上述目的,要求压射机构在充型结束时,能在极短的时间内建立最终压力,使得在铸件凝固之前,压力能顺利地传递到型腔中去。所需最终静压力 p_f 的大小取决于铸件的壁厚与复杂程度、合金的性能与对铸件的要求,一般为 50~500MPa。

以上为具有增压器的三级压射机构压铸时压力的变化曲线,实际上,由于压铸机压射机构的工作特性各不相同,以及铸件结构形状不同、液体金属充填状态和工艺操作条件的不同,压铸过程中压力的变化曲线也会不同。

二、压力铸造的特点及应用范围

压力铸造具有如下特点:生产效率高,压铸时可实现全自动循环,平均每小时可压铸 80~100 次,适于大批生产;压力铸造能压铸出形状简单和复杂的各种铸件,可生产壁厚 0.3~25mm 的复杂铸件,重量从几克到数千克;压铸产品尺寸精度高,表面粗糙度值小,最高可达 IT9 级;产品互换性好;压铸件组织致密,具有较高的强度和硬度;轮廓清晰,可在表面铸出清晰的文字及图案;材料利用率高;压铸可制作零件组合,代替部分装配,经济效益高;压铸机费用高,制造成本昂贵、工艺准备时间长,因此不适宜单件、小批量生产;

不适合压铸高熔点合金，如钢、铸铁等；压铸件内部常有气孔、缩孔和缩松等缺陷，不宜进行热处理和过多的切削加工。

近年来出现了真空压铸、加氧压铸、半固态金属压铸，目的是减少铸件气孔；局部冷却与局部加压工艺，目的是减少厚壁处的缩孔；以及黑色金属压铸技术，将大大扩大压力铸造的应用范围。

第四节 消失模铸造

消失模铸造又称气化模铸造或实型铸造，是泡沫塑料模采用无黏结剂干砂结合抽真空技术的实型铸造，将与铸件尺寸形状相似的泡沫模样粘结组合成模样簇，刷涂耐火涂料并烘干后，埋在干石英砂中振动造型，在负压下浇注，使模样汽化，液体金属占据模样位置，凝固冷却后形成铸件的新型铸造方法。

一、消失模铸造成型的特点

消失模铸造的工艺过程如图8-19所示。与砂型铸造相比，消失模铸造方法具有如下主要特点。

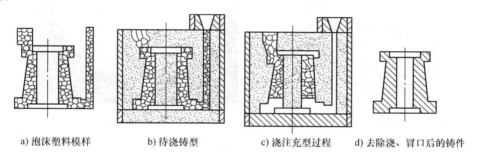

a) 泡沫塑料模样　　b) 待浇铸型　　c) 浇注充型过程　　d) 去除浇、冒口后的铸件

图8-19　消失模铸造的工艺过程

① 铸型紧实后不用起模、分型，没有铸造斜度和活块，取消了砂芯，避免了普通砂型铸件尺寸误差和错型等缺陷；泡沫塑料模样的表面粗糙度值较低，故消失模铸件的表面粗糙度值也较低（$Ra6.3\sim12.5$），铸件的尺寸公差等级可达IT15～IT16。

② 消失模铸造由于没有分型面，不存在下芯、起模等操作，许多在普通砂型铸造中难以铸造的铸件结构在消失模铸造中不存在任何困难。

③ 简化铸件生产工序，提高劳动生产率，容易实现清洁生产。消失模铸造不用砂芯，省去了芯盒制造、芯砂配制、砂芯制造等工序；型砂不需要黏结剂、铸件落砂，砂处理系统简便。

④ 减少材料消耗，降低铸件成本。消失模铸造采用无黏结剂干砂造型，可节省大量型砂黏结剂，型砂可以全部回用。

与其他特种铸造方法相比，消失模铸造的应用范围很广泛，可用于生产铸铁、碳钢、工具钢、不锈钢、铝、镁及铜合金等铸件。铸件质量从1kg至几十吨。

二、消失模铸造工艺过程

消失模铸造生产线的工艺流程分为白区与黑区两大部分,具体地讲包括泡沫塑料模样的成型加工与组装、上涂料、造型、浇注、型砂处理等。

1. 泡沫塑料模样的成型加工与组装

泡沫塑料模样通常采用两种方法制成:一种是采用商品泡沫塑料板料切削加工、粘结成型;另一种是商品泡沫塑料珠粒预发后,经模具发泡成型。由泡沫塑料珠粒原材料制成铸件模样的工艺过程如图 8-20a 所示,其成型后的泡沫塑料模样照片如图 8-20b 所示。

泡沫塑料模样加工成型后,不同部分的模样及浇、冒口系统需要进行组装、粘结,通常采用热熔胶或冷黏胶粘结组装。

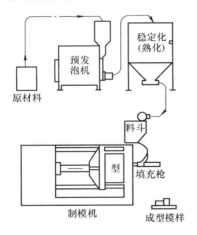

a) 泡沫塑料珠粒原材料制成铸件模样工艺过程　　b) 成型后的泡沫塑料模样

图 8-20　泡沫塑料模样的成型方法

泡沫塑料模样的材料种类及性能(密度、强度、发气量等)对消失模铸件的质量具有重大影响。泡沫塑料的种类很多,但能用于消失模铸造工艺的泡沫塑料种类却较少,目前常用于消失模铸造工艺的泡沫塑料及其特性见表8-4。

表 8-4　用于消失模铸造工艺的泡沫塑料及其特性

名称	英文缩写	强度	发气量	主要热解产物	价格
聚苯乙烯	EPS	较大	较小	相对分子质量较大的毒性芳香烃气体较多,单质碳较多	便宜
聚甲基丙烯酸甲酯	PMMA	较小	大	小分子气体较多,单质碳较少	较贵
共聚物	EPS-PMMA	较大	较大	小分子气体较多,单质碳较少	较贵

2. 上涂料

泡沫塑料模样及其浇注系统组装成型后应上涂料。涂料在消失模铸造工艺中具有十分重要的作用。涂层将金属液与干砂隔离,可防止冲砂、粘砂等缺陷;浇注充型时,涂层将模样的热解产物气体快速导出，可防止浇不足、气孔、夹渣、增碳等缺陷产生；涂层可提高模样的强度和刚度，使模样能经受住填砂、紧实、抽真空等过程中力的作用，避免模样变形。

消失模铸造涂料与普通砂型的组成相似，主要由耐火填料、分散介质、黏结剂、悬浮剂及改善某些特殊性能的附加物组成。但消失模铸件的质量和表面粗糙度在很大程度上依赖于涂料的质量。

为了获得高质量铸件，消失模铸造涂料应具有良好的透气性、较好的涂敷性、足够的强度、较小的发气量以及较快的低温干燥速度。

3. 造型

消失模铸造通常采用无黏结剂的硅砂来充填、紧实模样，砂粒的平均粒度为 AFS25～AFS45。粒度过细有碍于浇注时塑料残留物的逸出；粒度过粗则会造成金属液渗入，使得铸件表面粗糙。型砂粒度分布集中较好，以便保证型砂的高透气性。

在模样放入砂箱内紧实之前，砂箱的底部要填入一定厚度（约100mm）的型砂作为放置模样的砂床。然后放入模样，再边加砂边振动紧实，直至填满砂箱紧实完毕。为了避免加砂过程中因砂粒的冲击使模样变形，常采用柔性管加砂或雨淋式加砂方法。雨淋式加砂方法加砂均匀、对模样的冲击较小，是生产中常用的方法。

4. 浇注

型砂紧实后的浇注通常在真空状态下进行，如图 8-21 所示。抽真空是将砂箱内砂粒间的空气抽走，使密封的砂箱内部处于负压状态。在负压的作用下，砂箱内松散流动的干砂变成紧实坚硬的铸型，具有抵抗液态金属作用的抗压、抗剪强度。抽真空的另一个作用是，可以强化金属液浇注时泡沫塑料模汽化后气体的排出效果，避免或减少铸件的气孔、夹渣等缺陷。

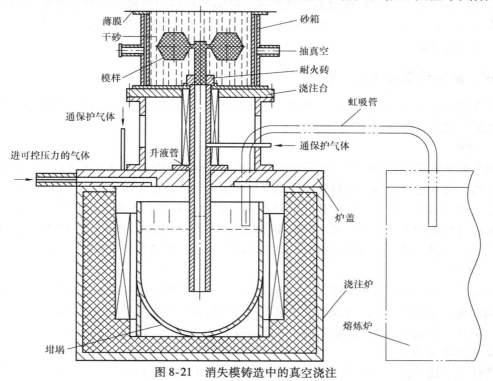

图 8-21 消失模铸造中的真空浇注

真空度是消失模铸造的重要工艺参数之一，真空度大小的选用主要取决于铸件的质量、壁厚及铸造合金和造型材料的类别等。真空度的常用范围是 $-0.08 \sim -0.02$ MPa。

5. 型砂处理

消失模铸件落砂后的型砂温度很高，由于是干砂，其冷却速度相对较慢，对于规模较大的流水生产的消失模铸造车间，型砂的冷却是消失模铸造的关键。常用的冷却设备主要有振动沸腾冷却设备、振动提升冷却设备和砂温调节器等。

三、消失模铸造浇注系统

消失模与金属液接触时，泡沫塑料模样总是依照变形收缩—软化—熔化—汽化—燃烧的过程进行变化，留在铸型内的模样汽化分解，并与金属液发生置换。由于泡沫塑料模样的存在，与普通砂型铸造相比，消失模铸造工艺的浇注系统具有如下特征。

1. 封闭式浇注系统

其特点是流量控制的最小截面处于浇注系统的末端。浇注时直浇道内的泡沫塑料迅速汽化，并在很短的时间内被液体金属充满，浇注系统内易建立起一定的静压力使金属液呈层流状充填，可以避免充型过程中金属液的搅动与喷溅。

2. 底注式浇注系统

底注式浇注系统的金属液流动具有充型平稳、不易氧化、无飞溅、有利于排气浮渣等特点，在消失模铸造中应用较多。

3. 较高的浇注温度

由于汽化泡沫塑料模样需要热量，消失模铸造的浇注温度比普通砂型铸造的浇注温度通常要高 $20 \sim 50$℃。若浇注温度过低，则夹渣、冷隔等缺陷明显增多。对于黑色金属，提高浇注温度对获得高质量的铸件十分有利；但对于铝合金，浇注温度不宜超过 790℃，否则铸件易产生针孔缺陷。

四、常见缺陷及防止措施

消失模铸件常见缺陷有增碳、皱皮、气孔和夹渣、粘砂、塌箱、冷隔、变形等。其产生原因及防止措施如下。

1. 增碳

消失模铸钢件中，铸件的表面乃至整个断面的含碳量明显高于钢液的含碳量，这种现象称为增碳。浇注过程中泡沫塑料模样受热汽化产生大量的液相聚苯乙烯、气相苯乙烯、苯及小分子气体（CH_4、H_2）等，沉积于涂层界面的固相碳和液相产物是铸件浇注和凝固过程中引起铸件增碳的主要原因。采用增碳程度较轻的泡沫塑料模样材料（如PMMA）、优化铸造工艺、开设排气通道、缩短打箱落砂时间等都有利于有效控制铸钢件的增碳。

2. 皱皮

皱皮是金属中夹进的氧化膜，即有机残余物薄层覆盖着一层较厚的氧化膜。在突然变狭窄的断面或浇注期间两股汇合液态金属流相遇处皱皮发生得最频繁。透气性低的保温涂料可以减少皱皮，较低的泡沫密度也有助于减少皱皮。

3. 气孔和夹渣

铸件上出现气孔和夹渣缺陷主要来源于浇注过程中泡沫塑料模样受热汽化生成的大量气

体和一定残渣物。提高浇注温度和真空度、开设集渣冒口等可消除气孔和夹渣铸造缺陷。

4. 粘砂

粘砂是指铸件表面粘结型砂而不易清理的铸造缺陷,它是铸型与金属界面动压力、静压力、摩擦力及毛细作用力平衡被破坏的结果。提高型砂的紧实度、降低浇注温度和真空度、增加涂料的厚度和均匀性等都有利于防止粘砂缺陷的产生。

5. 塌箱

塌箱是指浇注过程中铸型向下塌陷,金属液不能再从浇口进入型腔,造成浇注失败。主要是浇注速度太慢、砂箱内的真空度太大、浇注方案不合理所致。合适的浇注速度、适当降低真空度、恰当设计浇注系统等有利于防止塌箱缺陷产生。

6. 冷隔

铸件最后被填充的地方,金属不能完全填充铸型时便出现冷隔。主要原因是浇注温度过低、泡沫塑料模样的密度过高、浇注系统不合理。提高浇注温度与真空度、降低泡沫塑料模样的密度、合理设计浇注系统等可防止产生冷隔缺陷。

第五节 精密铸造

精密铸造又称为"熔模铸造",它是用易熔材料制成精确光洁的模样——易熔模,再在易熔模上涂敷多层耐火材料,或浇灌耐高温的陶瓷浆料,硬化干燥后再将铸型中的易熔模熔化排出即成铸型,留下的中空铸型经焙烧后即可浇入熔融金属生产出铸件。由于熔模广泛采用蜡质材料来制造,故这种方法又称为"失蜡铸造"。

一、精密铸造的工艺过程

精密铸造工艺过程包括制造蜡模、制出耐火型壳、造型和浇注等,图 8-22 所示为精密铸造的工艺过程。

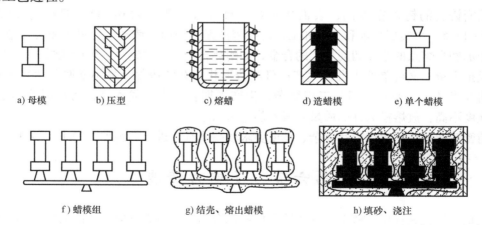

a) 母模　b) 压型　c) 熔蜡　d) 造蜡模　e) 单个蜡模

f) 蜡模组　g) 结壳、熔出蜡模　h) 填砂、浇注

图 8-22　精密铸造的工艺过程

1. 制造母模

母模是铸件的基本模样,多是用钢或黄铜经机械加工制成,用来制造压型。其形状与铸

件相同，但尺寸比铸件稍大，必须加上蜡料和铸造合金的收缩量，才能获得合格铸件。

2. 制造压型

压型是用来制造蜡模的铸型。为了保证蜡模质量，压型必须有较高的尺寸精度和低的表面粗糙度。当大批量生产时，压型常用钢和铝合金经机械加工制成；批量不大的铸件，其压型常用低熔点合金铸造制成，单件小批量生产的压型可用石膏制成。

3. 制造蜡模

蜡模常用 50% 石蜡和 50% 硬脂酸配制而成。将熔融的蜡料挤入压型中，冷却后从压型中取出，去除分型面上的飞边便获得单格蜡模。为一次铸造多个铸件，常将单个蜡模黏焊在预制好的蜡制浇口棒上，制成蜡模组。

4. 铸型制造

铸型制造包括结壳、脱蜡、焙烧、造型等。结壳是在蜡模上涂挂耐火涂料层，使其成为具有一定强度的耐火型壳的过程。它是先用水玻璃和石英粉配成涂料，将蜡模组浸挂涂料后向其表面撒一层石英砂然后将黏附石英砂的蜡模组放入硬化剂（通常为氯化铵溶液）中，利用反应生成硅酸胶将砂黏牢而硬化，如此反复涂挂 3～7 次，得到 5～10mm 硬壳为止。脱蜡是将壳浸泡在 85～95℃ 的热水中，蜡模熔化，从浇注系统流出，型壳便形成铸型空腔。焙烧是将铸型在 850～950℃ 下加热型壳，进一步排出型壳的残余挥发物和水分，提高其质量。造型是将型壳置于铁箱中，周围用干砂填紧，目的是提高型壳的强度，防止浇注时变形或开裂。

5. 浇注

为了提高液态合金的充型能力，常在焙烧后趁热（600～700℃）进行浇注。

6. 脱壳和清理

待铸件冷却后用人工或机械方法去掉型壳，切除冒口，清理后即得铸件。

二、精密铸造的特点及应用范围

精密铸造的铸件精度高，表面质量好，尺寸公差等级可达 IT1～IT4，表面粗糙度 $Ra1.6～12.5$，可实现少削和无削加工，熔模铸件无分型面；铸造合金种类不受限制，尤其适用于那些高熔点的难以切削加工的合金，如耐热合金、不锈钢等；生产批量不受限制，既可以成批大量，又可单件小批量生产；可制造形状复杂的铸件，最小壁厚可达 0.3mm，最小铸出孔直径达 0.5mm。但其工序繁杂，生产周期长，生产成本高，而且因熔模易变形，型壳强度不高，故熔模铸件的质量一般不超过 25kg。

精密铸造适用于生产形状复杂、精度要求较高或难以进行切削加工的小型零件。

第六节　反重力铸造

反重力铸造又称反压铸造，其实质是使液态金属在与重力方向相反的力的作用下完成充型、补缩和凝固的一种铸造方法。与压力铸造和挤压铸造相比，完成充型和补缩所施加的力较小，因此，液态金属在充型过程中的流动非常平稳，但与重力铸造相比，铸件又能在一定的压力下实现补缩和凝固，因此是生产优质铸件的理想方法。反重力铸造的特点是：

① 反重力铸造的充型速度可以通过计算机实现准确的控制。

② 成型性好、表面光洁。
③ 铸件晶粒细、组织致密、力学性能高。
④ 材料的利用率高。
⑤ 铸件可进行热处理。

一、反重力铸造分类

根据产生压力方式的不同,反重力铸造可分为差压铸造、低压铸造、调压铸造、真空吸铸及复合反重力铸造等多种类型。从设备结构上看,差压铸造、调压铸造、真空吸铸和复合反重力铸造均采用上下室形式,保温炉置于下室,铸型置于上室,如图8-23a所示;低压铸造只使用下室,铸型置于大气环境中,如图8-23b所示。

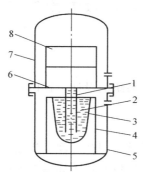
a) 差压铸造、调压铸造、真空吸铸和复合反重力铸造

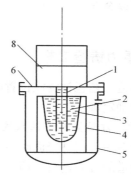
b) 低压铸造

图 8-23 反重力铸造原理示意图
1—升液管 2—液态金属 3—坩埚 4—保温炉 5—下室 6—中隔板 7—上室 8—铸型

1. 差压铸造

差压铸造建立压差的方式有两种:①上下室同时进气,达到同步压力后,上室排气,形成压差,在压差的作用下完成升液、充型和保压;②上下室同时进气,达到同步压力后,下室继续进气,形成压差进而完成升液、充型和保压。差压铸造中,不仅可在压力下完成充型和补缩,而且由于铸型处在压力下,能够更好地发挥冒口的补缩,提高了铸件的致密度。这种铸造方法适合于生产大型厚壁铸件。前者,铸型所受的压力不断变化,液态金属所受的压力也有变化,对控制系统的要求较高;后者,铸型所受的压力不发生变化,只调节液态金属所受的压力,所以稳定性较好,控制系统容易实现,但对设备耐压性能要求较高。

2. 调压铸造

上下室同时抽真空,达到指定真空度后下室进气,形成压差,在压差的作用下完成升液、充型和保压。由于铸型处在负压环境之下,铸件的补缩只能依靠压差来完成,在同样的液态金属处理条件下铸件的针孔度难于控制,补缩能力较弱;但液态金属的充型能力较好,特别适合于小型薄壁铸件。

3. 真空吸铸

下室处在常压环境,上室抽真空形成压差,在压差的作用下完成升液、充型和保压。由于铸型处在真空环境之下,所以液态金属的充型能力较好,但补缩能力较弱,适合于小型薄壁铸件。

4. 复合反重力铸造

真空吸铸的改进型，上室抽真空，下室处在常压环境，形成压差。在压差的作用下完成升液和充型后，上下室按照充型完成时的压差同时进气，使铸型处在正压环境之下，以增强铸件的补缩能力。

5. 低压铸造

铸型处在常压环境之下，下室进气，形成压差，在压差的作用下完成升液、充型和保压。低压铸造所需设备简单、操作容易、充型过程控制简单。只要保压时的增压满足要求，同样可使铸件得到很好的补缩。与其他反重力铸造方法相比，低压铸造的应用范围更广。由于在低压铸造中，铸型处在常压环境之下，利用金属型铸造时，容易实现金属型的开合模及铸件顶出，所以金属型低压铸造广泛用于生产质量要求较高的铸件，如汽车轮毂、缸体、缸盖等铸件。

二、反重力铸造工艺

反重力铸造工艺包括浇注位置的选择、浇注系统的设计、冒口和冷铁的合理使用以及最佳工艺参数的确定等。

1. 铸件的浇注位置及浇注系统

反重力铸造中，铸件凝固时主要通过浇道补缩。因此，确立浇注位置时，应使铸件的凝固顺序朝着浇道的方向进行。通常，将铸件的薄壁位置置于远离浇道位置，让金属液从厚壁处引入。为使铸件厚壁位置的热分布合理，可采用分散浇道，利用内浇道补缩。

浇注系统的设计应保证在金属液平稳充型的前提下充型要快，有利于挡渣、排气和实现顺序凝固。对于大型复杂薄壁铸件，应尽可能采用下宽上窄的缝隙式浇注系统，保证金属液可在缝隙内平稳上升，以充分发挥垂直方向上的补缩，同时也不会影响其水平方向的补缩能力。

2. 冒口和冷铁

冷铁常与冒口或浇注系统配合使用，以加强冒口或浇道的补缩，但也可单独使用，用来加快铸件局部热节处的冷却速度，保证铸件整体的顺序凝固。

3. 反重力铸造工艺参数

尽管反重力铸造具有前述许多优点，但影响铸件质量的因素很多，只有对工艺过程参数进行严格控制才能获得高质量的铸件。

（1）升液管直径　根据铸件质量来预计充型时间和充型速度以确定对升液管的流量要求，据此计算升液管直径；升液管要便于压力传递，有利于补缩，金属液充型时不产生紊流。升液管的材料根据合金的种类及对铸件质量的要求确定，对于普通铝合金铸件，采用钢管或铸铁管即可；合金对含铁量要求比较高时，可采用钛合金或陶瓷升液管。

（2）充型压力　充型压力是指金属液充满型腔所需要的压力，其大小与铸件的形状和高度、坩埚形状、金属熔化量等有关。如果坩埚的形状、大小不变，熔化量已知，铸件浇注量核定准确，则可比较精确地计算出充型压力。然而，在砂型反重力铸造中，连续浇注几个不同的铸件时，充型压力的精确计算比较困难。为此，每次浇注之前，可测量坩埚内液面至升液管口的实际高度来近似计算充型压力。

（3）结晶压力　结晶压力是为铸件结晶创建一个高压条件。金属在压力下结晶，使晶粒细化、组织致密。结晶压力越大，力学性能越高。但过高的结晶压力会给反重力设备带来困难，且铸件强度增加很少。压力过小，会降低反重力铸造的挤压及塑性变形作用，不利于补缩和抑制金属液中气体的析出，铸件易产生疏松和微观缩孔。选择结晶压力时，要考虑铸件结构、合金的结晶特性。铸件结构复杂时，选择较大的结晶压力；合金结晶范围较宽时，选择较高的结晶压力。

（4）升液、充型速度　在升液管出口面积固定的情况下，充型速度取决于坩埚液面上的加压速度。加压速度分升液和充型两个阶段。金属液由坩埚液面上升到横浇道为升液，要求液流平稳、升液速度缓慢，以利于型腔中气体的排出，防止升液管出口处出现喷溅和翻滚，避免产生二次氧化夹渣。充型阶段的流速需根据铸件的壁厚大小、复杂程度和合金种类等因素确定。一般情况下，充型速度应比升液速度略快，这样有利于补缩和减少二次夹渣的产生。

（5）保压时间　铸型内金属液在压力作用下保持到铸件完全凝固结束的时间为保压时间。保压时间大体上接近铸件凝固所需要的时间。若保压时间过短，金属没有完全凝固，未凝固的金属液通过升液管返回坩埚，铸件得不到充分补缩，甚至不能成型，造成铸件报废；保压时间过长，浇道残留过长，清理困难，有时甚至会使升液管出口冻结，影响生产。保压时间的长短与铸件的壁厚、合金种类、铸型性质以及结晶凝固压力有关。铸件壁越厚、合金的结晶温度范围越宽，保压时间应越长；结晶凝固压力越大，保压时间应越短。砂型反重力铸造的保压时间比金属型铸造长。

（6）浇注温度　在保证金属液的充填和补缩能力的前提下应尽可能使浇注温度低一些。反重力铸造其成型能力远高于重力铸造，所以其浇注温度应比重力铸造约低 5~10℃。

第七节　模　　锻

将坯料加热后放在上、下锻模的模膛内，施加外力，使坯料在模膛所限制的空间内产生塑性变形，从而获得与模膛形式相同的锻件，这种锻造方法称为模锻。

一、模锻设备与工艺过程

模锻设备有模锻锤、平锻机、曲柄压力机、摩擦压力机、模锻液压机等多种，其中模锻锤应用最广泛。

模锻锤的砧座比自由锻的砧座大得多，而且砧座与锤身连成一个封闭的整体，锤头与导轨之间的配合也比自由锻精密，锤头的运动精度高，锤击能够保证上下模对准。

模锻时上模和下模分别安装在锤头下端和砧座上的燕尾槽内，用楔形铁对准和紧固。图 8-24 所示是单模膛模锻工作示意图。

锻模由热作模具钢加工制成，具有较高的热硬性、耐磨性和耐冲击性能。模膛内与分模面垂直的面都有 5°~10° 的斜度，称为模锻斜度，其作用是便利锻件出模；所有面与面之间的交角都要做成圆角，以利于金属充满模膛及防止由于应力集中使模膛开裂。

为了防止锻件尺寸不足及上下锻模冲撞，以及有利于坯料充满模膛，模锻件在下料时，除考虑烧损量及冲孔损失外，还应使坯料的体积稍大于锻件。模膛的边缘也加工出容纳多余金属的飞边槽,在锻造过程中,多余的金属即存留在飞边槽内,锻后再用切边模将飞边切除。

根据模锻件的复杂程度和设备条件,锻模可分为单腔锻模和多腔锻模两种。单腔锻模是在一副锻模上只具有一个模腔,多腔锻模是在一副锻模上具有两个以上模腔。对于形状复杂的锻件,要经过制坯、预锻、终锻等过程才能成形,最后还有切边等工序。图8-25所示是采用多模腔锻模锻造弯曲连杆的过程。

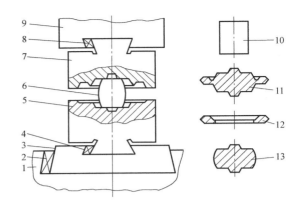

图8-24　单模腔模锻工作示意图
1—砧座　2—楔铁　3—模座　4—楔铁　5—下模
6—坯料　7—上模　8—楔铁　9—锤头
10—坯料　11—带飞边的锻件　12—切下的飞边　13—成形锻件

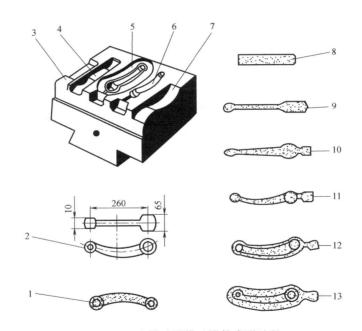

图8-25　多模腔锻模及锻件成形过程
1—锻件　2—零件图　3—延伸模腔　4—滚压模腔　5—终锻模腔　6—预锻模腔　7—弯曲模腔
8—坯料　9—延伸坯料　10—滚压坯料　11—弯曲坯料　12—预锻坯料　13—带飞边锻件

二、锻件缺陷

模锻工艺具有生产效率高、劳动强度低、尺寸精度高、加工余量小等许多优点,在汽车产业中得到了广泛应用。为了获得良好的锻件质量,模锻工艺过程中应对可能产生锻件缺陷的因素进行严格控制。

1. 氧化

氧化是金属坯料在加热时与炉中氧化性气体发生反应生成氧化物的现象。氧化会使材料烧损，严重时危害锻件质量。加热温度愈高、时间愈长，氧化愈严重。严格控制炉温、快速加热、向炉内送入还原气体（CO、H_2）以及采用真空加热是减少氧化的有力措施。

2. 脱碳

脱碳是加热时坯料表层的碳与氧等介质发生化学反应造成表层碳元素降低的现象。脱碳会使表层硬度降低，耐磨性下降。如脱碳层厚度小于机械加工余量，对锻件不会造成危害；反之则会影响锻件质量。采用快速加热、在坯料表层涂保护涂料、在中性介质或还原性介质中加热都会减缓脱碳。

3. 过热

过热是金属坯料加热温度超过始锻温度，并在此温度下保持时间过长，而引起金属晶粒迅速长大的现象。过热会使坯料塑性下降，锻件力学性能降低。严格控制加热温度，尽可能缩短高温阶段的保温时间可防止过热。

4. 过烧

过烧是坯料加热温度接近金属的固相线温度，并在此温度下长时间停留，金属晶粒边界出现氧化及形成易熔氧化物的现象。过烧后，材料的强度严重降低，塑性很差，一经锻打即破碎成废料。因此，锻造过程中要严格防止出现过烧现象。

5. 裂纹

大型锻件加热时，如果装炉温度过高或加热速度过快，锻件心部与表层温度差过大，造成应力过大，从而导致内部产生裂纹。因此，对于大型锻件的加热，要防止装炉温度过高和加热速度过快，一般应采取预热措施。

第八节 辊 锻

辊锻是锻造工艺的方法之一。所谓辊锻是使坯料通过装有扇形模块的一对旋转的轧辊时，借助模槽对金属的压力，使其产生塑性变形，从而获得所需要的锻件或锻坯（图 8-26）。

辊锻变形的实质是坯料的延伸变形过程。坯料在高度方向经辊锻模压缩后，除一小部分金属横向流动而使坯料宽度略有增加外，大部分被压缩的金属沿着坯料的长度方向流动。被辊锻的毛坯，横截面积减小，长度增加。

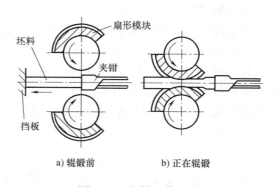

图 8-26 辊锻工作过程

一、辊锻工艺的分类及特点

辊锻工艺常分为制坯辊锻和成形辊锻，其分类及特点见表 8-5。

表 8-5 辊锻工艺的分类及特点

分　类		变形过程特点	应　用
制坯辊锻	单型槽辊锻	在开式型槽内一次或多次辊锻，或用闭式型槽一次辊锻	用于毛坯端部拔长或用于模锻前的制坯工序，例如，扳手的杆部延伸
	多型槽辊锻	在几个开式型槽中连续辊锻，或在闭式与开式的组合型槽中辊锻	主要用于模锻前的制坯工序，例如汽车连杆的制坯辊锻
成形辊锻	完全成形辊锻	在辊锻机上完成锻件的全部成形过程。可在开式型槽、闭式型槽或开式闭式组合型槽中辊锻	适用于小型锻件及叶片类锻件的直接辊锻成形，例如各类叶片的冷、热精密辊锻
	预成形辊锻	锻件在辊锻机上基本成形，即完成相当于模锻工艺的预锻或超过预锻的成形程度。在辊锻后需用其他设备进行最终整形	适用于辊轧截面差较大、形状较为复杂的锻件，例如内燃机连杆、拖拉机履带节的预成形
	部分成形辊锻	锻件的一部分形状在辊锻机上成形，而另外部分采用模锻或其他工艺成形	适用于辊轧长杆类或板片类锻件，例如汽车变速器操纵杆等

辊锻工艺兼有锻和轧的特点，在汽车产业中得到了广泛应用，其优点主要有：

1）产品精度高，表面粗糙度小。
2）锻件质量好、具有良好的金属流线。
3）锻辊的生产效率高。
4）辊锻是一种局部变形的成形方式，所需设备的吨位小。
5）工艺过程简单，无冲击、振动，辊锻模的寿命长（比锻模寿命长 5~10 倍），劳动条件好，易于实现自动化。

二、辊锻的基本原理

辊锻的过程可以简化成咬入和变形两个阶段。

辊锻时，辊锻模咬入毛坯有两种形式：毛坯端部自然咬入和毛坯中部强制咬入。

（1）端部自然咬入　图 8-27a 所示是自然咬入时的开始咬入阶段。当毛坯靠紧模具时，受到模具径向力 P 和摩擦力 T 的作用。实现咬入的条件是：摩擦力在水平方向上的分力应大于径向力的分力，即

$$T\cos\alpha > P\sin\alpha$$

因为 $T = \mu P$ 及 $\mu = \tan\beta$，所以，实现开始咬入的条件变为咬入角必须小于摩擦角。

式中　α——咬入角；
　　　β——咬入时的摩擦角，又称极限咬入角；
　　　μ——咬入时毛坯与模具间的摩擦因数。

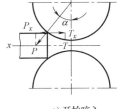 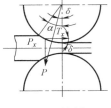

a) 开始咬入　　　b) 已经咬入

图 8-27 毛坯咬入受力分析

毛坯被模具咬入后，合力的作用点向两锻辊中心连线方向移动，如图 8-27b 所示，由于

此时 $δ<α$，所以只要能满足端部自然咬入条件，就能实现稳定咬入。

(2) 中间咬入　辊锻模具通常为型腔截面变化的扇形模具，常由模具突出部位从毛坯中间咬入，如图 8-28 所示。

当采用中间咬入或强制送进时，有可能增大咬入角，但要受到辊锻过程打滑条件的限制，即极限咬入角 $α_{max}<2β$，通常取 $α_{max}=(1.3\sim1.5)β$。

表 8-6 给出了生产实践中得到的各种不同情况下的极限咬入角。

表 8-6　极限咬入角

辊锻条件	极限咬入角 $α/(°)$
冷辊钢和其他金属时：	
在有润滑剂的光滑模具上	3~4
无润滑剂的粗糙模具上	5~8
热辊时：	
钢板	18~22
铝（在 350℃时）	20~22
镍（在 1100℃时）和白铜（在 950℃时）	22
黄铜 H62 和 H68（在 800℃时）	21~24
型钢	22~24
铜（在 900℃时）	27
型钢在表面有刻痕的模具上	27~34

由于中间咬入相当于机械式钳入，并不受摩擦条件的影响，其咬入角可以很大，可达 32°~37°，其咬入条件大为改善。但咬入后要继续进行辊锻，仍须受到摩擦条件的限制，以防打滑现象发生。

(3) 变形区　在辊锻过程中，坯料并非在整个长度上同时受到辊锻模的压缩作用，而只是在某一段长度上与辊锻模直接接触，并且随着锻辊的转动和坯料的向前运动，坯料上承受压缩的部位也在变化着。直接承受辊锻模压缩作用而产生变形的这一部分金属体积所占有的空间称为变形区，如图 8-29 所示。辊锻变形区中，在前滑区内模具的切线速度小于毛坯的速度，金属向前滑移，称为前滑；在后滑区内模具的切线速度大于锻件的速度，金属向后滑动，称为后滑。

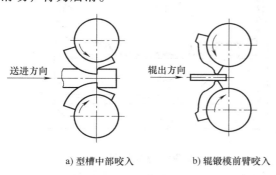

a) 型槽中部咬入　　b) 辊锻模前臂咬入

图 8-28　中间咬入形式

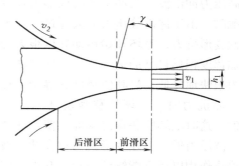

图 8-29　辊锻变形区金属流动速度分布图

由于变形区中金属的前滑现象，使得辊锻后的锻件长度大于模具上相应的长度（弧长）。为了获得尺寸精确的锻件，在辊锻模具设计时，一定要考虑合适的前滑量。一般用 s 表示，计算公式如下：

$$s = \frac{v_1 - v_2}{v_2}$$

式中　v_1——辊锻件出口速度；

　　　v_2——模具的圆角线速度。

由于测量锻件出口速度较困难，在实践中上式使用不方便，故采用经验数据。制坯辊锻 $s = 4\% \sim 5\%$，叶片成形辊锻的预成形工步 $s = 2\% \sim 3\%$，终成形工步 $s = 3\% \sim 5\%$。

第九节　爆 炸 成 形

爆炸成形是利用爆炸物质在爆炸瞬间释放出巨大的化学能对金属毛坯进行加工的成形方法。

爆炸成形装置简单，操作容易，加工工件的尺寸一般不受设备能力限制，在试制或小批量生产大型工件时经济效益尤其显著。

爆炸成形目前主要用于板材的拉深、胀形、校形等成形工艺。

一、爆炸成形过程

爆炸成形时，爆炸物质的化学能在极短时间内转化为周围介质（空气或水）中的高压冲击波，并以脉冲的形式作用于毛坯，使之产生塑性变形。冲击波对毛坯的作用时间为微秒级，仅占毛坯变形时间的一小部分。这种异乎寻常的高速变形条件，使爆炸成形的变形机理及过程与常规冲压加工有着根本性的差别。

图 8-30 与图 8-31 为爆炸拉深及爆炸胀形示意图。药包起爆后。爆炸物质以极高的传播速度在极短的时间内完成爆轰过程。位于爆炸中心周围的介质，在爆炸过程中生成的高温和高压气体的骤然作用下，形成了向四周急速扩散的高压力冲击波。当冲击波与成形毛坯接触时，由于冲击波压力大大超过毛坯塑性变形抗力，毛坯开始运动并以很大的加速度积累自己的运动速度。冲击波压力很快地降低，当其值降低到等于毛坯变形抗力时，毛坯位移速度达到最大值。这时毛坯所获得的动能，使它在冲击波压力低于毛坯变形抗力和在冲击波停止作用以后仍能继续变形，并以一定的速度贴模，从而结束成形过程。

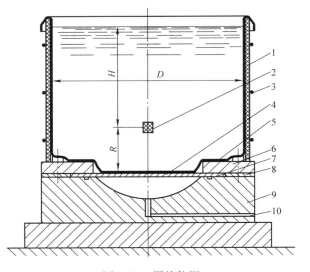

图 8-30　爆炸拉深

1—纤维板　2—炸药　3—绳索　4—坯料　5—密封袋
6—压边圈　7—密封圈　8—定位圈　9—凹模　10—抽真空孔

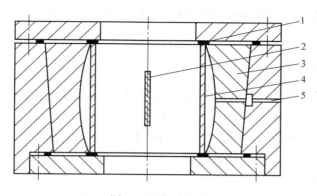

图 8-31 爆炸胀形
1—密封圈 2—炸药 3—凹模 4—坯料 5—抽真空孔

二、爆炸成形工艺参数选择

爆炸成形常用的炸药有梯恩梯（TNT）、黑索金（RDX）、泰安（PETN）、特屈儿（CE）等。药包主要有铸装、压装、粉装三种。常用电雷管起爆。

爆炸成形需要确定的工艺参数主要是围绕装药的一些内容，如药形、药位、药量等。

1. 药形

药包形状决定其产生的冲击波波形，是保证爆炸成形顺利进行的重要因素之一，由成形零件变形过程所要求的冲击波阵面形状来决定。目前生产中常用的药包形状主要有球形、柱形、锥形及环形等，药包形状选择见表 8-7。

表 8-7 药包形状选择

零件特点	药包形状
球形、抛物面形零件拉深	球形、短圆柱形、锥形
大型封头零件拉深	环形
筒形或管子类零件胀形与整形	长圆柱形（长度与零件长度相适应）
大中型平面零件的成形与整形	平板形、网格形、环形

2. 药位

药位是指药包中心至坯料表面的距离，也是爆炸成形的重要参数之一。它与药形的正确配合，是获得所需冲击波阵面形状的保证。

对于轴对称零件，药包的形状也是轴对称的，其中心点应与零件的对称轴线重合。对于筒状旋转体胀形件，药包总是挂在旋转轴线上，并位于毛坯变形量最大处，但应保证药包距水面有一定的距离。

药位的选择除与零件形状有关外，还与零件的材料性能和相对厚度有关。对于强度高而厚度又大的零件，药位可低些，反之应高一些。

3. 药量

药量的正确选择对爆炸成形是至关重要的。药量过小，将使变形无法完成。药量过大，将使零件破裂甚至损坏模具。目前，爆炸成形所需药量的理论计算方法还很不完善。通常都是根据经验对比的方法对药量做初步估算,然后用逐步加大药量的方法最后决定合适的药量。

三、爆炸成形装置

装置有无底凹模与有底凹模两种形式。无底凹模爆炸拉深装置结构简单,零件外形主要靠控制工艺参数保证;有底凹模又可分为抽真空和自然排气两种形式。抽真空的模腔必须密封,小批量生产时,可用简易密封方法,如用黏土与油脂的混合物等,批量较大时,宜用密封圈结构,大多数情况下可用 O 形密封圈;自然排气模具结构主要适于变形量很小的校形工艺、形状不规则零件。

自然排气爆炸胀形装置有自由界面、加水帽及加反射板三种结构形式。图 8-32a 为自由界面自然排气装置,该装置中,界面与毛坯端面平齐,毛坯端面为自由界面。由于自由界面附近冲击波受到很大削弱,效率低,零件上口贴模不好,所以实际应用较少。图 8-32b 为加水帽自然排气装置,水帽使介质自由界面远离毛坯端部,因此提高了炸药的能量利用率,有利于零件上口部的贴模。水帽一般用两三层沥青纸制造,对于直径小于 300mm 的零件,水帽高度为 100~200mm;对于直径为 300~600mm 的零件,水帽高度可取为 200~350mm。图 8-32c 为反射板自然排气装置。反射板是一块具有一定重量和一定大小的金属板。反射板与毛坯上端保持一定间隙,其大小靠木块调整,木块在每次爆炸后飞走。若考虑安全或多次使用,可做成固定在模面上的橡胶块。使用此种装置时,应采用反射架以防止反射板在爆炸时飞走。反射板装置可克服自由界面装置的毛坯上端贴模不好及水帽装置的憋气现象。

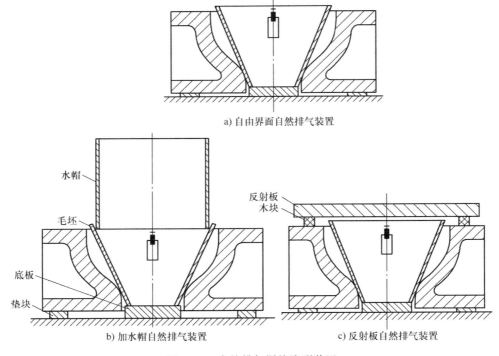

图 8-32 自然排气爆炸胀形装置

爆炸成形装置中的水筒一般用 20~30mm 厚的钢板制成。水筒可以安放在地面上，也可以做成爆炸井（图 8-33），即将水筒放于地下，筒口与地面平齐，水筒四周用钢筋混凝土充实。为减轻筒壁负荷，可以在筒壁部分采用橡胶或压缩空气泡的气幕保护。

大型、厚度大、形状不规则的零件成形不易解决模具密封问题时，也可采用一次使用的临时水筒。一次性水筒可用塑料薄膜或沥青纸制造，需用纤维板等材料支撑和维持形状。水筒高度方向尺寸一般可取 $H = D/2$。

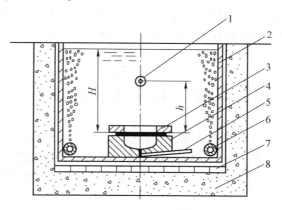

图 8-33 爆炸井及成形装置
1—炸药 2—钢筒 3—毛坯 4—凹模 5—抽真空管
6—压缩空气管 7—缓冲垫 8—混凝土

第九章　典型零件的加工工艺

汽车零件的种类很多，由于其结构、功能及所用材料的不同，加工方法亦各不相同。要想在有限的篇幅内对汽车所有零件的加工工艺一一进行介绍，既不可能又没有必要。鉴于在学习本课程之前，同学们已具有相关专业基础，在此仅以几个最具代表的典型零件为例介绍汽车零部件的加工工艺。

第一节　箱体零件的加工

箱体类零件是机械设备和许多总成的安装基体，汽车上就用到了多种不同的箱体，如发动机缸体、变速器壳体、驱动桥壳、转向器壳等。基于轻量化和便于总体布置的原因，汽车上箱体件的结构、形状都十分复杂，如图9-1和图9-2所示。结构和形状越复杂，加工起来就越麻烦。

图 9-1　发动机缸体

图 9-2　变速器壳体

从图9-1和图9-2中不难看出，发动机缸体与变速器壳体的结构相差非常悬殊，尽管如此，发动机缸体与变速器壳体的加工工艺却有许多相似之处，主要表现在二者的主要加工内容都是平面和孔的加工。既然如此，那么我们只需了解其中一种零件的加工工艺，也就知道如何去完成其他各种不同箱体的加工。下面就以发动机缸体为例介绍箱体类零件的加工工艺。

一、发动机缸体的加工工艺模式

发动机缸体的加工工艺有三种不同的模式，分别是专机流水生产、专机与加工中心相结合的自动生产和加工中心柔性生产。此三种生产模式分别是汽车发动机加工工艺技术发展过程中三个不同时期的典型代表。早期的发动机生产采用专机流水生产线，现代最先进的发动机生产采用加工中心柔性生产线；专机与加工中心相结合的生产方式处在早期和现代两种生产模式之间。由于我国汽车产业发展的特殊性，现阶段上述三种生产模式在我国汽车产业中并行存在。

专机流水生产线的特点是：生产过程缺少柔性，一条生产线生产一种产品或生产同一种结构形式、不同规格型号的少数两三种产品；每一个工位只完成一项或有限几项内容的加工，工序分散、生产线很长；任何一个工位出了故障，全线都停止生产；其优点是设备投资少、生产成本低。这是目前我国大、中型柴油发动机生产企业大多采用专机流水生产线的主要原因之一。

加工中心柔性生产与前述专机流水生产刚好相反，其主要特点是：可以多车型多品种发动机共线生产，具有很好的柔性；工序高度集中，少数几个工位就能组成一条完整的生产线，任何一个工位出现故障只会影响产量而不会停产，扩能扩产十分方便；加工中心的技术先进，切削速度高，生产效率高；其缺点是设备投资大，生产成本相对较高。

专机与加工中心相结合生产模式的特点是：前两种生产模式的优点和缺点均兼而有之，它具有一定的柔性和一个适当的生产成本，因此在我国较老的轿车生产车间仍在大量使用。

由于此三种生产模式从生产组织到工序内容存在本质的不同，因此其加工工艺的设计原则及加工工艺过程均存在很大的差异。如对于专机流水生产模式，发动机缸体加工工艺的设计原则是大面的加工优先、易发现缺陷及深孔的加工工序靠前、先面后孔（先加工面后加工孔）、粗精分开（粗加工与精加工分开加工）；但对于加工中心柔性生产线，加工发动机缸体的工艺设计原则却是工序最大限度地集中、粗精一起（相对较早的加工中心，粗加工和精加工在一个工位上进行，先粗加工后精加工；近几年的加工中心已经将粗加工和精加工放在一起同步进行）、先近后远、先面后孔、刀具调用次数最少、走刀路径最短。

二、发动机缸体加工工艺

尽管专机流水生产模式在我国大中型柴油发动机生产企业仍在使用，但由于专机流水生产线的相关内容在先期的课程《金属工艺学》中已经涉及；在汽车产业，此生产模式已经逐渐被其他两种生产模式所取代。所以，在此以某发动机为例，简要介绍发动机缸体的专机与加工中心相结合的生产模式和加工中心柔性生产模式。

1. 专机与加工中心相结合的发动机缸体加工工艺

某发动机缸体在专机与加工中心相结合的生产线上的主要加工工艺过程与各工位的加工内容见表9-1。

表9-1 发动机缸体加工工艺

序号	设备类型	定位基准	工序内容	备注
1	专机（龙门式铣床）	毛坯基准	定位基准（底平面及2个定位销孔）	毛坯基准的精度差，为了达到要求的定位精度，采用龙门铣床粗铣床和精铣床底平面
2	加工中心	底平面+2个定位销孔	缸体各凸台面	精铣的底平面作为定位基准，面大且精度较高。各凸台面的加工采用高速加工中心加工

（续）

序 号	设备类型	定位基准	工序内容	备 注
3	专机（2工位4根主轴镗床）	底平面+2个定位销孔	缸孔粗加工、起动机安装面及机油标尺孔	缸孔粗镗加工，对于加工中心难于加工的起动机安装面和机油标尺孔也在此工序加工
4	加工中心及多轴箱单机设备	底平面+2个定位销孔	缸体半精加工	用10台加工中心和2台多轴箱设备完成缸体的半精加工。采用搬送托盘输送缸体
5	中间自动清洗机	底平面+2个定位销孔	清洗、干燥缸体	采用喷淋和浪涌相结合的清洗方式，保证良好的清洗效果
6	中间试漏机	底平面+2个定位销孔	测试水道、油孔和曲轴箱是否泄漏	采用差压式检测仪，重复测量精度保证在10%以内
7	含浸设备	上下前后四面限位	对小泄漏工件渗补	采用含浸液和带有2次真空与加工含浸的特殊工艺，确保一次含浸合格率在99.9%以上
8	瓦盖拧紧机	底平面+2个定位销孔	曲轴瓦盖拧紧	人工完成瓦盖及螺栓的安装，用拧紧机自动拧紧
9	专机自动线	底平面+2个定位销孔	曲轴孔精加工	2个工位完成粗镗，3个工位完成曲轴孔的半精镗和精镗，4个工位完成自动测量、刻印各档曲轴孔等级，并将测量结果反馈给前面的3个半精镗和精镗工位，以便实现半精镗和精镗工位刀具的自动补偿
10	数控铣床	#1、#5档曲轴孔及止推面	缸体前、后表面及上表面的精加工	采用3轴联动式NC单元加工，并采用工件定位系统确保加工精度
11	自动拧紧机	底平面+2个定位销孔	工艺缸盖安装	采用电动拧紧机
12	专机精加工自动线	底平面+2个定位销孔	缸孔精加工	3个工位完成缸孔的半精镗和精镗、5个工位粗珩、7个工位精珩和平台珩，在4工位和8工位处有气动检测系统，并将检测结果反馈给前面各加工工位，以便实现自动调整刀具的进给值
13	自动拧紧机	底平面+2个定位销孔	工艺缸盖拆卸、清洗	拆下工艺缸盖，将缸体送入自动清洗机进行清洗
14	自动清洗机	底平面+2个定位销孔	最终清洗	采用喷淋和浪涌相结合的清洗方式，保证良好的清洗效果

2. 加工中心柔性生产线的发动机缸体加工工艺

加工中心的英文名称是 Machining Center，简称 CNC，别名是自动换刀数控机床，是由机械设备与数控系统组成的用于加工复杂形状工件的高效率自动化机床。加工中心备有刀库，具有自动换刀功能，是对工件一次装夹后进行多工序加工的数控机床。加工中心是高度

第九章　典型零件的加工工艺

机电一体化的产品，工件装夹后，数控系统能控制机床按不同工序自动选择、更换刀具，自动对刀、自动改变主轴转速与进给量等，可连续完成钻、镗、铣、铰、攻丝等多种工序，因而大大减少了工件装夹时间、测量和机床调整等辅助工序时间，对加工形状比较复杂，精度要求较高，品种更换频繁的零件具有良好的经济效果。

加工中心最初是从数控铣床发展而来，第一台加工中心是 1958 年由美国卡尼-特雷克公司研制成功的。它在数控卧式镗铣床的基础上增加了自动换刀装置，从而实现了工件一次装夹后即可进行铣削、钻削、镗削、铰削和攻丝等多种工序的集中加工。这是制造技术发展过程中的一个重大突破。数控加工是现代制造技术的基础，这一发明对于制造行业而言，具有划时代的意义和深远的影响。世界上主要工业发达国家都十分重视数控加工技术的研究和发展。

20 世纪 70 年代以来，加工中心得到迅速发展，出现了可换主轴箱加工中心，它备有多个可以自动更换的装有刀具的多轴主轴箱，能对工件同时进行多孔加工。

加工中心的种类很多，分类方法各异。按控制轴数量分，加工中心有三轴加工中心、四轴加工中心和五轴加工中心三类；按主轴与工作台相对位置分，加工中心可分为卧式加工中心和立式加工中心、带立卧两个主轴的复合式加工中心、主轴能调整成卧轴或立轴的立卧可调式加工中心和万能加工中心（又称多轴联动型加工中心）五类；按加工工件类型分，加工中心可分为镗铣加工中心、车削加工中心、五面加工中心和车铣复合加工中心四类。

在众多的分类方法中，按控制轴数量分类的方法最为常见，因为控制轴数的多少，反映了加工中心功能的强弱。

（1）三轴加工中心　三轴加工中心有三个控制轴，分别是 X、Y 和 Z 三轴，其中 X、Y 两轴组成工件的工作平台。对于立式加工中心，工件可以在 XY 平面内连续运动，Z 轴是立轴，控制加工深度，因此，其有效的加工面仅为工件的顶面。

（2）四轴加工中心　四轴加工中心除 X、Y 和 Z 三个控制轴外，还有一个旋转轴即第四轴。卧式加工中心的第四轴是 B 轴，立式加工中心的第四轴是 A 轴或者是 C 轴。A 轴是指旋转轴的轴线与 X 轴平行的旋转轴，B 轴是指旋转轴的轴线与 Y 轴平行的旋转轴，C 轴是指旋转轴的轴线与 Z 轴平行的旋转轴。

（3）五轴加工中心　五轴加工中心有五个控制轴，配上五轴联动的高档数控系统，可以对任意复杂的空间曲面进行高精度加工。五轴加工中心也有立式和卧式之分。

1）五轴立式加工中心。五轴立式加工中心的回转轴有两种方式，即工作台回转轴方式和主轴头回转轴方式。

① 工作台回转轴方式。设置在床身上的工作台可以环绕 X 轴回转，定义为 A 轴，A 轴的一般工作范围为 $-120°\sim+30°$。工作台的中间还设有一个回转台，绕 Z 轴回转，定义为 C 轴，可回转 360°。这样通过 A 轴与 C 轴的组合，固定在工作台上的工件除了底面之外，其余的五个面都可以由立式主轴进行加工。A 轴和 C 轴最小分度值一般为 0.001°，这样又可以把工件细分成任意角度，即加工任意角度的倾斜面和倾斜孔。A 轴和 C 轴与 XYZ 三直线轴实现联动，就可加工任意复杂的空间曲面。这种设置方式的优点是主轴的结构比较简单，主轴刚性非常好，制造成本比较低。但其工作台不能设计太大，承重也较小，特别是当 A 轴回转≥90°时，工件切削时会对工作台带来很大的承载力矩。

② 主轴头回转轴方式。主轴前端是一个回转头，能自行环绕 Z 轴 360° 旋转，称为 C

轴，回转头上还带可环绕 X 轴旋转的 A 轴，旋转角度一般可达 ±90°以上，可实现上述同样的功能。这种设置方式的优点是主轴加工非常灵活，工作台也可以设计得非常大，庞大的客机机身、巨大的发动机机体都可以在这类加工中心上加工。这种设计的优点是：使用球面铣刀加工曲面，当刀具中心线垂直于加工面时，由于球面铣刀的顶点线速度为零，顶点切出的工件表面质量会很差，如果采用主轴回转的设计方式，可令主轴相对工件转过一个角度，使球面铣刀避开顶点切削，保证有一定的线速度，这样可提高表面加工质量；主轴头回转轴方式立式加工中心的主轴重力向下，轴承高速空运转的径向受力是均等的，回转特性很好，因此可提高转速，以提高加工效率。目前，这类加工中心的实用最高转速已达到 40000r/min。

2）五轴卧式加工中心。五轴卧式加工中心的回转轴也有两种方式，即主轴回转轴方式和工作台回转轴方式。

① 主轴回转轴方式。除 XYZ 三个直线轴外，卧式主轴的摆动作为一个回转轴，再加上工作台的一个回转轴，实现五轴联动加工。这种设置方式简便灵活，如需要主轴立、卧转换，工作台只需分度定位，即可简单地配置为立、卧转换的三轴加工中心。由主轴立、卧转换配合工作台分度，对工件实现五面体加工，制造成本降低，非常实用。也可对工作台设置数控轴，最小分度值为 0.001°，但不作联动，成为立、卧转换的四轴加工中心。

② 工作台回转轴方式。设置在床身上的工作台 A 轴一般工作范围为 -100°~ +20°。工作台的中间也设有一个回转台 B 轴，B 轴可双向 360°回转。这种卧式五轴加工中心的联动特性比上一种方式好，常用于加工大型叶轮的复杂曲面。回转轴也可配置圆光栅尺反馈，分度精度可达到几秒，当然这种回转轴结构比较复杂，价格也昂贵。

卧式加工中心的主轴转速一般在 10000r/min 以上，由于卧式设置的主轴在径向有自重力，轴承高速空运转时径向受力不均等，加上还要采用较大的 BT50 刀柄，主轴速度最高可达 20000r/min。卧式加工中心快速进给速度在 30~60m/min 以上，主轴电动机功率在 22~40kW 以上，刀库容量按需要可从 40 把增加到 160 把，加工能力远远超过一般立式加工中心，是重型机械加工的首选。

加工中心大多可设计成双工作台交换，当一个工作台在加工区内运行，另一工作台则在加工区外更换工件，为下一个工件的加工做准备。工作台交换的时间视工作台大小，从几秒到几十秒即可完成。最新设计的加工中心在结构上要适合组成模块式制造单元（FMC）和柔性生产线（FMS）。模块式制造单元一般至少由两台加工中心和四个交换工作台组成，加工中心全部并排放置，交换工作台在机床前一字形排开，交换工作台多的可以排成两行，甚至采用双层设计。两边各有一个工位作为上下工件的位置，其余工位上的交换工作台安装着工件等待加工。有一辆小车会按照系统指令，把装着工件的交换工作台送进加工中心，或从加工中心上取出完成加工的交换工作台，送到下一个工位，完成整个加工操作。柔性生产线除了小车、交换工作台之外，还有统一的刀具库，一般会有几百把刀具，在系统中存入刀具的身份编码信息，再通过刀具输送系统送进加工中心，并把用完的刀具取回。柔性生产线往往还需要一台 FMS 控制器来指挥运行。

从上面对加工中心的简要介绍可以了解到，加工中心就是一种集各种加工功能于一身的全自动化数控机床，它具有完成任意复杂零件全部机加工任务的功能。由此可见，从某种意义上讲，一台加工中心就是一条生产线，发动机缸体的所有加工可以交由一台加工中心来完成。事实上，在很多产业领域就是这样，如模具的加工、大型设备中复杂零件的加工等产量

第九章 典型零件的加工工艺

不太大的零件的加工，其优点是可以节省设备投入并提高设备的利用率。但对于任何一家汽车制造公司都不会这么处理，其原因是：发动机缸体的加工还有一些中间环节，如上下体的合装、工艺缸盖的装拆、中间清洗、密封性检测等；对生产效率有特别高的要求，因为发动机缸体的加工所要用到的刀具数量特别多，来回换刀需要占用一部分加工时间。

基于上述两个原因，发动机缸体的加工通常采用将 2~4 台加工中心组成一个加工模块，一条发动机缸体生产线由 3~5 个加工模块组成，由交换工作台将工件送入加工中心。如某轿车发动机缸体的生产线就由三个加工中心模块和上下体合装、清洗、检测等辅助工位组成，其主要工艺过程与工艺内容见图 9-3 和表 9-2。

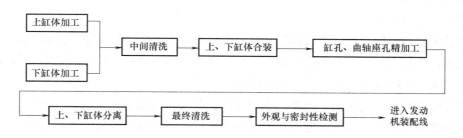

图 9-3 发动机缸体加工工艺过程

表 9-2 发动机缸体加工工艺内容

序 号	工艺名称	工艺内容
1	上、下缸体加工	气缸孔、曲轴座孔的粗加工，其他所有的平面、凸台、光孔、螺纹孔、油孔的终加工均在此加工中心模块完成
2	中间清洗	高压水喷淋清洗
3	上、下缸体合装	上、下缸体合装，装气缸套、装曲轴轴瓦盖
4	缸孔、曲轴座孔精加工	1) 曲轴座孔的精加工可以有多种不同的加工方法，如精镗、精拉、铰珩等 2) 缸孔的精加工采用平顶珩磨工艺，平顶珩磨分为三个阶段（或称三个工序）：粗珩、精珩和平顶珩
5	上、下缸体分离	将上、下缸体分开，以便能彻底清洗干净
6	最终清洗	采用喷淋和浪涌相结合的清洗方式，保证良好的清洗效果
7	外观与密封性检测	检测缸体的油道、水道的密封性，确保不漏气、漏水

3. 发动机缸体加工工艺过程中的先进工艺方法

近些年，汽车发动机的性能几乎年年都有一定的提升，其中就有先进加工工艺的贡献。在发动机缸体的加工中用到了两项较先进的加工工艺，分别是铰珩工艺和平顶珩磨工艺。

（1）铰珩工艺　铰珩工艺是在传统珩磨基础上发展起来的，由美国 BARNES 公司首创，经过德国 GERHING 和美国 NAGEL 等公司的发展，现在在较为先进的孔加工工艺中大量采用。

铰珩工艺的主要特点在于铰珩珩磨头和实际铰珩过程。与传统珩磨工艺相比，铰珩珩磨头已事先设定到工件所要求的最终加工尺寸，因此铰珩的切削过程只需要 1~3 个往复行程即告完成。珩磨头每一个往复行程可去除金属层的厚度为 2~20μm。经过铰珩后可提高孔的形状和公差等级一级，表面粗糙度值可达到 $Ra0.32$，公差等级可达到 IT1。铰珩工艺最重要的特点是可以在一定程度上提高孔的位置精度。经过铰珩后的曲轴座孔可以显著地改善曲轴座孔与轴瓦钢背的贴合性。

铰珩工艺主要应用于内孔加工。按照珩磨轴的布置方式，铰珩亦可分为立式和卧式两种。珩磨条的胀开方式一般不采用液压方式，而采用机械方式，由于珩磨条需要充分冷却，因此一般采用内冷方式。

珩磨条的材料一般采用金刚石和氮化硼（CBN），这两种材料的特性保证了珩磨质量和效率的提高，其特点如下：长寿命保证了完全自动化；良好的尺寸稳定性能够获得极好的几何精度；可采用大磨削量，珩磨可以代替精镗。

珩磨头的旋转和往复运动是珩磨的主要参数，其旋转的圆周速度为 30~50m/min，与传统珩磨的速度相近，但其往复速度为 0.5~6m/min，比传统珩磨的速度要低很多。珩入和珩出长度对铰珩加工工艺过程中加工孔的圆柱度影响不大。

珩磨液的要求要比传统珩磨高，但亦可以采用水剂珩磨液。珩磨过滤装置要求较高的过滤精度和充分的流量。

（2）平顶珩磨工艺　平顶珩磨又称平台珩磨，是近些年在对已磨合完的发动机缸孔表面进行微观分析和研究的基础上发展起来的新工艺。由于其磨出的气缸孔表面的网纹呈光滑的平台状（微观形貌），而不是尖峰，气缸孔的表面就像是经过了磨合行驶一样，因此可以减少磨合时间（几乎可省掉磨合时间）。

平台珩磨一般分为三个阶段（或称三个工序），即粗珩、精珩（表面基本结构加工）和平台珩，从而形成理想的缸孔表面。粗珩是修正和稳定精镗后的形状精度，此外还要形成一个基本的表面结构；精珩使缸壁的宏观几何形状得到改善，并且表面的基本结构也被加工出来；平台珩使表面基本结构的表面尖峰在几秒钟内被珩磨掉，从而形成一个小平台，该小平台也就是所谓的平台支承表面，该平面的表面非常光洁。因此，平台珩磨不仅可以控制缸孔表面支撑度，还可以控制网纹的储油性能，即在提高缸孔抗磨能力的同时，充分保证对缸孔表面的润滑作用，从而改善发动机磨合性能，延长发动机使用寿命。

实现平台珩磨的珩磨头的结构特点是：在平台珩磨刀具上装有两套不同的磨条，各自配有一套独立的涨刀装置。一套磨条是砂条，用于平台基本结构珩磨（精珩）；另外一套磨条是磨石，是将缸孔表面网纹磨成平台状。这种双进给的刀具也可以用于粗珩和精珩。

4. 发动机缸体加工的典型设备

前面述及，目前我国汽车发动机缸体加工的设备有专机和加工中心两大类，图 9-4~图 9-10 是几种常见的专机与加工中心的外形图。

第九章 典型零件的加工工艺

图 9-4 龙门铣床

图 9-5 珩磨机

图 9-6 双动力头孔加工专机

图 9-7 专机生产线

图 9-8 缸体加工中心

图 9-9 上下缸体合装台

图 9-10 发动机缸体高压清洗设备

第二节 圆柱齿轮的加工

齿轮不仅是汽车也是各类机械的主要传动部件,在任何一辆汽车上少则要用到十多个大小各异不同类型的齿轮,多则要用到数十个不同类型的齿轮。由于齿轮的用量特别巨大,为了适应大批量生产的需要,针对不同结构和不同要求的特点,齿轮加工常采用不同的加工工艺和不同的加工设备。

齿轮的种类很多,汽车上常用的主要是内、外啮合的圆柱齿轮和锥齿轮。内啮合的圆柱齿轮与外啮合的圆柱齿轮,其加工方法和设备近乎完全相同,为此本节仅以外啮合圆柱齿轮加工为例介绍圆柱齿轮的加工,锥齿轮的加工在下节中讨论。

一、圆柱齿轮加工原理

尽管圆柱齿轮（以下简称齿轮）加工机床的种类繁多，加工方式各异，但究其加工原理不外乎有两种，即成形法和展成法。

1. 成形法

齿轮的成形法加工是指采用与被加工齿轮齿槽形状相同的成形刀具完成的齿轮加工。成形法加工齿轮所用的刀具有盘形齿轮铣刀和指形齿轮铣刀两种，如图9-11所示。

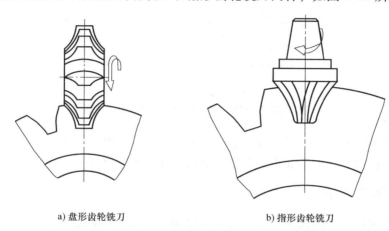

a) 盘形齿轮铣刀   b) 指形齿轮铣刀

图 9-11　成形法加工齿轮

成形法加工齿轮通常在普通铣床上进行。铣削齿槽时，工件安装在分度头上，铣刀旋转对工件进行切削加工，工作台直线进给运动，加工完一个齿槽，分度头将工件转过一个齿，再加工另一个齿槽，依次加工出所有齿槽。

齿轮齿形的渐开线形状由基圆大小决定，齿轮基圆的大小随齿轮的模数和齿数的变化而变化。当然，无论是用哪一种齿轮加工方法，刀具的模数和压力角必须和被加工齿轮的模数和压力角相等是永远都不会改变的。但当齿轮的模数和压力角都相同、齿数不同时，齿轮轮齿和齿槽的形状各不相同。由此可见，用成形法加工相同齿数和压力角的齿轮应该是每一种齿数就配一种刀具，如此将会使刀具的数量十分繁杂。为了减少刀具的种类和数量，常将不会明显影响齿轮啮合运动的多种不同齿数的齿轮用同一种刀具进行加工。对于模数为0.3～8mm的齿轮，每种模数的刀具由8把组成一套，用于加工不同齿数的齿轮，为了避免刀具选用时出错，对成形法加工的刀具进行了统一编号，不同编号的刀具所能加工的齿数范围见表9-3；对于模数为9～16mm的齿轮，每种模数的刀具由15把组成一套。

表9-3　成形法齿轮加工刀具刀号与对应的加工齿数范围（模数为0.3～8mm的齿轮）

刀　号	1	2	3	4	5	6	7	8
加工齿数范围	12～13	14～16	17～20	21～25	26～34	35～54	55～134	135以上

2. 展成法

利用齿轮啮合原理完成齿轮加工的方法称为展成法，在有些书上也将其称为范成法，即把齿轮啮合副中的一个制作成刀具，另一个则作为工件，强制刀具和工件做严格的啮合运动而展成切出齿廓，如图 9-12 所示。

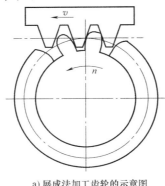
a) 展成法加工齿轮的示意图

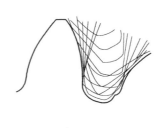
b) 齿轮刀具的切削轨迹

图 9-12　展成法加工齿轮

v—假想齿条的移动速度　n—被切齿轮的转动速度

展成法加工齿轮所用的刀具不像成形法那么复杂，一种模数的任意齿数的齿轮只需一把刀具，且加工的齿形比成形法加工的齿形更准确，加工精度更高。

二、齿轮加工方法

齿轮加工方法可分为两大类，即无屑加工和切削加工。其中无屑加工方法有热轧、冷摆辗、模锻、精密铸造和粉末冶金等，切削加工方法有成形法和展成法两种。其加工精度及适用范围见表 9-4。

表 9-4　齿轮常用的切削方法与所能达到的精度范围

加工方法		刀　具	机　床	加工精度及适应范围
成形法	成形铣	盘形齿轮铣刀	铣床	加工精度和生产率都较低
		指形齿轮铣刀	铣床	加工精度和生产率都较低，是大型无槽人字齿轮的主要加工方法
	拉齿	齿轮拉刀	拉床	加工精度 7~9 级，生产率较高，拉刀专用，适用于大批生产，尤其是内齿轮加工
展成法	滚齿	齿轮滚刀	滚齿机	加工精度 6~10 级，$Ra1.6~6.3$，常用于加工直齿轮、斜齿轮及蜗轮
	插齿	插齿刀	插齿机	加工精度 7~9 级，$Ra3.2~6.3$，适用于加工内、外啮合的圆柱齿轮，双联齿轮，三联齿轮，齿条和锥齿轮等
	刨齿	刨齿刀	刨齿机	
	剃齿	剃齿刀	剃齿机	加工精度 5~7 级，常用于滚齿、插齿后，淬火前的精加工
	珩齿	珩磨轮	珩齿机	加工精度 6~7 级，常用于剃齿后或高频淬火后的齿形精加工
			剃齿机	
	磨齿	砂轮	磨齿机	加工精度 3~6 级，$Ra0.8~1.6$，常用于齿轮淬火后的精加工

汽车用齿轮的加工大多采用切削加工工艺方法。无切削加工工艺方法中的冷摆辗齿轮加工工艺，近些年在汽车小模数行星锥齿轮的加工中得到了较广泛的应用。汽车用齿轮通常比其他通用机械的齿轮要高一两个精度等级。由于成形法的加工精度和生产效率远比展成法低，因此汽车齿轮大多采用展成法加工，在此不介绍齿轮的成形加工方法。

第九章　典型零件的加工工艺

1. 滚齿

滚齿加工始于1897年，是目前应用最广的齿轮加工方法，可加工渐开线齿轮、圆弧齿轮、摆线齿轮、链轮、棘轮、蜗轮和包络蜗杆。

（1）滚齿加工原理　滚齿加工的过程，相当于一对交错轴斜齿轮互相啮合运动的过程，如图9-13所示，只是其中一个斜齿轮的齿数极少，且分度圆上的螺旋升角也很小，所以它便成为如图9-13a所示的蜗杆。再将蜗杆开槽并铲背、淬火、刃磨，便成为齿轮滚刀，如图9-14所示。

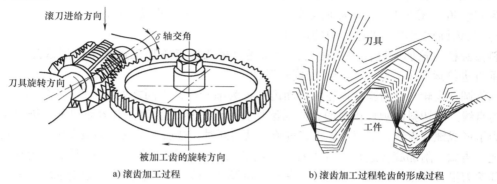

a) 滚齿加工过程　　　　b) 滚齿加工过程轮齿的形成过程

图9-13　滚齿加工

（2）滚齿加工过程中的运动关系　滚齿加工是按包络法加工齿轮的一种方法。滚切齿轮的过程与一对螺旋齿轮的啮合过程相似，其运动包括强迫啮合运动和切削运动两种，分别由齿坯、滚刀和刀架来完成。

1）直齿轮加工过程中的运动。

直齿圆柱齿轮加工过程中的运动由展成运动、主运动和垂直进给运动三个部分组成。

① 展成运动。滚刀与工件之间的包络运动，是一个复合表面成形运动，它可分解为滚刀的旋转运动 B_{11} 和齿坯的旋转运动 B_{12}，如图9-15所示。

图9-14　滚刀与被加工齿轮

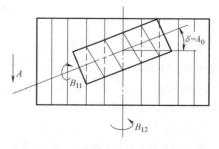

图9-15　直齿圆柱齿轮加工过程中的运动

A—垂直进给运动　B_{11}—滚刀的旋转运动

B_{12}—齿坯的旋转运动　δ—轴交角

λ_0—螺旋升角

② 主运动。展成运动还应有一条外传动链与动力源联系起来，它使滚刀和工件共同获得一定速度和方向的运动，故称为主运动。

③ 垂直进给运动。为了形成直齿，滚刀还需做轴向的直线运动，该运动使切削得以连续进行，是进给运动。工作台可视为间接动力源，轴向进给量是以工作台每转一转时刀架的位移量（mm）来表示的。

④ 滚刀的安装。滚刀实质上是一个大螺旋角齿轮，其螺旋升角为 λ_0。加工直齿齿轮时，为使滚刀的齿向与被切齿轮的齿槽方向一致，滚刀轴线应与被切齿轮端面倾斜 δ 角，此角称为安装角（图 9-15），又称轴交角，在数值上等于滚刀的螺旋升角 λ_0。

2）斜齿圆柱齿轮加工过程中的运动。

斜齿圆柱齿轮加工过程中的运动，除前述直齿圆柱齿轮加工过程中的展成运动、主运动、垂直进给运动外，还有一个附加旋转运动。

斜齿圆柱齿轮与直齿圆柱齿轮的端面齿廓都为渐开线，不同之处在齿线，前者为螺旋线，后者为直线。滚切斜齿圆柱齿轮时，除需滚切直齿时的展成运动、主运动和垂直进给运动之外，为了形成螺旋齿线，滚刀在做垂直进给运动的同时，被加工齿轮还必须在参与展成运动的基础上，再做一附加旋转运动，且垂直进给运动与附加运动之间必须保持严格的运动匹配关系，即滚刀沿被加工齿轮轴向移动一个螺旋线导程时，被加工齿轮应准确地附加转动 ±1 圈。

① 工件附加转动的方向。附加转动 B_{22} 的方向如图 9-16 所示，ac' 是斜齿圆柱齿轮的齿线。滚刀在位置 I 时，切削点在 a 点；滚刀下降 Δf 到达位置 II 时，需要切削的是 b' 点而不是 b 点。用右旋滚刀滚切右旋齿轮，工件应比滚切直齿时多转一些；滚切左旋齿轮，工件应比滚切直齿时少转一些。滚切斜齿圆柱齿轮时，刀架向下移动一个螺旋线导程，工件应多转或少转 1 圈。

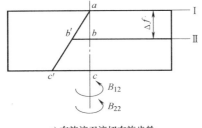 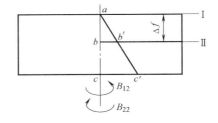

a) 右旋滚刀滚切右旋齿轮　　　　　　b) 右旋滚刀滚切左旋齿轮

图 9-16　附加转动 B_{22} 的方向

② 滚刀的安装。滚切斜齿圆柱齿轮时，滚刀的安装角 δ 不仅与滚刀的螺旋线方向和螺旋升角 λ_0 有关，而且还与被加工齿轮的螺旋线方向及螺旋角 β 有关。当滚刀与齿轮的螺旋线方向相同时，滚刀的安装角 $\delta = \beta - \lambda_0$；当滚刀与齿轮的螺旋线方向相反时，滚刀的安装角 $\delta = \beta + \lambda_0$，如图 9-17 所示。

为了适应大批量生产的需要，汽车产业界所用滚齿加工设备大多是多轴联动数控滚齿机，图 9-18 所示是四轴联动数控滚齿机床的原理图。四轴联动是指 B、C、X、Z 或 B、C、X、Y 为联动轴，由电子齿轮箱（程序）完成切齿时的分齿运动、进给补偿运动和差动进给补偿运动。

2. 插齿

插齿也是齿轮加工中较为常用的一种方法，能加工直齿圆柱齿轮，更适合于加工多联齿轮、内齿轮、扇形齿轮和齿条等。

插齿既可用于齿形的粗加工，也可用于精加工。其加工的精度范围为 7～9 级，最高可达 6 级。插齿过程为往复运动，有空行程；插齿系统刚度较差，切削用量不能太大，所以一般插齿的生产率比滚齿低，只有在加工模数较小和宽度窄的齿轮时，其生产率才不低于滚齿。因此插齿多用于中小模数齿轮的加工。

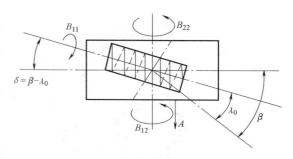

图 9-17　斜齿圆柱齿轮加工过程中的运动

A—垂直进给运动　　B_{11}—滚刀的旋转运动
B_{12}—齿坯的旋转运动　　B_{22}—附加旋转运动
δ—轴交角　　λ_0—螺旋升角　　β—被加工齿轮的螺旋角

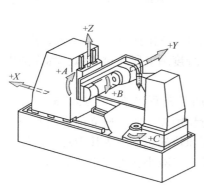

a) 四轴联动数控滚齿机床原理

b) 四轴联动数控滚齿机床外形图

图 9-18　四轴联动数控滚齿机床

A—刀架回转运动（伺服轴）　B—滚刀旋转运动（主轴）　C—工作台旋转运动（伺服轴）
X—径向进给运动（伺服轴）　Y—切向进给运动（伺服轴）　Z—轴向进给运动（伺服轴）

插齿的加工过程从原理上讲，相当于一对直齿圆柱齿轮的啮合。被加工齿轮和插齿刀的运动过程，如图 9-19a 所示。插齿刀相当于一个在齿轮上磨出前角和后角形成切削刃的齿轮，被加工齿轮齿坯则是齿轮啮合运动的另一个齿轮。插齿加工时，刀具沿工件轴线方向做高速的往复直线运动（切削运动），这是切削加工的主运动，同时还与工件做无间隙的啮合运动，在工件上加工出全部轮齿齿廓。在加工过程中，刀具每往复一次仅切出工件齿槽的很小一部分，工件齿槽的齿面曲线是由插齿刀切削刃多次切削的包络线所组成的，如图 9-19b 所示。插齿加工时，插齿机需进行以下运动：

（1）主运动　插齿刀上、下往复运动。以每分钟的往复次数来表示，向下运动实现切削加工，向上运动时返回行程。

（2）展成运动　插齿时，插齿刀和工件之间必须保持一对齿轮副的啮合运动关系，即插齿刀每转过一个齿（1/Z 刀转），被加工齿轮亦必须转过一个齿（1/Z 工转）。

（3）径向进给运动　为了逐渐将被加工齿轮切制成完全齿轮，插齿刀必须有径向进给运动。径向进给量是用插齿刀每次往复行程中被加工齿轮或刀具的径向移动量来表示的。当

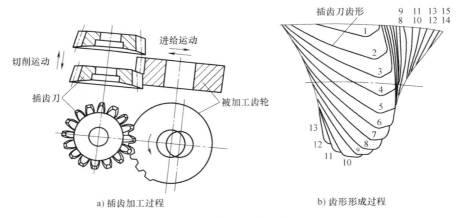

a) 插齿加工过程　　　　b) 齿形形成过程

图 9-19　插齿加工原理图

被加工齿轮的齿槽达到全齿深时，机床便自动停止径向进给运动，工件和刀具需对滚一周，才能加工出全部轮齿。

（4）圆周进给运动　展成运动只确定插齿刀和被加工齿轮的相对运动关系，运动的快、慢由圆周进给运动决定。插齿刀每往复一个运动行程，分度圆上所转过的弧长称为圆周进给量，其单位为 mm/往复行程。

（5）让刀运动　为了避免插齿刀在返程中擦伤已加工表面和减少刀具磨损，刀具和工件之间应让开一段距离，而在插齿刀重新开始向下进行切削加工时，应立即恢复到原位，以便刀具实现对被加工齿轮的切削加工。这种让开和恢复原位的运动称为让刀运动。较新型号的插齿机，大多通过刀具主轴座的摆动来实现让刀运动，以减小让刀产生的振动。

3. 剃齿

剃齿是齿轮精加工方法中的一种，主要用于对已加工齿轮的加工，以提高其加工精度和降低表面粗糙度。剃齿加工的原理是基于一对螺旋角不等的螺旋齿轮，由于轴线交错角的存在，齿面间沿齿向产生相对滑移，此滑移速度即为剃齿加工的切削速度，如图 9-20 所示。剃齿刀为主动轮，被切齿轮为从动轮，其啮合为无侧隙双面啮合的自由展成运动。在啮合传动中，剃齿刀的齿面开槽而形成刀刃，通过滑移速度将齿轮齿面上的加工余量切除。由于是

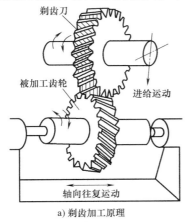

a) 剃齿加工原理　　　　b) 剃齿加工实例

图 9-20　剃齿加工

双面啮合，剃齿刀的两侧面都能进行切削加工，但由于两侧面的切削角度不同，一侧为锐角，切削能力强；另一侧为钝角，切削能力弱，以挤压擦光为主，故对剃齿质量有较大影响。为使齿轮两侧获得同样的剃削条件，在剃削过程中，剃齿刀做交替正反转运动。

剃齿加工过程中的几种基本运动是：

1）基本运动。剃齿刀带动工件做高速正、反转运动。

2）工件的轴向往复运动。使齿轮全齿宽均能实现剃削加工。

3）进给运动。工件往复做径向进给运动，以切除全部加工余量。

剃齿是一种高效齿轮精加工方法，最早于1926年在美国应用。和磨齿相比，剃齿具有效率高、成本低、齿面无烧伤和裂纹等优点，所以在汽车、拖拉机和机床等齿轮加工中得到广泛应用。剃齿加工的精度可高达5级。图9-21所示是国产主流的数控剃齿机床。

4. 珩齿

淬火后的齿轮轮齿表面有氧化皮，影响齿面粗糙度，热处理的变形也会影响齿轮的精度。由于工件已淬硬，除可用磨削加工外，也可以采用珩齿进行精加工。

图 9-21　数控剃齿机床

珩齿是利用珩轮对已淬火的齿轮齿面进行光整加工，可有效地改善齿面质量，表面粗糙度由 $Ra2.5$ 减小到 $Ra0.63$ 以下，并能少量纠正热处理变形，某些珩齿方法还能在一定程度上提高齿轮精度。由于效率高，成本低，齿面无烧伤，所以珩齿广泛用于齿轮的精加工。

珩齿加工与剃齿类似，珩轮形状也与圆柱形剃齿刀相似，但在珩轮金属基体的齿面上浇注了一层以树脂作为结合剂的磨料。当珩轮与被加工齿面啮合转动并做 1~2m/s 的相对滑移时，产生一种磨削、研磨和抛光的综合作用将被加工齿轮齿面珩光。珩齿余量一般为 0.01~0.015mm（单面）。按珩轮与工件啮合方式不同，珩齿有单面珩齿和双面珩齿两种。单面珩齿时，被加工齿轮与珩轮间有啮合间隙，需装设切向制动器，以便在工件与珩轮的啮合面间加载；双面珩齿时，工件与珩轮间无侧隙，保持恒定的径向压力（或在珩齿过程中逐渐减小）。珩齿可用珩齿机，也可用改装的剃齿机、车床或铣床，所用设备简单、操作方便、生产率高，但修整齿形的能力低于磨齿。

5. 磨齿

磨齿是齿轮加工中精度最高的一种方法。其适用于淬硬齿轮的精加工，加工精度可达到 3~6 级，齿面粗糙度值可达 $Ra0.2~0.8$。磨齿对磨前齿轮误差或热处理变形有较强的修正能力，故多用于高精度的硬齿面齿轮、插齿刀、剃齿刀等的精加工。磨齿加工的生产率低、机床结构复杂、调整困难，加工成本高。

磨齿加工有仿形法和展成法两类，生产中常用展成法。展成法可分为蜗杆砂轮磨齿、蝶形砂轮磨齿、大平面砂轮磨齿和锥面砂轮磨齿等多种，如图9-22所示。

（1）蜗杆砂轮磨齿　蜗杆砂轮磨齿的原理与滚齿相似，其砂轮做成蜗杆状，砂轮高速旋转，被加工齿轮通过机床的两台同步电动机做展成运动，被加工齿轮还沿轴向做进给运动

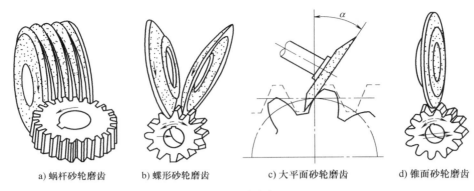

a) 蜗杆砂轮磨齿 b) 蝶形砂轮磨齿 c) 大平面砂轮磨齿 d) 锥面砂轮磨齿

图 9-22 磨齿加工

以磨出全齿宽。

为保证必要的磨削速度,蜗杆砂轮的直径较大($\phi200 \sim \phi400$),且转速较高(2000r/min)。由于蜗杆砂轮磨齿连续进行,所以生产率很高。磨削精度一般为 5 级,最高可达 3 级,适用于大、中批量生产的齿轮精加工。

(2) 蝶形砂轮磨齿 两片蝶形砂轮倾斜安装以构成齿条齿形的两个侧面。磨齿时,砂轮做高速旋转;被加工齿轮一边旋转一边移动,实现展成运动;被加工齿轮沿轴线方向做慢速进给运动以磨出全齿宽。当一个齿槽的两侧面磨完后,工件快速离开砂轮进行分度,磨削下一个齿槽。

这种磨法的展成运动是通过滑座和滚圆盘钢带机构实现的,传动环节少,传动误差小,分齿精度较高,故加工精度可达 3~5 级;但砂轮刚性差,切深小,生产率低,故加工成本较高,适用于高精度圆柱齿轮(直齿和斜齿)单件小批量生产过程中的精加工。

(3) 大平面砂轮磨齿 大平面砂轮磨齿的原理是:利用大直径砂轮的端平面磨削齿面,利用渐开线靠模板得到工件的展成运动,磨完齿面一侧后,分度再磨下一个齿的同一侧面。每一个轮齿的同一侧面全部磨完后工件反向安装再磨每一个轮齿的另一侧面。

(4) 锥面砂轮磨齿 砂轮截面呈锥形,相当于齿条的一个齿。磨齿时,砂轮一面高速旋转一面沿齿槽方向往复运动,以磨出全齿宽;同时被加工齿轮一面旋转一面移动,实现展成运动。在被加工齿轮的一个往复过程中,先后磨出齿槽的两个侧面,然后被加工齿轮快速离开砂轮进行分度,磨削下一个齿槽。

锥面砂轮磨齿法的特点是:砂轮刚性好,磨削效率较高;但机床传动链复杂,磨齿精度较低,一般为 5~6 级,多用于成批生产中磨削 6 级精度的淬硬齿轮。

第三节 锥齿轮的加工

锥齿轮有直齿锥齿轮和曲线齿锥齿轮两大类,其中曲线齿锥齿轮又有弧齿锥齿轮、准双曲面齿轮和延长外摆线锥齿轮等多种。

锥齿轮的加工方法有成形法、仿形法和展成法(又称范成法)三种。成形法和仿形法主要用于直齿锥齿轮的加工,展成法则可用于各种齿锥齿轮的加工。

第九章 典型零件的加工工艺

一、直齿锥齿轮的加工

直齿锥齿轮的加工有铣齿、刨齿、双刀盘铣齿和拉铣齿等多种。

1. 铣齿

利用盘形齿轮铣刀或指形齿轮铣刀按成形法铣削锥齿轮时，由于锥齿轮的齿形、齿宽和齿高从大端到小端是逐渐变化的，而铣刀齿厚是按齿槽小端的宽度设计的，故需分两三步才能铣出一个齿槽，如图9-23所示。

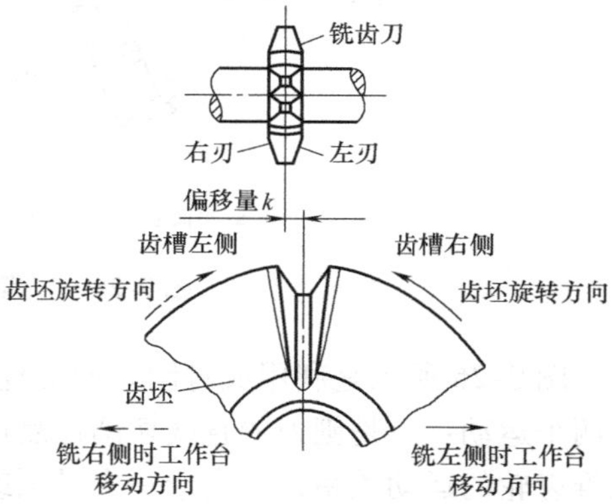

用成形铣刀加工直齿锥齿轮时，通常是先铣出全部齿槽的一个侧面，然后利用轮坯的偏移和转位，再顺次将齿槽的另一侧铣出，其齿坯的偏移量 k 为

$$k = \frac{Bm}{2t}$$

式中　k——齿坯的偏移量；
　　　B——齿长；
　　　m——齿轮模数；
　　　t——截锥长。

图9-23　成形法铣削锥齿轮

同一模数不同齿数的锥齿轮的齿形不同，故一把铣刀只能加工某一段齿数范围的锥齿轮。成形法铣削直齿锥齿轮的生产率和加工精度均较低（9级精度），仅适合于加工精度要求不高的单件或小批量生产。

2. 刨齿

直齿锥齿轮的刨齿加工既可用仿形法也可用展成法。

（1）仿形法刨齿　仿形法刨齿是利用一块将被切齿形放大了的靠模板，控制单刃刨刀的刀尖运动轨迹以切出齿形，如图9-24所示。

（2）展成法刨齿　展成法刨削直齿锥齿轮是利用被切齿轮与假想冠轮相啮合的原理进行加工的。假想冠轮有平面冠轮和平顶冠轮两种，如图9-25所示。

平面冠轮是节锥角为90°的锥齿轮，即节锥面为一个平面，齿形为直线的齿轮；平顶冠轮是外锥角为90°的锥齿轮，即外锥面为一个平面，其齿形近似于直线。如将刀具刃形做成假想冠轮的齿形，刃口在空间形成的轨迹相当于冠轮的一个齿面。当被加工齿轮与假想冠轮按啮合关系对滚时，刀具的切削运动便能在齿轮上包络切出正确的齿形。

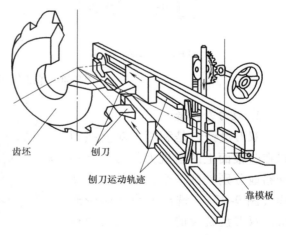

图9-24　靠模仿形法刨削直齿锥齿轮

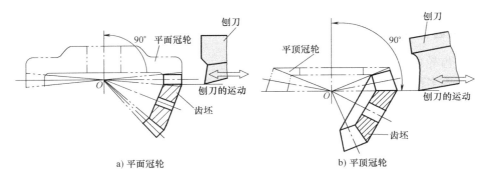

图 9-25 直齿锥齿轮展成法刨齿加工原理

图 9-26 所示是利用成对刨刀加工直齿锥齿轮的示意图，分别刨削轮齿两个侧面，刨刀有两个运动：一是刨刀的直线切削往复运动；二是刨刀随摇台的平面回转运动。刀具与被加工锥齿轮的运动关系，相当于一个平顶或平面冠轮的齿与被加工锥齿轮的啮合。刀具展成切齿循环一次，加工出一个齿，被加工锥齿轮分度后，加工第二个齿。刨齿的精度可达 7~8 级，加工模数范围为 0.3~20mm。尽管直齿锥齿轮的刨齿加工的生产率低于双刀盘铣齿，但由于刨齿刀具制造简单、成本低，刨齿在直齿锥齿轮加工中应用非常广泛。

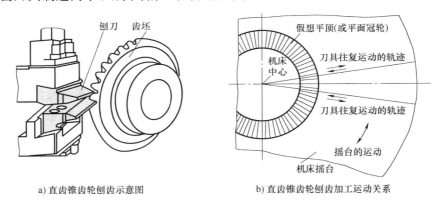

图 9-26 直齿锥齿轮的刨齿加工

3. 双刀盘铣齿

双刀盘铣齿是利用一对直线刃口在凹锥面上的盘铣刀的刀齿互相交错地分别铣削一个齿槽的两个侧面（图 9-27），铣出的齿面略带鼓形。双刀盘铣齿的展成运动可由被加工齿轮单独完成，也可由被加工齿轮与刀具共同完成。由于双刀盘铣刀与被加工齿轮之间无齿长方向的相对运动，切出齿槽的底部是圆弧形的，故模数和齿长都受到限制。

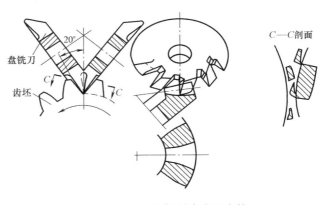

图 9-27 双刀盘铣削直齿锥齿轮

双刀盘铣齿一般用以加工中、小模数（$m \leqslant 6$mm）的锥齿轮。双刀盘铣齿生产率较高，但刀具较复杂，适用于成批生产。

4. 拉铣齿

拉铣齿是利用一把大直径的拉-铣刀盘在回转一周中，从实体轮坯按成形法完成一个齿槽的粗切和精切。在精切刀齿之后，刀盘上有一段不装刀齿的圆弧空间供工件分齿；也有用两把刀盘分别进行粗切和精切的。拉铣齿的生产率很高，但切出的齿形近似于渐开线的圆弧曲线，精度较低；且拉-铣刀盘是专用刀具，结构复杂，制造困难。拉铣齿常用于汽车驱动桥中差速器齿轮的生产。

二、曲线齿锥齿轮的加工

曲线齿锥齿轮（又称弧齿锥齿轮）加工是通过机床上的摇台机构模拟一个假想冠轮，安装在摇台上的刀盘切削面是假想冠轮的一个轮齿。当被加工齿轮与假想冠轮以一定的传动比绕各自的轴旋转时，刀盘就会在轮坯上切出一个齿槽，如图9-28a所示。在调整齿轮加工机床的时候，必须使被加工齿轮的节锥面与假想平顶齿轮的节锥面相切并做纯滚动，而刀顶旋转平面则需和被加工齿轮的根锥相切，如图9-28b所示。所以铣刀盘轴线与被加工齿轮的节锥面倾斜一个大小等于被切齿轮齿根角的角度，这样就产生了刀号修正的问题，从而导致被切齿轮的加工调整较为复杂，刀片的规格比较多。在加工渐缩齿曲线齿锥齿轮时，都是采用这种切齿原理来加工的。

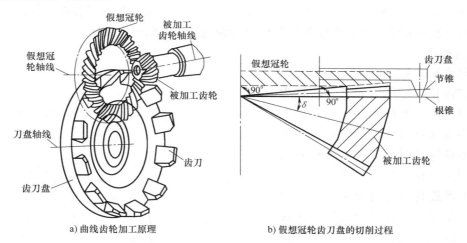

a) 曲线齿轮加工原理　　　　b) 假想冠轮齿刀盘的切削过程

图9-28　曲线齿锥齿轮的加工原理示意图

曲线齿锥齿轮的加工主要有格里森、奥利康、克林根贝尔等不同制式，有端面铣刀法和端面滚刀法两种不同的加工方法。其中端面铣刀法主要用于格里森制式的锥齿轮加工，端面滚刀法主要用于奥利康和克林根贝尔制式的锥齿轮加工。

1. 格里森

利用格里森制式加工的锥齿轮有圆弧齿锥齿轮和准双曲面齿轮（以下统称曲线齿锥齿轮）两类。加工此两类锥齿轮所用的机床和加工原理都基本相同，只需对机床作相应的调整。

格里森制式曲线齿锥齿轮的加工有四种不同的加工方法，分别是单刀号单面切削法、单面-双面切削法、半展成切削法和双重双面切削法。

（1）单刀号单面切削法　单刀号单面切削法是利用一把双面铣刀盘分别粗切大轮和小轮的轮齿，再利用同一刀盘的外刀齿精切大轮轮齿的凹面，然后用该刀盘的内刀齿精切大轮轮齿的凸面。小轮轮齿的凹面和凸面的精切也用同一刀盘按大齿轮的轮齿配切。用这种方法切出的齿轮质量（特别是齿面接触区）较差，生产率也较低。但所用刀具和机床较少（即大、小轮轮齿的粗/精切只用一把刀具在一台机床完成）。这种方法适于单件小批生产质量要求不高的锥齿轮。

（2）单面-双面切削法　单面-双面切削法是利用一把双面粗切刀盘和一把双面精切刀盘分别承担大轮的粗、精加工，另用三把刀盘，其中一把承担小轮的双面粗切，其余两把分别承担小轮凹面和凸面的单面精切。加工时，若只用一台机床，需将上述五把刀盘依次装到机床上铣削大轮或小轮的齿面，这种方法称为单台单面-双面切削法；若用五台机床，则每道工序都在固定的机床上进行，这种方法称为固定安装法。这种方法生产率很高，齿面质量（接触区和粗糙度）也较好，适用于大批量生产。

（3）半展成切削法　当大、小轮齿数之比小于2.5时，大轮可采用端面拉刀盘按成形法切齿，切出的齿廓是直线形，小轮轮齿的凹面和凸面需分别按展成法切出，而且要进行相应的修正。

（4）双重双面切削法　大、小轮齿槽两侧面的粗、精加工都用双面刀盘切出。若用四台机床和四种刀盘，则生产率比"固定安装法"更高，但接触区不易控制，切出的轮齿质量也较差。这种方法适用于模数小于2.5mm的曲线齿锥齿轮的大批量生产。

2. 奥利康

奥利康制式加工的锥齿轮是延长外摆线锥齿轮，所用的加工方法称为奥利康铣齿法。奥利康铣齿法是用奥利康铣刀盘按展成法连续分齿铣出齿面。铣刀盘的端面由按螺旋线排列的若干组刀齿组成，如图9-29所示。

铣刀盘旋转时每组刀齿形成假想冠轮的一个齿，铣刀盘的旋转与工件保持一定的速比关系。当第一组刀齿切过一个齿槽后，第二组刀齿即切下一个齿槽，如此连续循环，便可切出全部齿槽。由机床摇台的回转和工件的附加旋转结合而成的展成运动，使被加工齿轮获得所需齿形。这种方法铣齿时，粗、精切一次完成，铣出的齿是等高齿。

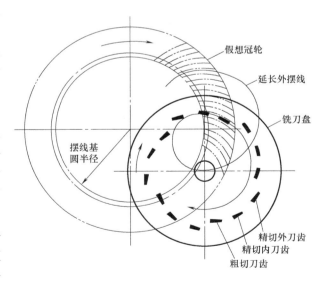

图9-29　奥利康铣齿法原理示意图

3. 克林根贝尔

克林根贝尔制式加工的锥齿轮也是延长外摆线锥齿轮，克林根贝尔铣齿法的工作原理与奥利康铣齿法基本相同，主要区别在于所用的端面铣刀盘是由两个刀体（一个装内刀齿、一个装外刀齿）叠合而成的组合刀盘，如图 9-30 所示。刀盘上每一个内刀齿和外刀齿前面都并列着一个粗切刀齿。

4. 曲线齿锥齿轮的精加工

对淬火后的锥齿轮，为了提高齿面质量和齿形精度，需要进行研齿或磨齿。

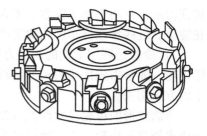

图 9-30　克林根贝尔铣刀盘

（1）研齿　研齿是在一对相配合的锥齿轮副（直齿或曲线齿）的齿面间加入研磨剂在研磨机上对研，主要用来改善齿面粗糙度以降低啮合运转噪声。研齿时需要一些附加运动使两齿轮之间的相互位移不断变动，才能研到全部齿面，提高接触质量。淬火后的锥齿轮经研齿后，齿面粗糙度可达到 $Ra0.63\sim1.25$，齿轮运转噪声可显著降低。研齿的生产率高，研磨一对齿轮副只需要几分钟。但对齿形误差的纠正作用不大。

（2）磨齿　磨齿主要用来消除锥齿轮淬火后的热处理变形，提高齿轮精度和接触质量。直齿锥齿轮的磨齿工作原理与双刀盘铣齿基本相同，其唯一的区别在于：用两片碟形砂轮代替两把铣刀盘，而且是在相邻两齿槽中分别磨削一个齿侧面。弧齿锥齿轮的磨齿工作原理与格利森切齿法相同，但须将端面铣刀盘换成杯形或碗形砂轮进行磨削。淬硬的锥齿轮经磨削后，精度可达 5 级，齿面粗糙度可达 $Ra0.32\sim0.63$。磨齿的生产率低，一般需数分钟才能磨削一个齿。对于延长外摆线齿的锥齿轮，由于受刀盘与工件之间旋转速比的限制，不能进行磨齿。

三、齿轮的无屑加工

利用金属的塑性变形或粉末烧结使齿轮的齿形部分最终成形的方法称为齿轮的无屑加工。齿轮的无屑加工有在常温下进行加工的冷态成形和把工件加热到 1000℃ 左右进行加工的热态成形两类。前者包括冷轧、冷锻、冲裁等，后者包括热轧、精密模锻、粉末冶金等。齿轮的无屑加工可使材料利用率从切削加工的 40%～50% 提高到 80%～95% 以上，生产率也可成倍增长，但因受模具强度的限制，一般只能加工模数较小、精度要求相对较低的齿轮。无屑加工齿轮需要采用专用的工艺装备，初始投资较大，只适合于大规模生产的齿轮加工。

1. 冷轧齿轮

冷轧齿轮是将齿轮形的轧轮向轮坯径向进给，并按一定速比相互滚动，使轮坯外周产生塑性变形轧出齿形。冷轧可加工圆柱齿轮（直齿或斜齿）、非圆齿轮或带细齿的零件，精度可达 8～9 级，齿面粗糙度可达 $Ra0.16\sim0.63$。对模数小于 2.5 的齿轮，可从轮坯直接轧出齿形。模数大于 2.5 时，通常先采用切削加工粗切，或铸、锻出齿形，再用冷轧对齿面作精整加工。冷轧一个齿轮的时间只需数十秒，生产效率高。

2. 冷锻齿轮

按轮坯塑性变形和成形力方式的不同，齿轮的冷锻加工可分为冷挤和冷镦两种。冷镦是从冷挤发展而来的。

1）冷挤是利用凸模和凹模的相对移动产生挤压力，使坯料在模具的约束下塑性流动而得到齿形，常用于加工模数小于 3mm 的直齿圆柱齿轮、直齿锥齿轮、内齿轮、花键轴或内花键等。近些年在汽车齿轮加工产业应用较广泛的齿轮冷摆辗加工方法即属此类。

2) 冷镦是利用上模的锤击力使坯料在模具中受压缩而横向流动形成齿形，常用于加工锥齿轮。通常需先把坯料头部镦粗，然后再镦锻齿形。冷镦后的齿轮带有飞边，需用切削加工的方法切去。

冷镦成形的齿轮尺寸误差可控制在 0.05mm 以下，齿面粗糙度可达 $Ra0.64 \sim 3.2$。对精度要求较高的齿轮，可在冷镦成形后再加一道研磨工序精整齿形。

3. 冲裁齿轮

冲裁齿轮是利用齿轮形的冲压模（凸模和凹模）从板料冲切出齿轮的加工方法，适于加工模数小于 6，厚度小于 10mm 的片状齿轮、齿条、棘轮、钟表齿轮和仪表齿轮等。冲裁齿轮的精度可达 8 级，断面粗糙度可达 $Ra0.16 \sim 0.32$。若冲裁时在工件周围采用压料板，并在工件下面设顶料器，使工件在完全压紧的状态下冲切，可防止冲裁齿轮翘曲变形并提高齿轮质量。

4. 热轧齿轮

热轧齿轮的原理与冷轧齿轮相同，但热轧是在工件加热到 1000℃ 以上的热塑状态下进行的。热轧齿轮包括预热、轧制和整形等工序。热轧齿轮的单件生产时间平均不到 1min，精度可达 8~9 级，一般不再精加工就可直接使用。对齿轮精度要求较高时，可在热轧时预留 0.2mm 的加工余量，然后用剃齿机或蜗杆砂轮磨齿机精切齿形。

5. 精密模锻齿轮

精密模锻齿轮是把轮坯在保护气氛炉中加热到 1000~1150℃，然后取出放到锻锤的下模中，用上模锤击数次锻出齿形；也可先粗锻成形，然后精锻齿形。精密模锻适于加工模数小于 4 的锥齿轮（直齿或曲线齿）。为了减少锻造过程中高温加热的轮坯接触空气而产生氧化皮的机会并提高齿轮精度，自 20 世纪 70 年代以来，较多采用高速锤进行高速锻造，可使轮坯在热塑性较好的状态下一次锤击成形。精密模锻后的齿轮需先去除飞边，然后以锻出的齿槽作定位基准钻、铰或镗削轴孔，再以轴孔为基准精加工齿轮外径和其他部位。对于精度要求较高的齿轮，可在模锻时预留 0.5mm 加工余量，以便后续用机床精切齿形。

6. 粉末冶金齿轮

将金属粉末原料（一般铁粉占 93%~98%，铜粉占 1.5%~4%，石墨占 0~0.3%）在模具中压制成形，然后将轮坯在保护气氛炉中以 1100~1150℃ 的温度保温 1.5~2.0h 进行烧结。烧结后的齿轮一般不必或很少切削加工。粉末冶金齿轮的精度可达 9 级左右。用粉末冶金方法可加工各种齿形的齿轮，但制成的齿轮内部一般含有 5% 以上的孔隙，材料密度为 $6.9 \sim 7.2 g/cm^3$，机械强度较低。因此，某些锥齿轮的制造常采用粉末锻造的方法，即先用粉末冶金方法制成轮坯，再加热至 850~950℃ 进行精密模锻，最后去除飞边。锻后的齿轮，密度可达 $7.75 g/cm^3$ 以上，几乎无孔隙，精度可达 7 级左右，齿面粗糙度可达 $Ra1.6 \sim 3.2$。

第四节　曲轴、凸轮轴的加工

尽管曲轴和凸轮轴也属轴类零件，但由于结构十分特殊，其加工方法与普通轴类零件存

第九章 典型零件的加工工艺

在本质的不同。

一、曲轴的加工

曲轴是发动机五大部件中的核心部件之一,其与连杆配合将作用在活塞上的气体压力变为旋转的动力。发动机工作时,曲轴承受极高的气体压力、惯性力及惯性力矩的共同作用,受力大且复杂;由连杆传来的力具有冲击与周期性变化的特点,因此会引起曲轴的扭转振动而产生附加应力;曲轴的转速很高,它与轴承之间的相对滑动速度很大。为了保证其工作的可靠性,要求曲轴具有足够的刚度和强度,良好的承受冲击载荷的能力;为了提高其疲劳寿命,需对其进行特殊处理,如淬火、滚压强化等。

曲轴是一种十分复杂的轴类部件,由主轴颈、连杆轴颈、曲柄、平衡块、前端正时齿轮和后端法兰等组成,如图9-31所示。

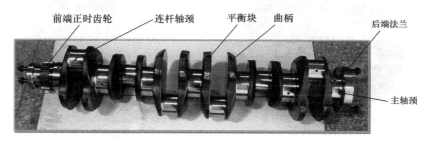

图9-31 曲轴结构图

曲轴的主要失效形式是疲劳断裂和轴颈磨损,其中弯曲疲劳断裂约占疲劳断裂失效形式的80%。为了保证曲轴的使用寿命,曲轴材料应具有优良的综合力学性能,即高的抗疲劳能力和良好的耐磨性,为此,汽车发动机曲轴常用的材料是40Cr或球墨铸铁(如奥贝球铁)。

近些年汽车制造技术正朝着高速、智能、复合、环保的方向发展,高效加工装备与技术的发展带来了曲轴加工技术的不断进步。

1. 曲轴的车-车拉加工

高效制造设备在汽车发动机曲轴加工中的应用始于20世纪80年代后期,德国BOE-HRINGER公司和HELLER公司开发出了曲轴车-车拉机床,该加工设备将曲轴车削工艺与曲轴车拉工艺完美结合在一起,生产效率和加工精度均显著提高,经车-车拉机床加工后的曲轴可直接进行精磨,省去粗磨工序。图9-32所示是曲轴加工车拉刀的结构。

2. 曲轴的内外铣加工

20世纪90年代中期,国外又研发出新型的数控高速曲轴内、外铣机床,它克服了曲轴车削加工应力大、温升高等的不足,使曲轴粗加工工艺又上了一个新台阶。数控曲轴内铣与数控高速曲轴外铣相比,内铣存在以下缺点:不容易对刀、切削速度较低(通常不大于160m/min)、非切削时间较长、机床投资较多、工序循环时间较长,但内铣加工锻钢曲轴容易断屑,加工容易,图9-33所示是曲轴内铣刀的结构;数控高速曲轴外铣的特点是切削速度高(可高达350m/min)、切削时间与工序循环时间较短、切削力较小、工件温升较低、刀具寿命高、换刀次数少、加工精度更高、柔性更好。数控高速外铣的缺点是不能加工轴向有沉割槽的曲轴,曲轴高速外铣刀的结构及应用如图9-34所示。

图9-32 曲轴加工车拉刀的结构

图9-33 曲轴内铣刀的结构

a) 曲轴外铣刀

b) 曲轴外铣刀的应用

图9-34 曲轴高速外铣刀的结构及应用

3. 曲轴的精加工

曲轴的精加工大多采用数控磨床，随着现代驱动、控制技术及CBN（立方氮化硼）砂轮等的应用，为曲轴磨床的高精度、高效磨削加工创造了条件。一种称为连杆轴颈随动数控磨削的工艺开始大量用于曲轴的精加工。随动数控磨削工艺的特点是：可显著提高曲轴连杆颈的磨削效率，加工精度高，加工柔性好。在对连杆颈进行随动磨削时，曲轴以主轴颈为轴线旋转，一次装夹磨削所有连杆颈。在磨削过程中，磨头往复摆动进给，随着偏心回转的连杆颈进行磨削加工。CBN砂轮的应用是实现连杆轴颈随动磨削的重要条件。由于CBN砂轮耐磨性高，在磨削过程中砂轮的直径几乎不变，一次修整可磨削600~800根曲轴。CBN砂轮可以采用很高的磨削速度，在曲轴磨床上可采用高达120~140m/s的磨削速度，有的甚至可更高些，磨削效率很高。

4. 曲轴的复合加工

复合加工技术的概念随着时代的变化而变化，在过去，加工中心被称为复合加工机床，但现在已经不再将一般的加工中心称为复合加工机床了。复合加工机床应具有工序集成、多种加工方式集成的功能。从制造业所处的环境看，复合加工机床的功能在不断扩大，已朝着"一台机床即一个小型加工厂"的方向发展。

曲轴的复合加工技术已开始在部分发动机工厂得到应用。目前已投入使用的复合加工机床是集双主轴车削中心，五轴加工中心，深孔镗、铣、钻和三坐标功能于一身，在一台具有双主轴的车铣复合加工中心上可以对曲轴进行全部内容的粗加工，经此复合机床加工后的曲轴可直接转入精加工工序。

在曲轴精加工方面，也出现了工序集成的 CBN 数控磨床，即一次装夹磨削全部曲轴主轴颈和连杆轴颈，此类磨床一般配双砂轮刀架。

5. 曲轴特种加工工艺

(1) 圆角滚压工艺　曲轴的圆角滚压是利用滚轮的压力作用，在曲轴的主轴颈和连杆轴颈过渡圆角处形成一条滚压的塑性变形带。这条塑性变形带的特点是：产生的残余压应力可与曲轴在工作时的拉应力抵消或部分抵消，从而提高疲劳强度；滚压使圆角处形成高硬度的致密层，从而使曲轴的机械强度和疲劳强度提高；圆角滚压可使圆角表面粗糙度达到 $Ra0.1$，从而大大减小圆角处的应力集中，提高疲劳强度。

国外应用的圆角滚压技术已相当先进，可一次完成对所有圆角的滚压，且可做到主轴颈与连杆轴颈圆角的压力不同，同一连杆轴颈圆角在不同方向上的压力也可不同。这样可经济地达到最佳的滚压效果，最大限度地提高曲轴的疲劳强度。经德国赫根塞特（HEGENSCHEID）公司测定，球墨铸铁曲轴经滚压后寿命可提高 1~2.8 倍。

(2) 滚磨光整工艺　光整加工技术应用于发动机曲轴，可以使其表面质量大幅度提高的原理是：由颗粒状磨料、多功能磨液及水组成磨具，磨具在料箱中做复杂的自由运动，将工件沉没于磨具之中做旋转运动，工件与磨具以一定的相对速度和作用力发生摩擦、挤压、刻划和微量切削，以达到表面质量的提高。对曲轴而言，由于其结构复杂，人工去除飞边困难，光整技术就显得尤为重要。光整加工技术的具体效果和主要特点是：能较全面地去除飞边、圆化尖角和锐边；能去除手工无法去除的锈蚀、氧化层，使表面光亮夺目；细化表面组织，提高轴颈表面残余压应力的数值；改善装配性能，提高可靠性和使用寿命，缩短磨合期；可大幅提高表面轮廓支承长度率，提高表面耐磨性。

(3) 砂带抛光工艺　曲轴的主轴颈、连杆轴颈及止推面都要求进行超精加工和抛光。传统工艺是采用靠模油石超精加工机床，加工后严重破坏了轴颈的几何形状，形成马鞍形（凹形），而且对轴颈尺寸影响较大。曲轴的超精加工已广泛采用数控砂带抛光工艺，而且这种砂带是防潮静电植砂的（保证砂粒尖锋朝外）。为了能对圆角和轴肩抛光，砂带两侧开槽以便与加工面贴合。曲轴砂带抛光机可同时抛光主轴颈、连杆轴颈、圆角、轴肩及止推面。其结构均采用对夹式，每个轴颈上用 4 片垫块（中凹型）压紧砂带；垫块和砂带应根据工件材质和硬度选用；机床上的卷带机能保证每个轴颈都有一段新砂带（长度可调）参加工作，其效率和效果都远远优于油石。对于球墨铸铁曲轴的抛光与磨削，由于球铁内的铁素体磨削后会形成突起飞边，所以应使轴的磨削转向与工作转向相反，抛光转向与工作转向相同。这样才能在抛光中有效地去除飞边，避免工作时刮伤轴瓦。

6. 刀具材料多样化

切削刀具性能的提高为高效、高速加工提供了可能性，除了高速钢、硬质合金以外，超硬材料的发展起到了重要的作用。为适应曲轴加工高速化、高效率、干式切削的需求，目前大量采用涂层刀具，涂层材料从 TiN 发展为 Al_2O_3、TiC、ZrO_2 等。为提高刀具的耐高温性能，又发展了 TiCN、TiAlN、TiSiN、CrSiN 等刀具材料。现阶段，PVD（物理气相沉积）、CVD（化学气相沉积）技术不断推陈出新，刀具材料又从单层发展为多层、千层、复合涂层、纳米涂层、组合式刀具和复合刀具；为了简化工序、减少刀具数量、减少换刀时间和降低加工节拍时间，现在已出现了钻孔和螺纹加工一次完成的组合式刀具，这种复合刀具的前部用于钻孔，紧接着是刀具的螺纹加工部分，在螺纹底孔被钻出来后，该刀具即进行螺纹的铣削加工，仅用一把刀具即完成该孔的全部加工。

二、凸轮轴的加工

凸轮轴属于结构较为特殊的细长轴类零件，用于驱动发动机进、排气门的定时开启和关闭，是发动机的重要关键部件。由于发动机进气是否充分、排气是否彻底对发动机的多项性能（动力性、经济性、排放、噪声等）有重要影响，凸轮的形状与位置精度的要求都非常高；此外，凸轮与气门杆端的运动是一种滑移运动，为了减小摩擦损失、提高其使用寿命，凸轮表面应具有高的硬度和非常良好的表面质量（表面粗糙度应达到 $Ra0.16 \sim 0.32$）。为了达到上述的诸多高要求，凸轮轴的加工工艺通常有别于其他普通轴类零件。

1. 先进的凸轮轴加工工艺

随着数控技术的发展，效率和精度更高、柔性更好的高效凸轮轴加工技术和设备不断出现，如车铣加工中心和数控凸轮轴磨床等，两台设备几乎可完成凸轮轴的全部机加工任务。由于凸轮轴在加工过程中的装夹次数大大减少、辅助加工时间显著缩短，加工精度和加工效率都大幅提升。

（1）凸轮轴的粗加工 凸轮轴粗加工在五轴联动的车铣加工中心上完成，国际上先进的车铣加工中心具备车、铣、钻、镗、螺纹加工等多种功能，能完成凸轮轴粗车、凸轮的粗成形、凸轮轴精车、高精度法兰孔的加工，可达到免除精加工中粗磨工序的高精度（包括凸轮形线尺寸、形状与位置精度），节省了大量的加工工时和辅助工时。车铣加工中心能完成以前几台设备多次装夹才能完成的铣削凸轮、钻法兰孔等复杂工序的加工内容；省去了传统加工工艺中的多次装夹，可消除因多次装夹所带来的误差。

（2）凸轮轴的精加工 凸轮轴传统仿形磨削精加工工艺很难保证凸轮形线的形状与位置精度，通常情况下，每个凸轮的升程超差点数都在 15 个以上，最大升程超差值达 0.1mm，这样会对发动机的多项性能构成明显影响。采用 CBN（立方氮化硼）砂轮作为磨料的数控凸轮磨床对凸轮轴进行精加工，其加工效率和加工精度都大幅提升。

CBN 砂轮是超硬切削材料之一，它是氮与硼的化合物，其硬度仅次于金刚石，但它和金刚石相比却有如下优点：

1）CBN 砂轮的导热性和热稳定性好，可承受 $1300 \sim 1500$℃ 的高温，其导热性是刚玉砂轮的 45 倍，在 1200℃ 高温下仍可保持硬度不变，特别适用于磨削凸轮轴这种高强度合金钢。

2）CBN 砂轮有很高的韧性。

3）CBN 与碳元素的亲和力小，非常适宜于磨削钢质零件而能保持较高的耐用度。

4）CBN 砂轮硬度是刚玉砂轮的 2 倍多，而韧性比金刚石好，可以磨削各种高硬度、高强度的钢质零件。其砂轮耐用度与磨削效率是其他各种砂轮所不及的。

5）CBN 化学惰性强、稳定性好，耐用度约为普通刚玉砂轮的 1400 倍。

6）CBN 砂轮磨削的零件表面质量较好，不产生磨削、烧伤、裂纹等缺陷，并能提高零件的疲劳强度。

7）CBN 砂轮适宜于高速磨削。采用 CBN 砂轮精磨凸轮能保证凸轮形线更接近设计曲线，由于 CBN 砂轮的磨耗极小，可以稳定地保证凸轮形线始终处于最佳状态。

用 CBN 砂轮作为磨料的数控凸轮磨床在凸轮轴加工中的成功应用给凸轮轴的生产带来了革命性的进步，只需将凸轮升程数据编制成可执行的磨床程序，任何形状的凸轮精加工都可以完成。与传统靠模式仿形磨削工艺相比,新工艺大大缩短了新产品研制周期,同时凸轮表面质量也有很大的提高。

2. 凸轮轴的化学处理

化学处理是指将金属置于一定化学介质中,通过化学反应在金属表面生成一种化学覆盖层,使其获得装饰、耐蚀、绝缘等不同的性能。

化学处理一般有氧化处理和磷化处理,凸轮轴一般只采用磷化处理。磷化处理后的凸轮轴具有高的耐蚀性、优良的润滑和减磨特性、高的绝缘性。经磷化处理后的凸轮,经过一段时间磨合后,在桃尖处的磷化膜脱落而变得锃亮,这有利于凸轮和挺柱的初期磨合。

3. 凸轮轴的抛光

凸轮轴的主轴颈和凸轮的表面粗糙度要求很高,必须对它们进行抛光处理,凸轮轴的抛光工艺与曲轴很相像,在此不再重复。

第五节 汽车零件的增材制造

增材制造(additive manufacture)又称"3D 打印",是 20 世纪 80 年代后期发展起来的一种新型加工技术,其特点是不需要传统的刀具、夹具和模具,也不需要复杂的多道加工工序,在一台设备上可快速精密地制造出任意复杂形状的零件,从而实现了零件"自由制造";解决了许多复杂结构件成形困难的问题,大大简化了加工工艺,节省了原材料,缩短了加工周期。结构越复杂、生产数量越少的产品,增材制造的优势就越显著,因此特别适合于人们消费越来越个性化的要求。

一、增材制造原理

增材制造技术是基于离散-堆积的成形原理,由零件三维数据驱动,采用与减材制造技术相反的加工方式(逐层累加)直接制造各类不同的产品。增材制造所用的材料包含了金属、非金属、复合材料、生物材料等多种,成形工艺所用能源有激光、电子束、特殊波长光源、电弧及前述能源的组合,成形尺寸从微纳米元器件到 10m 以上大型航空结构件,在航空航天、国防、汽车、医疗、电子等领域得到了较广泛应用。

二、增材制造的分类

增材制造的种类非常多(表9-5),其分类方法各异。增材制造具有广阔的工业应用前景,是世界各国重点发展的新型制造技术。尽管增材制造具有前述许多优点,但受现有技术的限制,增材制造的效率较低、成本相对较高的问题尚未得到较好解决,因此在汽车产业的应用仍相对较少,在此仅简要介绍几种较典型的金属增材制造技术。

表 9-5 常用的 3D 打印技术

技术分类	使用材料	特性	应用
光固化成形(SLA)	液态树脂	精度高、表面质量好	航空航天、生物医学等
激光选区烧结(SLS)	高分子、金属、陶瓷、砂等粉末材料	成形材料广泛、应用范围广等	制作复杂铸件用熔模或砂芯等

（续）

技术分类	使用材料	特性	应用
选区激光熔化（SLM）	金属或合金粉末	可直接制造高性能复杂金属零件	用于航空航天、珠宝首饰、模具等
熔融沉积制造（FDM）	低熔点丝状材料	零件强度高、系统成本低	汽车、工艺品等
激光近净成形（LNSF）	金属粉末	成形效率高、可直接成形金属零件	航空领域
电子束选区熔化（EBSM）	金属粉末	可成形难熔材料	航空航天、医疗、石油化工等
电子束熔丝沉积（EBFFF）	金属丝材	成形速度快、精度不高	航空航天高附加值产品制造
分层实体制造（LOM）	片材	成形速率高、性能不高	用于新产品外形验证
立体喷印（3DP）	光敏树脂、黏结剂	喷黏结剂时强度不高、喷头易堵塞	制造业、医学、建筑业等的原型验证

1. 液态金属喷墨成形技术

液态金属喷墨成形技术（Nano Particle Jetting，NPJ）是以色列 Xjet 公司最新开发出的金属 3D 打印成形技术，该技术使用纳米液态金属为原材料，以喷墨沉积的方式进行快速精确成形，不仅打印速度是普通激光 3D 打印的 5 倍，而且成形件精度和表面粗糙度相较于激光 3D 打印有较大提高。

2. 选区激光熔化成形技术

选区激光熔化成形技术（Selective Laser Melting，SLM）是目前金属 3D 打印成形中应用最为普遍的技术，其工作原理是采用精细聚焦光斑快速熔化预置金属粉末，直接打印获得具有任意形状以及完全冶金结合的零件，制成品的致密度可达 99% 以上。

3. 激光熔覆成形技术

激光熔覆成形技术（Laser Metal Deposition，LMD）采用同轴或斜轴送粉机制，将粉末通过喷嘴定向聚集到工作台面，然后利用激光对粉末进行定向烧结，粉末熔化冷却后获得堆积的熔覆实体。

4. 电子束选区熔化成形技术

电子束选区熔化成形技术（Selective Electron Beam Melting，SEBM）的工艺过程与选区激光熔化成形技术（SLM）基本相同，唯一的区别在于所采用能量源由激光变为电子束及增加了粉床预热工艺，在打印过程中可有效减小粉层间温度梯度，从而大幅减少制成品内部的残余应力。

三、增材制造技术与设备

增材制造所用的设备统称为 3D 打印机，目前国内外还没有一个明确的 3D 打印机分类标准，通常根据设备的市场定位将其分为民用消费级 3D 打印机、商业级 3D 打印机和工业级 3D 打印机。

1. 民用消费级 3D 打印机

图 9-35 是一款较常见的民用消费级 3D 打印机，目前市场占比 80% 的 3D 打印机都属于民用消费级，主要针对设计爱好者、小企业、学校。民用消费级 3D 打印机采用的工艺主要

第九章 典型零件的加工工艺

是熔融沉积3D打印成形，所用材料大都以ABS塑料、PLA塑料为主。此类打印机主要满足个人用户生活中的使用要求，因此结构简单、精度低、制成品表面粗糙、不考虑力学性能，各项技术指标都不突出，优点在于体积小巧，性价比高。

2. 商用级3D打印机

相较于民用消费级3D打印机，商用级的3D打印机可供选择的成形技术和耗材（塑料、尼龙、光敏树脂、高分子、金属粉末等）较为丰富，设备结构和技术原理更为先进，设备的稳定性也较强，如图9-36所示。这类设备售价在十几万至上百万元，大中型制造企业的产品研发部门主要将其用于外观设计、模型制作。商用级3D打印机的结构复杂、精度高，打印成形的物品表面质量较好。

图9-35　民用消费级3D打印机

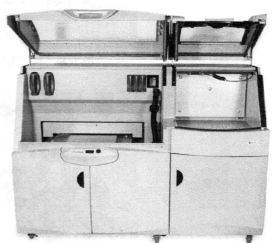

图9-36　商用级3D打印机

3. 工业级3D打印机

工业级3D打印机如图9-37所示，其制成品必须符合相关的产品标准，其特点是成形尺寸范围大、成形速度快、精度高，价格也非常高。

四、增材制造技术在汽车产业中的应用

增材制造技术具有直接制造的特点，可在零部件制造的过程中避免因为开模带来的额外成本，实现复杂零部件的轻量化直接成形。早期，汽车厂商常利用3D打印技术完成汽车研发阶段的原型制造与设计验证，近年来，更多的汽车厂商使用3D打印来制造各种模具、夹具、汽车零部件等。

图9-37　工业级3D打印机

世界上第一辆"3D打印"赛车"阿里翁"（图9-38）由16名比利时工程师花3周时间

完成设计及制造，该车 0~96km/h 的加速时间为 4s，最高车速可达到 141km/h，已在德国的霍根海姆赛道完成测试。

2020年，英国一家 3D 打印公司 Scaled Ltd 推出了一款 3D 打印电动汽车"变色龙（Chameleon）"，整车重量为 150kg，采用 PA6（尼龙）材料打印，车速可达 72km/h，号称是欧洲首款 3D 打印电动汽车，如图 9-39 所示。

图 9-38　3D 打印"阿里翁"赛车

图 9-39　3D 打印"变色龙"电动汽车

丰田汽车与 Materialise 共同设计的汽车座椅采用 3D 打印技术，重量减少了 72%，比原来轻了 18kg。该座椅低重力密度区域的镂空处理（图 9-40）使其具有更强的散热能力、更优异的舒适性。

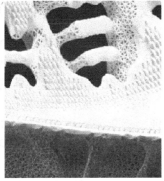

图 9-40　3D 打印的汽车座椅

位于加利福尼亚圣克拉拉的 FIT Technology Group 技术部门利用选区激光熔化增材制造技术（SLM）制造出了新的赛车发动机气缸盖，如图 9-41 所示。其重量减少了 66%，气缸盖的表面积则从 $823cm^2$ 增加到 $6052cm^2$，显著提高了气缸盖的表面散热面积，通过复杂的晶格结构带来更有效的发动机冷却性能。

图 9-41　3D 打印的发动机气缸盖

第十章 零件表面强化工艺

零件表面强化工艺是指对零件的表面采用机械强化或者热处理的方法，目的是增强材料表面的力学、物理和化学性能（硬度、强度、耐磨性、耐蚀性等），提高其使用寿命和可靠性。

表面强化方法有热处理和表面机械强化处理两种，前者分为普通热处理、表面热处理、化学热处理和特殊热处理。普通热处理主要有回火、正火、退火和淬火，表面热处理主要指表面淬火，化学热处理有渗碳、渗氮、碳氮共渗和渗金属等，特殊热处理有激光表面处理、电子束表面处理和离子注入等。

第一节 零件表面机械强化处理

表面机械强化处理是指利用机械能使工件表面产生塑性变形，引起表面形变强化的过程。其方法有喷丸、喷砂、滚压和孔挤压等多种。

腐蚀、磨损、断裂是机器零部件的三大失效模式，其中以断裂失效带来的灾难与损失最大，而断裂失效中疲劳断裂所占比例最高。汽车中的一些重要零部件，如弹簧、轴、齿轮、连杆、车轮等承受循环交变载荷，有时会发生疲劳断裂失效。而表面机械强化处理是提高机器零部件疲劳寿命最为有效的手段。

一、表面喷丸处理

表面喷丸处理也称喷丸强化，是将高速弹丸流喷射到零件表面，使表层发生塑性变形，而形成一定厚度的强化层，强化层内形成较高的残余压应力，从而提高零件的疲劳强度和使用寿命。喷丸形变硬化层结构和残余应力变化如图10-1所示，可以明显提高材料的疲劳强度。喷丸强化用的强化设备主要有气动式喷丸机和机械离心式抛丸机。

a) 硬化层结构

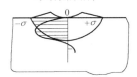

b) 残留应力分布

图10-1 喷丸形变硬化层结构和残余应力分布示意图

1. 气动式喷丸机

气动式喷丸机是依靠压缩空气带动将弹丸从喷嘴高速喷出冲击工件的设备。按弹丸的运动方式可分为吸入式、重力式和直接加压式三种。

1) 吸入式喷丸机。压缩空气从喷嘴射出时，在喷嘴内腔导丸口处形成负压，将下部储丸箱的弹丸吸入喷嘴内腔，随压缩空气由喷嘴（图10-2）射出，喷向被强化零件表面，如图10-3所示。将零件放置在工作台（或工装）上，打开压缩空气阀门，空气经由过滤器进入喷嘴，与通过导丸管进入喷嘴的弹丸一起从喷嘴射出。与零件表面碰撞后，失速的弹丸落入储丸箱完成一次运动循环。零件表面在弹丸的反复冲击下获得强化。喷丸室内产生的金属和非金属粉尘,通过排尘管道由除尘器排出室外。

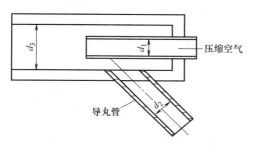

图 10-2 喷嘴示意图

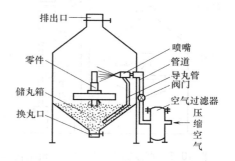

图 10-3 吸入式气动喷丸机的结构示意

2) 重力式喷丸机。将弹丸提升到一定高度,借助弹丸自重由上至下流入喷嘴,在压缩空气的带动下,由喷嘴喷向被强化零件,如图 10-4 所示。

这种喷丸机的结构比吸入式喷丸机复杂得多,它适用于密度较大的金属弹丸,其直径通常大于 0.3mm,压缩空气压力一般处于 0.2~0.7MPa。

弹丸筛分选器由弹丸尺寸筛选器和破碎弹丸分离器两部分构成。弹丸筛选通常利用往复振动的平筛网或旋转运动的圆锥筛网来剔除尺寸和形状不合格的弹丸。图 10-5 所示是一种常用的破碎弹丸分离器的结构图。弹丸进入分离器后,圆形或椭圆形弹丸在一定倾斜角度的传送带或滑道上滚动落入弹丸收集管道,而破碎的弹丸停留在传送带上被送到端头落入废料箱内。

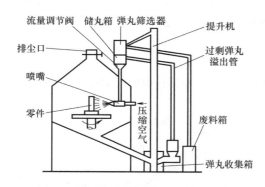

图 10-4 重力式气动喷丸机结构示意

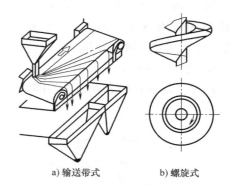

a) 输送带式　　b) 螺旋式

图 10-5 破碎弹丸分离器结构示意

3) 直接加压式气动喷丸机。弹丸与压缩空气首先在混合室内混合,再通过导丸管共同进入喷嘴,由喷嘴射出,喷向被强化零件,如图 10-6 所示。

弹丸靠自重落入储丸箱,通过流量调节阀进入增压箱,再进入含有高压空气的混合室,最后弹丸与高压空气混合一道由喷嘴射出。

2. 机械离心式抛丸机

弹丸依靠高速旋转的机械离心轮而获得动力的抛丸机,称为机械离心式抛丸机,如图 10-7 所示。

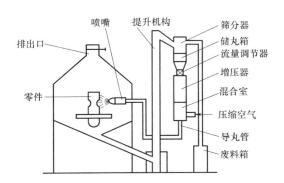 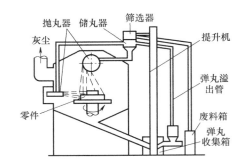

图 10-6 直接加压式气动喷丸机结构示意　　　图 10-7 机械离心式抛丸机结构示意

机械离心式抛丸机的工作原理与重力式气动喷丸机基本相同，不同之处在于用抛丸器代替了喷嘴。

先进的抛丸器可做上下、前后、左右、旋转和回摆（±45°）五个自由度的运动，它能满足多点和复杂零件的喷丸强化要求。这种抛丸机优点是耗能低、生产效率高、强化质量稳定、应用广泛，缺点是造价较高、灵活性较差。

3．内孔喷丸机

内孔喷丸机亦称孔壁喷丸机，是对孔深大于孔径1倍以上的内孔表面进行喷丸强化的机械。这种喷丸机大都采用重力式或直接加压式气动喷丸机，接上内孔喷嘴，便可对孔壁进行喷丸。

图 10-8 所示为反射式内孔喷嘴结构。弹丸运动到喷嘴出口处时，在喷嘴头部变成倾斜角约为40°的斜平面方向射向孔壁表面，使表面获得强化。为了均匀地强化孔壁表面，喷嘴（或工件）同时应做旋转和直线运动。

4．旋片（旋板）喷丸器

旋片（旋板）喷丸器由两端部粘上弹丸的旋片和风钻两部分构成，如图 10-9 所示。

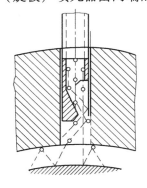 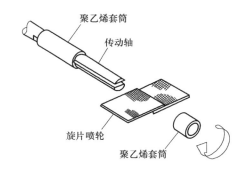

图 10-8 反射式内孔喷嘴结构示意　　　图 10-9 旋片喷丸器结构示意

旋片是一种尼龙编织物，在一端的正面和另一端的反面用胶粘上两排金属弹丸。把旋片固定在风钻头的传动轴上，打开风钻进气口的调节器，转速控制在 2000～6000r/min 范围内，把旋转的旋片接近被强化的表面，直至感到强烈地阻碍旋片速度下降为止。逐步地平移旋片使被喷表面获得均匀的强化。旋片喷丸器的喷丸强度取决于风钻的转速（相当于弹丸的运动速度)。对于一定尺寸规格的旋片,风钻的转速越高,产生的喷丸强度越高,喷丸强度与转速之间呈线性关系。根据预先试验绘制的喷丸强度-转速图,可以查出所需喷丸强度对应的风钻转速。

5. 喷丸

喷丸强化所用的弹丸有铸铁弹丸、铸钢弹丸、不锈钢弹丸、钢丝切割弹丸、玻璃弹丸、陶瓷弹丸及其他非金属弹丸等。

冷硬铸铁弹丸是最早使用的金属弹丸,由于其易破碎,损耗大,故目前极少使用。钢丝切割弹丸由弹簧钢丝或不锈钢丝切制成段,经磨圆加工制成,其使用寿命比铸铁弹丸高20倍左右。玻璃弹丸是近年来发展起来的新型喷丸材料,已在国防工业和飞机制造业中获得广泛应用。陶瓷弹丸硬度很高,但脆性较大,喷丸后表层可获得较高的残留应力。

在不少场合,金属弹丸并不适用,目前已有多种合成材料和矿物性材料可供选用,包括刚玉(氧化铝)、金刚砂(碳化硅)、高炉渣、钢渣和锆砂等。应用较多的是刚玉弹丸,它的原料可以是采石场的散碎天然矿物,也可以是熔炼成的电刚玉。

喷丸的力学性能指标主要是冲击韧度和硬度两个方面。由于喷丸时弹丸高速撞击工件,弹丸必须具有较高的冲击韧度,才能避免大量破碎。显然,钢丸的冲击韧度高于铸铁丸,其中尤其以钢丝切割丸最好。弹丸的硬度与喷丸强度密切相关,它直接影响到喷丸效果。一般应在保证弹丸具有足够冲击韧度的条件下,尽量提高硬度。

弹丸的大小相差也很大,可以从几微米到几毫米,应根据喷丸目的和工艺条件,按照国家标准选用。

6. 喷丸工艺

金属零件喷丸之后,表层与次表层材料之间产生不均匀弹塑性变形,最终导致整个零件内应力重新平衡。在新建立的残留应力场中,表层呈现压应力。喷丸后残余压应力的峰值和延续深度体现了喷丸的效应。它与工件的材料、状态及喷丸时的多个工艺参数有关。

喷丸的工艺参数包括弹丸特性、弹丸流的速度与流量、喷丸时间、弹丸流对受喷面的相对位置等。

生产实际中并不单独测量上述各个工艺参数,而是测定综合性的喷丸强度和表面覆盖率。目前各国均采用喷丸强度和表面覆盖率来控制和检验喷丸强化的质量。

(1) 喷丸强度 喷丸强度采用弧高度试片来测量。

将一薄板试片紧固在夹具上进行单面喷丸。由于喷丸面在弹丸冲击下产生塑性伸长变形,因此喷丸后的试片产生凸向喷丸面的球面弯曲变形,如图10-10所示。

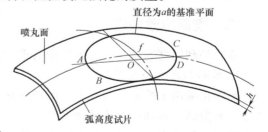

图10-10 试片的变形及弧高度测量

试片凸起大小可用弧高度 f 表示。弧高度 f 与试片厚度 h、残余压应力层深度 d 以及强化层内残留应力平均值 σ 之间有如下关系:

$$f = \frac{3a^2(1-\nu)\sigma d}{4Eh^2}$$

式中　　E——试片弹性模量；

　　　　ν——泊松比；

　　　　a——测量弧高度的基准圆直径。

在对试片进行单面喷丸时，初期的弧高变化速率快，随后变化趋缓，当表面的弹丸坑占据整个表面（即全覆盖率）之后，弧高无明显变化，这时的弧高度达到了饱和值。

喷丸强度是表征材料表面产生循环塑性变形程度及其深度的一个参量，也是喷丸强化程度的一个变量。喷丸强度越高，材料表层的塑性变形越强烈。

金属材料的疲劳强度和抗应力腐蚀性能并不随喷丸强度的增加而直线提高，而是存在一个最佳喷丸强度，这由试验确定。

（2）表面覆盖率　受喷零件表面上弹痕占据的面积与受喷表面总面积之比称为表面覆盖率，简称覆盖率，以百分数表示。规定被强化的零件覆盖率最低不应小于100%，才能有效地改善疲劳性能和抗应力腐蚀性能。但是，在实际生产中应尽量缩短不必要的喷丸时间。

在固定其他喷丸条件下，覆盖率取决于喷丸时间，因此覆盖率和喷丸强度之间存在内在联系。覆盖率和喷丸强度共同影响喷丸强化效果，即影响疲劳强度和抗应力腐蚀能力。试验表明：喷丸达到30%覆盖率时，疲劳强度就有明显变化，疲劳强度随覆盖率的增大而增加，当疲劳强度超过80%之后，疲劳强度增加缓慢。

7. 喷丸强化的效果检验

弧高试验不仅是确定喷丸强度的试验方法，同时又是控制和检验喷丸质量的方法。在生产过程中，将弧高试片与零件一起进行喷丸，然后测量试片的弧高度 f。如 f 值符合生产工艺中规定的范围，则表明零件的喷丸强度合格。这是控制和检验喷丸强化质量的基本方法。

检验喷丸强化的工艺质量就是检验表面强化层深度和层内残留压应力的大小和分布。弧高试片给出的喷丸强度，是金属材料的表面强化层深度和残留应力分布的综合值。若需了解表面强化层的深度、组织结构和残留应力分布情况，还应进行组织结构分析和残留应力测定等一系列检验。

被喷丸的零件表面粗糙度明显改善，而且表面层晶格发生严重畸变，表面层原子活性增加，有利于化学热处理。但是经喷丸的零件使用温度应低于该材料的再结晶温度，否则表面强化效果将降低。

二、表面喷砂处理

喷砂是利用高速砂流的冲击作用清理和强化基体表面的过程。

1. 喷砂原理及应用范围

喷砂是采用压缩空气为动力，以形成高速喷射束将喷料（如铜矿砂、石英砂、金刚砂、铁砂、海南砂）高速喷射到需要处理的工件表面，使工件表面的外表或形状发生变化。由于磨料对工件表面的冲击和切削作用，使工件的表面获得一定的清洁度和不同的粗糙度，使工件表面的力学性能得到改善，因此提高了工件的疲劳强度，增加了工件表面和涂层之间的附着力，延长了涂膜的耐久性，有利于涂料的流平和装饰。

喷砂处理主要应用范围有：

（1）工件涂镀、粘结前处理　喷砂能把工件表面的锈皮等污物清除，并在工件表面建立起十分重要的涂镀基底表面（即通常所谓的毛面），而且可以通过调换不同粒度的磨料，比如飞展磨料，达到不同程度的粗糙度，大大提高工件与涂料、镀料的结合力；或使粘结件粘结更牢固，质量更好。

（2）铸件、热处理后的工件表面清理　喷砂能清理铸锻件、热处理后工件表面的一切污物（如氧化皮、油污等残留物），并将工件表面抛光，提高工件的光洁度，能使工件露出均匀一致的金属本色，使工件外表更美观、好看。

（3）机加工件飞边清理　喷砂能清理工件表面的微小飞边，并使工件表面更加平整，消除了飞边的危害，提高了工件的档次。并且喷砂能在工件表面交界处打出很小的圆角，使工件显得更加美观、更加精密。

（4）改善零件的力学性能　机械零件经喷砂后，能在零件表面产生均匀细微的凹凸面，使润滑油得到存储，从而改善润滑条件，并减少噪声，提高机械使用寿命。

（5）光饰作用　对于某些特殊用途的工件，喷砂可随意实现不同的反光或亚光。如不锈钢工件、塑料的打磨，玉器的磨光，木制家具表面亚光化，磨砂玻璃表面的花纹图案，以及布料表面的毛化加工等。

2. 喷砂机的分类

喷砂机一般分为干喷砂机和液体喷砂机两大类。干喷砂机又可分为吸入式和压入式两类。

（1）吸入式干喷砂机　吸入式干喷砂机由六个系统组成，即结构系统、介质动力系统、管路系统、除尘系统、控制系统和辅助系统。吸入式干喷砂机以压缩空气为动力，通过气流的高速运动在喷枪内形成的负压，将磨料通过输砂管吸入喷枪并经喷嘴射出，喷射到被加工表面，达到预期的加工目的。

（2）压入式干喷砂机　压入式干喷砂机由四个系统组成，即压力罐、介质动力系统、管路系统和控制系统。压入式干喷砂机以压缩空气为动力，通过压缩空气在压力罐内建立的工作压力，将磨料通过出砂阀压入输砂管，并经喷嘴射出，喷射到被加工表面，达到预期的加工目的。

三、表面滚压强化

表面滚压强化是指通过驱动特制的滚压工具（如使用淬火钢、硬质合金、红宝石等高硬度材料制成滚柱、滚珠或滚轮）在零件表面往复滚压，将零件表面不规则的波峰压平，表面粗糙度降低；金属表层晶粒组织细化、硬度提高；表面形成内应力，使得零件的耐蚀性、耐磨性、抗疲劳性能得到明显改善。表面滚压强化过程如图10-11所示，滚压零件变形区包括压入区A、塑性变形区B、弹性恢复区C等。压入区表面金属产生塑性流动，填入到低凹的波谷中；当接触压力超过

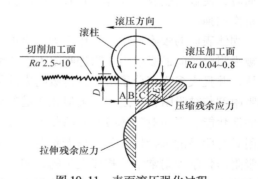

图10-11　表面滚压强化过程
A—压入区　B—塑性变形区
C—弹性恢复区　D—压入量　E—弹性回复量

材料的屈服极限时，零件被滚压而发生塑性变形，此区域即为塑性变形区；当滚压工具逐渐离开被滚压表面时，零件表面发生弹性恢复，此区域即为弹性恢复区。

第二节 化学处理

化学热处理是将工件置于活性介质中加热和保温，使介质中活性原子渗入工件表层，以改变其表面层的化学成分、组织结构和性能的热处理工艺。

根据渗入元素类别的不同，化学热处理分为渗碳、渗氮和碳氮共渗等。

化学热处理的主要目的是提高工件表面硬度、耐磨性、耐蚀性和疲劳极限。

一、化学热处理的基本原理

化学热处理过程可分为分解、吸附和扩散三个连续阶段。

1. 分解

分解是指渗剂中生成能渗入钢表面的活性原子的化学反应，活性原子可能通过下面的三种反应生成：

分解反应。如 $2NH_3 \rightarrow 2[N] + 3H_2$。

置换反应。如 $SiCl_4 + 2Fe \rightarrow 2FeCl_2 + [Si]$。

还原反应。如 $2BF_2 \rightarrow BF_4 + [B]$。

单纯的分解反应要求的温度高。化学热处理时，通常是利用置换反应和还原反应。化学反应速度除取决于反应物的本性外，还与温度、压力、浓度、催化剂有关。一般增加浓度和升高温度，能增加反应速度；反应活化能的减少，能显著地增加反应速度；添加催化剂可以降低活化能，从而使反应速度剧增。以渗氮时的氨分解为例，无催化剂时，活化能约为 $380000J/mol$；铁为催化剂时，活化能降低到 $163410J/mol$，反应速度可增加很多。

2. 吸附

吸附是活性原子（或离子）与金属原子产生键合而进入表层的过程。一切固体都能或多或少地把周围介质中的分子、原子或离子吸附到自己的表面上来。金属表面原子的结合键比内部原子少，存在着指向空间的剩余引力。当周围介质中的分子、原子或离子碰撞到固体表面时，便被其吸收，并降低其表面能。粗糙的表面比平滑的表面吸附作用强，晶界比晶内吸附作用强。

固体表面的吸附作用，按作用力性质可分为物理吸附与化学吸附。物理吸附是靠吸附剂与被吸附分子间的吸引力。物理吸附不需要活化能，一般无选择性，任何固体都能吸附任何气体，并且大多为多分子层，只是吸附力的强弱随固体和气体的性质不同而异。化学吸附是靠吸附剂与被吸附粒子之间的类似化学键的结合力，具有化学反应的特征。化学吸附需要一定的活化能。金属对气体吸附的活化能一般小于 $41808J/mol$，比化学反应的活化能小。化学吸附具有明显的选择性，并且只能是单分子层。化学吸附速度小，且随温度升高而增大。物理吸附与化学吸附常常是相伴发生的，如金属钨吸附氧，既存在化学吸附的原子状态氧，也存在物理吸附的分子状态氧。表面吸附作用与催化作用是密不可分的，吸附作用能促进分解过程。如用 CO 为气体渗碳剂时，CO 分解生成活性碳原子，反应式为：

$$2CO \rightarrow CO_2 + [C]$$

其实质是，一个 CO 分子从另一个 CO 分子中夺取氧原子而生成 CO_2 后析出一个活性碳原子。如果没有催化剂，这个反应进行极慢。有 Fe 存在时，Fe 先吸附 CO 中的 C，使 C 与

O 原子间距离增大，减弱了 C 与 O 原子间的结合力，使这个 O 原子很容易与 CO 反应生成 CO_2。而 [C] 则被 Fe 吸附后提高了钢表面碳的浓度，为碳向内部扩散提供了浓度梯度条件。由此可见，钢表面吸附 CO 对渗剂中 CO 的分解和碳原子的被吸附起着极其重要的作用。

3. 扩散

扩散就是工件表面吸附活性原子（或离子）后，其表面浓度的提高形成浓度梯度，创造了扩散条件，使渗入元素向其内部迁移形成一定厚度扩散层的过程。

晶体结构对扩散系数影响较大。碳在奥氏体中扩散激活能比在铁素体中要大，这与面心立方结构奥氏体的致密度大有关。

二、化学热处理分类

化学热处理的种类及工艺方法很多，随着对工件表面性能要求的提高，原有合金化体系和处理方式已不能完全满足不同工况下工艺条件的要求，多元共渗、复合处理等工艺方法的应用面越来越大。近年来，各种新的技术手段不断涌现，为化学热处理提供了新的能源，出现了一些特殊的化学热处理种类（如激光束化学热处理、电子束化学热处理等），并开始得到工业应用。因此，要对化学热处理进行严格的分类是很困难的，分类标准也很多，只能进行粗略的划分。下面介绍两种常见的分类方法。

根据介质的物理形态，化学热处理可分为：

1）固体法。包括粉末填充法、膏剂涂覆法、电热旋流法、覆盖层（电镀层、喷镀层等）扩散法等。

2）液体法。包括盐浴法、电解盐浴法、水溶液电解法等。

3）气体法。包括固体气体法、间接气体法、流动粒子炉法等。

4）等离子法。

根据钢铁基体材料在进行化学热处理时的组织状态，化学热处理工艺可分为：

奥氏体状态 ⎰ 渗碳
碳氮共渗
渗硼及硼铝共渗、硼硅共渗、硼锆共渗、硼碳复合渗、硼碳氮复合渗
渗铬及铬铝共渗、铬硅共渗、铬钛共渗、铬氮共渗
渗铝及铝稀土共渗、铝镍共渗
渗硅
渗钒、渗铌、渗钛

铁素体状态 ⎰ 渗氮
氮碳共渗
氧氮共渗及氧氮碳共渗
渗硫
硫氮共渗及硫氮碳共渗
渗锌

常用化学热处理方法及作用见表 10-1。

表 10-1　常用化学热处理方法及作用

处理方法	渗入元素	作　　用
渗碳	C	提高工件的耐磨性、硬度及疲劳强度
碳氮共渗	C、N	
氮碳共渗		提高工件的表面硬度、耐磨性、抗咬合能力及耐蚀性
渗氮	N	
渗硫	S	提高工件的减摩性及抗咬合能力
硫氮	S、N	提高工件的耐磨性、减摩性及抗疲劳、抗咬合能力
硫氮碳共渗	S、N、C	
渗硼	B	提高工件的表面硬度、提高耐磨能力及红硬性
渗硅	Si	提高表面硬度，提高耐蚀、抗氧化能力
渗锌	Zn	提高工件抗大气腐蚀能力
渗铝	Al	提高工件抗高温氧化及含硫介质中的腐蚀能力
渗铬	Cr	提高工件抗高温氧化能力，提高耐磨及耐蚀性
渗钒	V	提高工件表面硬度，提高耐磨及抗咬合能力
硼铝共渗	B、Al	提高工件耐磨、耐蚀及抗高温氧化能力，表面脆性及抗剥落能力优于渗硼
铬铝共渗	Cr、Al	具有比单一渗铬或渗铝更优的耐热性能
铬铝硅共渗	Cr、Al、Si	提高工件的高温性能

1. 渗碳

渗碳是在增碳活性介质中将低碳钢或低碳合金钢加热并保温，使碳原子渗入表层的化学热处理工艺。其目的是增加工件表层的碳含量，获得一定的碳浓度梯度。渗碳是最古老、应用最广泛的化学热处理工艺。与其他化学热处理一样，渗碳处理包括碳原子的分解、吸收和扩散三个基本过程。在渗碳温度下，渗碳剂将发生分解，产生活性高、渗入能力很强的活性碳原子 [C]；活性碳原子在工件表面被吸收，形成固溶体或化合物。当工件表面的碳浓度达到一定值后，碳原子从表面的高浓度区向里层的低浓度区扩散。

根据渗碳剂形态的不同，渗碳工艺可分为固体渗碳、气体渗碳及液体渗碳三种类型。

(1) 渗碳工艺　渗碳的目的是在工件表面获得一定的表面碳浓度、一定的碳浓度梯度及一定的渗层深度。选择渗碳工艺的原则是如何以最快的速度，最经济的效果获得合乎要求的渗碳层。

1) 渗碳温度。渗碳温度是渗碳工艺中最重要的工艺参数之一。温度是影响扩散系数最突出的因素，增加温度，可以急剧地提高扩散系数。而且随着温度升高，碳在奥氏体中的溶解度增大，使扩散初期钢的表层和内部之间产生较大的浓度梯度，扩散系数增加。这一效应与温度升高引起的扩散系数增加叠加起来，在渗碳剂的活性足够大时，导致表面碳浓度迅速增加，渗层加厚。在表面碳浓度和渗碳时间固定不变的情况下，渗层随着温度升高而加深，碳浓度梯度也趋于平缓。但是，过高的温度将缩短设备的使用寿命，增加工件的变形，奥氏体晶粒也易粗大。因此，常规渗碳工艺多在 930℃ 左右，要求渗层较浅的小型精密工件，应采用较低的渗碳温度（850～900℃），使渗层波动和变形减小。

2) 渗碳保温时间。在正常渗碳情况下，随着渗碳时间的延长，渗层浓度梯度变小，渗速降低。渗碳时间与渗层厚度的关系可用简单的公式 $d=k\sqrt{\tau}$ 来表示，式中，d 为渗层厚度（mm），τ 为渗碳时间（h），k 为常数。同一渗碳温度下，渗层深度随着时间延长而增加，但增加的程度愈来愈小。渗碳保温时间主要取决于要求获得的渗层厚度。当温度一定时，渗层厚度与保温时间之间存在着抛物线关系。在实际生产中，为了比较准确地确定渗碳保温周期，并决定渗碳件的出炉时间，通常采用在渗碳过程中抽样检查的方法，根据试样检验结果，对照工件所需的渗层厚度，然后估计延续时间和出炉时间。

3）碳势的影响。碳势是表征含碳气氛在一定温度下与钢件表面处于平衡时可使钢表面达到的碳含量。介质碳势越高，渗碳速度越快，但渗层碳浓度梯度越陡。碳势过高，还会在工件表面积碳。气体渗碳中常采用强渗碳—扩散的方式解决这一矛盾。

(2) 渗碳前处理工艺 工件渗碳前进行适当的预先热处理，可提高渗碳处理的质量，为渗碳处理做好组织准备。例如对于10、20号钢，通过900~960℃正火处理，然后自然空冷，可以获得均布珠光体和铁素体，硬度是160~190HBS。可以根据相关手册预备热处理工艺。

工件在进入渗碳炉前应清除表面污垢、铁锈及油脂等。常用清洗介质为80~90℃的热水或含1.5%~3%碳酸钠的水溶液。清洗后工件应经自然干燥、压缩空气吹干或低温（100~150℃）烘干，不允许将水分带入渗碳炉内。当清洗尚不能保证表面质量时，可采用喷砂处理。

凡工件表面不允许渗碳的部位（如螺纹、软花键轴孔等）应进行防渗处理。常用防渗方法有电解镀铜和涂抹防渗膏剂两种。对于大多数渗碳工件（层深在0.8~1.5mm内），0.02~0.03mm厚的镀铜层即可保证良好的防渗效果。这种方法在生产上已经广泛应用。但镀铜成本较高，而且在某些情况下使用受到限制，因而生产上还采用涂防渗膏的方法，关于配方和使用方法，可参阅相关手册。

此外，还可采用预留加工量，渗碳缓冷后用机械加工方法切除渗层，或者用紧密固定的钢套及轴环保护不予渗碳的部位。

(3) 气体渗碳 气体渗碳工艺具有生产效率高、操作方便、渗碳层容易控制及渗碳后可以直接淬火等一系列优点，是目前用得最多的渗碳方法，它是在含碳的气体介质中通过调节气体渗碳气氛来实现渗碳的。

根据所用渗碳气体的产生方法及种类，气体渗碳可分为滴注式气体渗碳、吸热式气氛渗碳和氮基气氛渗碳。按设备类型不同其又可以分为井式炉气体渗碳、密封箱式炉气体渗碳及连续式炉气体渗碳。

1）滴注式气体渗碳。滴注式气体渗碳一般是把含碳有机液体滴入或注入气体渗碳炉炉罐内，使之受热裂解，产生渗碳气氛，从而实现对工件的渗碳。我国滴注式渗碳大多应用在井式气体渗碳炉上。井式炉渗碳工艺曲线如图10-12所示。

滴注式渗剂的选择原则是：应该具有较大的产气量；碳氧比应大于1，碳氧比愈大，高温下析出的活性碳原子愈多，渗碳能力愈强；碳当量越小，有机液体的供碳能力越强；原料的价格低。

2）吸热式气氛渗碳。以吸热式气氛为载气，添加富化气甲烷（CH_4）、丙烷（C_3H_8）等进行渗碳的过程称为吸热式气氛渗碳。吸热式气氛是原料气与空气混合，在吸热式发生器内通过不完全燃烧，形成的渗碳能力较弱的气体。其主要成分为CO、H_2、N_2及微量H_2O、

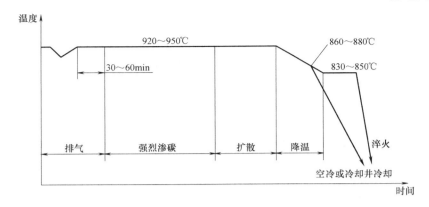

图 10-12　井式炉渗碳工艺曲线

CO_2、CH_4、O_2 等。原料气一般用天然气、甲烷或丙烷。

3）氮基气氛渗碳。氮基气氛渗碳是一种以纯氮为载气，添加碳氢化合物进行气体渗碳的工艺方法。

将碳氢化合物、氮气、空气等在炉中直接形成的气氛称为直接气氛。使用这种气氛可节省 20%～25% 的天然气；在扫气方面改用氮基气氛可以节省保护气氛的用量；氮气能使炉子耐热层具有更好的绝热性能，可节约 10% 加热用的天然气。

常用的氮基渗碳气氛组成见表 10-2。

表 10-2　常用氮基渗碳气氛组成表

序号	气氛	裂解后成分及体积分数（%）					露点/℃	备注
		CO	H_2	CH_4	CO_2	N_2		
1	N_2 + 甲醇 + 富化气（剂）	15～20 18～23	35～45 27～45	0.3	~0.3	余 37～47	0 0	Endomix 法（美） UCAR 法（美） ALNAT-C 法（美）
2	N_2 + C_3H_8（CH_4）	0.4 0.1		15	0.024 0.01	余		渗碳扩散，CH_4 的含量为零
3	N_2 + C_3H_8 + 空气 N_2 + CH_4 + CO_2	4～6 2～4	8～10 10～12	0.8～1.5 3～5	0.04～0.1 0.02～0.6	-85～80	-40～-20	NCC 系统（英） CAP 系统（美）
4	N_2 + 碳氢化合物 + H_2	15～20	40～50	2～5	0.12	35～40	-6.7	

（4）固体渗碳　固体渗碳是一种传统的渗碳方法，不需要专门设备，把装有工件及固体渗碳剂的渗碳箱放在炉中加热进行，主要用于单件生产、局部渗碳或返修使用。它的缺点是由于固体渗碳剂导热性较差，因而渗碳所需加热时间较长，且劳动强度较大，表面碳浓度及渗碳层深度不易控制。

固体渗碳剂应具备活性高、强度高、体积收缩小、导热性好、密度小、灰分和有害杂质低、使用寿命长、经济性好及材料来源充分等特性。固体渗碳剂由供碳剂（木炭、焦炭、骨炭）、催渗剂（碱金属或碱土金属的碳酸盐）、填充剂及黏结剂组成。

为了提高渗碳速度而引进的快速加热渗碳法，真空、离子束、流态层渗碳等先进的工艺方法，它们均能提高渗碳速度和渗碳质量。

第十章 零件表面强化工艺

(5) 液体渗碳 液体渗碳也叫盐浴渗碳，是将被处理的零件浸入盐浴渗碳剂中，通过加热使渗碳剂分解出活性的碳原子来进行渗碳。

液体渗碳工艺操作简单、渗碳速度快、渗碳时间短、灵活性大、可直接淬火，适合处理小批量或局部渗碳的工件，但目前液体渗碳盐浴多数有公害，工件表面易因残盐较难彻底清除而产生腐蚀。

盐浴渗碳中的盐浴由渗碳剂和中性盐组成。前者主要起渗碳作用，后者起调整盐浴密度、熔点和流动性的作用。

(6) 渗碳后的热处理 工件渗碳后，提供了表层高碳、心部低碳这样一种梯度含碳量的工件。为了得到合乎理想的性能，尚需进行适当的热处理。常见的渗碳后的热处理有下列几种。

1) 直接淬火。是指在工件渗碳后，立即进行淬火。这种方法一般适用于气体渗碳或液体渗碳。固体渗碳时，由于工件装于箱内，出炉、开箱都比较困难，较难采用该种方法。

直接淬火的优点为：减少加热、冷却次数，简化操作，减少变形及氧化脱碳。缺点为：由于渗碳时在较高的渗碳温度停留较长的时间，容易发生奥氏体晶粒长大。直接淬火虽经预冷也不能改变奥氏体晶粒度，因而可能在淬火后力学性能降低。只有本质细晶粒钢，在渗碳时不发生奥氏体晶粒的显著长大，才能采用直接淬火。

2) 一次加热淬火。是指渗碳后缓冷，再次加热淬火。再次加热淬火的温度应根据工件要求而定。

对心部强度要求较高的合金渗碳钢零件，淬火加热温度应选择高一些。这样可使心部晶粒细化，没有游离的铁素体，可获得所用钢种的最高强度和硬度，同时，强度和塑性韧性的配合也较好。这时对表面渗碳层来说，由于先共析碳化物溶入奥氏体，淬火后残留奥氏体较多、硬度稍低。

对心部强度要求不高，而表面又要求有较高的硬度和耐磨性时，可选用低一些的淬火温度。如此处理，渗层先共析碳化物未溶解、奥氏体晶粒细化，因此硬度较高、耐磨性较好，而心部尚存在有大量先共析铁素体，强度和硬度较低。

一次加热淬火的方法适用于固体渗碳。当然，对于液体、气体渗碳的工件，特别是本质粗晶粒钢，或渗碳后不能直接淬火的零件也可采用一次加热淬火。

对于20Cr2Ni4A、18Cr2Ni4WA等高合金渗碳钢制零件，在渗碳后保留有大量残留奥氏体，为了提高渗碳层表面硬度，在一次淬火加热前应进行高温回火。回火温度的选择应以最有利于残留奥氏体的转变为原则。

3) 两次淬火。是指在渗碳缓冷后进行两次加热淬火。第一次淬火的目的是细化心部组织，并消除表面网状碳化物。第二次淬火的目的是细化渗碳层中的马氏体晶粒，获得隐晶马氏体、残留奥氏体及均匀分布的细粒状碳化物的渗层组织。

由于两次淬火法需要多次加热，不仅生产周期长、成本高，还会增加热处理时的氧化、脱碳及变形等缺陷。以前两次淬火法多应用于本质粗晶粒钢，但是现在的渗碳钢基本上都是用于脱氧的本质细晶粒钢，因而目前两次淬火法在生产上很少应用，仅对性能要求较高的零件才采用。

不论采用哪种淬火方法，渗碳件在最终淬火后均需经180~200℃的低温回火。

2. 渗氮

渗氮是将工件放在含氮介质中,加热到 480~600℃,使氮原子渗入其表面,形成以氮化物为主的渗层。

(1) 渗氮的特点及工艺过程　渗氮可以获得比渗碳更高的表面硬度和耐磨性,渗氮后的表面硬度可以高达 950~1200HV(相当于 65~72HRC),无须再进行热处理,而且到 600℃ 仍可维持相当高的硬度。渗氮还可获得比渗碳更高的弯曲疲劳强度。此外,由于渗氮温度较低,故变形小。渗氮也可以提高工件的耐蚀性,因此除碳钢外,其他难熔金属(如钛、钼等)及合金也广泛采用渗氮。但是渗氮工艺过程较长、劳动条件差、渗层较薄、不能承受太大的接触应力。

1) 预备热处理。为了保证渗氮工件心部有良好的力学性能,消除加工应力,减少变形,对于一般的结构钢渗氮前应采用调质处理,以得到均匀细小分布的索氏体组织(不允许大块铁素体存在);对于渗氮处理时容易畸变的零件或校直后的渗氮件,经调质并粗加工后应进行消除应力退火;工模具钢一般采用淬火—回火处理。

2) 工件非渗氮面的防护。通常采用镀金属(铜或锡)法和涂层法。

3) 工件的清洗。工件表面如有油污、锈斑、杂物,会影响渗氮的质量和效果,所以渗氮前必须认真进行清理,并且保证工件干燥。

(2) 渗氮工艺参数的控制　需控制的渗氮工艺参数主要是加热温度、保温时间及不同加热与保温阶段的罐内氨分解率。

1) 渗氮温度。常在 480~600℃ 范围内选择。随着渗氮温度的提高,渗层深度增加,而硬度却显著降低。

2) 渗氮时间。渗氮层随时间延长而增厚,变化呈抛物线规律;随保温时间的延长,硬度下降。渗氮时间根据钢材成分、渗氮温度与层深要求而定。

3) 氨分解率。对于一定的工艺温度,氨分解率在一个比较适宜的范围降低时,渗氮层深度及硬度也随之下降,超过一定界限,就会很快下降。氨分解率的控制是通过调整氨的流量及炉内压力来实现的。炉内压力一般为 400~600Pa。

(3) 渗氮工艺方法　根据使用介质的不同,渗氮工艺可以分成固体渗氮、液体渗氮和气体渗氮三种。由于气体渗氮法远优于另外两种,因而气体渗氮法在工业生产中使用最多。

气体渗氮的基本装置如图 10-13 所示,一般由渗氮炉、供氨系统、氨分解测定系统和测温系统组成。渗氮炉有井式电阻炉、钟罩式炉及多用箱式炉等,均应具有良好的密封性。炉中的渗氮罐一般用 1Cr18Ni9Ti 不锈钢制造,钢中的镍及镍的某些化合物对氨的分解具有很强的催化作用,而且随着渗氮的炉次增加,催化作用增强,使氨分解率不断增加。必须加大氨的通入量才能稳定渗氮质

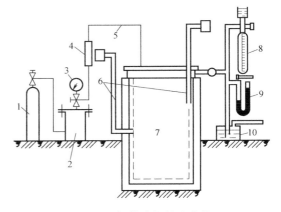

图 10-13　气体渗氮的基本装置
1—氨瓶　2—干燥箱　3—氨压力表　4—流量计
5—进气管　6—热电偶　7—渗氮罐　8—氨分解测定计
9—U 形压力计　10—泡泡瓶

量。因此，在使用若干炉次后，应定期对渗氮罐进行退氮处理。目前，已有低碳钢搪瓷渗氮罐应用于实际生产，可保证运行400h后氮的分解率基本不变。

气体渗氮包括排气、升温、保温和冷却四个过程。渗氮操作应先排气后升温，排气与升温也可同时进行。在450℃以上，应降低升温速度，避免超温。保温阶段应严格控制氨气流量、温度、氨分解率和炉压，保证渗氮质量。渗氮保温结束后停电降温，但应继续通入氨气保持正压，以防止空气进入使工件表面产生氧化色。温度降至200℃以下，可停止供氨，工件出炉。对于一些畸变要求不严格的工件可在保温后立即吊出炉外油冷。

为了缩短气体渗氮的生产周期，可采用一些加速渗氮的工艺方法。

1）化学催渗。利用化学物质在渗氮温度下分解出的气体，除去钢件表面的氧化膜，强烈净化钢件表面，使其获得较大的活性，从而加速氮化过程，缩短工艺周期。

如将氯化铵与石英砂混合后，放置在炉罐底部。利用氯化铵分解出的氯化氢，与工件表面膜中的氧化铁、氧化铝、氧化铬反应，生成该金属的氯化物，使金属表面恢复洁净和活性。也有将氯化铵、四氯化碳蒸气与氨同时通入炉罐内或加入聚氯乙烯树脂，生成氯化氢来消除工件表面的氧化膜，达到加速渗氮的目的。

2）电解气催渗。在氨气入炉之前，先经过一个电解槽，将电解气带入渗罐中，以加速渗氮过程。电解气中的氯化氢、氢对工件表面有净化和活化作用，可改变其表面状态，使更多的氮原子进入表层，形成氮化物，提高了表面的氮浓度梯度，加速渗氮速度。

3）稀土渗氮。在氨气介质中加入配制的稀土渗剂，510℃×30h 共渗后，在距表面 $40\mu m$ 层中发现有 La 渗入。与普通渗氮相比，渗层浓度略有增加，显微硬度略有提高，冲击韧性、耐磨性以及疲劳强度均有增加。这说明稀土元素对渗氮起到了催化、改善氮化物层和扩散层组织的作用。

4）钛加速渗氮。钢中含钛可提高 Fe-N 的共析温度，氮化钢中添加钛或在零件表面镀钛、涂钛或渗钛，然后渗氮，可以加速渗氮过程。钛和氮亲和力大，易形成氮化物元素。氮化钛具有高的稳定性，在 650℃左右不发生聚焦，氮化层硬度不降低，因此渗氮可在较高温度下进行，工艺周期明显缩短，而且可获得高的表面硬度和渗层深度。

3. 碳氮共渗

碳氮共渗是指在一定温度下，同时将碳、氮渗入工件表面奥氏体中，并以渗碳为主的化学热处理工艺。碳氮共渗层比渗碳有更高的耐磨性、疲劳强度和耐蚀性；比渗氮有较高的抗压强度和较低的表面脆性，而且其生产周期短、渗速快、所用材料广泛。

（1）碳氮共渗分类及特点 碳氮共渗按所使用介质的不同可分为固体碳氮共渗、液体碳氮共渗和气体碳氮共渗。固体碳氮共渗与固体渗碳相似，常用的渗剂成分为质量分数30%~40%的黄血盐，10%的碳酸盐和50%~60%的木炭，这种方法生产率低，能耗大，劳动条件差，目前生产上已很少使用。液体碳氮共渗主要以氰盐为渗剂，故又称氰化，但由于所用氰盐为剧毒物质，易造成公害，有被淘汰的趋势。气体碳氮共渗表面质量容易控制，操作简便，生产过程易于实现机械化与自动化，目前应用广泛。

按渗层深度分类，碳氮共渗可分为薄层碳氮共渗（小于 0.2mm）、中层碳氮共渗（0.2~0.8mm）和深层碳氮共渗（大于 0.8mm）。

按共渗温度分类，碳氮共渗可分为低温碳氮共渗（低于780℃）、中温碳氮共渗（780~880℃）和高温碳氮共渗（高于880℃）。

与渗碳相比，碳氮共渗有下列特点：

1）碳氮共渗温度低，共渗后奥氏体晶粒不致长大，可以直接淬火，而且变形小。

2）由于氮的渗入，提高了渗层中的碳浓度。

3）共渗层的淬火组织一般由细针状（或隐晶）马氏体、适量碳氮化合物及残留奥氏体组成。

4）具有高耐磨性。

5）碳氮共渗的渗层较薄，在 0.25~0.6mm。

（2）碳氮共渗后的热处理　碳氮共渗后的热处理应能保证工件获得要求的组织及性能，并尽量减少变形量。为使工件具有较高的强度和耐磨性，必须通过淬火使渗层转变为含碳、氮的马氏体，心部为马氏体、贝氏体或珠光体组织，并通过低温回火，适当提高钢的韧性。与渗碳相比，碳氮共渗因温度较低，一般不会发生晶粒长大，故在共渗后大都可以进行直接淬火。

因为氮的渗入，使过冷奥氏体稳定性提高，故可采用冷却能力较弱的淬火介质，但应考虑心部材料的淬透性。碳氮共渗后采用低温回火。

由于氮使回火稳定性提高，故碳氮共渗后的工件可在较高温度回火。一般情况下，共渗后的齿轮在 180~200℃ 回火，以减少脆性并保证表面最低硬度高于 58HRC；紧固件在 260~430℃ 回火，以提高抗冲击性能。表面需磨削加工的工件也应回火，以减少磨削时的开裂倾向。

（3）气体碳氮共渗　气体碳氮共渗与气体渗碳差不多，仅需将渗碳设备略加改装，增添供氨系统即可。碳氮共渗介质在加热时应能同时产生碳、氮活性原子，碳、氮含量成一定比例。气体碳氮共渗使用的介质有：

1）滴入的液体渗碳剂加氨气，其中有煤油+氨、甲醇+丙酮+氨等。

2）滴入含碳及氮的有机液体，其中有三乙醇胺、三乙醇胺+尿素、甲醇+三乙醇胺、甲醇+三乙醇胺+尿素、甲醇+甲酰胺、三乙醇胺+乙醇、醋酸乙酯+甲醇+甲烷+氨。

3）气体渗碳剂+氨，其中有吸热式气氛+甲烷+氨。

前两类多用于周期作业的井式炉，第三类多用于连续作业的贯通式炉。

碳氮共渗温度的选择应同时考虑工艺性和工件的使用性能，如共渗速度（决定生产率）、工件变形、渗层组织及性能等。温度愈高，为达到一定厚度渗层所需时间愈短，但工件变形增大，而且渗层中氮含量急剧下降。

当温度高于 900℃ 时，渗层中氮含量很低，渗层成分和组织与渗碳相近。降低共渗温度有利于减少工件变形，但温度过低，不仅渗速减慢，还在渗层表面易形成脆性的高氮化合物，心部组织淬火后硬度较低，使工件性能变差。生产中采用的共渗温度一般均在 820~880℃ 范围内。此时，工件晶粒不致长大，变形较小，渗速中等，并可直接淬火。共渗温度一经确定，则保温时间主要取决于渗层深度要求，随着时间延长，渗层内碳、氮浓度梯度变得较为平缓，有利于提高工件表面的承载能力，但时间过长，易使表面碳、氮浓度过高，引起表面脆性或淬火后残留奥氏体过多。出现这种情况，应该降低共渗后期的渗剂供应量，或适当提高处理温度。

第三节　表面淬火处理

利用快速加热将钢件表面加热到其共析温度以上转变为奥氏体，然后快冷，形成马氏体组织的硬化层，而心部仍保持其原始组织——珠光体、索氏体，硬化层与基体之间一般都存在不完全淬火的过渡层，这种工艺常称为表面淬火。

表面淬火处理是为了在工件表面一定深度范围内获得马氏体组织，而其心部仍保持着表面淬火前的组织状态（调质或正火状态），以获得表面层硬而耐磨，心部有足够塑性、韧性。

表面淬火的方法很多，根据加热方法的不同可分为：感应加热淬火、火焰加热淬火、激光加热淬火和电子束加热淬火等。根据加热能量来源的不同，又可分为内热源加热淬火和外热源加热淬火。

内热源加热法是靠电流通过工件表面时所产生的电阻热进行加热。内热源表面加热是利用交变电流在导体断面不均匀分布，集中于表面的集肤效应进行加热。交变电流频率愈高，电流愈集中于表面层，其温度分布曲线愈陡。内热源加热还可分为感应涡流电阻加热和电流直接通过电阻加热两种方式。

外热源加热时，工件表面先受热，温度上升，使表面与心部出现温度差，起初随着加热时间的延长，表里温度差逐渐上升，经过一定时间后，再延长加热时间，表里温差逐渐减小。工件的表里温差主要取决于加热的强烈程度，即能量密度越大，加热愈强烈，工件表里的温差就愈大，温度分布曲线也就愈陡，淬硬层愈薄。提高加热强度的办法有两种：

1）提高热源的加热温度。
2）增强能量密度。

火焰加热、盐浴加热属于前者；电解液加热、激光加热、电子束加热和太阳能加热等属于后者。

表面淬火的加热速度快，其淬硬层中马氏体很细，使得工件表面硬度、强度比一般淬火要高，因而具有较良好的抗黏着磨损与疲劳磨损的能力。由于表面淬火后表面层形成比容大的马氏体，使工件表面层存在较大的残余压应力。这种存在残余压应力的高硬度表面层将使工件的弯曲与扭转疲劳强度明显提高。

与整体淬火尤其是与化学热处理相比，表面淬火极大地提高了生产率且节省能源，是发展迅速的热处理工艺。原始组织对快速加热固态相变影响很大。原始组织细、均匀时，可在较低温度和较短的保温时间内完成组织转变，淬火后得到细的或隐晶马氏体，硬度高、疲劳强度高、耐磨性好。

目前，表面淬火大多采用感应加热，少数用火焰加热。小批量生产的工件也可用盐浴炉、流态床高温快速加热。激光、电子束和等离子弧新技术出现后，也用于表面淬火加热。其特点是能量密度大、加热后自激冷却，淬硬层组织细、硬度高、变形小，可直接装配使用。

一、感应淬火

感应加热是利用电磁感应原理（图10-14），当交变电流通过感应器时，产生的交变磁场使放在感应器内的工件表面产生相同频率、方向相反的感应电动势，从而形成感应电流，即涡流，感应电流产生的电阻热将表面层加热。

电涡流具有集肤效应，它在工件表面密度最大，中心密度最小，而且电流频率越高，涡流集中的表面层就越薄。由于钢本身有电阻，集中于表层的涡流使工件表面迅速被加热到淬火温度，而心部仍接近室温。然后在铜管内通水冷却，工件表面就会被淬硬。

1. 感应淬火的特点

1）热能集中在工件表面层，加热速度快，只需几秒到几十秒即可完成，生产率高。

2）加热时间短，没有保温时间，表面氧化、脱碳轻微，表面局部加热，淬火变形小。

3）表面硬度高，耐磨性好。

4）因马氏体转变时体积膨胀，使工件表层存在压应力，从而提高了疲劳极限。

5）感应淬火设备可安置在生产线上，进行程序自动控制。

6）设备昂贵，维修调整技术要求高，不适宜单件及小批量生产。

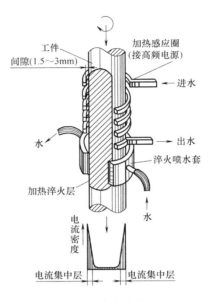

图 10-14 感应淬火原理

2. 感应淬火工艺

表面感应加热淬火工艺主要包括感应加热和淬火冷却两部分。由于表面感应加热淬火不仅会导致残余内应力，还会使得表层材料变脆，表面感应加热淬火处理后常需要进行消除应力的回火处理。

（1）感应加热　感应加热方法有同时加热和连续加热两种。同时加热法是将欲淬硬的工件表面同时感应加热到奥氏体状态，然后冷却淬火；连续加热法是采用感应器与工件做相对运动，使工件表面逐次得到加热，随后逐次冷却淬火。连续加热淬火后，硬化层分布均匀，感应器通用性大，因此生产中大多采用连续加热法。

（2）淬火冷却　感应淬火可用喷液冷却和浸液冷却。连续加热法用喷液冷却比较方便。淬火介质常用水，有时用聚乙烯醇、聚醚、聚丙烯酰胺等可溶性高分子聚合物水溶液和乳化液，来适当降低冷却速度，以防止合金钢及形状复杂的碳钢件产生淬火裂纹。同时加热法用浸液冷却较为方便，常用的淬火介质是水和油。

此外，还有一些特殊的冷却方法，例如，为了避免淬火裂纹和减少淬火变形，形状复杂的合金钢件感应加热时，可采用埋油淬火，即将工件与感应器一起放在油里，通高频电流将工件加热，断电后在油中进行冷却淬火；带沟槽的滑动齿轮齿部位淬火后，再用薄型感应器加热沟槽，为了解决薄型感应器自身的冷却和零件加热后的淬火冷却，而把零件与感应器一起泡在水里进行感应淬火，这样做还会减少齿根部在沟槽加热时所受的热影响。

（3）感应淬火后的回火　感应淬火后为了减少淬火应力和降低脆性，一般要进行低温回火。大多数是在炉内进行回火。

自行回火是利用控制冷却时间的方法，用淬硬区以外的残余热量，使淬硬层回升到一定温度而进行回火,自行回火既简化了热处理工艺,又可防止高碳钢件和合金钢件产生淬火裂纹,但是较难掌握。

轴类、套筒等连续加热的淬火件,可用较低频率(中频)、较小功率密度的电流进行感应加热回火。感应加热回火很容易和感应淬火一起都放到生产流水线上。

(4)感应淬火后的组织与性能 经过高、中频加热和喷射冷却的工件,其表面硬度往往比普通淬火高。高频加热淬硬层一般均为细针状马氏体组织,小零件在合适功率密度的情况下,甚至可得到隐晶马氏体。硬度高、组织细可以提高工件的抗黏着磨损和疲劳磨损性能。感应淬火可以显著提高疲劳强度,并且降低疲劳缺口敏感性。

二、火焰淬火

火焰淬火是外热源加热淬火的一种,其特点是:

1)操作方便,成本较低,灵活性较大,对单件、小批量生产的异形大型件及淬火面积大的工件等较为适用。

2)加热的功率密度不太大,淬硬层较深,可在较宽范围内调节,一般为 2~8mm,加热速度较快,过渡层的硬度梯度较为平缓。

3)影响工件质量的工艺因素较多,工件表面容易过热,淬硬层深度不易控制。

火焰淬火是以高温火焰作为加热源的一种表面淬火方法。常用火焰为乙炔—氧火焰或煤气—氧火焰。高温火焰将钢件表面迅速加热到淬火温度,随即喷水快冷使表面淬硬(图10-15)。火焰加热表面硬化层厚度通常为 2~8mm。

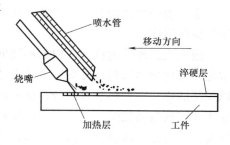

图 10-15 火焰淬火

火焰淬火方法可分为同时加热与连续加热两类。基本操作方法有固定法、旋转法及推进法。固定法用于小零件的局部淬火,推进法用于平面、导轨、齿面、沟槽的连续加热,旋转法用于圆形截面零件的连续加热。圆形长杆件要用旋转、推进的连续加热法。

喷嘴和工件的相对移动速度一般在 50~300mm/min。移动速度小,工件表面温度高,淬硬层较深,但是移动速度过于小,容易发生过热,甚至出现局部熔化;移动速度大,淬硬层较浅,过大时则会出现加热不足而使工件淬不上火。

火焰淬火除采用浸液冷却外,一般都用喷水冷却。采用连续淬火法时,火焰喷嘴与喷水孔的距离一般为 10~20mm。距离太近,淬火温度高,淬火变形增加,而且水花的飞溅易发生灭火或火焰回击现象;距离太远,表面热量向工件内部扩散,致使淬硬层深度增大,如果表面温度降低太多,还可能出现淬不硬的现象。一般是使工件表面加热后过 5~6s,等其温度降至 850℃左右时,再进行喷水冷却,可以得到较好的质量。

要根据钢的成分、工件形状、尺寸及淬火方法选用合适的淬火介质。形状复杂、要求变形小、含碳量大于 0.6%的碳钢件及合金钢件,可用较缓和的冷却介质,如 30~40℃的温水、聚乙烯醇水溶液、乳化液、肥皂水等。

火焰淬火后的工件一般要进行 180~220℃低温回火。回火要及时,火焰淬火到回火之间不应超过 8h,以防止开裂。大型件可采用火焰加热回火或自回火。

其他外热源表面淬火工艺在汽车制造领域用得很少，在此不作介绍。

第四节　激光热处理技术

随着科学技术的发展，新的技术也加入到表面处理领域，如激光表面处理、电子束表面处理和离子注入等特殊表面强化处理技术。

金属制品的激光表面改性技术是 20 世纪 70 年代中期发展起来的一项高新技术。激光具有高的辐射亮度、高方向性、高单色性和高相干性四大特点，这是普通光源无法比拟的。激光束经聚焦后，能在焦点附近产生几千度乃至上万度的温度，因此能加热几乎所有的材料。激光的高方向性，使其能远距离传输，对处理放射性材料及真空室内的零件表面十分有利。激光的单色性，几乎完全消除了聚焦透镜的色散效应，使得光束能精确地聚焦到焦点上，得到高的功率密度。激光的相干性对测量非常重要。

激光表面处理技术主要利用激光的高辐射亮度、高方向性和高单色性三大特点。当激光作用在金属表面时，可以显著改善其表面性能。如可提高金属表面硬度、强度、耐磨性、耐蚀性和耐高温等性能，从而大大提高了产品的质量，成倍地延长产品使用寿命和降低成本，可以取得巨大的经济效益。

激光表面处理设备由激光器、功率计、导光聚焦系统、工作台、数控系统、软件编程系统等部件组成。

激光表面改性的特点，根据不同的方法各有独到之处，其共性有：激光功率密度大，用激光束强化金属加热速度快，基体自冷速度高；输入热量少，工件处理后的热变形很小；可以局部加热，只加热必要部分；能精确控制加工条件，可以实现在线加工，也易于与计算机连接，实现自动化操作。激光表面处理技术还存在一些问题，如不易实现对高反射率材料的处理；不适宜一次进行大面积处理；相关设备价格昂贵。

一、激光表面处理设备

激光表面处理设备主要包括激光器和外围装置等。

1. 激光器

工作物质、激励源和谐振器三者结合在一起称为激光器。

目前工业上用来进行表面处理的激光器，大多为大功率 CO_2 气体激光器，它是一种依靠在光学谐振腔内发生辉光放电激励的分子激光器，以 CO_2 为工作物质，同时加入 He 和 N_2 作为辅助气体。

2. 外围装置

外围装置主要包括光学系统、机械系统和辅助系统等。在激光工艺装置中，光学系统主要包括聚焦和观察两部分，将高功率密度的激光束准确地照射到被处理部位，并且严格控制处理过程。依靠聚焦、反射和折射光学元件，可使光束在离激光器一定距离从任意角度集中于被处理零件上。机械系统是使激光束对工件表面进行扫描的机构及控制装备。辅助系统包括的范围很广，有遮蔽连续激光工作间断式的遮光装置、防止激光造成人身伤害的屏蔽装置、喷气及排气装置、冷却水加热装置、激光功率与模式监控装置、激光对准装置等。

二、激光表面处理工艺

1. 激光表面相变硬化

激光表面相变硬化是最先用于金属材料表面强化的激光处理技术。就钢铁材料而言，激光表面相变硬化是在工件表面经激光辐照，其表层被迅速加热到奥氏体温度以上，并在激光停止辐射后快速自淬火得到马氏体组织的一种工艺方法，所以又叫激光淬火，适用的材料为珠光体灰铸铁、铁素体灰铸铁、球墨铸铁、碳素钢、合金钢和马氏体型不锈钢等。

在通常情况下，为克服固相金属表面对 CO_2 激光的高反射率，激光相变处理前一般在工件表面预置吸收层的预处理，通常叫作"黑化处理"。其方法主要有磷化法和涂料法等。其中常用涂料有碳素墨汁、胶体石墨和氨基平光漆等。

激光相变硬化通过激光束由点到线、由线到面的扫描方式来实现，其独特的热循环使得无论是升温时的奥氏体转变，还是冷却时的马氏体转变，均显著不同于传统热处理过程。在激光相变处理过程中，有两个温度特别重要：一是材料的熔点，表面的最高温度一定要低于材料的熔点；另一个是材料的奥氏体转变临界温度。激光表面相变硬化常采用匀强矩形光斑加热，工件厚度一般大于热扩散距离，工件可视为半无限体，可以比较准确地进行温度场的计算。

激光表面相变硬化的主要目的是在工件表面有选择性地局部产生硬化带以提高耐磨性，还可以通过在表面产生压应力来提高疲劳强度。激光相变工艺的优点是简便易行，强化后工件表面光滑，变形小，基本上不需经过加工即能直接装配使用。硬化层具有很高的硬度，一般不回火即能应用。它特别适合于形状复杂、体积大、精加工后不易采用其他方法强化的工件。

2. 激光表面熔凝处理

激光表面熔凝处理又称上釉，是利用能量密度很高的激光束在金属表面连续扫描，使之迅速形成一层非常薄的熔化层，并且利用基体的吸热作用使熔池中的金属液以 $10^6 \sim 10^8 \text{K/s}$ 的速度冷却、凝固，从而使金属表面产生特殊的微观组织结构的一种表面改性方法。在适当控制激光功率密度、扫描速度和冷却条件的情况下，材料表面经激光熔凝处理可以细化铸造组织，减少偏析，形成高度过饱和固溶体等亚稳定相乃至非晶态，因而可以提高表面的耐磨性、抗氧化性和耐蚀性。

和相变硬化工艺不同，熔凝处理一般不需预覆激光吸收涂层，因为一旦表面熔化，吸收层将不复存在，而且吸收层的材料将不可避免地进入熔融金属中影响熔凝层成分。随着材料温度的升高以至熔化，表面对激光的反射率下降，有较高的吸收率。

激光熔凝主要对以下三种材料进行处理：铸铁、工具钢和某些能形成非晶态的材料。前两种材料通过处理以提高硬度，后者通过处理具有优良的耐蚀性。根据被处理的材料和工艺参数不同，激光熔凝处理后得到的组织有非晶组织、固溶度增大的固溶体、超细共晶组织和细树枝晶组织。

激光表面处理工艺包括激光相变硬化、激光熔凝、激光合金化、激光非晶化和激光冲击硬化等。通过调节作用在材料表面的激光功率密度、冷却速度可以达到不同的强化效果。

非晶态合金是一种无晶体结构的金属，也称为金属玻璃。当将液态金属从高温下以极快的速度冷却时，由于允许成核及长大的时间太短，所以凝固后仍保持了液体的结构特点。不同的合金需要不同的冷却速度实现非晶化。非晶态金属具有高的力学性能,能在保持良好韧性的情况下具有高的屈服与断裂强度,良好的耐蚀、耐磨损及优异的磁性与电学性能。

3. 激光表面合金化

激光表面合金化是一种既改变表层的物理状态,又改变其化学成分的激光表面处理技术。它是用激光束将金属表面和外加合金元素一起熔化、混合后,迅速凝固在金属表面获得物理状态、组织结构和化学成分不同的新的合金层,从而提高表层的耐磨性、耐蚀性和高温抗氧化性等。

激光合金化组织结构的主要特征与激光熔凝处理有相似之处,合金化区域具有细密的组织,成分近于均匀。激光表面合金化所采用的工艺形式有预置法、硬质粒子喷射法和气相合金化法。

预置法是用沉积、刷涂、黏结剂涂覆等方法,将所要求的合金粉末事先涂敷在要合金化的材料表面,然后用激光加热熔化,在表面形成新的合金层。该法广泛用于铁基表面合金化的处理。

硬质粒子喷射法是在工件表面形成激光熔池的同时,从一个喷嘴中吹入碳化物或氮化物等细粒,使粒子进入熔池得到合金化层。

激光气体合金化法是一种在适当的气氛中应用激光加热熔化基体材料以获得合金化的方法,它主要用于软基体材料表面,如 Al、Ti 及其合金。

4. 激光非晶化

激光非晶化是利用变能量密度的激光束辐照材料表面,使表面材料发生相应物理化学变化后快速冷却而制备出非晶态组织的工艺过程。

5. 激光冲击硬化

激光冲击硬化是用功率密度很高的激光束,在极短的脉冲持续时间内照射金属表面使其很快汽化,在表面原子逸出期间产生动量脉冲而形成冲击波,或应力波作用于金属表面使表层材料显微组织中的位错密度增加,形成类似于受到爆炸冲击或高能快速平面冲击后产生的亚结构,从而提高合金的强度、硬度和疲劳极限。

第五节 其他热处理工艺简介

为了满足零部件各种不同力学性能的要求,除前述热处理工艺之外,还有退火、回火、调质等其他不同的热处理工艺。

一、退火处理

退火是将钢件加热到高于或低于钢的相变点温度并保温一段时间,随后在炉中或埋入导热性较差的介质中缓慢冷却,以获得接近平衡状态组织的一种热处理工艺。

1. 退火的目的

1) 降低工件硬度,便于切削加工。铸、锻、焊成形工件,由于冷却速度过快,一般硬度偏高,不易切削加工。退火后,硬度降低到 200~240HB,切削加工性较好。

2) 消除残留应力,防止变形和开裂。退火可消除铸、锻、焊件的残余内应力,稳定工件尺寸,并减少淬火时变形和开裂的倾向。

3）消除缺陷，改善组织，细化晶粒，提高钢的力学性能。铸、锻、焊件中往往存在粗大晶粒的过热组织或带状组织缺陷，退火时进行一次重结晶，可消除上述组织缺陷，改善性能，并为以后淬火热处理做组织准备。

4）消除前一道工序（铸造、锻造、冷加工等）所产生的内应力，为下一道工序最终热处理（淬火回火）做好组织准备。

5）消除冷作硬化，提高塑性以利于继续冷加工。冷加工使工件产生加工硬化，退火可消除加工硬化，提高塑性、韧性，以利于继续冷变形加工。

此外，退火还可以消除铸造偏析。

2. 退火工艺

退火工艺是将钢件随炉缓慢加热到 Ac_1 以下 100～200℃，保温一定时间后，随炉缓慢冷却至200℃再出炉空冷的一种热处理工艺。

退火一般在稍高于再结晶温度下进行，钢铁材料一般在 550～650℃，热模具钢及高合金钢可适当升高到 650～750℃。退火时间与退火温度有关，研究表明，在450℃退火只有50%应力得到消除，而要使内应力完全消除，在600℃需15h，在650℃只需1h。为了不致使去应力退火后冷却时再发生附加残留应力，应缓冷到500℃以下出炉空冷。大截面工件需缓冷到300℃以下出炉空冷。

二、回火处理

把马氏体组织的淬火钢重新加热到 Ac_1 以下一定的温度，经适当的保温后冷却，这种热处理过程称为回火。

1. 回火的目的

1）获得工件所要求的力学性能。工件淬火后得到的马氏体组织硬度高、脆性大，为了满足各种工件的性能要求，可以通过回火调整硬度、强度、塑性和韧性。

2）稳定工件尺寸。淬火马氏体和残留奥氏体都是不稳定组织，它们具有自发地向稳定组织转变的趋势，因而将引起工件的形状与尺寸的改变。通过回火使淬火组织转变为稳定组织，从而保证在使用过程中不再发生形状与尺寸的改变。

3）降低脆性，消除或减少内应力。工件在淬火后存在很大的内应力，如不及时通过回火消除，会引起工件进一步的变形与开裂。

回火碳钢硬度变化的总趋势是随回火温度的升高而降低。

2. 回火的种类与应用

要获得预计的性能，回火温度是关键。根据对工件力学性能的不同要求，按其回火温度范围，可将回火分为三种：

（1）低温回火　低温回火的加热温度是150～250℃，回火后的主要组织是回火马氏体，硬度可达55～62HRC。低温回火能使工件保持高的硬度和耐磨性，常用于各类高碳钢的刀具、模具、量具和滚动轴承等。

（2）中温回火　中温回火的加热温度是350～500℃。回火后的组织是极细的渗碳体与铁素体的混合物，硬度可达35～45HRC，并有较高的弹性和屈服强度。因此，中温回火常用于各种弹簧以及强度要求较高的零件，如刀杆、轴套等。

（3）高温回火　高温回火的加热温度是500～650℃。回火后的组织是细粒渗碳体与铁素体的混合物，硬度可达23~35HRC，并具有适当的强度与较高的塑性、韧性相配合的综合力学性能。淬火后高温回火的过热处理称为调质处理，常用于受力情况复杂的重要零件，如各种轴类、齿轮、连杆等。

除了以上三种常用回火方法外，某些精密的工件，为了保持淬火后的硬度及尺寸的稳定性，常进行低温（100~150℃）、长时间（10~50h）保温的回火，称为时效处理。

三、调质处理

为了获得一定的强度和韧性，把淬火和高温回火结合起来的工艺，称为调质。

调质可以使钢的性能、材质得到很大程度的调整，其强度、塑性和韧性都较好，具有良好的综合力学性能。调质处理后得到回火索氏体，在光学金相显微镜下放大500~600倍以上才能分辨出来，其为铁素体基体内分布着碳化物（包括渗碳体）球粒的复合组织，是铁素体与粒状碳化物的混合物。

调质处理中的淬火，要求将工件整个截面淬透，使工件得到以细针状淬火马氏体为主的显微组织，通过高温回火，得到以均匀回火索氏体为主的显微组织。

参 考 文 献

[1] 唐远志. 汽车车身制造工艺 [M]. 北京：化学工业出版社，2009.
[2] 宋新萍. 汽车制造工艺学 [M]. 2版. 北京：清华大学出版社，2016.
[3] 卢本，卢立楷. 汽车机器人焊接工程 [M]. 北京：机械工业出版社，2006.
[4] 王锡春. 汽车涂装工艺技术 [M]. 北京：化学工业出版社，2005.
[5] 王新华. 汽车冲压技术 [M]. 北京：北京理工大学出版社，1999.
[6] 崔令江. 汽车覆盖件冲压成形技术 [M]. 北京：机械工业出版社，2003.
[7] 赵桂范，杨娜. 汽车制造工艺学 [M]. 北京：北京大学出版社，2008.
[8] 周天瑞. 汽车覆盖件冲压成形技术 [M]. 北京：机械工业出版社，2000.
[9] 董选普. 铸造工艺学 [M]. 北京：化学工业出版社，2009.
[10] 王先逵，艾兴. 齿轮、蜗轮蜗杆、花键加工 [M]. 3版. 北京：机械工业出版社，2009.
[11] 马伯龙，王建林. 实用热处理技术及应用 [M]. 北京：机械工业出版社，2009.